복 있는 사람

오직 여호와의 율법을 즐거워하여 그 율법을 주야로 묵상하는 자로다.
저는 시냇가에 심은 나무가 시절을 좇아 과실을 맺으며 그 잎사귀가 마르지 아니함 같으니
그 행사가 다 형통하리로다. (시편 1:2-3)

달라스 윌라드는 신앙 인격이 실제 삶에서 얼마나 위대하고 아름다울 수 있는지를 몸소 보여준 분입니다. 긍정적 목표를 상실한 신앙생활은 부정적이고 소극적인 신앙 확인으로 축소되고 맙니다. 비난과 정죄만 남아 회개, 겸손, 헌신 같은 신앙의 덕목들조차 감사와 기쁨과 동떨어진 고함에 불과해집니다. 공허한 신앙 현실을 감추려고 할수록 소리만 더 커집니다. 반면, 아름다운 신앙 인격, 위대한 신앙생활은 생명이 쑥쑥 자라나 찬란하게 꽃 피우고 열매 맺는 것과 같습니다. 신앙의 선조들이 그랬듯이 달라스 윌라드는 이 풍성함이 우리 모든 성도들에게 열려 있을 뿐만 아니라 누구나 누려야 하는 것이라고 자신의 삶을 통해 증언합니다.

박영선 | 남포교회 원로목사

달라스 윌라드는 철학이 신학을 위한 가장 유익한 도구이며 좋은 철학자는 좋은 신앙인일 수도 있다는 사실을 자신의 삶과 학문을 통해 입증해 주었다. 몇 년 전 컨퍼런스에서 만났던 그의 단정한 태도와 따뜻한 표정, 맑고 깊은 음성은 글을 통해 만났던 그의 에토스와 닮았다는 느낌을 받았다. 그동안 그의 글을 통해 영향을 받은 독자라면 이 전기를 통해 그의 메시지가 육신을 입고 살아 움직이는 경험을 하게 될 것이다. 달라스 윌라드와 리처드 포스터 그리고 그들의 만남은 우리 시대에 주신 하나님의 귀한 선물이다.

김영봉 | 와싱톤사귐의교회 담임목사

하나님이 한 사람의 생애를 얼마나 아름답게 빚어내시는지를 보는 일은 피조물의 어떤 경이로운 장관을 목격하는 것보다 더 감격스러운 경험이다. 달라스 윌라드의 생애를 더 듣어 가는 이 책에서 어떻게 한 평범한 인물에게 진리의 빛이 스며들어가 비범한 인생으로 변화될 수 있었는지를 보게 된다. 저자의 비범한 통찰력을 통해 달라스 윌라드의 삶에서 분사되어 나오는 찬란한 빛들의 향연은, 독자로 하여금 영적 거인을 바로 눈앞에서 만난 것 같은 감동을 선사해 준다.

이규현 | 수영로교회 담임목사

지독히 고통스러웠던 가정환경과 급격히 세속화되는 사회적 분위기 속에서도 선하신 하나님을 만났고, 부족하고 연약한 교회에서 도리어 진정한 영성을 추구해 가다가, 자신의 시대에 기독교를 변증하고 그리스도인의 삶에 대한 묵직한 가르침을 남긴 한 그리스도인의 삶을 보는 것은 무엇보다 감동적이다. 게리 문은 이러한 달라스 윌라드의 삶을 선명하면서도 이해하기 쉽게 그려냈다. 이 책을 통해 그의 삶에 대한 이야기뿐 아니라 그의 사상에 대한 훌륭한 통찰도 얻을 수 있다.

이정규 | 시광교회 담임목사

남다른 해박함과 순수한 선량함은 드문 조합인데 정확히 어떻게 양쪽을 겸비한 인물이 생겨났을까? 해박하면 대개 교만 때문에 망가지고, 선량하면 치열한 지적 노력이 부재하기 쉬운데 말이다. 이 복잡한 이슈를 게리 문이 이 책에 풀어내려고 했다. 결과는 보기 드문 성공작이다. 해박함과 그의 인품에 깃든 그리스도를 닮은 영성이 잘 녹아져 있다. 이제 우리는 더 충만하고 참되고 진정성 있게 사는 법을 배울 수 있게 되었다.

리처드 J. 포스터 | 레노바레 설립자

나는 달라스 윌라드를 아주 잘 알았다. USC에서 학위 논문을 쓸 때 그가 내 지도 교수였고, 1985년 졸업한 뒤로는 그와 제인이 우리 부부를 자녀로 입양하다시피 했다. 이 책은 탁월하고 정확하고 솔직하며 시의적절하고 매혹적인 전기다. 달라스의 강의와 저서를 좋아하는 사람이라면 이 책도 읽어야 한다. 내 평생 만난 가장 위대한 인물의 생애를 이처럼 공들여 신중하고 정확하게 기술해 준 게리가 참 고맙다.

J. P. 모어랜드 | 바이올라 대학교 내 탈봇 신학교 철학과 석좌교수

달라스의 전기를 읽다니 얼마나 귀한 선물인가! 그를 더 잘 알게 되고 그를 통해 하나님의 선물을 더 많이 받는 기분이다. 그의 일생에 정통해 있는 심도 깊은 생각과 고찰뿐 아니라 신학과 심리학과 철학의 여러 개념에 대한 설명도 놀랍다. 달라스를 아는 이들에게나 이 책을 통해 처음 만날 많은 이들에게나 명쾌하고 힘차고 설득력 있고 감동적인 전기다.

존 오트버그 | 멘로파크 교회 목사

달라스 윌라드는 우리 시대의 많은 그리스도인에게 지대한 영향을 미쳤다. 그의 저작은 아직 그의 사상을 잘 모르는 많은 이들의 삶에도 유익을 끼칠 것이다. 윌라드의 생애와 사상을 매력 있게 풀어낸 게리 문의 책은 이미 그의 저작을 아는 이들에게 그를 더 깊이 이해하도록 도와주는 참고서요 아직 모르는 이들에게는 통찰력 있는 입문서가 되어 줄 것이다. 이 탁월한 책 속에 그의 학문과 신앙 유산이 살아 있다.

트렘퍼 롱맨 3세 | 웨스트몬트 대학 성경학 석좌교수

책장을 넘길 때마다 달라스의 기지와 매력에 놀랄 것이다. 그를 익숙하게 알던 이들도 이 책을 통해 그에 대해 더 새롭게 알게 될 것이다. 그의 삶을 가까이 들여다보며 더 많이 배우게 될 것이다. 게리 문은 재미있는 일화와 깊은 영성을 한데 엮은 뒤 거기에 윌라드의 빼놓을 수 없는 철학적 보화를 곁들였다.

R. 더글러스 게이벳 | 바이올라 대학교 내 탈봇 신학교 철학 교수

C. S. 루이스는 "아무리 거룩하거나 숭고하게 기록된 최고의 성인聖人도 하나님이 작정하여 결국 우리 각자 안에 이루실 모습에는 비할 바 못 된다"라고 썼다. 게리 문 박사가 이 책에 제시한 내러티브는 성인이 되어 가는 한 현대인의 초상화다. 달라스는 진정한 변화가 우리 모두에게 가능하다는 엄숙한 진리를 믿고 그대로 살았다. 칭송 일색의 위인전은 선한 사람이 되려는 갈망을 깨우면서도 그 길을 제시하지 않아 우리를 좌절에 빠뜨리는데, 다행히 게리의 글은 그렇지 않다. 달라스의 저작을 다시 읽어야겠다. 그의 사상이 내가 가려는 길에 빛을 비추어 줄지도 모른다.

래리 크랩 | 심리학자

달라스 윌라드의 생애를 흥미진진하게 그려낸 훌륭한 전기다. 심리학자로서 나는 인간이 정확히 어떻게 형성되는지에 늘 관심이 있었다. 한 인물이 많은 그리스도인에게 영적 빛이 되기까지 형성되어 가는 과정을 이 책에서 깊이 통찰할 수 있다.……자신이 경험한 모든 고통과 도전과 깊은 관계 속에서 달라스 윌라드의 생애는 하나님과 함께한 생생한 기쁨으로 가장 환히 빛난다. 비범한 인물의 생애를 주해한 비범한 책이다.

C. 제프리 터렐 | 존 브라운 대학교 상담심리학 교수

과장이 아니라 오랜만에 만난 최고의 책이다! 적극 추천하되 기도 가운데 경고해 둘 말도 있다. 눈물 흘릴 준비를 하라. 우리의 친구 달라스의 고난에 공감해서도 그렇고, 그 속에서 하나님이 빚으신 아름다운 생애가 감사해서도 그렇다. 눈은 영혼의 창이다. 예수의 옛 제자들이 일깨워 주듯이 눈물은 그 창을 깨끗이 닦아 내면에 빛이 비쳐 들게 하는 선물이다. 이 책을 읽고 나서 나의 내면이 좀 더 밝아졌다. 하늘 아버지께서 당신에게도 이 책을 통해 똑같은 선물을 주시기를 기도한다.

대니얼 네이피어 | 오스틴 신학대학원 신학 부교수

게리 문이 상세하고 조예 깊게 서술한 달라스 윌라드의 일생, 미주리 주 시골에서 불우하게 시작되어 탁월한 지성과 지혜와 혜안을 갖춘 철학과 신앙의 사상가로서 장성한 분량에 이르렀다. 이 인물을 아주 균형 있게 그려냈다. 그에게 영향을 입은 이들은 그의 겸손, 방대한 지식, 진리에 대한 소신, 타인의 행복을 위한 헌신 덕분에 삶이 영구히 더 나아졌다.

월터 호프 | 보스턴 대학교 철학 부교수

이 책을 평생 소중히 여기겠다. 그 안에 달라스가 참으로 현존하기 때문이다.

애런 프레스턴 | 발파라이소 대학교 철학 부교수

하나님과 하나님 나라에 대해 달라스가 가르친 불온한 사상을 내가 사뭇 진지하게 대한 까닭은 주로 그 자신부터 분명히 그 실재 안에 살았기 때문이다. 그는 자신이 선포한 대로 실천했다. 그가 어떻게 그런 사람이 되었는지를 게리 문이 사랑의 수고로 신빙성 있게 보여준다. 이 책이 많은 심령 속에 그리스도의 도제로서 더 충실히 하나님 나라에 살려는 깊고 진한 열망을 불붙여 주리라 믿는다.

트레버 허드슨 | 달라스 윌라드 센터와 마틴 연구소의 선임연구원

달라스의 신학 덕분에 하나님과 그분의 나라에 대한 우리 모두의 이해와 경험이 명쾌하고 희망적이고 웅장해졌으니, "달라스는 이 세상에 놀랍도록 불온한 존재였다"라는 말이 최고의 표현일지도 모른다. 그러나 내게는 그의 인간성도 지성 못지않게 강한 매력이었다. 게리는 달라스의 탁월함뿐 아니라 상처까지도 다 살려냈다. 내 생각에 그 두 가닥을 하나님이 한데 엮어 아주 독특하고 매력적인 인물을 빚어내셨다. 이 이야기는 내 영혼의 가장 상하고 깨어진 부분을 치유해 준다.

낸시 오트버그 | TBC Transforming the Bay with Christ CEO

성 아우구스티누스의 핵심 교훈을 배우려면 그의 전기를 읽는 게 좋다는 말을 오래전에 들었다. 어차피 사상이란 삶에서 출현하니 그가 글로 남긴 광범위한 사상의 미묘한 차이도 그의 삶이라는 이야기의 정황 속에서 이해할 수 있다는 것이다. 그의 전기는 큰 도움이 되었다! 달라스 윌라드를 잘 아는 게리 문의 포괄적이고 교훈적인 전기를 읽으면서도 똑같은 경험을 했다. 세상을 변화시키는 사상이 달라스의 삶이라는 아프리만치 아름다운 이야기의 정황 속에 물려 있다. 자유를 가져다주는 참신한 통찰도 그 삶에서 출현했다. 달라스의 가르침에 익숙한 사람이든 새로 발견의 여정에 나서는 사람이든 이 책을 통해 그의 이성과 열정과 겸손과 섬김 전체를 더 깊이 이해하고 그의 진가를 알게 될 것이다.

민디 캘리과이어 | Soul Care(영혼 돌봄) 설립자

사상과 인품이 탁월했던 달라스 윌라드는 자신의 저작과 삶으로 수많은 사람에게 깊은 영향을 미쳤다. 그는 내가 아는 정말 지혜로운 사람이었다. 평범한 인간으로서 비범한 영향을 미친 이 철학자이자 대학 교수, 사상가를 게리 문이 흡인력 있는 전기에 담아냈다.

브렌던 스윗맨 | 록허스트 대학교 철학과

달라스의 여정은 많은 이들에게 놀라움과 격려는 물론 고통도 안겨 줄 것이다. 그래도 이 이야기 덕분에 그의 중요한 유산이 더 오래도록 지속될 것이다.

키이스 매튜스 | 아주사 퍼시픽 대학교

달라스 윌라드의 생애라는 직물은 하나님의 섭리로 가닥가닥 짜인 복잡다단하고 경이로운 구속救贖 이야기다. 가정, 친구, 동료, 사건, 기관, 사역, 가르침, 저작, 선택, 고통, 슬픔, 치유, 깊은 신앙, 사랑이 총망라되어 있다. 하나님의 형상을 지닌 어느 누구의 인생 이야기라도 풀어내고 설명하기란 힘들다 못해 거의 불가능한 일일 텐데, 하물며 상대가 달라스 윌라드처럼 이 땅의 거인이라면 오죽하겠는가. 그런데 게리 문은 그 일을 따뜻하고 분별력 있고 지혜롭게 해낸다. 그의 친한 친구 게리 문이 치밀하게 조사해서 아주 명쾌하게 집필해 준 덕분에 이제 우리는 그를 더 잘 알고 그로부터 격려와 풍요를 누릴 수 있다.

크리스토퍼 홀 | 레노바레 대표

아주 훌륭한 생애와 이를 멋지게 풀어낸 이야기에 무슨 말로 깊은 감사를 전해야 할지 모르겠다. 패러다임 전환을 넘어 삶을 바꾸어 놓을 수 있는 흥미진진한 전기라 아무리 추천해도 지나치지 않다. 당신도 읽고 변화를 받으라.

캐롤린 아렌즈 | 레노바레 교육 대표

예리한 안목과 번득이는 지성과 영적 통찰력을 갖춘 저자가 아무나 하지 못하는 일을 이루어 냈다.……그의 문체가 어쩌나 깊은 감동을 주는지 독자는 단지 책을 읽는 게 아니라 어느새 저마다 변화되고 있다. 우리 시대에 꼭 필요한 놀라운 전기다.

로이 M. 카알라일 | 인디펜던트 연구소 수서收書 대표

달라스 윌라드는 우리 시대 철학과 신학의 가장 위대한 지성 중 한 사람이었다. 그의 가르침과 저작은 나를 비롯한 많은 사람에게 깊은 영향을 미쳤다. 통찰이 가득 담긴 이 전기 덕분에 우리는 그의 글과 가르침을 통해서만 아니라 그의 인생 여정을 통해서도 배울 수 있다.

존 케이식 | 오하이오 주지사

달라스 윌라드를 더 알고자 이 책을 읽으면 풍성한 보상을 얻을 것이다. 이 책은 해박하고 복합적이고 너그러운 인물을 상처까지 촘촘히 그려낸 초상화다. 나아가 당신은 달라스를 통해 나사렛 예수까지, 지금 여기서 그분과 사랑으로 교제하며 사는 법까지 더 알게 된다. 게리 문은 충실한 연구와 세심한 인터뷰를 통해 마땅히 달라스를 기리면서도 예수를 최고로 높인다. 달라스도 다른 방법은 원하지 않을 것이다.

샌드라 D. 윌슨 | 상담치료사

게리의 놀라운 책 덕분에 달라스의 원동력을 더 충분히 이해하게 되었다. 탁월한 이야기꾼인 게리는 "성인의 식탁에 앉은" 이들에게 달라스의 사상과 생애에 대한 깊은 통찰을 듬뿍 차려 내면서도 "아이의 식탁에 앉은" 우리에게는 음식을 손닿는 곳에 놓아 준다. 나를 예수께로 더 가까이 이끌어 주는 책이다. 달라스를 변화시켰고 평생 그에게 "내가 여기 있다. 너를 보고 있다. 너는 내가 책임진다"라고 거듭 일깨우신 그분께로 말이다.

커트 클로닝거 | 이야기 작가

아주 신기하게도 달라스 윌라드는 말하고 가르치고 글 쓰는 게 참 쉬워 보였다. 하지만 이 전기에 아름답게 입증되듯이 그도 '달라스 윌라드가 되기까지' 즉 말과 삶으로 온 세대에 남다른 영향을 끼친 인물로 사랑받기까지는 많은 과정을 거쳐야 했다. 힘들고 가슴 아픈 시절을 통해 하나님을 그의 성품과 삶을 빚으셨다. 이 책은 하나님 나라가 여기 있어 누구나 원하면 들어갈 수 있기에 우리에게도 희망이 있다는 메시지를 강력하게 전해 준다.

그레그 제슨 | 작가, 강사

지금 여기서 하나님 나라를 살다 간 한 사람의 즐겁고도 흥미로운 배후 이야기다. 다양한 자원에서 솜씨 좋게 길어 올린 이 책은 달라스가 어떻게 신중히 사고했고 진정성 있게 살았으며 사랑을 베풀었는지를 보여준다.

잰 존슨 | *Renovation of the Heart in Daily Practice*("마음의 혁신, 실천편")

내가 존경하는 인물에 이처럼 아름답게 주목해 주어 고맙다. 나는 달라스의 강연을 자주 듣곤 했는데, 매번 정말 영적으로 지혜로운 사람 앞에 서 있는 기분이었다. 이 책을 읽고 또 읽을 것이다.

켄 메데머 | 음악회 공연예술가

달라스 윌라드

Gary W. Moon

Becoming Dallas Willard
The Formation of a Philosopher, Teacher, and Christ Follower

Dallas Willard

달라스
윌라드

철학자, 교사, 그리스도의 제자

게리 W. 문 지음 | 윤종석 옮김

복 있는 사람

달라스 윌라드

2020년 5월 13일 초판 1쇄 인쇄
2020년 5월 20일 초판 1쇄 발행

지은이 게리 W. 문
옮긴이 윤종석
펴낸이 박종현

도서출판 복 있는 사람
주소 서울특별시 마포구 연남동 246-21(성미산로23길 26-6)
전화 02-723-7183(편집), 7734(영업 · 마케팅)
팩스 02-723-7184
이메일 hismessage@naver.com
등록 1998년 1월 19일 제1-2280호

ISBN 978-89-6360-345-2 03230

이 도서의 국립중앙도서관 출판예정도서목록(CIP)은
서지정보유통지원시스템 홈페이지(http://seoji.nl.go.kr)와 국가자료공동목록시스템
(http://www.nl.go.kr/kolisnet)에서 이용하실 수 있습니다. (CIP 제어번호: 2020017990)

Becoming Dallas Willard
by Gary W. Moon

"기독교와 문화를 위한 마틴 연구소"와
"기독교 영성 형성을 위한 달라스 윌라드 센터와 연구 도서관"의 창립 이사회에
이 책을 헌정한다.

달라스를 빼닮은 모습으로 비전과 열정과 후원을 아끼지 않는
에프와 패티 마틴에게

—

용기와 성실성과 리더십을 보여주는
게일 비비에게

—

달라스의 진가를 깊이 알고 그를 향한 사랑을 퍼뜨리는
존 오트버그에게

—

미래가 우리에게 등장하기도 전에 미래를 볼 줄 아는
윌리 홀리에게

—

사랑하는 남편과 아버지를 잃은 직후에도 이 아프고도 기쁜 과정에 기꺼이 동참해 준
제인 윌라드와 베키 윌라드 히틀리에게

—

그리고 이야기를 쓰고 말하기를 좋아하는 마음을 내게 물려준
나의 어머니 유리 스트릭랜드 문에게

추천의 글

지금 여러분은 게리 W. 문이 쓴 달라스 윌라드의 전기를 손에 들고 있습니다. 윌라드를 자신의 스승으로 모신 리처드 포스터는 "남다른 해박함과 순수한 선량함의 드문 조합"이란 말로 윌라드의 사람됨을 표현합니다. 많이 아는 사람치고 교만하지 않은 사람이 드물고 사람이 좋으면 지적으로 엄밀하지 못하기 마련인데, 해박함과 선량함의 미덕을 아울러 지닌 분이라는 묘사는 학자에게 할 수 있는 최고의 찬사입니다. 『논어』의 표현을 따르면 윌라드는 지자知者이면서 인자仁者입니다. 여러분은 윌라드가 왜 '지인'知仁의 사람인지 곧 알게 될 것입니다. 저는 윌라드를 만날 뻔했으나 기회를 놓쳤습니다. 2010년 가을 한국을 방문한다는 소식을 이동원 목사님이 전하면서 만나기를 청하셨지만 그해 여름 저는 안식년으로 미국으로 건너왔습니다. 그때의 아쉬움이 지금도 남아 있습니다.

...

달라스 윌라드는 유독 순수주의를 따르는 한국의 지적·종교적 전통에서 보면 좀 특이한 분입니다. 그는 매우 보수적인 미국 남부 침례교 출신입니다. 침례교 학교에서 훈련을 받았고 남침례교회 목사로 안수를 받았습니다. 그럼에도 지적 갈증 때문에 위스콘신 대학교 대학원에 입학하여 철학을 공부했습니다. 철학 가운데서도 언어와 논리를 매우 강조하는 분석 철학보다는 언어와 논리 이전에 주어진 대상과의 직접 만남의 체험을 강조하는 현상학을 학위 논문 주제로 선택했습니다. 대학생 선교단체 IVF 모임에도 참여하며 주변 교회에서 목회를 잠시 맡기도 했습니다. 1965년 철학 교수로 부름받아 남캘리포니아 대학교University of Southern California, USC에서 형이상학과 윤리학, 근대철학, 현상학, 종교철학 등을 가르치면서 그에게 친숙한 침례교나 감리교 또는 장로교 교회에 가지 않고 퀘이커 교회에 출석합니다. 그곳에서 윌라드는 성경을 가르치고 설교를 했습니다. 그러면서 에큐메니칼적인 색채를 띤 '기독교철학회'Society of Christian Philosophers와는 달리 신앙적으로는 매우 보수적인 '복음주의철학회'Evangelical Philosophical Society와 관계를 맺으면서 바이올라 대학교와 탈봇 신학교, 풀러 신학교에 강의를 맡아 정기적으로 가르치는 일을 지속했습니다. 물론 1965년부터 2012년 췌장암으로 물러날 때까지 그의 주된 사역지는 남캘리포니아 대학교 철학과였습니다.

　미국 대학에서 활동하는 대부분의 기독교 철학 교수들은 그야말로 대학 교수들입니다. 그런데 윌라드는 미국 학계에서는 드물게 교수이면서 목사로 활동했습니다. 철학 교수와 목사를 겸한 선례가 있다면 버틀러 대학교에서 은퇴한 고든 클락Gordon H. Clark, 1902-1985과 달라스 신학교 교수였던 노만 가이슬러Norman Geisler, 1932-2019, 그리고 웨스턴 켄터키 대학교에서 오래 가르치다가 올랜도 리폼드 신학교에서 은퇴한 로널드 내쉬Ronald H. Nash, 1936-2006 등을 꼽을 수 있습니다. 이들은 철학 저술뿐만 아니라 변증학과 조직신학 저술들을 출간했습니다. 이 가운데 고든 클락은 바울 서신 주석까지 썼습니다. 그런데 이들과, 탈봇과 바이올라를 중심으로 활동한 윌리엄 크레이그, 윌라드의 제자인 J. P. 모어랜드와의 차이를 굳이 찾아보면 이들은 대부분 사역의 성격이 매우 '변증적'apologetic이었다면 윌라드는 덜 변증적이었다고 해야 하지 않을까 생각합니다. 그의 글 가운데는 자연주의 비판이나 진리의 객관성과 도덕 지식의 실재성을 옹호하는 글들이 있지만, 그럼에도 윌라드는 말이나 이론을 통한 신앙 변증보다는 오히려 삶으로 살아내는 신앙을 훨씬 더 강조했습니다. 그렇다고 그를 '지성에서 영성으로' 옮아간 철학자라고 말할 수는 없습니다. 왜냐하면 이것이냐 저것이냐의 양자택일보다는 이 땅에서 그리스도를 닮아가는 삶을 살고자 할 때 지성과 영성이 모두 필요하고, 이 삶에 기여할 수 있는 것이면 무엇이든 수용하고 실천할 수 있다는 태도가 그에게 있었기 때문입니다.

아마 한국 교회 안에서 윌라드는 『하나님의 모략』의 저자로 가장 잘 알려져 있지 않을까 생각합니다. 이 책 외에도 『영성 훈련』과 『마음의 혁신』, 『하나님의 음성』도 독자들에게는 익숙합니다. 여러분 가운데도 윌라드의 책을 대부분 읽은 독자들이 많으리라 생각합니다. 그렇기 때문에 그의 책이나 사상에 대해서 국내 독자들에게 따로 이야기해야 할 필요를 거의 느끼지 않습니다. 윌라드는 강의와 그의 저서에서 예수 그리스도를 통해 우리에게 주어진 복음은 그리스도와 함께 시작한 하나님 나라, 곧 하나님의 활동에 관한 복음이며, 이 복음에 참여하는 사람, 곧 그리스도의 제자는 자신을 내어 놓아 순종하는 삶을 살고자 하는 의도를 가져야 하며, 제자된 삶은 그리스도의 성품으로 변화를 받아 그리스도를 닮아가는 삶임을 강조했다는 것만 언급하겠습니다. 여기서 중요한 것은 구원이 단지 죄사함의 문제, '죄 관리의 문제'가 아니라 예수 그리스도를 통해 하나님을 아는 삶, 곧 지금 여기서 영원한 삶을 살아가는 삶(요 17:3)이라고 보는 관점입니다.

윌라드를 통해 미국 교회뿐만 아니라 한국 교회에 주는 엄청난 도전이 바로 여기에 있다고 저는 생각합니다. 구원을 단지 죄사함 받고 죽어서 천국 가는 것으로 이해한 기독교가 얼마나 무력한지, 얼마나 세속적인지, 조금만이라도 말씀을 묵상하는 사람들은 모두 경험하고 있습니다. 경건의 모양은 있는 듯하지만 경건의 능력은 잃어버린 교회에 구원의 의미, 하나님 안에서 누리는 영생의 현재성을 실제 경험하도록 윌라드는 촉구하고 있습니다.

구원은 칼빈의 표현을 빌려 이야기하면 하나님의 이중 은혜*duplex gratia*, 곧 예수 그리스도와 하나됨으로 하나님께서 성령을 통해 주시는 칭의와 성화를 지금 여기서 경험하여 하나님의 영광에 참여하는 일입니다. 이 구원의 현실, 구원의 실재를 윌라드는 그의 영성 신학과 제자 훈련을 통해 보여주고자 했습니다. 이런 의미에서의 구원은 전적으로 삼위 하나님이 하시는 일이지만, 하나님을 찾고 하나님을 만나며 하나님의 임재 가운데 살아가는 삶의 훈련과 연습이 여기에 수반되어야 함은 두말할 나위가 없습니다. 이런 의미에서 영적 훈련은 구원의 자연스러운 부분이라고 윌라드는 말합니다. 윌라드가 강조한 성경 읽기, 성경 암송, 금식, 기도, 섬김, 고독, 침묵은 영원한 삶을 위한 일종의 훈련 방법일 뿐입니다. 중요한 것은 이 땅

에서 '우리와 함께하시는 하나님', 임마누엘 하나님의 임재를 경험
하면서 지금 여기서 영생을 누리고 하나님을 사랑하는 삶과 이웃을
사랑하는 삶을 사는 것입니다.

· · ·

그렇다면 철학 교수로서의 윌라드의 활동이 그의 영성 신학과 제
자 훈련과 어떤 연관이 있을까요? 윌라드는 대학에서 철학을 연구
하고 가르쳤습니다. 철학이 그의 생업이었습니다. 철학 가운데서도
미국의 주류 철학이라 할 수 있는 '분석 철학'이 아니라 유럽 대륙
을 중심으로 20세기를 주도한 '현상학'을 전공하고 가르쳤습니다.
현상학은 후설을 시작으로 막스 쉘러, 하르트만, 하이데거, 장 에링,
레비나스, 장-뽈 사르뜨르, 메를로뽕띠 등으로 이어지지만 이 가운
데서 달라스 윌라드는 '현상학의 창시자'라고 불리는 에드문트 후
설Edmund Husserl, 1859-1938 을 공부했습니다. 후설 철학 가운데도 관념
론 색채가 강한 중기와 후기 사상보다는 수학과 논리학의 철학적
기초를 실재론적으로 다룬 초기 사상을 연구했습니다. 그의 『논리
학과 지식의 객관성: 후설 철학 연구』Logic and the Objectivity of Knowledge: A
Study in Husserl's Philosophy(Athens: Ohio Univrsity Press, 1984)는 이러한 연구의 결실
입니다. 이 외에도 윌라드는 후설의 초기 저작 『산술 철학』Philosophy
of Arithmetic을 영어로 번역했고 『논리학과 수학 철학의 초기작』Early
Writings in the Philosophy of Logic and Mathematics을 번역, 편집해서 출간하기도
했습니다.

　　윌라드가 후설의 초기 철학을 중시하여 연구했다는 사실은 기
독교 신앙과 관련해서도 중요한 의미가 있습니다. 철학계에서는 후

설을 초기에는 실재론자였다가 이른바 '초월론적 전회'를 통하여 중후기에는 관념론자가 된 철학자로 해석합니다. 여기서 '관념론'은 의식 바깥의 대상을 의식의 표상과 의미 부여 활동의 산물로 보는 입장입니다. 이에 반해 '실재론'은 우리가 보는 책상이나 집, 우리가 생각하는 삼각형이나 보편 개념이 의식 바깥에, 의식과 독립해서 존재하는 실재물로 보는 입장입니다. 윌라드는 후설을 실재론자로 해석하는 입장을 고수합니다. 좀 더 정확하게 말하자면, 실재론자 후설이 관념론자 후설보다는 후설 자신이 말한 '사태 자체로', '대상 자체로'라는 현상학의 구호에 훨씬 더 부합한다고 윌라드가 보았다고 하는 편이 나을 것입니다. 윌라드는 주체와 대상의 상관적 존재가 제대로 유지된 철학, 곧 실재론적인 철학이 후설 철학의 진면목이라고 이해합니다.

왜 윌라드는 실재론을 고수하려고 했을까요? 단지 후설 철학의 해석 문제만은 아니었다고 해야 할 것입니다. 만일 우리의 지각과 일치하는 대상 세계가 우리의 의식 바깥에 독립적으로 존재하지 않는다면 현실로 실재하는 세계를 객관적으로 알 수 있는 가능성이 없습니다. 만일 그렇다면 우리의 경험과 과학이 알아내고자 하는 참된 지식은 얻어낼 수가 없습니다. 그런데 후설의 중후기 철학과 그로부터 이어진 현상학 전통과 영미 분석 철학은 둘 다 결국 지식의 객관성을 확보할 수 있는 길을 잃고 말았습니다. 모든 것은 세계를 바라보고 연구하는 해석자의 해석의 틀에 매일 뿐 마침내 얻어낼 수 있는 참됨이라든지 객관적 실재성이라든지, 단적으로 '진리'라고 말할 수 있는 현실은 존재하지 않는다는 결과가 초래되었습니다. 아마 그 결과가 오늘 우리가 경험하는 '포스트-트루스'post-truth

현상일 것입니다.

'포스트-트루스'는 우리말로 '진리 이후' 또는 '탈진리'라고 번역할 수 있는 말입니다. 대중의 여론을 결정할 때 객관적 사실보다는 당파적인 의견이나 감정이 요인으로 작용하는 상황을 일컬어 '포스트-트루스'라고 말합니다. 이러한 상황이 이제는 전 세계에 퍼져 있습니다. 무엇이 참인가, 어떻게 모두 참을 알 수 있는가 하는 물음은 포기하고 각자 속한 편에서 참이라 주장하면 참이 되고 거짓이라 주장하면 거짓이 되는 상황입니다. 참과 거짓을 이렇게 보면 '가짜 뉴스'가 아무런 통제 없이 생산됩니다. 왜냐하면 그것을 믿어 주는 사람이 있는 한 그러한 뉴스는 통용되고 참이라는 뒷받침을 받기 때문입니다. 그런데 달라스 윌라드는 실재론의 입장에 서서 진리는 전통적인 정의처럼 "진술과 사실의 일치"라는 입장을 고수합니다. 후설의 초기 철학의 입장도 이러한 입장을 지지한다고 윌라드는 믿습니다. 기호와 대상, 말과 사물은 서로 대응, 일치하는 관계가 성립되며, 이때 대상과 사물은 실재하는 사물 자체를 가리키는 것이며 결코 단순한 이론적 구성의 산물이 아니라는 것이지요. 수학과 논리를 심리학적인 현실로 보려는 사람들에 대항해서 후설은 객관적 실재성을 확보하는 방식을 보여주었다고 윌라드는 이해합니다.

윌라드는 실재성과 객관성의 문제를 과학과 경험과 관련된 지식에만 한정하지 않습니다. 도덕적 지식, 곧 선과 악, 옳음과 그름에 대한 지식에도 적용되는 것으로 봅니다. 실재론을 그렇게 강하게 붙잡은 이유도 결국은 인간의 도덕과 삶의 영적 차원의 객관성과 실재성을 확보하려는 의지에서 비롯된 것이라고 보아야 할 것입니다. 예컨대 살인이나 절도가 사람들의 약속이나 문화에 종속

된 것이 아니라 존재론적 근거를 가지고 있다는 점을 조금만 생각해 보면 어렵지 않게 이해할 수 있습니다. "사람을 죽이는 것은 나쁘다", "사람을 죽이는 것은 허용될 수 없다"는 판단은 전쟁의 상황이나 정당방위의 경우라 하더라도 그 행위를 한 사람이라면 누구도 예외 없이 하는 판단입니다. 절도의 경우도, 어쩔 수 없는 상황에 남의 것을 훔친 사람이 자신을 정당화하기 위해 스스로 절도는 허용될 수 있다고 생각한다 해도 내심 그의 행위는 만일 가능하기만 하다면 해서는 안 될 행위였다는 생각을 하는 것은 절도가 잘못이라는 사실을 이미 알고 있음을 보여준다고 하겠습니다.

그러나 유감스럽게도 18세기 이후 유럽과 미국의 도덕 철학은 도덕 행위를 인간의 감정에 기초를 둔 이후, 도덕의 객관적 실재성을 이야기하기가 쉽지 않은 상황으로 흐르게 되었다는 것이 윌라드의 판단입니다. 이것이 그가 말하는 '도덕 지식의 상실'입니다. 대학뿐만 아니라 사회와 문화 속에서 사라져 버린 도덕 지식의 회복이 인간다운 삶에 매우 중요함을 그는 사람들에게 보여주고자 애썼습니다. 인식론적 실재론이 옳듯이 도덕 실재론도 옳다는 것이 그의 생각이었습니다. 그렇지 않고서는 지식과 도덕이 설 자리가 없기 때문입니다. 이와 관련된 그의 작업이 그의 세 제자들의 노력을 거쳐『도덕 지식의 실종』*The Disappearance of Moral Knowledge*(London: Routledge, 2018) 이란 책으로 그의 사후 5년 만에 출판되었습니다. 여기에서 윌라드는 현상학을 통해 현상학의 극복을 시도한 레비나스 철학을 중요하게 다루고 있습니다.

달라스 윌라드는 여기서 멈추지 않았습니다. 지식과 도덕뿐만 아니라 우리가 경험하는 영적 현실도 엄연히 실재하는 현실임을 그는 주장합니다. 하나님의 활동은 우리 눈에 보이지 않지만 그럼에도 현실로 실재한다는 것이지요. 비록 눈에 보이지 않지만 이 실재에 접근할 수 있는 방법은 지각perception입니다. 우리가 하나님의 현실을 보려면 그것을 원해야 하고, 간절히 원할 때 하나님께서는 우리에게 현실로 다가와 우리가 의식할 수 있게 되고, 이러한 의식은 마치 내 앞에 있는 책상을 보는 것처럼 하나님을 분명하게 지각할 수 있도록 이끌어 준다고 윌라드는 가르칩니다. 이런 방식으로 하나님을 지각하게 되면 이것이 우리의 습관이 되고, 습관이 되면 일상 가운데서도 하나님과 하나님 나라의 임재를 체험하면서 살아갈 수 있다는 것입니다. 실재론은 여기서도 유효한 철학으로 작동합니다. 하나님 나라가 실재이며, 하나님 나라에 참여하여 그리스도를 닮아가고자 하는 열망과 변화가 실재이며, 하나님 나라로 이끌어 지금 여기서 살아내는 삶도 실재입니다. 이런 의미에서 영적 실재는 상상 속의 실재나 환상이 아니라 물질적이고 구체적인 신체적인 삶을 통해서, 우리의 지적인 활동과 도덕적 행위를 통해서, 우리의 경제적·정치적·예술적 행위를 통해서 구현되는 실재입니다. 이 가운데서 하나님의 공급해 주심provision 과 능력power 을 체험할 수 있기 때문에 이 둘을 지각perception 과 더불어 하나님이 '우리와 함께하심'을 알 수 있는 세 통로3P 라고 윌라드는 이름 붙입니다.

・・・

사람과 사상은 뗄 수가 없습니다. 하이데거가 아리스토텔레스 강의를 하면서 "그는 태어났다. 일했다. 죽었다"는 말로 아리스토텔레스의 삶을 이야기했다고 하지만, 어떤 사람의 사상도 그의 삶과 시대를 떠나 이야기할 수 없습니다. 윌라드의 경우에도 이것이 예외 없이 적용됨을 여러분은 이 전기를 읽으면서 알게 될 것입니다. 그의 삶과 사상을 통해서 내 자신을 비추어 보아 배울 점은 배우고, 반성할 점은 반성하되, 따를 수 없는 점이 있다면 따르지 않으면 될 것입니다. 철학이 다르고 신학 전통에 차이가 있다 해도, 하나님 안에서 우리 자신을 발견하고 이 땅에서 그리스도를 닮아가는 삶을 살수 있도록 많은 사람들을 일깨우고 가르치는 선한 도구로 하나님께서 달라스 윌라드를 사용하셨다는 사실을 저는 부인할 수 없다고 생각합니다.

저는 여전히 윌라드에게서 많은 것을 배우고 싶은 생각입니다. 무엇을 하느냐, 얼마나 많은 업적을 남기느냐의 문제가 아니라 네가 누구냐, 너는 누구와 관계하느냐, 곧 사람의 행위나 업적Doing 보다 사람의 됨됨이Being를 강조한 그 삶의 태도가 가슴에 와 닿습니다. 아무도 같은 삶을 살 수 없고 같은 평가를 받을 수 없지만 그럼에도 학자로, 그리스도인으로 이 땅을 살았다면 누군들 "남다른 해박함과 순수한 선량함의 드문 조합"이라는 말을, 지적으로 뛰어나고 선한 사람이었다는 평가를 받고 싶지 않을까요? 이제 윌라드의 삶을 살펴보는 일은 여러분의 몫입니다. '지인' 윌라드를 읽는 즐거움에 빠져 보시기 바랍니다.

2020년 5월 미국 칼빈신학교에서
강영안 교수

서문

운이 좋다면 우리는 평생에 한 번 번쩍이는 인간 초신성의 존재를 만날 수 있다. 그 초신성은 우리 정신과 정서의 지평을 가로지르고, 그 빛의 강도는 우리를 영원히 바꾸어 놓는다. 내게는 달라스 윌라드가 그런 초신성이었다.

집요한 의문이 있다. 남다른 해박함과 순수한 선량함은 드문 조합인데 정확히 어떻게 양쪽을 겸비한 인물이 생겨났을까? 해박하면 대개 교만 때문에 망가지고, 선량하면 치열한 지적 노력이 부재하기 일쑤다. 그런데 해박함과 선량함의 이 진기한 조화는 어떻게 이루어졌을까?

바로 이 복잡하게 얽힌 이슈를 게리 문이 이 책에 풀어내려고 했다. 결과는 보기 드문 성공작이다.

그가 엮어 낸 이야기는 뒤로는 달라스가 미주리 주 오자크 고원에서 경험한 여러 상실의 아픔으로 거슬러 올라가고, 앞으로는 달라스가 에드문트 후설과 그의 철학 체계인 이른바 현상학에 대한 국제적 권위자가 되는 데까지 뻗어 나간다. 달라스 윌라드가 어떻게 그토록 비범한 인간이 되었는지를 이해하려면 양쪽 이야기가 다 필요하다.

상실의 고통으로 점철된 유년기는 차마 감당하기 힘들 정도였다. 어머니는 갑자기 세상을 떠났고 아버지는 도덕적으로 비참한 선택을 내렸다. 자세한 이야기는 책에서 직접 만나도록 여러분의 몫으로 남겨 두는 게 좋겠다.

놀라운 은혜도 있었다. 아이 달라스는 아홉 살 때 "예수 그리스도는 역사상 가장 위대한 인물이며 나는 그분 편에 서고 싶다"라는 확신이 들었다. 십대 때는 고등학교 도서관에 있던 책을 전부 읽었다("그래봐야 작은 도서관이었다"라고 내게 말한 적이 있다). 그의 독서는 『몬테크리스토 백작』*The Count of Monte Cristo* 같은 모험담과 아버지가 사 준 플라비우스 요세푸스*Flavius Josephus*의 역사 전집으로 이어졌다. 플라톤의 『국가론』*Republic*은 애독서였다. 이주 농업 노동자로 일하던 기간 내내 그 책을 끼고 다녔다. 그 밖에도 많다.

플라톤의 『국가론』을 말하노라면 이 인물의 해박한 면을 생각하게 된다. 지난 세월 나도 정말 똑똑한 사람을 꽤 많이 만나고 알았지만, 그중 천재의 범주에 들 만한 사람은 내 생각에 달라스뿐이다. 언젠가 내가 그에게 사진처럼 정확한 기억력이 있느냐고 물었더니 그는 아니라고 했다. 사진처럼 정확하지는 않았을지 몰라도 그의 지성은 분명히 그 상태에 가까웠다.

남캘리포니아 대학교 철학과장 스캇 솜스*Scott Soames*에 따르면 달라스는 "철학과에서 가장 영역이 넓은 교수로서 논리학, 형이상학, 윤리학, 미학, 종교철학사, 양분된 분석 철학과 현상학을 다 포괄한 17-20세기 철학사 등의 과목을 꾸준히 가르쳤다."

달라스의 해박함을 논하는 부분에서 게리 문의 솜씨가 유감없이 발휘된다. 신기하게도 게리는 "형이상학적 실재론"과 "인식론적 실재론" 같은 개념을 여러분과 나 같은 범인도 이해하기 쉽게 해주는 재주가 있다. 그뿐 아니라 이런 개념이 예컨대 삼위일체와 하나님 나라의 비가시적 실재에 대한 달라스의 가르침에 어떻게 절대적으로 중요한지를 능숙하게 보여준다.

물론 달라스는 기독교 영성에 대한 저작과 가르침으로 가장 잘 알려져 있다. 내 생각에 『하나님의 모략』 The Divine Conspiracy 은 걸작이자 그의 가장 중요한 작품이다. 『영성 훈련』 The spirit of the Disciplines 은 일상 속에 기독교 영성 훈련을 실천할 수 있는 철학적·신학적·심리학적 기초를 다져 준다. 『마음의 혁신』 Renovation of the Heart 에는 인간이 예수 그리스도의 형상대로 빚어지고 닮아가고 변화될 수 있는 방법을 신중하게 풀어냈다. 『하나님의 음성』 Hearing God 은 하나님의 인도에 대한 책으로는 내가 읽어 본 중 최고다. 달라스의 책과 글은 그밖에도 아주 많이 나와 있다.

물론 달라스의 해박함이 중요하긴 해도 전체 이야기에는 한참 못 미친다. 그의 인품에 깃든 그리스도를 닮은 영성은 놀랍기 그지없다. 나는 달라스와 명실공히 40여 년 지기인 만큼 정말이지 그의 흠과 결점까지도 안다. 그런데도 세월이 갈수록 그의 성품은 그 안에 풍성한 실체로 깊어지고 그윽해지는 것을 보았다.

그 말이 무슨 뜻인지 말하려니 표현의 한계를 느낀다. 부정적으로 말하면 달라스는 남을 조종하거나 통제하는 법이 없었고, 긍정적으로 말하면 접촉하는 모든 사람에게 은혜와 친절을 베풀었다.

모든 사회와 문화와 시대마다 잘 살아낸 인생의 귀감이 필요하다. 타인의 생애를 공부하는 가장 깊고 근본적인 이유는 우리도 더 충만하고 참되고 진정성 있게 사는 법을 배우기 위해서다. 그래서 이 책은 참으로 중요하다.

2013년 5월 8일 수요일, 디트로이트행 새벽 비행기에 탑승하고 있는데 내 휴대전화 벨이 울린다. 내 아내 캐롤린이 방금 전 새벽 5시 55분에 달라스 윌라드가 이생에서 더 나은 생으로 옮겨 갔다는 비통한 소식을 전해 온다. 어느새 논평을 원하는 잡지 편집장들로부터 전화가 빗발친다. 전화기를 끈 채(비행기 모드가 아니라 아예 끈다) 잠시 후면 나라를 가로질러 돌진할 쇳덩어리 속으로 발을 들여놓는다. 만원 기내에 외딴섬처럼 홀로 앉아 생각에 잠긴다.

큰 빛이 졌다. 몸이 부르르 떨린다. 벌써부터 그가 애절하게 그립다. 당장 세상이 더 비어 허전하게 느껴진다. 훨씬 더 어두운 곳처럼 느껴진다.

나의 상념은 뜬금없이 램프라이터로 내달린다. 그곳은 달라스가 무수히 많은 학생과 방문객을 만나던 수수한 식당이다. 오랜 세월 나 또한 램프라이터의 특색 없는 칸막이 자리에 달라스와 마주앉아 함께 미래를 논하고 꿈꾼 적이 참 많았다.

지난날의 우리 대화를 반추하노라니 문득 램프라이터Lamplighter라는 식당 이름이 거의 예언처럼 다가온다. 지난 세월 달라스야말로 인간 램프에 불을 붙이는 사람이 아니었던가? 수많은 방식으로 그는 내 작은 등잔에 불을 붙였다. 사실 그가 불을 붙인 사람은 원근 각지에 수없이 많다.

하나님의 섭리와 임재는 우리에게 꼭 필요한 것을 꼭 필요한 때에 가져다주신다. 우리 시대에는 잘 사는 법에 대한 달라스 윌라드의 생생한 모본이 필요했고, 희망과 약속으로 생명을 살리는 그의 저작이 필요했다.

　오늘 초신성은 수명을 다했다. 이제 나는 어떻게 살 것인가? 막막하다. 하지만 아이들 노래의 가사처럼 어둠의 한복판에서 힘써 이 작은 나의 빛 비치게 **하리라.**

리처드 J. 포스터

머리말

그의 얼굴을 볼 터이요 그의 이름도 그들의 이마에 있으리라.

다시 밤이 없겠고 등불과 햇빛이 쓸 데 없으니

이는 주 하나님이 그들에게 비치심이라.

그들이 세세토록 왕 노릇 하리로다(계 22:4-5).

달라스 윌라드 「하나님의 모략」

—

미주리 주 웨스트 플레인스의 홀리데이 인 익스프레스에서 달라스 윌라드와의 연결 고리를 만나리라고는 예상하지 못했다. 그런데 거기 있었다. 내 2층 방 창에서 정면으로 내다보이는 길 건너편 간판이 "윌라드 형제 자동차 대리점"이었다.

달라스 윌라드가 성장한 소읍과 농촌을 느껴 볼까 싶어 취재차 미주리 주 남부에 갔을 때였다. 단층집뿐인 작은 마을에서 그의 집안은 극심한 가뭄과 공황기에 어렵게 생계를 이어 갔다.

호텔 방에서 전시장이 눈에 들어오는 그 자동차 대리점도 같은 이야기의 일부였다. 형제 중 하나와 대화해 보니 윌라드 일가가 이곳을 개점한 때는 1945년이었고, 창업 세대는 달라스가 고향이라 부르던 미주리 주 로버라는 소읍에서 성장했다. 70년 가까이 윌라드 형제 자동차 대리점의 사명은 "사람들의 바른 결정을 도우려는 친절하고 해박한" 직원들이 "우수한 고객 서비스"를 제공하는 것이었다.

사명 선언문이 어딘지 달라스 윌라드 느낌을 풍겨 절로 웃음이 났다. 그도 사람들의 바른 결정—삶을 바꾸어 놓을 결정—을 도우려고 평생 친절과 지식과 섬김을 고향에서 멀리 떨어진 다른 분야에 쏟아부었다. 그는 미주리 남부에 남지 않았지만 미주리 남부는 늘 그 안에 얼마간 남아 있었다.

다른 시간대에 사는 사람

•

인생은 경험의 총합이다. 적어도 달라스 윌라드는 그렇게 말했다.[1] 그런 의미에서 모든 사람의 인생은 독특하다.

하지만 **비범한** 인생은 어떻게 형성되는가? 너무 찬란해서 다른 사람들을 끌어들이는 그런 실존은 어떤 경험에서 나오는가? 대공황기 미주리 주 시골 출신으로 장기간 단칸 교사에서 공부한 사람이 어디서 능력과 용기를 얻어 복음주의 교회의 기초를 뒤흔들어 놓고 학계의 가장 신성한 여러 가정(假定)에 이의를 제기하는가? 또 그 사람은 어떻게 자신의 말에 일치하는 삶을 살게 되는가?

다시 말해서 사람이 어떻게 달라스 윌라드가 되는가?

달라스는 사남매 중 하나였다. 모두 똑같은 유전자를 받았고 환경과 경험도 다분히 똑같았다. 그런데 그의 형 드웨인—학부와 대학원에서 몇 년간 달라스의 급우였고 달라스처럼 유수한 대학의 철학 교수가 되었다—은 죽기 직전까지 교회와는 담을 쌓고 지내면서, 달라스에게 그토록 신성했던 세계를 그나마 점잖게 유화하자면 익살맞게 "똥"이라고 표현했다.[2] 이유가 무엇일까? 어째서 형은 자신의 고통에 답해 주지 않는 교회를 등졌는데, 왜 동생은 겹겹의 고통과 신정론을 더 깊이 파고들어 답이 되는 신앙은 물론 늘 **함께하시는** 하나님까지 만났던 것일까?

달라스 윌라드의 생애를 진지하게 연구할 만한 것은 그가 삶과 성품의 진정한 변화를 경험했기 때문이다. 그의 삶을 몇 분만 지켜보아도 "그는 우리와는 다른 시간대에 산다"라는 것을 알 수 있었다.[3]

하지만 이는 긴 여정의 종반부였고 그를 쉰 넘은 교수로 만난 이들의 경험이었다. 그때의 그는 말에 확신과 지혜가 넘쳤고, 철학과 기독교 영성 형성을 아우르는 폭넓은 주제에 대해 정확한 정의를 구사했다. 후학에게 사랑받는 해박한 교수이자 헌신적인 남편, 자상한 아버지로서 그는 아주 차분하게 소신껏 늘 자신의 가르침대로 살았다.

그렇게 달라스는 존경받는 영성 지도자가 되었다. 하지만 그전에는 어땠을까? 그전에는 다른 달라스가 있었다. 이때의 그는 삶에 몰아닥치는 지독히도 가혹하고 부당한 시련을 감수해야만 했다. 죽음과 상실과 빈곤과 박탈과 불안과 회의와 우울이 무엇인지 알았다. 지금 여기서의 삶에 대해 별로 기쁜 소식을 전하지 않던 교회에 앉아 은혜와 사랑과 자비에 대해 배웠다. 그래도 교회를 등지지 않았고 오히려 살아 임재하시고 동행하시며 대화하시는 하나님을 계속 찾아 나섰다.

그의 생애 후반부에 많은 사람이 알았던 그는 여정 전반부를 지

나올 때의 그와는 현저히 달랐다. 달라스는 삶의 질곡 속에서 자신이 배우고 실천한 내용으로 변화를 가르친 사람이다. 어떻게 해야 하나님을 찾으냐는 질문에 그는 "하나님의 주소는 벼랑 끝 닷컴이다"라고 말하곤 했다. 달라스 윌라드가 된 사람, 바로 그 사람을 이 책에서 여러분에게 소개하고 싶다.

그는 교회사의 중요한 시기에 살았다

•

그러나 이야기를 시작하기에 앞서 달라스 윌라드가 살았던 시대의 종교 정황을 짚어 두는 것이 중요하다. 케네스 L. 우드워드Kenneth L. Woodward는 수십 년간 「뉴스위크」Newsweek의 종교 편집자로 재직하면서 미국의 종교를 주제로 글을 썼다. 그가 이점을 살려 자신의 고찰을 담아낸 책이 『종교: 아이젠하워 시대부터 오바마 시대까지의 신앙과 문화와 정치』Getting Religion: Faith, Culture, and Politics from the Age of Eisenhower to the Era of Obama이다. 그는 20세기 후반의 수십 년에 걸쳐 미국 종교 생활의 극적인 변화를 목격했는데, 그 기간이 달라스의 성인 생활 및 사역 기간과 겹친다.

언론 분야에 갓 들어선 우드워드가 대학생과 풋내기 기자 시절에 본 미국은 신앙의 물결 일색이었다. "미국인이란 곧 신을 믿는다는 뜻이었고 당시 여론조사에 98%가 그렇게 답했다."[4] 베이비부머의 부모 세대는 미국 역사상 가장 빠른 속도로 교회와 회당을 건축했고, 건물마다 예배자와 주일학교 참석자로 가득 찼다. 기독교 학교와 대학과 신학교가 넘쳐 났다. 윌리엄 랜돌프 허스트William Randolph Hearst의 언론 보도로 "뜬" 빌리 그레이엄Billy Graham은 결국 풋볼 경기장마다 회심자로 가득 메우며 역대 대통령에게 조언하기에 이르렀다.

그러나 우드워드와 윌라드의 활동 기간에 종교 지평이 크게 변했다. 종교 운동이 자유낙하 중이라는 징후는 세기가 바뀌기 전부터 아주 많았다. 신앙이 더는 "가정에서 전수되지" 않았고 주류 교회의 교인 수가 급감했다. 미국인 넷 중 하나는 종교가 없고, 둘 중 하나는 종교에 대한 관심이 중간 아니면 미미한 정도라고 답했다. "무종교" 집단이 수녀보다 더 빠르게 증가했다.

특히 복음주의 교회는 점점 권위를 상실했고, 마크 A. 놀Mark A. Noll의 충격적인 책 『복음주의 지성의 스캔들』The Scandal of the Evangelical Mind처럼 일각에서 "지성이라 할 만한 것이 별로 없다"라는 것이 복음주의 지성의 스캔들이란 주장이 나왔다.[5] 아울러 복음주의는 지금 여기서 신을 **경험하게** 해준다는 교회 안팎의 이런저런 영성에 점점 교인을 내주었다.

아이젠하워 시대와 오바마 시대 사이에 대다수 교회의 빛이 흐려졌다. 그럴수록 예수께서 가장 중요하게 가르치신 핵심(지금 여기서의 천국 생활)을 직접 삶으로 경험하여 권위 있게 말할 수 있는 사람, 비가시적 삼위일체 하나님과 친구가 된다는 것이 어떤 의미인지 기술할 수 있는 사람, 그러면서도 학계에서 존경받는 사람이 더욱 절실히 필요해졌다. 그 수십 년의 쇠퇴기에 한 중요한 목소리가 울리기 시작했다. 그는 목회자가 다시 "나라의 선생"이 될 수 있다고 담대히 주장했다. 아이젠하워와 오바마 사이의 수십 년 어간에 겸손하면서도 동시에 확신에 찬 한 목소리가 그렇게 들려오기 시작했다.

책의 흐름

•

이 책은 총 3부로 구성되어 있다. 제1부에서는 미주리 주 시골에서 유년기를 보내고 성년에 이르는 달라스를 쭉 따라간다. 이어 남편과 아버지가 되고 영성과 학문에 눈뜨는 그를 조망한다. 달라스가 USC에 철학 교수로 부임하면서 제1부는 끝난다.

제2부는 1965년부터 1985년까지에 초점을 맞추었다. 이때부터 달라스는 동시에 세 곳의 세계에 살았다. 그의 사후에 있었던 세 차례의 추모 예배가 이를 아름답게 예시해 준다. 그의 생애를 보여주는 세 가지 렌즈는 바로 학교 철학과, 일가친지들, 그리고 그가 그토록 사도행전의 교회와 닮기를 바랐던 작은 교회와 초창기의 사역 동역자들이다.

마지막 제3부에서는 마침내 달라스 윌라드가 된 사람을 살펴보고 그의 핵심 사상을 종합한다. 수십 년에 걸쳐 그는 각계각층 수많은 사람의 등잔에 불을 붙여 주었다. 그의 생애를 돌아보는 우리의 여정은 그가 타오르게 한 몇 가지 불꽃을 응시하며 막을 내린다.

시간을 들여 달라스가 살던 곳들을 다니고 그가 생전에 알던 사람들을 만나다 보니 점차 내게 그의 주변 환경에 대한 감각—시각과 청각은 물론 후각까지—이 싹텄다. 그래서 거의 모든 장 첫머리에 그 순간의 삶이 달라스에게 어떠했을지 나름대로 그림을 그려 보았다. 이런 첫 장면은 인터뷰 대상들의 진술에 기초했지만, 독자를 그 입장이 되어 보도록 돕고자 내 상상력도 약간 보탰다(어떤 때는 시간 순서도 재배열했다).

달라스 윌라드의 삶 속으로 들어서기 전에 끝으로 한 마디만 더

첨언한다. 수백 시간에 걸쳐 수십 명의 사람을 다양한 방식으로 인터뷰하고 서신도 받았으므로, 본문이 너무 산만해지지 않도록 출처는 책 말미에 따로 수록했다.

제1부

첫 30년

01

"아이들에게 늘 영원을 보여주세요"

구원받는다는 말은 무슨 뜻인가?

지금 여기서 영원을 산다는 뜻이다.

신약 요한복음 17:3에 영생이란

지금 여기서 예수와 교제하는 삶으로만 묘사되어 있다.

달라스 윌라드, 『하나님 나라의 복음』(*The Gospel of the Kingdom*)

—

메이미는 건초를 잔뜩 쟁여 실은 짐마차 안에서 벌떡 일어섰다. 그리지 크리크의 윌라드 농장 돌투성이 길에서 마차가 널뛰기를 한 탓이다. 그녀는 농부 아내의 삶에 지쳐 있었다. 일은 해도 해도 끝이 없었고 대개 보상이 없어 보였다. 위로 세 아이는 농장에 흩어져 잡일이나 숙제를 하고 있었고, 막둥이는 형들과 누나의 보살피는 눈길을 받아 가며 아장아장 돌아다녔다.

한겨울의 오싹한 냉기를 온 몸으로 느끼며 메이미와 남편 앨버트는 꼴을 나르던 중이었다. 1월말에도 소여물은 먹여야 하니 일손을 놓을 수 없었다.

메이미는 꼴을 흘러내리지 않게 막으면서 추위를 떨치려 애쓰고 있었다. 그런데 갑자기 발밑의 건초더미가 들썩이면서 스르르 미끄럼을 탔다. 균형을 잃은 그녀는 순간적으로 방도를 저울질한 뒤 짐마차에서 펄쩍 뛰어내렸다. 그때 잘못 떨어진 탓에 본인의 인생은 물론 온 가족과 특히 막내아들 달라스 앨버트 윌라드의 삶이 극적으로 달라진다.

1930년대에 미국을 비롯한 세계 여러 지역은 대공황을 겪었다. 미주리 주는 특히 타격이 컸다. "쇼 미 스테이트"(Show Me State, 미주리 주의 별칭—옮긴이)의 돌멩이 많은 구릉성 평원의 농부들에게 그 10년은 불경기만이 아니라 흙먼지로 어둑어둑하기까지 했다. 황진黃塵 지대의 본진은 이웃한 오클라호마 주와 텍사스 주였지만 그 여파는 언저리의 미주리 농부들에게까지 고스란히 느껴졌다. 그러잖아도 경제공황으로 수확량이 격감한 농사는 황진 때문에 아예 숨통이 끊어지다시피 했다.

1933년에 상황이 더 악화되었다. 우선 노린재가 몰려들어 작물을 먹어 치웠다. 한 농부는 "해충은 밀을 닥치는 대로 먹어 없앤 뒤 귀리를 노렸고, 귀리가 자취를 감추면 옥수수를 결딴냈다"라고 회고했다.[1]

1934년에는 가뭄이 하도 심해 소에게 나뭇잎을 먹인 농부들도 있었다. 그나마 초록색 비슷한 게 그것밖에 남지 않아서였다. 1935년에는 비가 너무 많이 와서 문제였고, 1936년에는 주로 그 주의 북동부에 메뚜기 떼가 들이닥쳤다. 미주리의 "재앙"은 그야말로 성경의 열 재앙에 맞먹을 정도였다.

그 10년 공황기의 한중간인 1935년 9월 4일에 달라스 앨버트 윌라드Dallas Albert Willard가 태어났다. 그의 이름은 태어난 카운티의 이름에서 땄다. 미주리 주 달라스 카운티는 본래 1841년 니앙과라는 이름으로 편제되었는데, 니앙과Niangua는 "나는 떠나지 않는다"라는 뜻의 옛 아메리카 원주민의 문구에서 온 단어다.[2] 그런데 삶의 초반부에 달라스가 사랑했던 사람들은 자꾸만 그를 떠나갔다. 어머니의 사랑의 품도 잠깐밖에 누릴 수 없었다.

달라스의 중간 이름은 아버지 앨버트 앨프리드 윌라드Albert Alfred Willard에게서 땄다. 앨버트는 조셉 M. 윌라드Joseph M. Willard와 수잔 로다 스펄락Susan Rhoda Spurlock의 셋째아이이자 장남이었다. "조 할아버지"는 감리교 순회 전도자였는데 아칸소 주 북부로 설교하러 갔다가 로다를 만났다. 그가 「큰 죄에 빠진 날 위해」를 부를 때 로다가 예수를 영접하면서 조셉도 함께 받아들였던 모양이다.

앨버트는 1894년 3월 12일 미주리 주 오리건 카운티의 로버라는 작은 마을 인근 농장에서 태어났다. 나중에 그의 사촌만도 백명이 넘었다. 윌라드 가와 스펄락 가는 생육하여 번성하는 집안이었다.

윌라드 가문의 혈통은 조셉 윌라드로부터 18세기 버지니아 주셰넌도어 계곡의 농장으로 거슬러 올라가며, 1600년대 초반 영국 켄트 카운티에 살았던 사이먼 윌라드로까지 더 올라갈 수도 있다.

달라스의 부계 조상은 매사추세츠 주 콩코드 읍을 건설했고, 세일럼 마녀 재판을 비난했으며, 하버드 대학 총장 대행으로 봉직한 사람도 있다. 직계 조상인 달라스의 고조부 마틴 윌라드는 에이브 링컨의 한 자제와 울타리를 마주한 이웃이었다.[3] 에이브의 누이 새라의 결혼식을 주례한 목사가 마틴의 형제 제임스를 주례하기도 했다. 제임스 윌라드는 링컨 집안과 같은 교회인 리틀 피전 침례교회에 다녔을 것이다.

이후의 3대 동안에도 그다지 달라진 것은 없었다. 달라스의 아버지 앨버트는 미주리 주 로버 근처의 부친 농장에서 자라면서 작은 시골 교회에 다녔고 삶의 혹독한 현실을 경험했다.

스무 살 때인 1914년에 앨버트는 북쪽으로 미주리 주 더글러스 카운티의 에이바 읍 근처로 이사했다. 고모할머니 폴리 윌라드와 그 남편 네이트 로우를 보살피기 위해서였다. 자녀가 없던 로우 부부는 앨버트가 자기들을 보살펴 주면 땅과 통나무집을 주겠다며 재정 지원을 약속했다.[4] 그 동네에 사는 동안 그는 베다니 침례교회에 다녔는데 거기서 장래의 아내 메이미 조이스 린드스미스Maymie Joyce Lindesmith를 만났다.

교회에서 만나기 전부터 둘은 이미 구면이었을 것이다. 로우 가와 린드스미스 가는 서로 농장이 맞닿아 있었고, 앨버트는 밭일할 때 노래를 부르는 버릇이 있었다. 재미있는 상상이지만 앨버트가 굵직한 저음으로 애창곡 「오, 나는 약한 나그네요」를 부를 때면 그 음률이 바람을 타고 흘러 메이미에게도 들렸을 수 있다.

몇 년 후에 앨버트와 메이미는 멋진 커플이 되었다. 큰 키에 턱이 각진 그는 검고 숱 많은 머리를 왼쪽에 곧게 가르마 타서 오른쪽으로 넘겼다. 눈빛은 총기가 번득이고 신뢰감을 주었다. 독일계 후손인 메이미도 키가 크고 머리가 검었으며 동그란 눈에 호기심이 가득했다. 그녀는 삶을 흠뻑 빨아들여 그 경험을 말로 표현하려는 열정이 있었다. 교육자 집안 출신으로 본인도 머잖아 교사가 되었으며 이미 꿈 많은 작가였다.

메이미와 결혼하기 전 앨버트는 1918년 7월 25일 육군에 입대했다. 고모할머니 부부의 부양자였으므로 면제받을 수도 있었으나 당시 메이미의 전 남자친구가 징병위원회에 앨버트의 미등록 사실을 신고하는 바람에 소집 영장이 나왔다.

메이미의 그 다른 구혼자는 분명히 나름의 이유가 있어, 앨버트와 메이미의 들쭉날쭉한 관계가 그의 부재로 말미암아 영영 끝나기를 바랐을 것이다. 베시 커닝햄 씨는 앨버트의 동생 아서에게 보낸 편지에 "오늘 저녁 메이미가 다녀갔다. 아직 앨버트와의 일이 안 풀리는 모양인데 결국은 잘 되리라 믿는다"라고 썼다.

앨버트는 전쟁에 나가 10사단 자동차 정비 기술병이 되었다. 그런데 그가 기초 훈련을 마친 지 며칠 만인 1918년 11월 11일에 휴전 협정이 체결되었다.

그는 글쓰기를 좋아했고 나중에는 시와 자작시를 극화시켜 암송하기로 유명했다. 그의 「1차대전 시」 마지막 연에 유머가 드러난다.

우리는 시작부터 억세게 운 좋은 사나이들.
못된 독일군 잡으러 펀스턴 부대를 떠났건만
총 한 방 못 쏘다니 숙녀들 앞에 웬 허센가.
훈족은 하나도 못 잡고 전쟁만 끝나 버렸네.[5]

10사단은 1919년 프랑스 소탕 작전으로 복무 기간을 마쳤다. 메이미와의 일도 잘 풀려서 그해 10월 10일에 둘은 완전히 뜻이 맞아 함께 달아났다.

당시 메이미는 근처 읍에서 교사로 일하느라 집을 떠나 하숙집에 살았다. 1919년 10월 첫 주말에 집에 가서 부모를 뵈었고, 6일 월요일 이른 아침에 여동생 이바가 그녀를 라운드 레이크에 데려다 주었다. 이바가 돌아올 때 탈 말을 둘이서 함께 타고 갔다. 헤어지기 전에 메이미는 부모에게 전할 쪽지를 동생에게 주며 "앨버트가 금요일에 나를 데리러 와서 우린 결혼할 거야"라고 말했다. 메이미는 아직 나이가 차지 않아 부모의 승낙 없이는 결혼할 수 없었으므로 자신이 허락의 글을 썼던 것이다.

앨버트와 메이미는 그다음 주에 결혼했다. 둘은 곧 교회로 돌아와 남편과 아내로서 회중과 메이미의 부모를—어쩌면 무시당한 전 남자친구도—대면했다. 그때 앨버트가 25세, 메이미는 17세였다.

글쓰기 벌레

•

이후 몇 년간 앨버트와 메이미는 더글러스 카운티에 살았는데 그 기간에 첫아이 조셉 아이러Joseph Ira가 태어났다(양쪽 할아버지 이름을 따서 줄여 J. I.로 불렸다).⁶ 새 가정은 1924년에 달라스 카운티의 롱레인으로 이사했다. 메이미는 근처 학교에서 가르쳤고 앨버트는 세일즈맨으로 일했다.

1926년에 세 식구는 다시 같은 카운티의 소읍 버펄로 이사했다. 이 읍은 빚의 수렁에 빠져 있었다. 남북전쟁 이후에 철도를 끌어들이려고 거의 25만 달러의 채권 빚을 졌는데 철도가 들어오지 않는 바람에 수십 년째 빚에 눌려 허덕였다.⁷ 하지만 이렇다 할 제조업이나 철도가 없는데도 방앗간과 식품점과 포목상과 대장간이 충분해서 인근 농장의 물리적 필요를 채워 주었다. 주민들에게 영의

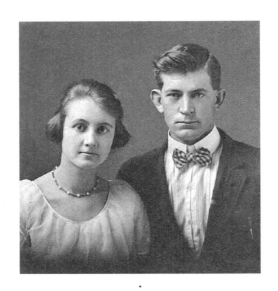

앨버트와 메이미 윌라드

1919년의 메이미

양식을 공급할 교회도 네 군데나 있었다.

버펄로로 이사한 일은 앨버트가 메이미에게 양보한 결과였을 수 있다. 그녀는 사교적이고 주관이 뚜렷했으며 아마도 남편보다 외향적이었다. 한 가족에 따르면 "늘 활달하게 움직이며" 똑똑한 인상을 주었고 인기도 좋았다.[8] 집안 배경이 비교적 유복했으므로 시골보다 읍내가 더 편했을 것이다. 그들이 입주한 읍내 주택은 별로 크지는 않았으나 현관이 넓었다. 앨버트의 포목상과 새로 다니던 교회가 집에서 불과 몇 블록 거리에 있었다.

그러나 윌라드 일가가 읍내에 머문 기간은 짧았다. 1929년 6월 앨버트는 읍내 주택을 버펄로에서 남쪽으로 몇 km쯤 떨어진 레드탑 근처 그리지 크리크의 농장과 맞바꾸었다. 왜 이름이 그리지(Greasy, 기름기가 많다는 뜻—옮긴이) 시내인지 모르지만, 버펄로 제일침례교회를 비롯한 인근 많은 교회가 거기서 세례식을 거행했으므로 아마 씻겨 나간 모든 죄 때문에 그런 이름이 붙은 것 같다.

앨버트는 왜 거기로 이사했을까? 아마 대공황의 몇 가지 전조를 보았을 것이다. 임박한 재정 문제의 폭풍을 내다보고 집안의 주요 수입원으로 땅을 확보해 두려고 했는지도 모른다. 이제 먹여 살릴 입은 넷으로 늘었다. 이사할 때는 둘째아이인 딸 프랜Fran이 태어난 후였다. 포목상이 그 후로 어떻게 되었는지는 자세히 알 수 없으나 달라스는 부모가 공황 때문에 수많은 사람에게 외상을 주다 보니 지출이 수입을 초과해서 파산했을 것이라고 추측한 바 있다.[9]

메이미가 농촌 생활에 어떻게 다시 적응했는지는 자세히 모르나 지방지 「버펄로 리플렉스」The Buffalo Reflex에 실린 그녀의 자작시에서 단서를 엿볼 수 있다. 평소에 그녀는 시와 에세이를 신문에 자주

투고했고, 아이들 특히 맏아들 J. I.의 성취에 대한 기삿거리도 제보
했다.

딱하게도 글쓰기 벌레에 물려
일도 쉼도 잠도 간곳없고
옆집에 마실 다닐 시간도 없고
음식도 먹는 둥 마는 둥이다.
사방에 집안일이 잔뜩 쌓여
가구며 방바닥이며 볼 만하다!
걸레며 먼지떨이를 가져와서도
도로 앉아 또 글을 쓰다가
점심 달라며 들어온 남편 앞에
화들짝 놀라며 마음이 찔린다.
벌써 정오일 줄 어이 알았으랴,
글만 쓰면 시간이 날아가니!
침착하고도 단호한 남편의 말,
괜찮으면 자기가 쓰레기를 태워
토스트도 만들고 감자도 구워
자기와 아이들 음식을 차리겠다고.
부끄럽고 화난 나, 일에 뛰어들어
해질 때까지 힘써 수고하니
집은 다시 깨끗이 정돈되었으나
남편의 말이 잊히지 않는다.
이튿날 아침엔 이슬이 마르기 전

딱하게 방치된 마당을 공략한다.
갈퀴질 호미질에 깡통을 줍고
쓰레기는 태우고 잡초도 뽑는다.
점심 먹으려면 멀었으려니 싫고
정말 좀 쉬기도 해야겠기에
감히 앉아 또 몇 줄 써 본다,
서녘의 아름다운 풍경에 대해.
바깥일을 하노라니 향긋한 냄새에
봄철의 교향악까지 어우러져
절필의 결심이 어느새 무너진다.
내 운명을 봉쇄해 버린 이 벌레.
그래서 가족의 존재마저 잊은 채
나무며 언덕이며 하늘을 묘사할
형용사를 찾아 앉아 있노라니
어느새 남편이 또 곁에 서 있다.
이렇게 매일 글쓰기 벌레에 물려
눈에 보이는 나무에 대한 시,
주변 사람들에 대한 이야기
쓰지 않고는 견딜 수 없다.
제일 좋아하는 계절이 봄이지만
봄이 가면 한시름 놓으리라.
이 계절이 떠날 때면 으레
내 글쓰기 벌레도 데려가므로.[10]

앨버트는 나라의 경제 붕괴는 예상했을지 모르나 임박한 황진 등 농사의 여러 재앙은 전혀 내다보지 못했다. 농장 생활에 싫증난 그는 카운티 선출직에 출마하여 1934년에 카운티 징세관에 당선되었고, 1935년 여름에는 농장을 세주고 다시 온 가족을 이끌고 읍내로 이사했다. 이번에는 앨버트, 메이미, J. I., 프랜에 하나가 더 늘어 드웨인Duane도 있었다.

셋집은 작았다. 달라스도 나중에 그 집이 수수했다고 회고했다. 아마 방이 둘뿐이었을 것이다. 어쨌든 달라스 앨버트 윌라드는 바로 이 작은 집에서 태어나 생애의 첫 18개월을 살았다.

버펄로로 도로 나간 지 1년 반이 지난 1937년 봄, 농장을 세낸 소작인의 사정이 여의치 못한 것으로 드러났다. 셋돈이 들어오지 않았다. 아마 예상치 못한 메뚜기 떼의 습격 때문이었을 것이다. 별 대안이 없던 윌라드 일가는 짐을 꾸려 다시 그리지 크리크의 농장으로 돌아갔다.

농장 생활로 돌아간 메이미는 불행했고 부부 관계에 긴장이 고조되었다. 그 시기에 둘은 자주 다퉜고 농사일은 여전히 고되었다. 훗날 달라스가 회고했듯이 미주리 주 남부의 농토에는 돌맹이가 많았다. 행크 윌리엄스Hank Williams의 노래 「만사 오케이」에 "내 땅은 너무 척박하고 굳고 누렇다"라는 가사가 나오는데, 달라스는 그 다음 소절을 기억했다. "비료 자루 위에 앉아 우산을 펴야 한다."[11]

앨버트는 가족을 보호하려고 했으나 경기 불황과 자연 재해를 당해 낼 도리는 없었다. 게다가 또 다른 폭풍이 기다리고 있었다. 이 폭풍은 윌라드 일가에 메뚜기 떼보다 훨씬 큰 피해를 입힌다.

두 살 때의 달라스

"아이들에게 늘 영원을 보여주세요"

•

그즈음에 아마도 메이미가 찍었을 윌라드 사남매의 애틋한 사진을 보면 16세의 J. I.가 작업복 차림으로 무릎에 두 살배기 달라스를 안고 있고, 아홉 살 프랜과 여섯 살 드웨인은 함께 바짝 붙어 있다. 행복하고 단란한 가족의 모습이다. 그래서 이후에 벌어진 일이 더욱 비극적이다.

이 사진이 찍힌 지 얼마 안 되어 메이미는 건초를 실은 짐마차에서 뛰어내렸는데 떨어질 때의 충격으로 탈장을 일으켰다. 수술이 필요했으므로 주 경계 너머 캔자스 주의 대읍까지 나가야 했다. 약 50km 거리의 미주리 주 스프링필드에 좋은 병원이 있었으나 앨버트가 가입해 둔 의료보험은 집에서 350km나 떨어진 캔자스 주 토피카의 수잔 B. 앨런 병원의 것이었다. 그래서 차를 몰아 메이미를 그곳까지 데려갔다. 메이미의 홀어머니 머틀 피즈 린드스미스Myrtle Pease Lindesmith가 집에 와서 아이들 곁을 지켰고, 앨버트는 아내를 데리고 흙길과 이차선 아스팔트길을 지나 토피카로 고역스런 여정에 올랐다.

당연히 메이미는 병원에 도착할 무렵 고열 증세를 보였고, 그 바람에 수술을 두 주 연기해야 했다. 열이 내리는 동안 앨버트는 잠시 그리지 크리크 집에 돌아가서 아이들과 함께 있었다.

병상에서 메이미는 사랑으로 함께 있어 주지 못하는 대신 아이들에게 시를 썼다. 다음은 그녀가 J. I.의 열일곱 번째 생일인 1938년 2월 2일에 그에게 쓴 「아들을 위한 엄마의 소원」이라는 시다.

다시금 인생길의 한 고비가

내 사랑하는 청년에게 다가왔구나,

지난 한 해의 모든 기쁨과

모든 슬픔을 뒤로 한 채로.

네 귀엽고 통통한 손으로

엄마 손을 있는 힘껏 움켜쥐고

자리에 버티어 서던 때가

엊그제 같기만 한데.

앞에 놓인 이 새로운 해도

너에게 꼭 필요한 해가 되기를,

친구와 기쁨과 할 일뿐 아니라

언제고 선행을 베풀 여유도 있기를.

하늘 아버지께서 사랑의 손으로

네 손을 힘껏 움켜쥐시고

이 구간을 걸어가는 너를

영원한 길로 인도해 주시기를.

메이미는 계속 악화되었다. 자신의 운명을 감지한 그녀는 2월 5일에 「그래도 이게 최고다」라는 시를 썼다. 눈앞에 곧 닥쳐올 일에 대한 답을 찾으려는 그녀의 무거운 마음이 구구절절 드러나 있다.

왜 건강이 나빠져야 하는지

그 이유를 모르겠다,

왜 내 인생의 절정기에

모든 수고를 놓아야 하는지.
필시 이유가 있으리라,
이렇게 누워 기다리며
고통과 끔찍한 고뇌를 겪으며
겸손히 회생을 구해야 하는.
혹시 건강이 좋았을 때
고마움을 몰랐는지도 모른다.
병상에 누운 이들의 사정에
눈을 감았는지도 모른다.
가정과 사랑하는 이들이
소중한 줄을 얼마나 몰랐으면
주께서 내 큰 문제를 보시고
이 병원으로 보내셨을까.
혹시 날마다 절실히
인내해야 함을 보셨으리라,
지혜로 내 길을 인도하실
주 음성 잠잠히 기다리도록.
혹시 내 영혼 깊숙이
사랑해야 함을 보셨으리라,
넘어진 가련한 이웃을 도와
천국의 목표 붙잡게 해주도록.
내가 내 힘을 의지하니
혹시 주께서 보시고
고통과 무력함을 통해

겸손을 얻게 하시는 것이리라.

혹시 하나님과 사람을 향한

내 믿음이 흔들리고 약해서.

이유를 모르지만 그래도

주 발아래 자비를 구함이 최고다.

이튿날인 6일에는 기운을 내서 열 번째 생일을 맞은 프랜에게 「내 사랑스러운 친구」라는 시를 썼다.

드디어 메이미의 열이 떨어져 앨버트는 수술에 맞추어 토피카로 돌아갔다. 2월 11일에 병원 측은 그에게 아내의 경과가 좋으니 근처 모텔에 가서 자도 된다고 했다. 그런데 모텔에 간 지 얼마 안 되어 밤 11시에 다시 오라는 전화가 왔다. 그는 빽빽한 안개 속으로 차를 몰았다. 밸런타인데이 이틀 전 새벽 1시쯤에 메이미가 베개에서 고개를 돌려 가만가만 말했다. "여보, 아이들에게 늘 영원을 보여주세요." 그것이 마지막 말이었다. 그녀는 1938년 2월 12일 숨을 거두었다.

앨버트가 장모에게 전화해서 이 사실을 말하자, 곧 외할머니는 J. I.와 프랜과 드웨인과 달라스를 모아 놓고 엄마의 죽음을 알렸다. J. I.는 펄쩍 뛰며 "어떡하지! 엄마가 생각하는 것처럼 그렇게 살지 못했는데"라고 외쳤다. 그는 엄마에게 밸런타인데이 카드를 썼는데, 카드를 부친 날은 메이미가 운명하기 전날이었다. 병원 측은 개봉하지 않고 반송했다.

유가족이 우려하던 바를 장의사가 확인해 주었다. 의사가 수술을 잘못했던 것이다. 다른 병원의 의사였다면 십중팔구 메이미는 살아남았을 것이다.

앨버트도 달라스 나이 때 누나를 잃고 쓰라린 슬픔과 혼란을 겪어 보았으므로 특히 막내아이에게 감정이입이 되었을 것이다. 당연히 두 살배기 달라스는 무슨 일인지 알 턱이 없었다. 시신을 두고 밤샘하는 동안 그는 엄마 옆에 있고 싶어 기어서 뚜껑이 열린 관 안으로 들어가려 했다.[12]

달라스 윌라드가 되기까지

•

어머니의 모습이 어린 뇌리에 영구히 새겨지기도 전에 달라스는 어머니를 잃었다. 어머니와 함께 있었던 곳 몇 군데만 희미한 기억 속에 남아 있을 뿐이었다.

노년에도 그는 어머니가 자기를 안고 앉았던 곡선형 교회 의자를 애틋하게 회상했다. "버펄로 제일침례교회의 낡은 곡선형 의자를 보면 어머니가 자주 생각났다. 거기에 어머니가 나와 함께 있었음을 안다. 돌아가실 당시 우리가 살던 집 근처의 베넷 스프링스라는 곳도 떠오른다. 그 옆에 연못이 있었는데 어머니가 거기서 물냉이를 따던 기억이 있다. 어머니의 모습은 천사 같았다."

베넷 스프링스는 풍광이 아름답다. 땅속 깊은 데서 수정같이 맑은 샘물이 솟아나 작은 연못만 한 너른 분지에 가득 고인다. 둑에는 빙 둘러 초목이 무성하고 연못을 채운 샘물은 널찍한 시내로 빠져나가 남쪽으로 흐른다. 어머니에 대한 소중한 기억이 달라스의 마음을 에덴동산 같은 그곳으로 이끌었다. 75년 후 어느 인터뷰에서 그 그리운 장면을 되짚을 때도 미소 한 자락이 그의 얼굴에 입맞추는 듯했다.

유년의 사랑인 어머니의 얼굴조차 기억할 수 없던 그였기에 훗날 달라스 저작의 가장 큰 주제가 늘 함께하시는 사랑의 하나님과 나누는 우정이 된 것은 가슴 뭉클한 일이다. 차차 보겠지만 어린 시절 그가 사랑했던 사람들은 자꾸 그를 떠나갔다. 그래서 그는 선하신 사랑의 하나님께로 끌렸다. 하늘—지금 여기를 에워싸고 있는 대기—에 사시면서도 늘 자녀들과 함께하여 사랑으로 품으시고 결코 놓지 않으시는 그분께로 말이다.

나중에 그가 예수의 말씀을 통해 깨달았듯이 영생이란 삼위일체 하나님과 우정을 나누며 변화된다는 뜻이다. 그 사랑의 공동체는 결코 우리를 떠나지 않는다.

02.

원치 않은 아이란 없다

잘 형성된 마음은 하나님의 은혜에 힘입어 대부분의
고통스런 상황을 예견하거나 미리 손쓰거나 변화시킨다.
반면에 다른 사람들은 무력한 아이처럼
그 앞에 서서 "왜?"를 되뇐다.

달라스 윌라드, 『마음의 혁신』

—

1939년 9월 7일 미주리 주 제퍼슨시티의 「포스트 트리뷴」*Post Tribune*
에 이런 기사가 실렸다.

어젯밤 달라스 카운티 농장의 헬렌 엘슨 여사(36세)는 지난 7월 27일
헨리 페어(54세)를 살해했다는 일급살인 혐의에서 풀려났다. 엘슨 여
사의 증언에 따르면 페어는 그녀의 남편이 캔자스시티에 가 있는 것을
알고 집으로 찾아와 청혼하여 그녀를 충격에 빠뜨렸다. 그녀는 정당방
위로 총을 쏘았다고 말했다. 그전에 당국은 엘슨 여사가 자택에서 술판
을 벌이다 이 농부를 살해했다고 기소한 바 있다. 페어는 권총으로 세
발을 맞았다.

이 사건으로 우드힐이라는 농촌 마을은 물론이고 인근 소읍 버펄로의 모든 상점과 사무실까지 발칵 뒤집혔다. 몇 달 동안 카운티에 헬렌 엘슨과 헨리 페어와 당시 "페어 농장"에 과부로 남은 머틀 그린 페어Myrtle Green Fair에 대한 뒷말이 무성했다. 그런데 머잖아 페어 농장은 달라스 윌라드의 새 집이 되고 머틀 그린은 그의 새 엄마가 된다.

달라스의 첫 저서 『하나님의 음성』에 이런 일화가 소개된다.

한 아이의 어머니가 세상을 떠났다. 아이는 충분한 위로를 받지 못한 채 계속 불안에 시달린다. 특히 밤에 불안감이 극에 달해 아이는 매번 아버지 방으로 들어와 같이 자겠다고 한다. 아이는 자기가 아버지와 함께 있을 뿐 아니라 아버지의 얼굴이 자기를 향해 있음을 알기 전에는 절대 안정을 얻지 못한다. 아이가 매번 어둠 속에서 묻는다. "아빠, 지금 날 보고 있어요?" 그것을 확인한 뒤에야 아이는 안심하고 잠들 수 있다.[1]

딱히 달라스 자신에 대한 글이 아님은 분명하지만 이 이야기는 어린 시절 그의 삶에 대한 은유일 수 있다. 그의 말은 "삶이란 얼마나 외로운 것인가!"라고 이어진다.

어머니를 잃은 것만도 고통인데, 그는 그토록 그립고 처음에 모습조차 떠올릴 수 없던 어머니가 넷째아이인 자신을 원치 않았다는 말까지 들었다. 다음은 그가 어느 감동적인 강연 중에 한 말이다.

우리 중에 부모가 원치 않은 자녀도 아주 많다.……내 사랑하는 어머니는 나를 임신했을 때 병들어 비탄에 잠겼고 그 때문에 마음이 괴로웠다. 두 살 때 돌아가셔서 나는 어머니를 잘 모르지만 누나를 비롯해 여럿이 하는 말이 어머니는 나를 원치 않았던 데에 대해 늘 기도로 용서를 구했다고 한다. 이렇듯 삶에는 우리가 극복해야 할 힘든 일이 많다.……[그러나] 여러분을 원하신 분이 있다. 원치 않은 아이란 없다. 하나님의 경륜 안에 모든 사람의 자리가 있다.[2]

이제 아버지가 달라스를 길러야 했다. 훗날 달라스는 앨버트를 "나중에 지역 정치에 손댔던 별 특징 없는 농부"로 묘사했다. 어머니 사후에 아버지가 "왠지 그 죽음에 책임을 느끼고 맥을 못 추었다"라고 안타깝게 회고하기도 했다.

장례식을 치르자마자 친할아버지와 할머니 조와 로다 윌라드가 함께 들어와 살며 아이들을 보살폈다. 그리지 크리크 농장에 살던 그 시기―1938년 봄과 여름―의 기억으로 달라스는 자기보다 큰 키의 새하얀 수탉을 떠올렸다. "그 닭이 죽도록 무서웠다." 아직 엄마의 흔적이 어렴풋이 남아 있던 농장의 작은 샘과, 자신이 그 물속의 갖가지 생물에 마냥 매혹되었던 일도 기억했다.

다음 학년이 시작되던 1938년 가을 무렵, 집안의 결정으로 달라스와 형 드웨인은 50km쯤 떨어진 미주리 주 도라의 작은아빠 아서 부부와 함께 살았다. 대신 아서와 베시의 두 딸 윌마와 엘시는 큰집으로 가 큰아빠 앨버트, J. I., 프랜, 할머니, 할아버지와 함께 지냈다. 엄마를 그리워하는 두 어린 소년의 마음을 작은엄마 베시가 얼마라도 대신 채워 줄 수 있기를 바라며 내린 결정이었다. 두 소녀는 또 그들대로 프랜과 친구가 될 수 있을 터였다. 사촌이 형제자매만큼이나 가깝던 시대였으니 논리적 결정이었으나 어린 달라스에게는 또 한 번의 이사였다.

1939년 늦봄에 두 소년은 그리지 크리크로 돌아와 다시 아버지와 함께 살았다.

그해 나중에 달라스는 수영을 배웠다. "네 살 난 나를 큰형이 목말을 태워 뱀이 우글거리는 냇물 속으로 들어갔다. 그때까지 나는 형을 사랑하고 믿었다. [그런데] 형은 나를 놓아두고 쓱 헤엄쳐 나갔다. 그때 지체 없이 헤엄치기 시작한 게 여태까지 내 수영으로 이어졌다."[3]

J. I.가 정확히 달라스의 기억대로 행동하지는 않았을 것이다. 자상한 큰형은 멀어 봐야 손닿는 곳에 있었을 테고, 그 순간 정말 뱀이 보였을지도 의문이다. 그러나 달라스가 이 사건을 생생히 기억하며 그렇게 묘사했다는 사실은 그 일이 그 네 살배기에게 경험된 방식을 엿보게 한다. 이 강렬한 영상 속에서 우리는 사랑과 신뢰가 갑자기 버림받은 두려움으로 바뀐 뒤, 다시 새 기술을 배우는 기쁨으로 이어짐을 볼 수 있다.

그해 여름 J. I.가 대학에 들어가 콜로라도로 떠나는 바람에 달라스는 그와 작별했다. 달라스가 깊이 사랑했던 또 한 사람이 그의 세계를 떠나갔다.

이듬해인 1940년 봄에 앨버트는 자기 생각에 아이들을 행복하게 해줄 최종 해답을 찾아냈다. 그러나 알고 보니 달라스에게 또 다른 지각 변동이었다.

"나는 아이들과 결혼한 게 아니라 당신과 결혼했어요"

•

헨리 페어의 미망인 머틀 그린을 앨버트가 어떻게 알게 되었는지는 모른다. 징세관으로 일하다가 업무상 만났을 수도 있다. 어둡고 부끄러운 악몽에 파묻힌 그녀에게 앨버트의 인정 많은 마음씨가 한 줄기 빛이 되었을 수도 있다. 어쨌든 남편이 살해된 지 11개월 만에 머틀은 앨버트의 청혼을 수락하여 1940년 6월 22일 네 자녀의 새엄마가 되었다. 가을 개학 전에 앨버트는 짐을 꾸려 프랜과 드웨인과 네 살 난 달라스를 데리고 그리지 크리크 농장을 떠나 이번에는 다시 돌아오지 않았다.

새로 합친 가정이 정착한 집을 훗날 달라스는 "머틀 농가"라 불렀다. 머틀이 전 남편과 함께 살던 그 이층집은 그녀가 혼수로 내놓은 작은 농장에 있었다. 위치가 좋아서 우드힐의 단칸 교사까지 400m만 걸어가면 되었다. 학교에서 동쪽으로 돌 던질 만한 거리에는 읍의 유일한 다른 건물인 잡화상이 있어 농자재, 부패하지 않는 식료품류, 유리병에 든 사탕을 전문으로 팔았다.

그 새로운 환경을 달라스는 이렇게 회상했다. "옥수수 밭을 벌거벗고 뛰어 다니던……기억이 있다.……머틀에 대한 기억도 많다.……그녀는 요리와 바느질을 했다. 아주 생산적이고 창의적이었다. 일례로 목욕할 때 욕조 가장자리의 물때를 씻어 내는 법을 내게 가르쳐 주었다." 새 엄마의 생산성과 창의성이 욕조 청소로 표현되었다니 참 별난 기억이다.

그해 가을 달라스는 한 해 일찍 1학년에 들어갔다. "그들과 떨어져 있기 싫어 다섯 살도 되기 전에 입학했다. 형들과 누나와 모든 사촌이 곧 나의 세계였다. 엘시와 윌마 외에 다른 여자아이들도 있었다. 함께 모인 그들을 보며 웃고 놀 때면 '참 좋은 세상'이라는 생각이 들었다."

훗날 그가 회고했듯이 "돌이켜 생각해 보면 적어도 인간적 차원에서 내 평생 최고의 복 중 하나는 누나와 형과 함께 단칸 교사의 같은 교실에서 학교 공부를 시작했다는 사실이다. '무슨 일이 생기면 어떡하나' 걱정한 적이 없다.……혹시라도 [나쁜 일이 생기면] 몇 줄 뒤에 메리 프랜시스 누나가 있고 바로 옆줄에 드웨인 형이 있었기 때문이다. [걱정할] 필요가 없었다."[4]

당시의 급우였던 팻시 에스리지 컨드런의 기억 속에 달라스와 프랜과 드웨인이 남아 있다. 그녀는 달라스보다 세 살 많았으나 1학년부터 8학년까지 약 20명의 학생을 수용하던 단칸 교사를 함께 썼다. 기껏해야 가로 4.5m, 세로 6m에 불과한 건물에 인원이 그 정도였으니 예삿일이 아니었다.

컨드런의 회고에 따르면 "그는 아주 얌전했으나 굉장히 똑똑했고" 대다수 남학생처럼 위아래 한 벌로 된 작업복 차림이었다. 화장실에 가고 싶을 때는 뒷자리의 누나 프랜에게 귀엣말을 하면 프랜이 교사에게 말해 주었다.

달라스는 눈빛을 반짝이며 이렇게 회상했다. "누나가 내게 첫 단어의 철자법을 가르쳐 주었다. '머릿속에 몇 번 말해 봐.' 누나 말대로 했더니 얼마 후 정말 c-a-t라고 철자를 댈 수 있었다."

평생의 향학심이 그렇게 시작되었다. "글공부가 점점 좋아졌다. 거의 마술 같았다. 1학년 교사에게 감탄했던 기억도 있다. 그 첫해에 무언가 배울 수 있음을 깨달으면서 참 신비로웠다. 학습의 발견은 정말 대단해서 거기서 모든 게 열렸다. 모르는 세계가 아주 많은데 머릿속에서 다 가 볼 수 있으니 말이다."⁵ 어느 철학자가 보았다면 달라스가 1학년 때부터 현상학자의 싹을 보였다고 말했을지도 모른다.

급우 컨드런은 또 달라스의 아버지가 자녀들에게 깊이 관여하여 자주 학교에 데려다주거나 데리러 왔다며 이렇게 회고했다. "그는 늘 옷차림이 말쑥했다. 웬만한 아버지들처럼 농장이나 제재소에서 일하지 않는 게 분명했다."

반면에 집에서는 이야기가 암울하게 전개되었다.

앨버트는 머틀이 아이들의 엄마 역할을 대신해 주기를 바랐으나 아쉽게도 머틀은 그 일의 적임자가 못 되었다. 한 가까운 친척에 따르면 "그녀는 특히 달라스를 못 견뎌 했다. 아이가 너무 시끄럽다는 것이었다. 그래서 막내부터 내보냈다." 머틀은 용케도 아이들을 차례로 하나씩 다 보내 버렸다. 아빠에게서마저 쫓아 보낸 것이다.

다음은 한 생존 가족의 증언이다. "앨버트는 머틀의 도움으로 아이들을 기르려고 재혼한 건데 그녀는 몇 년 만에 아이들을 다 쫓아냈다. 그녀는 아이들을 좋아하지 않았고 늘 몸이 아프다는 핑계를 댔다. 달라스 엄마의 물건도 그녀가 많이 없앴다. 그동안 건져 낸 시는 순전히 신문에 이미 발표된 덕분에 가능했다. 머틀이 메이미의 소장품을 무더기로 태우는 광경을 이웃집에서도 보았다. 생모의 유품을 프랜의 방에서 꺼내다가 불살라 버렸다."

"눈물을 훔치며 그냥 먹었지"

•

한 생존 가족이 믿기로 "달라스의 형 J. I.가 대학에서 돌아온 후 굳이 로버로 이사한 까닭은 머틀과 한 지붕 아래 살 마음이 없었기 때문이었다." 세계대전이 한창이던 1941년 여름 J. I.는 미주리 주의 농촌 로버에 영구히 정착하기로 했다. 지도상의 이 작은 점은 우드힐에서 남서쪽으로 225km쯤 떨어져 있었다. 그쪽에 조부모 조와 로다 윌라드 곁에 아버지의 땅이 좀 있었다. 1년쯤 지나자 J. I.는 다시 농경 생활에 익숙해졌고 아내도 만나 6월 10일 버타 본올맨Bertha VonAllmen과 결혼했다. 결혼은 그에게 평생 최고의 사건이었고 결국 달라스에게도 최고의 사건 중 하나가 된다.

결혼하여 조부모 곁에 사는 맏아들에게서 앨버트는 가정의 긴장에서 헤어날 탈출구를 찾았다. 다섯 살 난 달라스를 J. I.와 버타 집으로 보내 함께 살게 한 것이다. 세월이 흐른 후 앨버트는 그 일이 자기가 해야 했던 가장 힘든 일이었다고 고백했다.

이 새로운 결정을 다섯 살 아이가 어떻게 생각하고 느꼈을지는 그저 상상해 볼 수 있을 따름이다. 아빠에게 버림받아 세상에 홀로 미아가 된 심정이었을까? 혹시 자기가 무언가 잘못해서 내 탓이 아닌가 싶었을까? 아니면 대가족에 으레 있는 이동쯤으로 알았을까? 풀리지 않는 의문이다. 성인이 된 후 아버지에 대한 달라스의 말투가 따뜻했음은 분명하다. 하지만 다섯 살 아이로서 아빠와의 결별에 대한 생각이나 느낌이나 반응은 어땠을까? 전혀 알 길이 없다.

버타와 J. I.가 결혼한 지 몇 주밖에 되지 않았을 때 달라스가 함께 살려고 왔다. 겨우 열여덟 살이던 버타는 나중에 "나도 아직 어

• 달라스의 형수 버타의 18세 때 모습

려서 달라스와 내가 서로를 길러야 했다"라고 말했다. 그러나 그녀는 즉시 그를 마음속에 맞아들였고 얼마 후부터는 프랜과 드웨인까지 돌보았다. 남은 평생 윌라드 가의 이 세 남매가 "집"에 간다고 말할 때는 으레 J. I.와 버타의 집을 가리켰다.

그해 가을 달라스는 아버지가 어렸을 때 다녔던 단칸 교사인 베일즈 초등학교에서 2학년에 올라갔다. 양철통 도시락을 들고 동네 아이들과 함께 3.2km를 걸어 다녔다. 미주리 주 오자크 고원의 날씨는 사나울 때가 많았다.

베일즈 초등학교의 점심시간을 달라스는 이렇게 회고했다. "내가 다닌 학교는 학생이 각자 도시락을 싸 오던 곳이었다. 지금도 기억에 선하지만 극빈층 아이들은 양철통 속의 음식을 보여주기가 부끄러워 늘 슬그머니 구석진 데로 가서 먹었다. 어떤 때는 돼지기름에 적신 작은 빵 한 조각이 전부였다. 그래서 자기네가 얼마나 가난에 찌들었는지 주위에 숨기려고 했다."[6]

달라스도 생활이 넉넉하지는 못했다. 그의 딸 베키 윌라드 히틀리가 아빠의 유년기에 대해 기억하는 사실이 하나 있다. "집에 점심거리라곤 양파 샌드위치밖에 없을 때도 많았다고 한다. 양파를 큼직하게 썰어 빵 두 쪽 사이에 넣고 마요네즈를 발라 먹은 것이다. 눈이 아리지 않더냐고 물었더니 아빠는 '물론이지. 그래도 눈물을 훔치며 그냥 또 한 입 먹었지'라고 말했다."

인근 농장에 달라스의 친할아버지와 할머니가 살았다. 그가 주로 함께 산 사람은 J. I.와 버타였지만 이후 2년 동안 두 집을 자유로이 들락거리며 돌멩이 많은 구릉성 평원의 두 농장을 두루 누볐다. 양쪽 다 수수한 정원이 있었고, 우리에 돼지가 가득했으며, 소와 양과 노새와 말도 몇 마리씩 있었다. "폐차를 닭장으로 사용했다"라고 달라스는 회고했다.[7]

그 회고에서 짐작되듯이 이는 대저택의 이른바 전원생활과는 달랐다. 대공황 이후로도 오래도록 궁핍은 시골의 빼놓을 수 없는 현실이었다. 다시 그의 말이다. "나는 아주 가난하게 자랐다. 누구나 다 가난해서 가난한 줄도 몰랐다. 알다시피 오자크 고원 지대의 그림엽서에는 흔히 닭이 침대 틀에 홰를 치고 개가 현관 아래 잠자고 있는데, 사실은 가난해서 그렇다."[8]

남은 평생 달라스는 빈민에게 쉽게 동화했다. 그렇다고 가난을 영적으로 미화하지는 않았다. 구속복이 몸동작을 제한하듯이 가난도 돈의 우상화를 제한할 뿐임을 직접 경험으로 알던 그였다.[9] 빈곤은 달라스에게 지울 수 없는 흔적을 남겼다. 그래서 자신이 절제 훈련의 하나로 가르친 청빈이 몸에 배어 있었다. 이후로 그가 살던 집을 비롯해 구입하던 가구와 자동차와 옷, 다니던 식당은 때로 생애 후반의 지위나 경제 수준과는 어색하게 부조화를 이루었다.[10]

"그 어린 머릿속에 늘 생각이 끊이지 않았다"

•

달라스가 형 집에 가서 함께 산 지 1년 후에 버타는 첫아이 조이스를 임신했다. 곧 새 아기가 태어난다는 말을 듣고 달라스는 버타에 게 "아기를 낳으면 저를 원하지 않을 거지요"라고 말했다.

버타는 눈물을 삼키며 달라스와 함께 소파에 앉아 자기 부부가 그를 사랑하며 평생 원할 거라고 가만히 달래 주었다. 그녀는 달라 스를 데려온 직후에 아주 경건한 여성인 친정어머니 노라한테서 들었던 말을 기억했다. "엄마를 잃은 아이니 네가 그 꼬마한테 잘해 주어야 한다."

버타는 "늘 그러려고 했다. 거의 매일 밤 아이의 침대에 함께 누워 책을 읽어 주었다. 나도 그때 어려서 오랜 시간 그와 대화를 나누며 놀아 주기가 쉬웠다"라고 말했다.

그녀는 자신의 몸이 좋지 않아 소파에 누워 있던 한때를 회고했다. 달라스가 방에 들어와 마주보며 앉더니 양손에 턱을 괴고 얼굴을 찡그리며 물었다. "어떨 때 제가 화나는지 알아요?"

"어떨 때일까?"

"요리해야 할 사람이 아플 때요!"

버타는 쿡 웃음이 나서 자리에서 일어나 요리하기 시작했다.

어렸을 때부터 달라스 안에는 철학자가 있었다. 버타는 "그는 항상 쉴 새 없이 이유를 물었고, 답해 주면 다시 그 이유와 만약의 경우를 물었다. 그 어린 머릿속에 늘 생각이 끊이지 않았다"라고 말했다.

달라스가 아무도 자신을 원하지 않아 자신이 버려질까 봐 두려워한 곳은 집만이 아니었다. 그는 학창 시절 초기의 어느 한 기억을 몇 차례 언급한 적이 있다. 약간 감정이 묻어나던 그의 말을 들어 보자.

옛날에는 쉬는 시간이나 점심시간에 교사가 학생들과 다 같이 운동장에 나갈 때가 있었다. 교사는 "지금부터 소프트볼을 할 거니까 편을 정해야 한다"라고 말했다.······전원 참여가 원칙이라서 아무도 제외되어서는 안 되었다. 그런데 우리 중 더러는 운동을 별로 잘하지 못했다. 아직 너무 어려서 다리가 짧거나 빨리 달리지 못했을 것이다. 그래도 어느 편에든 속해야 했다.

대개 만능에 가까운 몸집 크고 힘센 여자아이나 남자아이에서부터 시작해서 그들이 자기편을 뽑았다. 다 고르고 나면 한 사람이 남곤 했는데 너무 서투른 작은 아이였다. 그러면 교사가 "자, 이 아이는 누가 데려갈 거지?"라고 물었다.

결국 한쪽에서 "좋아, 너는 외야에서 아무개 보조로 뛰어"라고 말했다. 그래서 어떤 때는 외야수가 대여섯 명이나 되곤 했다. 이렇게 전원이 참여했다. 우리가 하나님 나라를 소유하는 원리도 이와 같다. 우리도 편을 정해야 하는데 예수께서 나와 여러분을 뽑아 주셨다.[11]

학교에 한 해 일찍 들어간 데다 당시 2-3학년이던 달라스는 이 서열 매기기에서 아마 꼴찌로 뽑혔을 것이다. 나중에 그는 "소프트볼에서 맨 나중에 뽑히는 자는 복이 있나니"라고 가르치곤 했다.

불청객의 자리로 돌아가다

•

안정된 가운데 마음도 치유받고 장난도 치던 그 3년은 1944년 1월에 끝났다. 적어도 안정은 사라졌다. 유럽과 일본에 2차대전이 비등점으로 달아오를 무렵 J. I.가 육군에 징집되면서 달라스는 다시 아빠와 새 엄마에게 돌아가서 함께 살아야 했다. 그즈음 그들은 농장을 떠나 버펄로 읍에 살고 있었다. 이로써 그는 5학년 중간에 다시 형제들과 떨어졌으나 아기 때 엄마가 자기를 안아 주었던 곳인 제일침례교회의 곡선형 의자와 재회했다.

달라스는 자기를 쫓아냈던 여자와 다시 함께 사는 게 달갑지 않았다. 아마 그녀도 다시 돌아온 그가 반갑지 않았을 것이다. "어떻게든 집에서 벗어나고 싶어 이 무렵 나는 놀이 친구들과 함께 자동차 바퀴의 휠 캡을 훔치고 공기총으로 가로등과 이따금씩 길고양이를 쏘기도 했다."[12]

그가 신나게 밭을 누비며 설익은 수박을 함께 서리해 먹던 패거리도 아마 그 학동들이었을 것이다. 이어지는 그의 말이다. "주변의 남자아이들에 여자아이도 몇이 끼어 닭을 훔쳐다가 어딘가에 불을 피우고 구워 먹기를 좋아했다. 나는 본래 닭고기에 별로 열광하지 않은 데다 그들 말로 익었다는 고기를 몇 번 보았던 터라 차마 먹지는 못했다. 그들은 익지도 않은 고기를 장난삼아 무조건 먹었다."[13]

그들의 장난이 늘 아주 해롭지만은 않았다. 다시 그의 회고다. "아홉 살쯤에 친구들과 함께 숲속을 뛰어다녔다. 오자크 고원에서 으레 하는 일이었다. 그때 누군가에게 성냥과 담배가 있었는데, 나중에 내려오는 길에 한 사람이 뒤돌아본 순간 갑자기 큰불이 나 있었다. 그래서 이틀인가 사흘쯤 온 동네가 불을 끄느라 애먹었다. 작은 성냥불이 어떻게 그렇게 커질 수 있는지 이해가 가지 않았다."[14]

그러나 훗날 달라스의 표현대로 "영성 형성은 교육과도 같아서 누구나 다 받는다." 하나님의 섭리로 버펄로에는 긍정적 영향력도 있어 이후 3년간 달라스를 빚어냈고, 그것이 한 중대 사건으로 이어진다.

달라스는 "어린 시절 내게 로이 [이바] 로웬이라는 주일학교 교사가 있었다. 그녀는 융판을 사용했는데 나는 융판이 **참 좋았다**.……거기에 푹 빠졌다. [내가 하나님께로 오는 데] 처음에 주일학교가 아주 큰 역할을 했다고 생각한다"라고 말했다.

엄마 품을 떠올리게 하던 곡선형 목제 의자에서 설교를 들으면서 달라스는 로스 C. 카터Ross C. Carter 목사에게도 호감을 느꼈다. 1944년 11월에 부임한 그를 달라스는 "마음이 아주 맑은" 사람이라 표현했고 "설교하면서 늘 울던 그에게 깊은 감명을 받았다."**15**

그러던 어느 날 아홉 살의 달라스에게 특별한 일이 일어났다.

아무도 그런 말을 해준 적은 없지만 나는 확신이 들었다. 교회 문이 열릴 때마다 우리 가족이 교회에 나간 데다 주일학교에서 나를 잘 가르친 덕분이었다. 즉 예수 그리스도는 역사상 가장 위대한 인물이며 나는 그분 편에 서고 싶다는 확신이 들었다.

강대상 앞으로 나가고 싶었던 어느 일요일 저녁이 기억난다. 나와 같은 상황에 처한 이들은 으레 그렇게 했다. 그런데 그날따라 내가 사랑하던 그 목사가 부재중이었다. 그는 설교할 때……아주 조용히 울던 사람이었다.……얼굴에 눈물이 흐르곤 했다. 그게 내게 도움이 되었던 것 같다. 그런데 그날 저녁에는 그가 없었다.

내 평생 가장 비참한 한 주를 보냈다. 사랑에 빠진 것보다 더 비참했다. 사실은 일종의 그런 거였다고 생각한다. 천만다행히도 다음 주일요일 저녁에―왠지 그때까지는 아무한테도 말하지 않았다―강대상 앞으로 나아가 내 마음을 예수께 드렸다.**16**

달라스는 이 순복 행위의 여파를 말한 적이 있다. "신기한 경험이었다. 지금도 기억나지만 캄캄할 때 집으로 걸어가는데 세상이 얼마나 달라 보였는지 모른다. 별들과 가로등도 사뭇 달랐다. 세상이 완전히 달라졌다는 그 감상이 지금도 남아 있다. 그런데 이 새 세상이 내게 편하게 느껴졌다. 여기야말로 내가 존재하기 좋은 곳이며 그리스도께서 실재하신다는 느낌이 들었다."[17]

삶 자체가 영성 형성이지만, 달라스에게 있어서 더 전통적인 기독교 영성 형성은 버펄로의 침례교회 회중석과 주일학교 교실에서 시작되었다. 그 교회의 역대 명부에 지금도 그의 이름이 남아 있다. 한 번 등록되면 교회 명부에서 이름을 삭제하기가 불가능하다는 증거다!

달라스가 7학년에 다니던 중에 가족이 또 한 번 이사했다. 그는 "머틀이 미주리 주 윌로우 스프링스의 자기 형제들 곁으로 돌아가고 싶어 버펄로 집을 팔았다. 그래서 우리는 이사해야 했다"라고 말했다. 이로써 달라스는 이후 6개월 동안 사랑하는 형제들 없이 윌로우 스프링스에서 앨버트와 머틀과 함께 지냈다.

달라스의 기억에 그때 이사하기 얼마 전에 드웨인이 집을 나가 육군에 입대했다. 하지만 아직 열여섯 살에 불과했는지라 "아버지가 가서 빼내 와야 했다. 나중에 그는 재입대해서 4년 동안 독일에서 지냈다." 달라스의 회고에 따르면 "우리 집안은 군 입대를 꺼리지 않았다. J. I.는 육군에 징집되어 종전 당시 필리핀에 주둔했다. 정비 병과라서 전투에 참여한 적은 없었다."

윌로우 스프링스의 작은 집에서 몇 블록만 가면 또 다른 제일침례교회가 있었는데[18] 마침 벽돌로 예배당을 신축할 계획이었다. 몇

• 열두 살 때 급우들과 함께한 달라스(뒷줄 맨 오른쪽)

년 후에 앨버트는 기존 목조 교회당의 폐기물 처분권을 사서 세 아들과 함께 그 건물을 철거해다가 웨스트 플레인스에 셋집 세 채를 지었다. 임대용 부동산을 매입하여 직접 개축하는 일은 달라스에게 큰 기쁨이 되었다.

그러나 윌로우 스프링스에 머문 시간도 잠시였다. 머틀은 이 의붓아들에 대해 딴 생각을 품었다. "고심 끝에 그녀는 8학년생과 함께 한집에 살지 않기로 작정했다"라고 달라스는 회고했다. 그 역시 같은 심정이었을 것이다. 그가 털어놓은 유독 쓰라린 기억에 따르면, 그즈음 그는 동네 사람들의 장작을 패 줄 때 벽난로나 화덕에 정확히 맞게끔 완벽을 기했다. 사람들 마음에 들면 더 있다 가라고 붙잡을지도 모른다는 생각에서였다.

달라스 윌라드가 되기까지

•

어머니는 그에게 단 하나의 기억도 선명히 남기 전에 떠났다. 아버지는 최선의 노력에도 불구하고 실망을 안겨 주었다. 사랑하는 큰형은 수영을 가르칠 때 달라스가 믿기로 뱀이 우글거리는 물속에 그를 놓아두었다. 그러니 달라스가 이웃집에 조금이라도 더 오래 있고 싶어 장작을 완벽하게 패려는 아이가 된 것은 당연한 일이다.

어린 시절 달라스의 삶은 상실과 거부의 이야기지만 희생적 사랑과 가족 관계도 공존했다. 생모를 잃고 계모에게 버림받으면서 그의 내면에는 자신이 탐탁치 못하여 아무도 원하지 않을 것이라는 두려움이 싹텄다. 아기가 태어나면 형수마저 자신을 원하지 않을 것이라고 생각했다. 그토록 상처가 깊었다!

그러나 유년의 이 모든 고통 속에서 그는 하나님을 만났다. 그가 믿게 된 그분은 우주에서 가장 기쁘신 존재이며, 누구도 절대로 그분을 나쁘게 말하거나 나쁘게 생각해서는 안 된다. 달라스는 아버지란 존재가 성경 속 탕자의 아버지를 쏙 빼닮지 않은 한 하나님을 인간 아버지의 형상대로 만들어서는 안 됨을 깨달았는데, 여기에는 하나님과 자기 아버지의 상반된 모습도 한몫했을 것이다. 아마도 육신의 아버지와의 고통스러운 관계 때문에 그는 "하나님에 대해 나쁘게 말하는 사람이라면 누구의 말도 듣지 말아야 함"을 깨달았다.[19]

03

미국의 시골에서 맞이한 성년

죄 관리만으로는 예수께서 약속하신 풍성한 삶에 이를 수 없다.

달라스 윌라드, 『하나님의 모략』

—

네브래스카 주 서부의 춥고 외로운 밤이었다. 시월의 첫 며칠은 밀을 수확할 마지막 기회였다. 대부분 작업을 농기계로 했지만 그래도 밭에서 하루만 일하고 나면 허리가 쑤시고 손이 아렸다. 이주 농업 노동자의 삶은 아주 고달팠다. 농장을 전전하며 자란 사람도 다를 바 없었다.

달라스는 열일곱 살이 된 지 몇 주밖에 안 되었으나 집을 떠나 멀리 모험에 나선 지는 어언 몇 달째였다. 이튿날은 중요한 날이었다. 밀 수확용 트럭을 운전할 기회가 왔기 때문이다.[1] 트럭을 몬다고 생각하니 씩 웃음이 났다. 그는 침대에 누워 최대한 두 팔을 이불 속에 넣으면서도 애독서인 플라톤의『국가론』에 희미한 등잔 불빛이 떨어지게 위치를 잡았다.

플라톤이 묘사한 유토피아적 실존 때문인지 그의 생각은 문득 지난 5년의 삶으로 되돌아간다. 자신에게 부모가 되어 준 미주리 주

로버의 네 사람을 떠올리자 다시 입가에 미소가 번진다. 그는 책을 잠시 접고 머릿속에 명멸하는 고향의 잔상을 따라간다.

우선 조 할아버지가 보인다. 감리교 순회 설교자 출신으로 재치 넘치고 유머 감각이 투박했던 그는 카운티 주민 절반가량의 혼례와 장례를 집전했다. 그 옆에 로다 할머니도 보인다. 초등학교 3학년 교육밖에 받지 못했어도 할머니의 성경 지식은 신학생 급이었고 홀로 있음을 사랑하는 것은 수도사 급이었다. '그동안 내게 희망이 있었음은 오직 할머니가 희망을 버리지 않았기 때문이다'라는 생각이 들었다.[2]

어느새 졸음에 겨워 눈이 스르르 감기려는데 희미하게 초점이 잡히는 다른 부모의 모습이 있다. 형수 버타와 형 J. I.다. '형수는 한 번도 나를 비난하거나 벌하거나 나무란 적이 없지. 형도 한 번도 내게 형제애 말고는 그 무엇도 보인 적이 없고. 어쩌면 그게 나의 유토피아였을 거야.' 그런 생각과 함께 그는 깨어 있으려는 싸움과 향수의 눈물을 참으려는 싸움에 둘 다 지고 만다.

1948년 9월부터 달라스는 토머스빌 한복판에 있는 토머스빌 고등학교에 다녔다. 이 소읍에는 하얀 집들과 몇 채의 가겟집과 점포가 들어서 있었고, 연접한 일레븐포인트 강은 남쪽의 아칸소 주로 굽이굽이 흘러들었다. 그래서 달라스의 집에서 학교까지는 블루버드 상표의 노란색 스쿨버스를 타고 24km를 가야 했다.

할아버지 조셉 윌라드도 버스의 단골 승객이었다. 그는 낚싯대와 미끼와 간식용 호박씨를 들고 버스에 탔다가 동구 밖에서 내려 느릿느릿 흐르는 강둑에서 고기를 낚으며 하루를 보내곤 했다. 하

1949년의 달라스

루가 끝나 스쿨버스가 돌아갈 때 그를 다시 태우면 학생들은 그가 고기를 얼마나 잡았는지 살펴보곤 했다. 이런 편법이 가능했던 이유는 버스 운전사가 친척이었기 때문이다.

카운티의 태반이 토머스빌 고등학교 관할이었지만 학년마다 학생 수는 대개 10-15명이었다. 회색 화강암 외벽과 참나무 바닥, 교실마다 대형 창문으로 햇빛이 비쳐 드는 게 마치 노먼 로크웰Norman Rockwell의 사생화에서 곧장 튀어나온 듯한 시골 학교의 전형이었다. 여러 교실과 작은 도서관과 체육관이 중앙 복도로 연결되었다. 달라스가 다녔던 단칸 교사들에 비하면 근래에 준공된 건물은 거대해 보였을 것이다.

이 학교는 달라스에게 새 세상이었다. 중요한 영향을 미친 사람이 거기서 그의 삶 속에 새로 들어왔으니, 곧 그가 후에 "나의 첫 훌륭한 교사"라고 부른 여성이었다.

메이블 F. 우드사이드Mable F. Woodside는 작달막한 키에(약 148cm) 몸이 통통했고 갈색 머리를 바짝 깎았다. 달라스에 따르면 "영국계라서 억양도 조금 남아 있었다."

그녀는 아칸소 주립대학교의 전신에 교원으로 재직하다 토머스빌로 왔는데 건망증이 여간 아니었다. 학교에 출근할 때 신발이 짝짝이에다 치마 앞섶이 넓게 젖어 있기 일쑤였다. 요실금이 아니었다. 읍의 농부와 결혼하여 토머스빌로 이주한 그녀가 출근 전에 소젖을 짤 때 속치마로 우유를 걸러 내곤 했던 것이다. 점심시간 전에는 대개 바짝 말랐다.

이런 부주의한 성격은 영어와 수학과 사회를 가르칠 때도 그대로 드러났다. 학생들이 기억하는 그녀는 수업에 집중한 나머지 대개 교실에서 벌어지는 일을 잘 몰랐다. 한 제자의 회고에 따르면 그녀는 관심 없어 보이는 학생들을 무시하고 잠재력 있는 학생들에게 집중했다. 자기가 가르치는 동안 무관심한 학생이 창밖으로 뛰어내렸다가 몰래 다시 들어와도 이를 알아채지 못했다. 이런 근시안을 이용해서 간혹 뒷줄에서 담배를 피우는 남학생들도 있었다. 달라스도 초반에 장난질에 가세하여 교실을 기어 나간 적이 몇 번 있었다. 아마 그가 그런 일을 할 수 있음을 친구들에게 보이기 위해서였을 것이다.

그럼에도 그녀는 인기가 좋았고 대다수 학생에게 존경받았다. 학교 앨범은 달라스가 11학년과 12학년이던 두 해 연속 우드사이드 여사에게 헌정되었고, 그가 12학년 때 자신의 졸업 앨범에 받은 교사 서명은 그녀의 것뿐이었다.[3]

"그녀는 우리 윌라드 집안의 자녀를 모두 가르쳤다. 우리는 떠날 때 그녀에게 엄청난 감사를 느끼며 평생 배움을 중시하게 되었다." 특히 달라스는 9학년 때 그녀가 칠판에 동사 변형을 적던 순간을 떠올리며 "감탄했다"라고 회고했다.

"그는 더 큰 세계가 있음을 알았다"

•

우드사이드 여사에게 받은 감화에도 불구하고 달라스의 고등학교 성적표에는 지적 능력이 엿보이지 않는다. 대부분 B학점이고 C와 A의 개수가 비슷하다. 10학년 때 A를 받은 과목은 과학뿐이다. 11학년 때는 평균 A인 과목이 하나도 없고 음악과 타자와 연설은 평균 C인데 그나마 연설도 한 쿼터는 D학점을 받았다.

물론 농촌 생활이 육체적으로 힘들고 일이 많았으며 결석까지 해야 할 상황이 잦았음을 감안해야 한다. 그는 10학년 때 22일, 11학년때 27일을 결석했고, 졸업반 때는 결석 30일에 지각 3일로 기록되어 있다. 이것이 부진한 성적에 큰 영향을 미쳤을 것이다.

그의 학창 생활에서 미래의 습관을 엿볼 만한 일면이 있으니 바로 왕성한 독서욕이다. 그는 고등학생 때 『몬테크리스토 백작』을 세 번 읽었고 결국 작은 도서관의 모든 책을 졸업 전에 다 읽었다. 특히 좋아한 작가는 잭 런던Jack London이었다. 무신론에 대한 런던의 글을 처음 읽고 그는 친구에게 "그런 사상이 가능한지조차 몰랐다"라고 말한 뒤 이렇게 덧붙였다. "그의 『바다 늑대』The Sea-Wolf는 내게 비중 있는 책이었다. 주로 삶을 다루는 철학적 내용이다."

분명히 그에게 **무언가** 있었다. 성적표로 사람을 다 알 수는 없다. 그는 아주 인기가 좋았고 급우들의 신망이 두터웠다. 9학년과 12학년 때 학년 회장으로 선출되었고,[4] 11학년 때는 학년 회계라는 중책이 맡겨져 학년말 무도회에 들어갈 돈을 관리했고, 10학년 때는 학년 기자로 뽑혔다. 졸업반 때 그에게 주어진 예언은 장차 웨스트 플레인스 시의 쓰레기를 관리할 사람이라는 것이었는데, 물론 찬사의 반어법이었다.

적어도 사진 속의 그는 포즈가 당당하다. 졸업 사진을 보면 턱선이 굵은 잘생긴 윌라드 군이 사각모자를 선보이고 있는데 검은 곱슬머리는 대부분 그 속에 덮여 있다. 오른쪽 눈이 반쯤 감겼는데 우리에게 윙크라도 하는 것일까? 우리가 모르는 무언가를 알고 있을까?[5]

그러나 당시 교내에 장래의 "위인"이 있다는 조짐이 비쳤다면

달라스의 고등학교 졸업 사진

그 주인공은 필시 다른 학생이었을 것이다. 달라스보다 한 해 후배인 윌마 윌리엄스 씨는 실력이 출중한 여자 소프트볼팀과 배구팀의 스타였다. 그녀가 11학년 때 그 소프트볼팀이 무패 행진으로 상대를 다 무너뜨렸다. 윌리엄스 씨는 나중에 최초의 여자 프로야구팀에서 활약했는데, 그게 바로 훗날 불멸의 영화 "그들만의 리그"*A League of Their Own*에 담긴 록포드 피치스 팀이다.[6]

달라스도 운동을 잘했지만 윌리엄스 수준은 아니었다. 그는 9학년과 11학년, 12학년 때 농구를 했는데, 11학년 때는 2군 팀에서 뛰느라 대표팀의 활약을 별로 보지 못했다. 그는 공연 예술에도 아주 열심이어서 합창단에서 노래했고 졸업반 단막극과 3막짜리 연극에도 출연했다.

당시의 청중에게 지금도 회자되는 달라스의 열연 장면이 있다. 본인은 이를 "주인공은 아니었지만 내가 검을 들고 활보한 기억이 있다"라고 회고했다. 다른 연극에 출연했을 때의 더 인상적인 사건도 그의 기억 속에 남아 있다. 그는 친구 찰리 코원과 함께 작품의 흥취를 더하려고 일부러 무대에서 굴러 내려와 청중에게 놀람과 즐거움을 선사했다. 그럴 때면 꼭 할아버지를 닮았다.

그래도 그에게서 잠재력을 본 사람들도 있었다. 삶에 무슨 일이 닥쳐와도 그는 자족할 줄을 알았다.

고등학교 친구 준 풀러스는 이렇게 회고한다. "사람들은 그가 그토록 행복해 보일 수 있음에 놀랐다. 그의 삶이 순탄하지 않았기 때문이다. 그는 돈도 없고 가진 것도 없었다. 자동차를 몰 수 있는 친구들도 있었으나 그는 아니었다. 주머니에 여윳돈이 있는 친구들도 있었으나 그는 아니었다. 그래도 그는 중심이 잡혀 있었다. 더 큰 세계가 있음을 알았다."

"쉐키나 영광처럼 보였다"

•

삶은 고달팠다. 농장에 할 일은 많은데 때로 입에 풀칠하기도 어려웠다. 그즈음 J. I.는 흡연을 즐겼으나 달리 돈 쓸 데가 있을 때는 예외였다. 달라스는 "형이 기억난다.……우리가 몹시 가난해서 형은 장기간 담배를 끊어 딸들에게 새 신발을 사 주었다. 그러고 나면 다시 담배 가게로 줄달음쳤다"라고 회고했다.[7]

처음에는 겨울밤 달라스의 공부를 도와 줄 전기가 집에 없었다. 다시 그의 말이다. "석유 등잔밖에 없었는데 내가 고등학교 졸업반일 때 운명의 날이 왔다. 믿어질지 모르지만 농촌전기협회라는 기관에서 길가에 전봇대를 쭉 세우고 전깃줄을 걸었다. 우리 집에도 전선을 끌어들여 전등을 달았다. 이렇게 전기가 들어와 우리는 석유 등잔에서 해방되었다."[8]

달라스가 회고했듯이 "당시 우리의 사고방식이 지금으로서는 참 우습다. 어쩌면 방 안에 콘센트가 하나뿐이고 천장에 작은 전등이 하나뿐이었을 텐데도 당연히 우리는 이전과 비교해서 생각했다. 이전의 등잔에 비하면 쉐키나 영광처럼 보였다."[9] 이 보이지 않는 전력이 도래하면서 달라스의 머릿속에 "하나님 나라의 빛과 전력"이라는 은유가 켜졌다. "보라, 전기가 가까이 왔느니라."

보이지 않는 전력이 가까이 왔을 때도 J. I.는 우선 전기를 헛간으로 끌어들여 착유기부터 가동했고 집에는 나중에야 가설했다. 그제야 비로소 해 진 뒤에 등잔에 석유를 새로 붓지 않고도 숙제하고

『몬테크리스토 백작』과『바다 늑대』를 읽는 게 가능해졌다.

달라스의 말마따나 20세기의 많은 신앙인은 존 웨슬리John Wesley
가 새벽 4시 반에 일어나 여섯 시간 동안 기도했다는 글을 읽고 어
리둥절해한다. 그가 저녁 7시에 잤다는 사실을 잊고서 말이다. 윌
라드는 "사람도 닭과 같은 시간에 자던 때가 있었다"라고 상기시킨
뒤 이렇게 말을 이었다. "어렸을 때 나는 할머니, 할아버지와 한집
에 살았는데 전기도 없었고 이른바 현대 생활의 이기가 전혀 없었
다. 지금도 기억나지만 홰대를 찾는 닭소리를 들으며 아직 환할 때
자리에 눕던 밤이 많았다.……삶이 달랐다."10

그 달랐던 시대의 삶에 대해 그는 "나는 그게 멋있다고 생각했
다. 그때는 옥수수 밭을 쟁기질할 때 말을 부려서 했다. 작은 쟁기가
있었는데 날이 둘로 갈라져 있어 이중 삽이라 불렀다. 그루터기나
돌덩이와 싸우며 어떻게든 땅을 갈아 먹고살았다. 내가 고등학생이
될 때까지는 트랙터가 없었다"라고 말했다.11

달라스가 살던 시대에는 1마력이 글자 그대로 말 한 마리의 힘
을 뜻했다. 고등학교 때 그는 자기가 번 돈으로 라디오를 샀다. "가
만히 앉아 한쪽을 잡고 있어야 신호가 잡히는 소형 라디오였다."12
아메리칸 에어라인 후원의 "뮤직 틸 던," 찰스 E. 풀러의 라디오 쇼
"전통 부흥의 시간," 루디 앳우드의 음악, 프로그램 제목이 좀 싱거
운 "루터란 아워" 등을 듣곤 했다.13 세인트루이스 카디널스 팀의
야구 중계도 많이 나왔다. 로다 할머니도 찰스 E. 풀러를 차츰 좋아
했으나 달라스가 즐겨 듣던 미국의 인기 스포츠 야구에 대해서는
끝까지 긴가민가했다.

풍요로운 창조세계

•

고등학교 시절 내내 달라스는 농장에 살며 많은 동물과 함께 지냈
다. 양털을 깎았고 양과 소와 말이 새끼를 낳을 때 거들었다. 그는
"어린양을 사랑하지 않기란 힘들다. 특히 네 발로 언덕을 통통 튀어
내려가는 모습을 보면 그렇다"라고 회고했다.

농장에서 자란 달라스는 생물의 성장을 보는 일이나 손으로 무
언가 만들어 내는 기분을 늘 즐겼다. 자연 속에 하나님과 함께 있는
게 마냥 좋았다고 회고하기도 했다. "나는 성장기에 숲속에서 혼자
보낸 시간이 많다. 내가 하고 싶은 일이면 아무도 말리지 않았다. 그
래서 하루 쉬고 25km쯤 걸어가 야영하고 싶으면 [그렇게 했다]."[14]

버타의 동생이면서 달라스의 어린 시절 친구였던 딘 본올맨Dean
VonAllmen은 달라스의 축산 기술—또는 기술 부족—을 이렇게 회고
했다.

> 내가 달라스보다 나이는 좀 많지만 그와 나는 J. I.의 농장에서 함께 일
> 했다. 우리가 열대여섯 살쯤 되었던 때였다. 나는 그들과 1년 동안 함
> 께 살기도 했다. 매형 J. I.에게 우리가 필요했다. 당시 그는 소와 노새
> 를 많이 샀고 말도 더러 샀다. 그가 사 온 작고 어린 노새를 우리가 일
> 할 수 있게 길들여야 했다. 노새를 일할 수 있게 길들이는 것이 나와 달
> 라스의 일이었다. 그러면 매형이 이를 되팔아 더 많이 사왔다.

"그런데 달라스는 노새와 말을 나만큼 많이 다루어 본 적이 없었
다." 딘의 말은 그렇게 이어진다.

그래서 대개 그는 말을 맡고 나는 주로 노새를 맡았다. 지금도 기억나는데 하루는 점심시간에 노새와 말을 우르르 작은 연못으로 데려가 풀을 뜯기고 물도 마시게 한 뒤 우리도 점심을 먹고 있었다. 그런데 달라스가 먹다가 고개를 드니 말 한 무리가 물속에 들어가 있었다. 다시 모아들이려고 그가 벌떡 일어나 쫓아갔다. 어느새 강물이 그의 가슴께까지 찼는데도 말들은 따라 주지 않았다. 그때 그의 입에서 나온 말을 누구도 믿지 못할 것이다. 평소에는 "댓 검잇"("갓 댐잇"의 유화 버전으로 쓰인다—옮긴이) 정도였지만 그날은 훨씬 심했다.

이 일화를 들은 버타는 다른 때가 떠올랐다. 그날 그녀는 무더위에 땀으로 흠뻑 젖어 헛간으로 들어가는 달라스를 보았다. "그는 호스를 손에 들고 한바탕 시원하게 샤워를 할 작정이었다. 그래서 아무에게도 보이지 않는 작은 공간에 들어가 호스 밑에 섰다. 그런데 물이 얼마나 얼음장처럼 차가운지를 몰랐다. 그 소동을 다들 들었어야 한다. 안에서 고함을 질러 대기 시작하는데, 아마 그때 그 말들에게도 그랬었나 보다. 어쨌든 못할 일이 없는 게 꼭 달라스다웠다."

먼 훗날 달라스는 그때를 반추하며 이렇게 회고했다. "맙소사, 사람의 입에서 나오는 말이라니!……한때 여러분의 입에서 나오던 말이 기억나는가? 내가 젊었을 때 했던 끔찍한 말들이 기억난다. 한창 성장기의 고등학생이 그런 말을 했다! 그런 말을 하는 사람은 삶에 적합하지 못하다. 그게 어디서 나왔던가? 내 마음에서 나왔다."[15]

달라스의 악덕은 가끔의 욕만이 아니었다. 딘 본올맨의 회고에 따르면 "J. I.는 종종 읍내에 나가 담배와 씹는 담배를 사서 트럭 뒤쪽에 던져두곤 했다. 그러니까 우리도 원하면 손댈 수 있었다. 물론 그 당시에는 담배를 씹지 않으면 남자가 아니었다. 그런데 달라스는 남자였다. 우리는 쉬는 시간에 담배를 피우거나 때로는 씹기도 했다."

운전면허증을 딴 후에 달라스는 차를 몰 기회를 얻어 과속 욕구를 과시한 적이 있다. 버타의 기억 속에 하루는 그가 J. I.의 픽업 트럭에 친구들을 태우고 돌아다니다 밤에 집에 와서 "형 트럭은 두 바퀴로는 잘 안 나가던데"라고 공표했다.[16]

달라스가 훨씬 심각하게 털어놓은 말도 있다. "내가 자라난 사회에서 나의 성적인 감정은 사진과 말과 상급생들을 통해 일찍부터 망가졌다. 한 살 위의 아주 영리한 친구들이 나를 비뚤어지게 했다. 그래서 이 문제를 해결하는 데 오랜 세월이 걸렸다."[17]

불행히도 당시 그에게 주어진 "그리스도를 닮기 위한 교육 과정"이란 "마약하지 말라, 임신하지 말라, 감옥 가지 말라"의 수준에 그쳤다. 달라스는 "젊은 회심자에게 그게 전부라면 나중에 재결단이 필요하다. 내 경우도 그랬다"라고 고백했다.[18]

요컨대 달라스는 꾸밈없고 땀이 많고 담배를 씹다 뱉으며 가끔씩 욕하고 종종 정욕을 품고 하나님을 경외하던 미주리의 농촌 아이였다.

"나는 숨어 살아야 할 줄로 알았다"

•

로버 농장에 살던 5년 동안 달라스는 학교에는 많이 결석했을지 몰라도 교회에는 여간해서 빠지지 않았다. 샤일로 침례교회의 문이 열릴 때마다 거의 매번 나갔다. 특히 벤 미크스Ben Meeks 목사가 그를 기다리고 있었다. 로버 남쪽으로 아칸소 주에 인접한 미주리 주 테이어 출신인 미크스 목사는 로즈힐 침례교회에서 나와 오리건 카운티의 시골 교회들에 복음을 전했다. 미주리 주 하원의원이기도 했던 그는 부흥을 믿었다.

달라스의 말이다. "나는 부흥 운동의 전통 속에서 자랐다. 우리는 불을 내려 회중을 사로잡는 설교자들을 믿었다. 그것이 사역 방법이었다.……사실 교육은 이와 거의 무관했고 어떤 때는 방해물로 간주되었다."

달라스에 따르면 "내 고교 시절 2년 동안 미주리 남부 구릉지에 부흥이 일어났다. 내가 보니 영혼 따위에 무관심했던 사람들에게 주님을 두려워하는 마음이 임했다. 잠을 못 이룰 정도로 심했다. 온 지역이 영향을 받았다. 건성이던 그리스도인들도 의에 관심을 품고 죄를 자백하며 잘못을 배상했다."[19] "고등학생 때 하나님과 나는 아주 진지했다."

부흥은 유익해서 J. I.와 달라스 형제가 길을 찾는 데 도움이 되었다. 그러나 훗날 달라스는 부흥을 논할 때 신중을 기하며, 당시 침례교의 부흥회가 달력에 매여 있었다는 사실을 익살맞게 되짚었다.

하나님이 임하시든 임하지 않으시든 부흥회는 해마다 8월에 열렸다. 그때가 농한기였기 때문이다. 추수 때까지는 작물을 더 손볼 일이 없는데 추수 때는 아직 아니었다. 그래서 부흥회를 열기 좋은 때였다. 그때는 다들 "오래 끄는 집회"라고 불렀다. 하나님이 실제로 임하실 경우 집회 기간을 길게 연장해서 오래 끌 수 있었기 때문이다. 하지만 그분이 임하지 않으셔도 부흥회는 어쨌든 열렸다.[20]

8월의 부흥회가 진실하긴 했지만 전지전능하신 하나님께 그분이 임하셔야 할 때를 정해 드린다는 게 달라스로서는 좀 우스워 보였다. 그래도 그는 그 사역자들처럼 "부흥은 영혼 안에 하나님의 일이 진척되는 방식이다"라고 믿었고, 더 나중에는 부흥을 "우리를 화들짝 놀라게 하시는" "성령의 벼락"으로 표현하기도 했다. 그는 부흥을 배격한 것이 아니라 이런 말로 존중했다. "나도 그런 경험을 했고 소중히 여긴다. 고등학교 때부터 직접 부흥을 겪고 목격한 사람이다."[21]

그러나 이런 행사 때문에 행여 달라스가 복종적인 교회 아이였고 주일학교 교사의 총애를 받았다고 생각해서는 안 된다. 그때도 그는 교회의 "흑백" 논리에서 모순을 짚어낼 줄을 알았다.

그가 회고했듯이 "고백컨대 아주 어렸을 때부터 나는 내게 제시되던 전부 은혜 아니면 전부 자유라는 식의 양자택일 논리를 받아들일 수 없었다. 미주리 주에서 남침례교 아이로 자라면서 이런 문제로 주일학교 교사들을 무척 곤란하게 하곤 했다. 다분히 그들이 어느 쪽 입장을 취하느냐에 따라 나는 으레 반대쪽 입장을 취했다."[22] 탄탄한 논증을 중시하는 철학자의 성향이 이때부터 표출되었는지도 모른다.

아마도 그보다는, 달라스도 자신에게 흡수되고 있던 침례교 체계의 강점과 약점을 남들처럼 곰곰 따져 보았을 것이다. 주일학교 때의 난감했던 심정을 그는 다른 정황에서 이렇게 토로했다.

우리는 한 번 구원받으면 어떻게 살든 관계없다고, 어차피 죽으면 필연적으로 천국에 간다고 배웠다. 그래서 이게 무슨 뜻인지를 두고 특히 청소년들끼리 갑론을박을 벌이며 정말 심각하게 고심했다. 누구나 구원받을 수 있으며 어떤 부류의 인간이 되든 상관없다는 것이다.……그냥 그 안에서 붙잡고 버티면 된다. 그러다 걱정되면 하나님도 나를 붙잡고 계심을 떠올리면 된다. 당시의 설교자들이 쓰던 예화가 기억난다. 다리 위에 앉아 있는 개구리는 언제라도 원하면 뛰어내릴 수 있지만 개구리 위를 다리가 누르고 있으면 뛰어내릴 수 없다.[23]

질문을 던지는 것 말고도 그는 진지한 공부에 점점 더 빠져들었다. 그의 회고다. "열서너 살 때 할아버지의 종교 잡지를 읽었는데, 그 감리교 잡지에 플라비우스 요세푸스의 역사서가 언급되어 있었다. 호기심이 생겨서 아버지한테 그 책을 읽고 싶다고 했더니 아버지는 정말 읽을 거라면 사 주겠다고 했다. 그때 그가 보내 준 그 책이 지금도 내게 있다. 읽어 보니 훌륭한 책이었다."[24]

　주일학교 교사들을 "곤란하게" 할 때도 그는 깊은 애정에 싸여 있었다. 다음은 그가 『여성 지도자에 대한 내 관점의 변화』How I Changed My Mind About Women in Leadership 라는 책의 서문을 써 달라는 청탁을 받고 쓴 글이다.

　이 문제에 관한 한 내 관점이 바뀐 일이 없어 글을 기고할 수 없다고 [편집자에게] 말해야 했다. 미주리 주 버펄로 제일침례교회의 로이 로웬 여사로부터 같은 주 로버 소재 샤일로 침례교회의 플러드 여사와 여러 교사에 이르기까지, 어린 시절 내내 "교회에서" 나를 가장 많이 가르친 분들은 여성이었다. 사실 내가 아는 많은 경우에 여성이 아니었다면 아예 교회도 없었다. 내가 살아온 환경에서는 교회만 아니라 삶

전반을 주로 강인하고 지성적인 여성들이 떠받쳤고, 대개 "자격 요건" 은 거의 혹은 전혀 문제되지 않았다. 그들은 단순히 선善의 편에 서서 사람들을 그리스도의 길로 인도했다.[25]

초등학생과 고등학생 시절 달라스가 다녔던 작은 교회들에는 하나님을 깊이 사랑하고 가끔씩 부흥회에서 하나님의 임재를 경험한 사람들이 있었다. 그러나 동시에 그는 자신의 "상당히 악한 마음"을 변화시키기에 "부흥"으로 충분할지 의문이 들었고, 죄인을 물에 적시는 세례와 전혀 새로운 실존의 영역으로 들어가는 세례는 서로 다름을 점차 깨달았다.

겉으로는 "부흥해도" 사람의 깊은 속에는 심각한 문제가 있을 수 있다. 고등학교 시절 성년을 맞이할 때도 그는 거부당하고 버림받을지 모른다는 두려움과 여전히 싸우고 있었던 것 같다. 앨범 속의 곱슬머리 청년은 무언가 알고 있다는 듯 영화 스타 같은 표정을 짓고 있지만 보기보다 고민이 많았을 것이다. 수십 년 후에 그는 공감을 담아 이렇게 썼다.

우리는 하나님 및 타인들과 바른 관계에 있을 때만 본연의 삶을 살 수 있다.……어머니나 타인이 사랑으로 받아 주지 않은 아기는 평생 가는 상처를 입거나 심지어 죽을 수도 있다. 아기가 자아와 삶을 입으려면 어머니나 **중요한 타인**과 결속돼야 한다. 연령과 상관없이 거부는 영혼을 찌르는 비수다. 그것이 실제로 많은 사람을 죽였다. 서구 문화는 다분히 알게 모르게 거부의 문화다. 거부는 이른바 "현대성"의 불가피한 결과 중 하나로, 우리 시대 기독교 기관들이 취하는 구체적 형태에 깊

은 영향을 미치고 있다. 거부는 우리 영혼에 스며들며 그리스도 안의 영성 형성에 치명적인 적이다.[26]

다행히 중요한 기초가 달라스에게 다져지고 있었다. 하나님을 경험하고 그분과 교제하는 일이 이 시기부터 그 삶의 일부가 되었다. 그는 하나님과 **함께** 살아가는 법을 배우고 있었다. "나 자신의 경험으로 말하자면, 나는 **진정한** 그리스도인이라면 마땅히 하나님이 말씀을 들려주신다고 경솔하게 추측하고 있었다. 나는 하나님이 각 신자에게 무엇을 원하시는지 개인적이고 구체적으로 말씀해 주신다고 확신했다. 구원받고 그분 앞에 바르게 살기 위해 모든 사람이 믿어야 하는 일반적인 진리도 개인적 차원에서 가르쳐 주고 깨우쳐 주신다고 믿었다."

그의 말은 이렇게 이어진다.

나중에야 그런 믿음이 내가 고등학생 시절에 푹 빠져 있었던 일련의 부흥 집회에서 나온 것임을 깨달았다. 부흥 집회가 진행되는 동안 나는 독특한 유형의 생각이나 충동과 상호작용하는 법을 배웠다. 그것은 내 마음과 심령에 찾아오시는 하나님의 역사였다. 그것에 관한 이론은 내게 없었어도 이러한 경험들은 나에게 매우 특별하게 와 닿았다. 내가 정말 그것을 전혀 **이해하지** 못했음은 나중에야 깨달았다. 나는 그것이 실재함을 알았을 뿐이고, 모든 신자의 삶 속에 작용하는 이해할 만한 사실이라고 무심코 추측했다. 그 사실이 내 행동을 인도해 주었다. 그것에 관한 이론이나 교리는 몰랐어도 말이다. 그 후 사역의 길에 들어서면서 나는 "하나님의 말씀"이 내게 임하기를 사모하고 기다리는 법

을 배웠다.[27]

1952년 6월에 16세의 달라스는 동급생 열 명과 함께 토머스빌 고등학교를 졸업했다. 졸업반 회장이었던 달라스는 몇 달 후 미주리 주 로버와 또 자신을 그토록 사랑해 준 가족들을 떠나 이주 농업 노동자가 된다. 하지만 진짜 달라스는 누구였던가? 어디에 있었던가? 수십 년 후에 그는 자신의 깨어진 인간상을 돌아보며 "오즈의 마법사"로 지칭했다. 그러면서 이런 섬뜩한 말을 남겼다. "저번에 생각해 보니 어린 시절 내내 나는 앞으로 숨어 살아야 할 줄로 알았다. 그냥 사람들을 피해 숨어야 하나 보다 했다."[28]

달라스 윌라드가 되기까지

•

달라스 윌라드는 말 그대로 미국의 한가운데서 자랐다. 그가 태어난 미주리 주 버펄로에서 한 시간 남짓만 가면 미국의 인구 중심점을 표시하는 돌무더기가 나온다.[29] 썩 볼품없는 이 기념비는 손수건한 장과 주황색 플라스틱 세 조각으로 표시된 백향목 아래에 있으며, 위치는 미주리 주 플레이토(인구 109명) 읍 바로 외곽에 숲이 우거진 두 가축 이동로의 교차점에 있다.[30]

어느 웹사이트에 이런 글이 공언되어 있다. "플레이토는 다른 곳들과 느낌이 다르다. 여기는 서두르는 사람이 없다. 이곳 사람들이 쓰는 '방문하다'라는 동사는 지금도 급히 논할 일 없이 몇 시간씩 끝없이 이웃과 담소하는 행위를 가리킨다.……읍의 신조는 이쯤될 것 같다. '누구에게나 잘해 주라. 모든 사람을 알려고 하라. 어려울 때 서로 돌보라. 항상 실컷 웃으라.'"31

미래의 철학자 달라스 윌라드가 하필 플레이토(플라톤과 영어 철자가 같다—옮긴이)라는 읍 근처에서 장성했다고 생각하면 재미있다. 만인 공동체의 정서가 깃든 중원에서 맞이한 성년도 아주 특별한 데가 있다. 특히 미주리 주라는 출신지는 상호 대등한 입장에서 대중과 동화하고 소통하는 능력을 기르기에 제격일 수 있다. 이는 마크 트웨인과 월트 디즈니에게 주효했고 달라스의 삶에도 긍정적 요인이 되었다. 그는 미국의 한가운데를 떠났지만 결코 거기서 완전히 벗어나지는 않았다. 1마력이 말 한 마리의 힘이던 시절을 늘 직접 경험으로 알았다.

부흥 운동의 전통 속에서 자란 것도 달라스에게 큰 혜택을 끼쳤다. 죄를 자각하고 회개하는 것이 도움이 되었고, 죄 관리만으로는 예수께서 약속하신 풍성한 삶에 이를 수 없음을 배운 것도 유익했다. 은혜에는 과거시제(하나님의 용서)와 현재시제(하나님과의 지속적인 교제)가 둘 다 필요하다. 그가 배웠듯이 죄만 관리해서는 예수께서 약속하신 풍성한 삶을 누릴 수 없다.

은혜란 실제로 현존하시는 하나님이 우리 삶 속에서 우리 스스로 못하는 일을 행하신다는 뜻이다. 그런 의미에서 달라스의 삶 속에 은혜가 넘쳤다. 그는 가장 가까운 사람들의 삶 속에 역사하시는 하나님의 은혜를 점차 알아보았다. 육신의 아버지는 그를 실망시켰지만 대신 J. I. 형과 조 할아버지가 그에게 본보기가 되어 주었다. 남은 평생 그는 J. I.의 책임감과 교회를 사랑하는 마음을 품고 살았다. 할아버지가 세상을 떠났을 때는 순회 전도자 시절 말안장 뒤에 걸고 다니던 그의 가방을 달라고 했다. 훗날 달라스도 존 웨슬리의 영향을 받은 대학교, 여러 신학교 강의실, 교회 강단 등을 "순회하며" 복음 전파의 전통을 이어 간다. 그도 광활한 지역을 오가며 훌륭한 유머를 발휘하고 교단의 장벽을 넘나든다.

그러나 무엇보다도 그는 자신에게 어머니 역할을 대신해 준 여성들의 삶 속에서 하나님을 보았다. 찬송가를 즐겨 부르던 친할머니는 그에게 성경을 깊이 사랑하는 마음과 해박한 성경 지식을 보여주었다.

두 번째로 어머니를 대신한 우드사이드 여사는 그를 보호하며 언어에 대한 애정을 길러 주었다. 각 관계마다 감정은 쌍방적이었다. 사실 우드사이드 여사는 자신이 토머스빌로 이사 오기 전에 가르쳤던 대학교에 두 종류의 장학금을 신설했는데, 둘 다 미주리 주 오리건 카운티 출신의 장래성 있는 학생들을 위한 것이었다.[32]

또 형수 버타와 그녀의 대가족은 그에게 안정과 양육과 무조건적인 사랑을 베풀어 주었다. 수십 년 후에 달라스가 버타의 90회 생일을 축하하며 쓴 편지에 그녀를 향한 사랑이 아주 잘 드러나 있다.

사랑하는 버타 형수님께

벌써 90세라니 정말인가요? 그동안 형수님은 우리 모두에게 놀랍도록 풍성한 선물이었습니다! 형수님과 함께 농장에 살던 옛 시절이 제게 희망과 선의 기초를 다져 주었고, 그 기초가 오늘까지도 모든 역경 중에 저를 지탱시켜 줍니다. 삶의 아름다움과 기쁨도, 예수를 흠모하며 따르되 아주 건강하게 제정신을 지킨다는 의미도 다 형수님으로부터 배웠습니다.

형수님을 둘러싸고 있는 아주 훌륭한 딸들이 꼭 예쁜 꽃다발 같습니다. 이대로 모든 것이 영원히 지속될 테니 하나님께 감사할 따름입니다. 말로는 부족하지만 하나님의 도움으로 제 심정을 받아 주시기를 기도합니다.

영원히 형수님과 함께할 삶입니다!

헤아릴 수 없는 사랑과 존경으로

달라스 윌라드 드림

04.
제인을 만나다

> 결혼한다는 것은 가장 친밀하고 총체적인 대인관계를 통해
> 상대에게 자신을 주는 것이요,
> 가능한 모든 방법으로 상대의 유익을 지원하는 것이다.
> ……결혼은 하나님 아래서 몸과 영과 혼의 특별한 연합이다.
>
> 달라스 윌라드, 「마음의 혁신」

달라스 윌라드는 학교에서 책을 모아 놓은 곳을 찾는 데 오래 걸린 적이 없다. 테네시 템플 대학Tennessee Temple College의 도서관에 들어선 그는 잠시 멈추어 눈을 감고 천천히 숨을 들이쉬었다. 새 책이든 곰 팡이 슨 책이든 인쇄된 종이 냄새는 그가 가장 좋아하는 향기에 속했다. 그는 눈을 뜨고 주위를 둘러보았다. 장서량이 방대했다. 더는 고등학교가 아니었다. 졸업 전에 이 책을 다 읽기란 불가능했다.

더 둘러보던 그는 작은 음악감상실들을 보고 기뻤다. 다른 학생들에게 방해되지 않게 턴테이블에 33⅓회전부터 78회전까지의 레코드를 틀 수 있는 곳이었다. 그래서 즐거운 탄식을 토하며 고전 음악 섹션을 뒤져 쇼스타코비치의 앨범을 찾아냈다.

도서관 중앙 현관 쪽으로 돌아 나올 때도 그의 머릿속에는 그 후기낭만주의 음악이 계속 돌아가고 있었다. 바로 그때 그의 삶을 영영 달라지게 할 한 광경이 눈에 들어왔다. 후기낭만주의가 급정거하며 낭만으로 바뀌었다. 거기 참고도서실 책상에 노란 털실 스웨터를 입은 예쁜 아가씨가 있었다. 그러나 처음의 들뜬 마음이 가라앉자 이성적 사고가 그의 마음을 누그러뜨렸다. '아마 미스 테네시 템플일 거야. 남자친구도 족히 여남은 명은 될 거고. 나한테는 어림도 없겠지'라는 생각이 들었다.[1]

달라스는 차마 용기가 없어 말도 붙여 보지 못하고 도서관을 나왔다. 그러나 단골 이용자가 되었다. 그가 많은 책과 앨범을 대출한 동기는 단지 독서와 음악을 사랑해서만은 아니었다. 결국 그는 '저 여자를 대출하여 끝내 반납하지 않으리라'라고 생각했다. 그리고 그대로 했다.

"내가 무슨 짓을 했던고?"

•

제인 레이크스Jane Lakes는 대공황기에 이중의 불황이 닥친 조지아 주 스파르타 읍에서 태어났다. 스파르타는 남북전쟁을 전후해서는 제법 신흥 도시였으나 1차대전 이후 병충해로 면화 산업이 몰락하여 초토화되면서 번창의 막을 내렸다.

제인이 태어날 무렵 스파르타는 이름처럼 스파르타식으로 엄격한 외딴 소읍이었다. 다만 조지아 주 한중간의 밀리지빌에 가까웠는데, 이름도 걸맞은 이 읍은 남북전쟁 시기의 주도州都였다(밀리지빌은 당시 조지아 주지사였던 존 밀리지의 이름을 땄다—옮긴이).

달라스처럼 제인의 가정생활도 이별의 상처를 입었다. 부모는 그녀가 태어나기 전에 이혼했다. 아버지의 실명은 해럴드 레이크스Harold Lakes였으나 래리로 통했다. 래리는 조지아 주 시골 사람들의 말로 "이쪽 토박이가 아니었다." 캘리포니아에서 자란 그는 해군에 입대하여 조종사가 되었으나 불행히도 추락 사고로 하반신이 마비되었다. 휠체어에 앉은 그가 스파르타에 와서 머잖아 만난 여자가 얼마 후 제인의 어머니가 된 레베카 라티머Rebecca Latimer였다.

외조부모 소유의 하숙집 방에서 태어난 제인은 성장기에 생부를 한 번도 만나지 못해 슬펐다. 나중에 성인이 되어 대학 3인조와 함께 여러 도시를 순회할 때, 현지에 래리 레이크스라는 사람이 사는지 보려고 습관처럼 전화번호부를 뒤지곤 했다. 결국 서른 살도 더 되어 자신도 엄마가 되고 나서야 전화기 저편에서 생부의 목소리가 들려왔다. 그는 자기만이 알 수 있는 여러 질문에 답한 뒤 "제인이니?"라고 물었다.

하지만 그것은 먼 훗날의 일이다. 제인이 회고했듯이 성장기의 그녀와 외할아버지는 금세 서로의 자랑과 기쁨이 되었다. "그[조엘 "조" 리앤더 라티머Joel Leander Latimer는 나를 자랑하기에 바빴고 걸핏하면 나를 시켜 자신에게 아주 중요했던 3R을 사람들에게 말하게 했다. 그의 3R은 읽기reading와 쓰기'riting와 수학'rithmetic이 아니라 루스벨트Roosevelt와 러셀Russell과 리버즈Rivers였다. 루스벨트는 프랭클린 루스벨트 대통령, 러셀은 조지아 주의 유명한 상원의원 리처드 러셀, E. D. 리버즈는 뉴딜 정책을 시행한 당시의 조지아 주지사였다. 조 라티머는 "똥개yellow dog 민주당원"에 해당했다. 공화당에 표를 주느니 차라리 똥개에게 투표할 사람을 가리키는 남부의 정치 은어였다.

"나는 그를 '아빠 조'라 불렀다. 외할머니는 루시 제인 라티머 Lucy Jane Latimer 였는데 우리는 다 '메마'라 불렀다. 메마는 자애로운 풍모로 우리를 안정시켜 주었고 늘 우리에게 헌신적이었다."[2] 달라스의 경우와 마찬가지로 제인 레이크스의 조부모와 다른 친척들도 그녀의 삶에 중대한 역할을 했다.

스파르타에 어머니 레베카의 무용 학원이 있었다. 상호가 "잭 [제인과 남매간]과 질"이었는데 지금도 제인은 "잭과 제인"이 더 좋은 이름이었겠다고 생각한다. 그나저나 제인은 차기 셜리 템플로 양성되고 있었고 어머니의 문하생이었다. 메이 웨스트의 복장을 갖추어 입은 그녀의 사진도 있다(가슴은 살리고 허리는 조이는, 바닥에 거의 닿는 길이의 옷—편집자). 세 살 때 그녀는 지역 라디오 쇼에서 주최한 장기자랑 대회에서 탭댄스로 우승했다.

여섯 살 때 제인은 잭과 외할머니 외할아버지와 함께 1년 동안 멤피스의 이모 부부인 루시와 헨리 트론의 집에 살아야 했다. 그 사이에 레베카는 제인과 잭의 계부가 될 롤리스 W. 언더우드 Lollis W. Underwood 와 결혼했다. 엄마 곁으로 돌아온 잭과 제인은 농장식 대저택 안에 꾸며진 네 채의 아파트 중 하나에서 새 아빠와 함께 여름을 났다. 조지아 주 메이컨의 머서 대학교에서 멀지 않은 곳이었다. 나중에 커다란 피칸 과수원에 살 때는 아빠 쪽 자녀인 제리와 제프와 주디도 와서 잭과 제인과 다 함께 살았다. 레베카는 두운 법칙에 매력을 느꼈던 모양이다.

그녀의 성장 배경은 달라스와 비슷한 면이 있지만 교육은 아주 달랐다. 제인은 중학교와 고등학교가 통합된 큰 학교에 다녔는데 졸업반만 500명이어서 달라스가 다닌 고등학교보다 거의 50배나

어린 무용수 제인 레이크스

컸다. 또 이중으로 분리되어 있어 흑인과 백인, 여자와 남자가 각각 건물을 따로 썼다.

그녀는 집 근처 애번데일 침례교회의 중고등부에서 열심히 활동했다. 그러나 E. C. 쉬언 목사의 더 큰 교회도 자주 방문했다. 이름이 약간 이국적인 그곳 미카도 침례교회에는 청소년 프로그램이 활성화되어 있었다. 그 교회에서 제인은 테네시 템플 대학의 대학생 순회 중창단을 처음 접했다.[3]

제인은 그 신생 대학에 금세 흥미를 느꼈다. 중국에 자원봉사 선교사로 갈 작정이었기에 그녀는 이 기독교 대학에 가기로 결심했다. "그런 결정을 엄마에게 말하던 일이 기억난다. 차 안에 죽은 듯이 침묵만 흘렀다. 엄마는 소란을 피우거나 나를 말리지 않았다. 그저 아무 말이 없었다."

어머니는 제인을 말리지 않았다. 그래서 1951년 늦여름에 제인은 여러 친구와 함께 41번 도로로 메이컨을 벗어나 북쪽으로 애틀랜타를 지나서 채터누가에 도착했다. 테네시 템플의 캠퍼스는 수수했다. 당시 개교한 지 5년밖에 되지 않았던 그 대학은 불어나는 학생수를 시설이 미처 따라가지 못하고 있었다. 학생 대부분은 기숙사로 개조된 인근 주택에 흩어져 살았다.

제인은 캠퍼스 내의 개조된 아파트에 배정되었는데, 그곳 식당에 급조된 2단 침대에서 첫 밤을 지냈다. "잠자리에 누우며 들었던 생각이 기억난다. 내가 무슨 짓을 했던고?" 그런데 이튿날 첫 채플에 참석한 뒤로 내면에 변화가 일어나 '올 곳에 제대로 왔구나' 하는 느낌이 들었다.

그녀의 재학 기간 중에 학생수가 500명에서 800명으로 늘었다.[4]

그 신입생 중 하나로 제인보다 18개월 늦게 입학한 미주리 출신의 청년 달라스 윌라드가 있었다.

이주 노동자에서 대학생으로

•

앞서 보았듯이 달라스는 1952년 토머스빌 고등학교를 졸업한 후 1년 가까이 낮에는 이주 농업 노동자로 일하고 밤에는 독학으로 공부했다. 새벽부터 해질녘까지 그는 네브래스카 주와 콜로라도 주와 아이다호 주의 밭에서 일했다. 이 모험은 그가 열일곱 살이 되기 석 달 전에 시작되었다.[5]

밤에는 다른 종류의 수확과 추수가 이루어졌다. 해가 지고 나면 그는 플라톤과 키플링Rudyard Kipling의 책을 읽었다.

집을 떠나 있던 그 시기에 달라스는 지붕을 이는 일도 했다. "네브래스카 주 시드니에 지붕 사업을 하는 앨 미언이란 사람이 있었는데 그가 내게 지붕 이는 법을 가르쳐 주었다. 유용한 기술이었다. 내가 가입한 노동조합은 지붕 업자 노동조합뿐이었다."

평원 지대에서 막노동을 한 지 거의 9개월 만에 달라스는 버타와 J. I.의 집으로 돌아왔다. 당시 그들은 캔자스시티 근처의 미주리 주 인디펜던스에 커다란 낙농장을 운영하고 있었다. J. I.는 달라스에게 "대학에 가야 한다"라고 강권하면서 인근의 침례교 학교인 윌리엄 주얼 대학William Jewell College을 권했고, 1953년 봄 학기에 맞추어 등록할 수 있도록 직접 달라스를 거기까지 데려갔다. 나중에 달라스는 J. I.의 이런 단호한 태도를 돌아가신 어머니의 감화 덕분으로 돌리며 이렇게 말했다. "형이 나한테 대학에 가라고 한 것은 내 생각에 어머니의 영향이었다. 어머니가 형에게 교육의 중요성을 심어 주었을 것이다.”

J. I.는 그렇게 설득되었을지 모르나 달라스는 아니었다. 겨우 한 학기 만에 그는 윌리엄 주얼을 중퇴하고 다시 지붕 이는 일로 돌아 가 이번에는 세인트루이스 지역에서 활동했다. 형 집에 살면서 통학하고 호텔에서 야간 조로 일까지 했으니 학교에 다니기가 쉽지는 않았다. 1953년 1월 22일자로 되어 있는 그의 자필 지원서에 몇 가지 흥미로운 내용이 기입되어 있다. 7학년을 마친 뒤로는 실제로 거기에 산 적이 없는데도 집 주소를 미주리 윌로우 스프링스 이스트 3가 309번지로 적어 놓았고,[6] “희망 직업”을 묻는 난에는 “미정”이 라고만 썼다.

「주님의 검」

•

달라스가 세인트루이스에 머무는 동안 형 부부는 다시 미주리 주 로버로 이사했다. 달라스도 다시 그들을 따라 집으로 돌아왔다. 거기서 그는 “희망 직업”의 공란을 메울 만한 일을 만났다. 설교하기 시작한 것이다.

버타는 미주리 주 앨턴의 광장을 살짝 벗어난 곳에서 18세의 달라스가 픽업트럭 뒤 칸에 서 있던 모습을 생생히 기억했다. 입에서 는 속사포처럼 말이 줄줄 쏟아져 나왔고 풀 먹은 흰색 셔츠는 땀에 흠뻑 젖어 있었다. 훗날 달라스는 자신의 초창기에 대해 “나는 정말 말이 빠른 설교자였다”라고 말했다.

형 부부는 사역에 열심을 내는 달라스를 보며 감동했다. J. I. 자신도 아주 극적으로 강단으로 부름받고 나서 로버로 다시 이사한 터였다. 다음은 J. I.가 쓴 글이다.

> 그날 밤 나는 자기 전에 정말 기도에 힘썼다. 하지만 어떻게 응답하실지 전혀 몰랐다. 꼭 하나님의 인도를 받고 싶었다. 어떤 응답이 주어질지 알았더라면 분명히 그렇게 간절히 기도하지 않았을 것이다. 자리에 누워 1시 반쯤까지 뒤척이다 결국 잠에 빠졌다. 2시쯤에 하나님의 영광으로 방 안이 환해졌다. 어떤 형상이 보였다. 얼굴은 보이지 않았지만 예수의 현현임을 알아보았다. 내 어깨에 손길이 느껴지면서 이런 음성이 들려왔다. "내 양을 먹이라."

J. I.는 무릎 꿇고 자신의 의지를 내어 드리며 순종할 힘을 달라고 기도했다. "그 순간 내 삶 속에 하나님의 임재가 물밀듯이 밀려들어 숨을 가누기 힘들 정도였다." 그의 고백은 이렇게 이어진다.

> 이튿날 아침 밖으로 나가 보니 새 세상이었다. 그처럼 파란 하늘이나 찬란한 햇빛은 본 적이 없었다. 그때부터 성경을 탐독했다. 육체노동이 힘들었지만 저녁때 들어와 얼른 한 술 뜨고는 성경책을 펴 놓고 밤 한두 시까지 공부했다. 잠을 두세 시간밖에 못 자는데도 성령께서 늘 새 힘을 주셨다. 어느 날 문득 보니 시도하지도 않았는데 내가 성경을 외우고 있었다.7

훗날 그의 제자가 된 린 라이든아워는 "어깨를 툭 쳐서 그를 깨우는 손길이 있었다"라고 간접적으로 전했는데, 몇 년 후에 J. I.는 라

이든아워에게 "린, 내 오른쪽 어깨가 몇 주 동안 얼얼했다"라고 말해 주었다.[8]

　형의 삶 속에 벌어진 이런 극적인 사건—현존하며 우리와 교류하는 천국—은 달라스에게 깊은 영향을 미쳤을 것이다. 하나님이 일하시는 한 방식이 그의 뇌리 속에 잔상으로 남았을 것이다. 즉각적인 결과로 J. I.는 다음 달부터 시간제로 시골의 침례교회들에서 목양했는데 그중에 미크스 목사의 모교회인 로즈힐 침례교회도 있었다.

　달라스에게 열정은 있었지만, J. I.는 그가 박식하고 경험 많은 스승들을 접하면 더 좋겠다고 판단했다. 그래서 1953년 늦가을에 다시 동생에게 더 깊이 공부할 것을 강권했다. 이번에는 다른 학교인 테네시 템플 대학을 권했다.

　테네시 템플은 리 로버슨 박사Dr. Lee Roberson가 목회하던 하일랜드 파크 침례교회의 선교 활동으로 그의 지도 아래 1946년에 태동했다. 당시 그 교회는 남침례교에서 가장 큰 두 교회 중 하나였다.[9] 역사가 케빈 우드러프Kevin Woodruff에 따르면 하일랜드 파크 교회와 테네시 템플 대학이 존재하는 유일한 목적은 "영혼 구원"이었다. 그 두 기관을 합해서 세계 최장 기간의 연속 부흥회가 열렸다. 빌리 선데이 전도대회가 장장 40년 동안 계속된다고 생각해 보라. "캠퍼스를 관통하는 길의 초록색 신호등을 '가라.……가서 복음을 전하라'라는 뜻으로 생각한 사람들도 있었다." 더 근본주의적인 성경관에 입각해서 사역자를 양성할 대학을 만드는 것이 로버슨의 비전이었다.[10]

　유명한 대학은 아니었지만 달라스에 따르면 J. I.는 "그전부터 「주님의 검」Sword of the Lord이라는 정기간행물을 읽은 까닭에 테네시 템플을 알았다." 「주님의 검」은 전도자인 존 R. 라이스John R. Rice 목사가 1934년 텍사스 주 달라스에서 창간한 영향력 있는 근본주의 신문이었다. "어떻게 해야 구원받는가?"라는 그의 설교 소책자는 영어로만 3,200만 부가 보급되었다.[11] 라이스는 침례교 목사로 출발했으나 1927년에 남침례교와 결별하고 리 로버슨과 밥 존스Bob Jones처럼 근본주의 운동의 기수가 되었다. 「주님의 검」은 발행 부수가 급증하여 결국 「월간 무디」Moody Monthly를 앞질렀다.[12]

이번에도 J. I.는 최선을 다했다. 달라스를 입학시켰을 뿐 아니라 1946년산 낡은 포드 자동차로 거의 800km에 달하는 채터누가까지 그를 데려다주었다. 그러고는 차를 동생에게 남겨 두고 버스를 타고 로버로 돌아갔다.

1954년 1월에 학기가 시작된 지 며칠 만에 달라스는 몸이 아파 미주리 주 집으로 돌아왔다. 황달에 걸린 그는 자신도 자동차도 다시 돌아가기 어렵겠다고 생각했다. 병세가 어느 정도였을까? 학교까지 갈 수 없을 정도는 아니었을 것이다. 황달 못지않게 향수가 깊었을 것이다. 하지만 이번에는 J. I.도 뜻을 꺾지 않았다. 동생이 회복의 기미를 보이자마자 형은 학교에 전화해서 다시 돌아가도 되는지 확인했다. 존 허먼 학장의 승낙이 떨어지자 달라스는 다시 테네시 산지로 보내졌다.

달라스가 별로 복귀할 마음이 없었음은 J. I.가 그에게 동기를 더 제공해야만 했다는 사실로도 알 수 있다. 그는 달라스가 학교로 돌아가면 자기가 동생 드웨인도 그곳으로 보낼 수 있을 것 같다고 약속했다. 이 작전은 두 월라드 형제에게 잘 통했다. 그러나 결국 달라스는 형의 정신적 지지가 필요 없어졌다. 머잖아 캠퍼스에서 제인 레이크스를 만났기 때문이다.

양말을 신지 않은 달라스

•

8mm 영화 카메라의 영상은 불안정하게 흔들린다. 달라스의 형 드웨인과 누나 프랜이 화면 속에서 마음껏 농담을 주고받으며 웃고 있다. 드웨인은 셔츠 바람에 머리가 클라크 게이블 스타일이고 프랜과 함께 카메라 앞에서도 편안하고 느긋하다. 그런데 다른 호리호리한 청년은 이와는 아주 대조적으로 새발 격자무늬 조끼에 검은색 정장을 입고 초록 일색의 넥타이를 맸다. 테네시 템플에 다니던 시절에 찍은 이 영상에서 청년 달라스는 약간 주위를 의식한 듯 조심스러워 보인다.

제인은 달라스를 처음 만나던 때가 딱히 기억에 없다. "아마 여럿이 함께 있었을 것이다.……하지만 어느 오후에 그의 노랫소리가 들리던 일은 똑똑히 기억난다. 음악실이 여학생 기숙사 옆에 있었다. 내가 뒷문으로 나가 막 샛길로 들어섰을 때 마침 그는 발성 교습을 받던 중이었다. 그 바리톤 목소리를 들으며 참 좋은 인상을 받았다." 그녀의 말은 이렇게 이어진다. "함께 무슨 봉사단에 속한 적이 있어 그가 누군지는 알았으나 별로 기억에 남지는 않았었다. 그날 오후에 그 노랫소리를 듣기 전까지는 정말 아무런 느낌도 없었다."

두 살 아래인 달라스에 대한 제인의 가장 이른 기억 중 하나는 사실 양말을 신지 않은 모습이었다. 장래의 제임스 딘인 양 반항기가 있나 보다 했는데 나중에 알고 보니 가난해서 양말을 살 수 없었던 것이었다.

청년 윌라드의 기억은 사뭇 달랐다. 제인을 처음 보았던 때가 훨썬 일렀고 그에게 지울 수 없는 인상을 남겼다.

분명히 그는 음악 지식이 늘었다. 제인은 1955년 봄에 음악감상 수업을 달라스와 함께 들었던 기억이 있다. "교수도 작곡가 이름이나 곡명이 생각나지 않으면 달라스에게 묻곤 했다. 얼랭어 병원에서 잡역부로 일할 때 라디오를 들으며 음악 지식을 쌓았던 모양이다. 그는 밤새워 음악을 듣곤 했다. "파이어스톤 아워"와 아메리칸 에어라인 후원 프로그램을 애청했다." 제인에게 말을 걸 용기를 내려고 학교 도서관에서 앨범을 들으면서도 지식이 더 늘었을 것이다.

결국 달라스는 용기를 내어 로맨틱한 관심을 드러냈다. 제인의 기억 속에 그날 그는 식당에 들어가려고 다른 학생들과 함께 줄을 서서 기다리고 있었다. "대개 학생들은 '광야의 새처럼 우리도 음식을 기다리네'라는 노래를 불렀다. 그런데 몇 번이나 그는 내가 지나가기만 하면 그냥 벽으로 쓰러져 기절했다. 기절하는 척한 거였다. 그 뒤로 언젠가부터 둘이서 [식당에서] 함께 먹는 일이 많아졌다."

달라스보다 외향적인 형 드웨인이 제인을 눈여겨보고 동생이 미처 용기를 내기 전에 실제로 먼저 데이트를 청했다. 그러나 이때쯤 제인의 관심은 달라스에게 있었다. 게다가 형제간인 두 남자를 번갈아 사귀어서는 안 된다는 것을 고등학교 때 배웠다.

둘의 데이트는 그렇게 시작되었다. 물론 그때는 시대가 달랐다. 제인의 회고다. "[테네시 템플에서] 실제로 데이트할 때는 남학생이 여학생 기숙사로 와서 현관에서 만난 뒤 데이트용 휴게실에서 대화했다. 본격적인 첫 데이트 날에는 다른 학생들과 함께 시민회관의 무슨 음악회에 갔었다. 피아노 이중주의 멋진 연주와 교향악단이 기억난다."

사람들의 머리에 불을 내리는 설교

•

달라스는 여간해서 사랑에 빠지지 않을 도리가 없었다. 제인은 계속 털실 스웨터를 입었을 뿐 아니라 융판이 있었고 융판을 사용할 줄도 알았다.

딱히 데이트는 아니었지만 둘은 학생 주도의 전도 활동에 자주 함께 참여했다. 달라스는 "제인은 으레 풍금을 치고 나는 노래하고 설교했다. 또 기쁜 소식 동아리와 함께 현지 감옥에도 다니고 주로 흑인 지역인 주변 동네에서 노방 집회도 열었다"라고 회고했다.

제인의 기억에 현지 감옥에서 예배드릴 때면 대개 이동식 풍금을 들여놓을 공간이 부족했다. "그래서 나는 성가대에 있고 한 여학생이 아코디언을 연주했다." 채터누가의 여러 술집 앞에서도 자주 예배를 드렸다.[13]

당시에 달라스는 아칸소 주 북부 출신의 J. 해럴드 스미스라는 침례교 라디오 설교자의 설교를 듣고 있었는데, 제인이 보기에 사역 초기에 그의 설교를 본떴다.[14] 달라스는 설교에 대해 스승들에게 배웠던 다른 지혜를 회고했다. 예컨대 오순절 계통 설교자들의 성경책은 사도행전 2장을 많이 써서 닳았지만, 달라스의 말마따나 그쪽 지역의 침례교에서는 로마서 1장 부분이 닳았다.[15]

달라스는 율법과 죄의 결과로부터 시작해서 심판이나 정죄의 기조로 설교하도록 배웠다.[16] 그래서 "사람들의 머리에 불을 내려야 설교인 줄로 알았다"라고 말했다. 청중의 머리카락에 아직 연기가 피어오를 때 그는 그들을 "로마서의 구원의 길"로 안내하여 구원을 제시하곤 했다. 이는 미리 선정된 일련의 로마서 구절로, 죄를 용서받고 사후에 천국에 가는 단계를 보여준다고 알려져 있었다. 요컨대 달라스의 스승들에 따르면 간단히 전도의 물꼬를 트는 좋은 방법이 있었다. 지금 죽는다면 천국에 갈 수 있겠느냐고 묻는 것이었다.[17]

그러나 달라스에게는 지옥불과 심판을 외치는 부흥사 이상의 무엇이 있었다. 제인의 회고다. "그는 달랐다. 굳이 3대 요점을 고집하지 않았다. 일부 학생 설교자―당시 그렇게들 불렸다―의 메시지는 별로 진정성이 없거나 진실하지 않아 보였다. 그런데 달라스의 말은 늘 진실하게 들렸다. 그의 마음이 담겨 있었기 때문이다. 그는 똑똑한 사상가였다."

어쩌면 너무 똑똑했는지도 모른다. 적어도 제인에게는 때로 그렇게 보였다. "그의 지성이야 분명히 대단했지만 철학적 대화 때문에 하마터면 우리는 갈라설 뻔했다. 데이트가 시작된 후로 채플 건물 옆길을 함께 걷던 기억이 있다. 걸으면서 달라스가 말했다. '당신은 이 길을 택했지만 다른 길로 갈 수도 있었음을 어떻게 알까요? 어쩌면 이 걸음이 예정돼 있어 다른 쪽을 선택할 수 없었던 걸까요?'" 철학적 결정론과 자유의지론을 논하는 게 최고의 데이트 기술은 아닐 것이다. 이로써 제인의 사고를 자극한 것은 분명했지만 달라스가 바라던 식으로는 아니었다.

그녀는 이렇게 말을 이었다. "그날 밤 자기 전에 기숙사 방 거울 앞에 서서 머리를 빗던 기억이 난다. '그것만 아니었으면 좋았을 텐데'라는 생각이 들었다. 늘 그런 식으로 사고하기가 싫어 관계를 끝내야 될 것 같았다. 어쩌면 그런 사상가와 결혼하는 일을 내가 감당할 수 없을지도 몰랐다.

그런데 미처 그와 헤어지기 전에 변화가 생겼다. 내가 느끼던 거리감이 그에게도 전해졌는지 모르지만 그가 내게 시를 써 주기 시작했다. 그래서 그에게 철학적 사고만 있는 게 아님을 알았다."

시 말고 다른 언어도 있었다. 아이스크림이 한 예다. 제인은 졸업반이 끝나 갈 무렵 채플에서 피아노를 연습하던 그날 저녁을 기억했다. 달라스는 그녀가 어디 있을지를 알고 슬그머니 "해피 코너"라는 교내 아이스크림 가게를 들러서 제인의 연습 장소로 건너갔다. 손에 아이스크림이 들려 있었다.

제인은 "바로 알아볼 수 있는 향이었다. 전교생이 다 아는 '연인' 향이었다. 분홍색 아이스크림이 녹아내리기 시작했다"라고 회고했다.

그녀는 그가 이런 식으로 자신을 향한 감정을 표현했음을 알았다. 표현이 계속 그렇게 은근했던 것도 아니다. 아이스크림에 담긴 "계속 사귀자"라는 메시지를 그녀가 수락한 뒤로 그는 이렇게 고백했다. "지금 당신을 사랑하는 것처럼 누군가를 이렇게 사랑해 본 적은 없습니다."

"아내는 미스 템플이었다"

•

1955년 8월 26일 현직 "미스 테네시 템플"은 달라스 윌라드 여사가 되었다.[18] 예식은 오후 5시 반에 제인의 모교회인 조지아 주 메이컨의 애번데일 침례교회에서 열렸고, 주례는 그 교회의 에드윈 M. 클랩 목사가 맡았다. 신랑 들러리는 앨라배마 주 모빌의 바비 오스왈드였고, 신부 들러리 대표는 조지아 주 워너 로빈스의 소냐

결혼식 날의 제인과 달라스

쿠퍼(버트 리드 여사)였다. 제인의 삼촌 헨리가 신부를 입장시켜 신랑에게 건넸다. 현지 신문에 따르면 "신부는 공단에 흰색 수공예 레이스를 박은 드레스를 입었다." 신랑은 프랜 누나가 선물한 검정 양복에 검정 나비넥타이 차림이었다. 교회는 흰색 글라디올러스와 초록색 양치류와 흰색 촛불로 장식되었다. 예식 비용은 100달러도 들지 않았다.

제인은 달라스에게 기도문을 써 달라고 부탁해서 거기에 직접 곡조를 붙였다. 제인의 친한 친구 빌 엘리엇이 예식 중에 「우리의 기도」를 노래했다.

> 자비로우신 사랑의 아버지여,
> 우리의 새 삶을 걸음마다 인도하시되
> 우리 뜻이 아니라 주 뜻대로 하시고
> 주의 지혜로 빛을 비추어 주소서.
> 사랑의 끈에 묶이고 이끌려
> 삶의 모든 시련 속에 하나 되게 하소서.
> 주와 친밀하게 교제하게 하시고
> 천국의 그날까지 육신에서 구하소서.
> 감히 우리 뜻을 신뢰하지 않고
> 모든 길을 주께 의탁하오니
> 우리 영혼을 함께 세워 주시고
> 죽는 날까지 우리 몸의 주인 되소서.
> 온전한 사랑은 과거이자 현재여서
> 시간의 주름은 무력합니다.

세월과 시련을 통과할수록

사랑은 순금처럼 단단해집니다.

주여, 우리를 고난당하기에 합당하게,

주의 고통에 동참할 만하게 여겨 주소서.

그 비통한 십자가를 우리에게도 지워

주의 영광을 얻게 하소서.

우리의 모든 소망과 목표와 바람은

오직 주께만 있나이다.

이생의 기쁨과 슬픔을 지나

복된 영원에 이르기까지.

윌라드 부부는 조지아 주 토코아 근처 레이크 루이스의 수양관으로 신혼여행을 갔다. 딱히 힐튼 호텔 급은 아니지만 아름다운 장소였다. 수양관은 조지아 주 메이컨에서 북동쪽으로 240km쯤 떨어진 침례교 시설로, 산속에 작은 호수가 있었고 근처의 토코아 폴스는 아름다운 폭포를 자랑했다.

그때 일을 달라스는 이렇게 회고했다. "아내와 나는……조지아 주 북부의 어느 수양관으로 신혼여행을 갔다. 레이크 루이스의 기독교 수양관이었다. 둘이 호수에서 수영하고 있는데 어떤 사람이 다가와 아주 부드럽게 '혼욕은 안 됩니다'라고 말했다. 결혼한 사이라고 했더니 괜찮았다."[19]

신혼여행을 마친 젊은 부부는 차를 몰고 노스이스트 조지아 산맥을 넘어 테네시 템플로 돌아왔다. 그해 가을 달라스는 졸업반에 올라갔고, 제인은 교원으로 갓 임용되어 같은 대학에서 시창과 음악 이론을 가르치면서 부속 성경학교의 음악감상 수업도 맡았다. 바쁜 일정에 허락되는 대로 마음껏 혼욕을 즐길 수 있었다.

달라스 윌라드가 되기까지

•

달라스와 제인은 서로 1,100km도 더 떨어져 자랐지만 아주 비슷한 면이 많았다. 둘 다 유년기에 한쪽 부모의 부재로 인한 고통을 겪었다. 둘 다 그 상실을 보충해 주려는 조부모와 친척들의 보호와 사랑을 받았다. 둘 다 보수 침례교회에서 성장했다. 둘 다 양쪽 고향 사이의 한 소도시에 새로 생긴 부흥 지향의 대학에 진학했다. 그리고 거기서 서로 만났다.

달라스의 말이다. "사람들은 자기가 원하는 것을 얻으려는 생각에서 결혼한다. 물론 여러분도 그때의 나 같다면 자신이 원하는 게 무엇인지 잘 모른다. 그저 아름다움에 대한 환상이 있을 뿐이다. 그런데 모두들 내 아내를 보았어야 한다. 감사하게도 아내는 미스 템플이었다.……우리는 그리스도께 깊이 헌신되어 있어 지난 세월 서로 불행할 때도 그리스도 안에서 행복했다."[20]

달라스가 깨달아 나중에 말했듯이 결혼이란 "가장 친밀하고 총체적인 대인관계를 통해 상대에게 자신을 주는 것이요, 가능한 모든 방법으로 상대의 유익을 지원하는 것이다. 신체적·정서적·영적 차원은 물론이요 그 밖에 상상할 수 있는 존재의 모든 차원을 포괄한다. 이는 주를 경외함으로 피차 복종하는 것이다. 결혼은 하나님 아래서 몸과 영과 혼의 특별한 연합이다."

결혼은 두 나라가 하나로 연합하는 가장 중요한 장이다. 결혼 제도는 삼위일체 하나님이 누리시는 타자 중심의 사랑을 창출하는 실험실이 될 수 있다. 훗날 달라스가 관계의 사랑과 연합에 대해 쓴 글은 다분히 제인 레이크스 윌라드와의 결혼생활에서 흘러나왔다.

05.
하나님을 만나다

"안다"라는 말은 "그분에 대해 안다"라는 뜻이 아니다.
사랑은 하나님이 아니지만 하나님은 사랑이시다.
그분은 그런 분이며 그 자체가 그분의 정체다.

달라스 윌라드, 『그리스도를 아는 지식』

—

달라스는 명절 주간의 첫날인 토요일 아침에 테네시 템플에서 잠에서 깨어났다. 캠퍼스는 텅 비어 있었다. 돈이 없어 미주리에 다녀올 수 없었다. 집이 그리웠고 큰형과 형수가 지금쯤 무엇을 하고 있을지 궁금했다. 온화한 날씨로 보아 형은 텃밭에서 쟁기질을 하고 있을 것 같았다.

다행히 빨래할 돈은 있었다. 그래서 빨랫감을 모아 한 손에는 자루를, 또 한 손에는 흠정역 성경을 들고 세탁실로 걸어갔다. 빨래를 넣자 물이 나오면서 기계가 돌아가기 시작했다. 그동안 그는 자리에 앉아 책을 폈다. 왠지 요한복음부터 읽고 싶어 펼쳤는데 몇 장 읽다 보니 아예 다 끝내는 게 좋겠다는 생각이 들었다.

그렇게 그는 난생처음 요한복음을 통독했다. 동전을 넣거나 빨래를 갤 때만 끊겼을 뿐 몰두해서 읽었다. 요한의 기사는 찬란해 보였다. 이런 경험은 처음이었다. 세탁실을 나와 기숙사로 돌아올 때는 둥둥 떠 있는 기분이었다.[1]

그날 하루 종일 그는 방에서 성경을 다시 읽고 묵상하고 (침례교인답게) 다른 본문들과 대조했다. 어느새 외로움은 달아났다. 예수께는 그가 여태 몰랐던 **실체**가 있었고, 그분을 둘러싼 사람들과 사건들에도 마찬가지였다. 복음서를 쓴 요한은 자기 친구 예수께서 그분의 현존하는 나라 안에 하나님과 함께 살도록 우리를 초청하신다고 정말 믿었다. 달라스가 어렸을 때 들었던 기쁜 소식이 갑자기 이제껏 상상했던 것보다 더 위대해 보였다. 그날 이후로 달라스의 세계는 영영 달라진다.

『위대한 그리스도인들은 어떻게 성령의 충만을 받았는가』
•

어렸을 때부터 주일학교 반에서 으레 그랬듯이 달라스는 테네시 템플에서도 점점 더 자신의 울타리를 밖으로 밀어냈다. 짧은 방학 중에 요한복음을 읽고 또 읽으며 벌어진 사건이 그 서막이었다.

그의 지평은 계속 넓어졌다. 요한을 통해 믿기 어려우리만치 기쁜 소식을 접한 지 얼마 되지 않아 빌리 글렌 더들리라는 선배가 그에게 책을 한 권 주었다. 제임스 길크리스트 로슨James Gilchrist Lawson의 『위대한 그리스도인들은 어떻게 성령의 충만을 받았는가』Deeper Experiences of Famous Christians 였다.

지금까지 읽었던 책들 중에 가장 영향력 있는 단 한 권의 책을 주제로 원고 청탁을 받았을 때 그는 이렇게 썼다. 이 책은 "아주 적

시에 내 삶 속에 들어왔다. 어쩌면 그보다 더 중요하게 내게 그리스
도와 고금의 그분 백성의 다함없는 보고를 열어 주었다. 이를 계기
로 결국은 그리스도 안의 삶을 이해하고 실천하는 데 훨씬 더 중요
한, 심도 깊은 기독교 문서의 세계가 내게 도래했다."²

그 책에 수록된 인물의 면면을 보면 아주 다양해서 남침례교와
는 거리가 멀다. 예컨대 지롤라모 사보나롤라Girolamo Savonarola, 잔느
귀용Jeanne Guyon, 조지 폭스George Fox, 존 버니언John Bunyan, 존 웨슬리,
조지 윗필드George Whitefield, D. L. 무디Moody, 윌리엄 부스William Booth
등 그 밖에도 많다.

계속되는 달라스의 글이다. "하나님의 임재와 활동이 인생 속에
실제로 침투한 사례들을 보며 나는 큰 힘을 얻어, 다음과 같이 믿게
되었다. 즉 그리스도께서 친히 주시거나 성경에 주어진 삶과 약속
들은 오늘 우리가 누리라고 있는 것이다. 이 책에 보듯이 평범한 사
람도 주님을 **구하면** 실재하시는 그분을 만난다. 사실은 그분이 오
셔서 자신의 실체를 보여주신다."³ 그러니 다른 사람들도—침례교
인만이 아니라—요한복음에 묘사된 실체 속에 들어갈 수 있을 터
였다.

그는 또 "『위대한 그리스도인들은 어떻게 성령의 충만을 받았는
가』가 나를 침례교 제일주의에서 벗어나게 했다. 머잖아 나는 볼로
타이를 매고 속 비치는 나일론 셔츠를 속옷 없이 밖으로 내 입고 양
말 없이 신발을 신고 다녔다. 율법주의를 물리치고 있었던 것이다"
라고 말했다.

세탁 중에 요한복음을 읽고 또 읽으며 하나님을 만난 지 얼마
안 되어 달라스는 장시간 고독 속에 지내는 특유의 습관을 길렀다.

부산한 대학 캠퍼스에 허락되는 대로 온종일 혼자 있을 때도 있었다. 대개 성경을 읽는 데 주력했고, 또 하나님을 경험했다고 보고한 위대한 영성 작가들의 글도 읽었다.[4]

그러던 어느 날 달라스는 캠퍼스 한복판의 낡은 교회당 3층에 있는 어린이 주일학교 교실들이 생각났다. 학생들에게 "채플"로 불리던 곳이었다. 수시로 고독 속에 물러나 몇 시간이고 기도하던 할머니가 떠올라 입가에 미소가 번졌다. 그때 문득 무언가 그의 마음을 잡아끄는 게 있었다. 그는 성경책을 들고 그 낡은 벽돌 건물로 걸어가 아이들의 한 교실로 들어갔다.

생각해 보니 작은 의자들이 가득한 그 방은 주중 내내 비어 있었다. 머잖아 그곳은 그만의 성소가 되었다. 의자에 앉을 수는 없지만 방 안을 왔다 갔다 하거나 바닥에 드러누워 조용히 쉬면서, 주의를 집중해서 아주 능력 있게 기도했다. 제임스 로슨의 영적인 명예의 전당에 오른 인물들의 감화로, 그는 예로부터 내려온 실천을 직접 체험하기 시작했다. 영혼을 구원하는 근본주의 대학의 어린이 주일학교 교실에서 자신도 모르게 꾸준한 침묵과 고독 훈련 속으로 더 깊이 들어간 것이다.

그즈음 그는 또 다른 영향력 있는 책인 C. S. 루이스의 『순전한 기독교』*Mere Christianity*를 만났다. 다음은 훗날 그의 회고다.

학부 시절 테네시 템플에서……형[드웨인]과 같은 기숙사 방에 살 때 하루는 그가 『순전한 기독교』를 가져왔다.……그래서 읽기 시작했다. 내게 다가온 단순한 사실은 '이것이 옳다'라는 것이었다. 내용보다 어조가 강하게 다가왔다. 여기 난제를 무시하거나 피하려 하지 않고 두 발로 버티고 선 사람이 있다. 그냥 서서 한 인간으로서 이슈를 다루어 나간다.······그것이 루이스가 내게 준 큰 선물이다. 아무것도 숨길 필요가 없음을 나도 알았다. 가식도 필요 없었다.[5]

루이스의 책을 처음 접한 지 1년 후인 1956년에 달라스는 찰스 G. 피니Charles G. Finney의 책도 열심히 읽기 시작했다. "당신의 사고에 가장 큰 영향을 미친 작가는 누구인가?"라는 구체적인 질문에 그는 이렇게 답했다.

찰스 피니를 몇 손가락 안에 꼽아야 할 것이다. 아주 오랜 세월 나는 그의 글과 신학에 심취했다. 내 생각에 그의 저작은 가장 위대한 수준이다. 그런데 지금은 이를 아는 사람조차 거의 없다. 피니는 대학 총장이었다. 그래서 지성의 측면을 잘 알았다. 그는 신학교에서 공부한 게 아니라 다른 사역자들에게 사사했고, 그들과 논쟁을 벌일 때도 많았다. 변호사 공부를 했으니 그에게는 자연스러운 일이었다. 그는 그런 식으로 말하고 가르치고 늘 글을 썼다.······내게 엄청난 영향을 미친 인물이다.

달라스와 마찬가지로 피니도 구체적으로 사역을 목적으로 한 정식 교육(신학교 교육)은 받지 않았다.[6] 그보다 피니는 과거의 도제 방식대로 현직 사역자의 학습 지도를 통해 배웠는데, 그 사역자는 장로교의 조지 W. 게일George W. Gale이었다.[7] 피니는 조직신학을 집필했고 부흥 같은 종교 체험을 신중히 고찰하여 분석했다. 그의 저서 중 달라스의 사고에 가장 큰 영향을 미쳤을 듯 보이는 책 두 권은 『찰스 피니의 자서전』*Memoirs on Revival*과 『찰스 피니의 부흥론』*Lectures on*

Revival 이다.[8]

달라스가 보기에 피니는 그리스도인이 하나님을 체험하여 은혜 가운데 자라가려면 그분을 알고 신뢰하고 순종해야 한다는 데 중점을 두었다. 피니가 역설했던 또 다른 주제도 달라스의 후기 저작의 한 구심점이 되었다. 바로 신학교와 교회가 영적 삶을 양육할 방법 내지 교육 과정을 제시하여 "참된 기독교"를 살려야 한다는 것이었다. 피니는 신학교가 학생들의 영성에 훨씬 더 주목해야 하고, 교회도 지식 못지않게 심성 교육에 힘써야 한다고 믿었다.[9] 훗날 달라스가 말한 "그리스도를 닮기 위한 교육 과정"은 찰스 피니의 구상에서 기원했을지도 모른다.

달라스는 책을 통해 감화를 받을 뿐 아니라 격려가 되는 스승들도 만났다. 특히 테네시 템플의 두 교수가 긍정적인 쪽으로 돋보였다. 그는 "그 캠퍼스의 가장 중요한 부분은 루비 왜그너Ruby Wagner와 존 허먼John Herrmann이라는 두 교수였다. 그들은 내게 우드사이드 여사와 비슷한 영향을 미쳤다"라고 회고했다.

루비 왜그너는 우드사이드 여사처럼 달라스에게 문학에 대한 애정을 길러 주었다. 케빈 우드러프의 말로 그녀는 "전설로 남아 지금은 그녀의 이름을 딴 기숙사도 있다. 영어 교사였던 그녀는 한 세대 전체에 걸쳐 작문을 가르쳤다. 대단한 여성이었다!"

심리학과는 테네시 템플에 그때 막 생겨났다. 달라스가 입학할 때는 심리학이 전공이 아니라 사회학과의 부전공으로만 개설되었다. 부총장 존 허먼은 교내에서 교육 수준이 최고인 데다 단연코 다른 분야와 가장 많이 교류한 교수였는데, 심리학과의 모든 과목을 그가 가르쳤다. 그는 나약 대학Nyack College, 노스웨스턴 대학교

Northwestern University, 로욜라 대학교Loyola University, 시카고 대학교University of Chicago, 노던 침례신학교Northern Baptist Seminary 등 많은 학교에 다녔다. 모든 학위를 당시 빠르게 생겨나던 현대 심리학이 아니라 교육학과 신학과 철학 분야에서 받았다. 그는 약간 별난 데가 있었지만 예리한 지성의 소유자였다. 한번은 법률가 클래런스 대로우Clarence Darrow와 공개 토론을 벌인 적도 있었다. 그의 아내는 음악과의 초석이었다.[10]

허먼이 캠퍼스에 철학과 심리학을 아우른 동아리를 만들자 달라스도 거기에 이끌렸다. 안타깝게도 그는 달라스가 졸업한 지 오래지 않아 심장 발작으로 세상을 떠났다. 하지만 그의 도움으로 달라스는 인격과 영혼의 문제에 대해 사고했고, 영혼에 대한 최고의 사고 중 더러는 신학 수업 바깥에서 이루어진다는 사실도 깨달았다.

달라스에 따르면 "허먼 박사는 아마도 심리학자였지만 실제로 탁월한 교사였다. 아주 해박하고 열정적이었다. 꼭 토니 캠폴로Tony Campolo 같았다. 그와 인상도 비슷했고 똑같이 활력이 넘쳤다."[11] 허먼은 죽은 듯이 메말라 있는 정통을 신기하게 보충해 주었다. "내가 심리학을 전공한 주된 이유가 허먼이었다. 거기에 영혼을 이해하고 싶은 내 갈망이 맞물렸다."

그러나 전체 교수진에 대한 달라스의 경험은 긍정적이지 못했다. 특히 그를 경악에 빠뜨린 수학 교수가 있었다.

달라스는 "아마도 수학을 가르친" 교수가 있었다고 회고했다.[12] 하루는 "그가 방정식을 푸는데 양쪽에 무언가를 더했다. 내가 그게 어디서 나왔느냐고 질문했더니 그는 '난데없이 나왔다네, 윌라드군, 난데없이'라고 말했다. 그 과목에 D학점을 받은 나는 수학을 독학하기로 마음먹고 채터누가 대학교University of Chattanooga에 등록해서 수학을 몇 과목 들었다."

그 일은 나름대로 중요한 계기가 되었다. 그 수학 교수에게 좌절하면서 달라스는 죽기 살기로 수학을 배웠다. 그렇지 않았다면 나중에 기초가 부족해서 수학과 논리학에 대한 에드문트 후설의 철학적 분석을 결코 감당하지 못했을 것이다. 후설은 훗날 달라스가 박사과정을 밟을 때 연구의 초점이 되었으며, 그의 사고에도 지적으로 중대한 영향을 미쳤다.[13]

성경과 고전에 몰두하다

•

테네시 템플 재학 시절에 달라스는 지금 여기서의 삶 속에서 하나님을 경험하려는 갈급함도 깊어졌다. 아마 자신도 모르게 그는 하나님이 주시는 메시지의 지적인 내용 못지않게 그분과 함께하는 **과정**도 중요함을 점차 경험했다.

나중에 그는 이렇게 회고했다.

사역 초기에 나는 엄청난 시간을 들여 성경에 몰두했고 위대한 영성 작가들의 책을 읽었다. 주께서 몇 날 며칠이고 온종일 독서와 성경에만 몰두해도 되는 상황을 가능하게 해주셨던 것 같다. 무언가 준비한다든지 시험을 본다든지 그런 일이 전혀 없었다. 그저 성경과 [거듭 말하지만] 위대한 영성 작가들을 빨아들였다. 그 당시 내게 가장 의미가 컸던 두 사람은 토마스 아 켐피스와 찰스 피니였을 것이다. 그들의 책을 그 야말로 닳도록 읽어 나중에는 더 읽을 수 없게 되었다.

그의 말은 이렇게 이어진다.

또 원고 없이 말하는 법을 배우는 것도 내게 중요한 문제였다. 나중에야 알았지만 그렇게 하려면 하나님을 온전히 신뢰하며 말해야 한다. 원고 없이 말한다고 해서 준비하지 않는다는 뜻은 아니다. 아주 오래전에 풀턴 쉰Fulton Sheen에게 들은 말이 기억난다. 그가 성당 뒤쪽에 서서 주교가 읽는 설교를 듣고 있는데 마침 옆에 서 있던 여자가 그러더란다. "본인이 하려는 말도 기억하지 못하면서 어떻게 우리에게 그걸 기대할까요." 그 말이 내게 깊이 와 박혔다. 덕분에 듣는 이들의 곤경에 한결 더 민감해졌다. 이 둘은 함께 다닌다. 내용에 깊이 몰두할수록 할 말이 더 풍성해지기 때문이다. 나는 설교나 강연 원고를 작성하긴 하지만 일단 연단에 올라서면 그냥 말한다. 최선을 다해 말한다. 우리의 만족이 그리스도 안에 있기에 그게 가능한 것 같다.[14]

토마스 아 켐피스와 피니 등을 통해 달라스는 강건한 지성을 접했다. 그들은 자신이 경험한 하나님을 기록했다. 참되고 순전하고 본받을 수 있는 형태의 기독교가 필요함을 스스럼없이 기술했다.

그러나 하나님의 실체를 경험하며 성장하는 것이 달라스의 표현으로 "**선택적** 세대주의selective dispensationalism"의 환경에서는 약간 어려울 수 있었다(체험에 오순절이라는 수식어가 붙을 만할 때는 특히 더했다).[15] 이 이야기는 제인의 말로 들어 보자.

테네시 템플에 무엇이든 은사주의적인 것은 엄격히 금지되어 있었다. 기억나는 채플 시간이 있다. 그전에 학생 두 명이 은사 체험을 통해 방언을 했고 거기에 능력—사역의 열매—도 수반되었다. 그러자 그들은 다른 학생들에게 그 일을 말했다.

그래서 하루는 총장 로버슨 박사가 찰스 와이글을 전교생 앞에 강사로 세워 자신의 사역에는 이것이 용납될 수 없다고 말하게 했다.[16] (우리는 와이글을 "예언자"라 불렀고 그는 캠퍼스에 있는 동안 예언자의 방에 머물렀다. 그 방은 채플 건물 어딘가에 있었던 것 같다.) 와이글은 첫 아내가 자신을 버리고 떠난 후에 「예수처럼 나를 돌보신 이 없네」라는 찬송가를 작사했다. 어쨌든 깊이 존경받던 그는 총장의 부탁으로 채플에서 자신이 방언한 적이 없음을 증언했다.

곧이어 로버슨 박사도 일어나 말했다. "방언을 하지 않는 사람은 모두 자리에서 일어나기 바랍니다."

방언하는 두 학생은 뒤에서 둘째 줄 가운데께 숨어 있었는데 주위에서 모두 그들을 가렸고 그들도 흘끔거리지 않았다. 전원인 것 같다는 로버슨 박사의 말로 사태는 일단락되었다. 하지만 만약 발각되었다면 그 둘은 퇴학당했을 것이다.

달라스와 제인은 하나님을 직접 만나는 학생들에게 깊이 공감했다. 달라스 자신이 하나님을 체험적으로 만나고 있었던 것도 한 이유였다.

제인은 달라스가 동료 학생들에게 공감을 보인 또 다른 예를 기억했다. 이는 그의 성품이 어떻게 형성되고 있는지를, 다시 말해, 내면생활이 어떻게 외부 현실에 반영되고 있는지를 보여주는 사례다. 그 일은 장기자랑 대회에서 벌어졌다.

달라스와 그의 형 드웨인이 장기자랑에 출전했다. 드웨인은 목소리가 잘 다듬어져 있어 쉽게 우승할 수도 있었다. 그런데 달라스 바로 앞 순서의 남학생이 잘하지 못했다. 노래도 단연 촌스러웠고 내가 보기에 기타 솜씨도 대단할 게 없었다. 그러나 달라스는 자리에서 일어나 "나도 '기이타'를 저렇게 칠 수 있다면 오른팔을 이만큼 주어도 아깝지 않겠습니다"라고 말했다. 그 너그러운 말이 청중을 사로잡았다. 이어 달라스는 「오, 나는 약한 나그네요」를 불러 대회에 우승했다.

그의 반응에서 보듯이 스물한 살 대학생인 그의 성품은 일정 부분 확고히 갖추어져 있었다. 특히 남을 긍휼히 여기는 마음이 깊었다. 어쩌면 선곡에도 의미가 있었다. 문자적으로나 영적으로나 그 노래에는 자신의 이야기가 담겨 있었다. 소외감과 어쩌면 버림받은 기분에 밝은 천국을 사모하는 향수 같은 마음이 어우러져 있었다. 여기 땅에서도 그가 막 경험하기 시작한 나라였다. 어쨌든 달라스는 만장의 갈채를 받으며 우승까지 했고, 이를 입증할 메달이 지금도 제인에게 있다.

"안개 속으로 들어갔다"

•

테네시 템플 대학은 자석처럼 외부 강사를 끌어들였다. 달라스의 재학 시절에 채플과 특별 행사를 거쳐 간 강사 명단은 복음주의 부흥사의 인명사전과도 같다. 그중 몇 사람만 꼽으면 찰스 E. 풀러, 클리프 배로우즈Cliff Barrows, 도슨 트로트맨Dawson Trotman, 조 보이드Joe Boyd, 조 헨리 행킨스Joe Henry Hankin, 밥 존스, J. 버논 맥기J. Vernon McGee,

레스터 롤로프Lester Roloff, 도널드 그레이 반하우스Donald Grey Barnhouse 등이 있다. 제인은 "채플은 하나님을 경험하는 살아 있는 예배였다. 무슨 일이 있어도 빠지고 싶지 않았다"라고 회고했다.

달라스가 가장 좋아한 두 외부 강사는 존 R. 라이스와 R. R. 브라운Brown이었다. 먼 훗날 그는 저서 『하나님의 모략』 헌사에 라이스와 브라운을 가리켜 "당시 땅에 [신앙의] 거인들이 있었다"라고 썼다.

라이스는 앞서 이미 소개한 바 있다. 브라운은 기독교선교연맹 Christian and Missionary Alliance, C&MA 산하에 오마하 복음 성막Omaha Gospel Tabernacle을 설립한 불같은 전도자였다. 기독교 방송 사역의 개척자로서 "세계 라디오 회중"이라는 장수 종교 프로그램을 진행했으며 뛰어난 언변, "음악에 대한 열정, 잃어버린 영혼을 향한 애정, 자신과 타인과 주변 세상에 대한 따뜻한 농담"으로 유명했다. 그는 설교할 때 마이크를 집어삼킬 듯 목청껏 외치는 버릇이 있었으나 늘 개개인에게 말하듯이 행동했다. 이에 대해 본인은 "철제 원이 겹겹이 둘린 마이크 속에 청중이 다 보인다. 마지못해 아내를 따라 교회에 온 남편도 있고 빌리네 당구장 패거리도 있다. 겉옷을 벗고 그들에게 설교하노라면 얼굴에 땀이 비 오듯 쏟아진다"라고 설명했다.[17]

1956년 4월말에 R. R. 브라운이 하일랜드 파크 침례교회의 11차 연례 성경 집회에 강사로 왔다. 달라스는 부흥이 필요했다. 그가 수학에 받은 D는 대학 시절을 통틀어 최악의 학점이 아니었고 아마 가장 유의미한 학점도 아니었다. 그 영예는 로마서 과목에 받은 F학점에 돌아가야 한다.

그는 1955년 8월에 로마서 과목을 처음 수강했는데 마침 제인과 결혼하기 전 마지막 몇 주간이었다. 결과는 낙제였다. 그래서 결혼한 상태로 이듬해 봄에 그 과목을 재수강해야 했다. 그런데 일찍 졸업하려면 이번만은 낙제를 면해야 한다는 엄청난 압박감 때문에 그만 유혹을 이기지 못하고 시험에 부정행위를 했다.

달라스는 그 사건을 이렇게 회고했다. "두 설교자가 집회 강사로 온다는데 나는 [부정행위에 대한] 가책에 짓눌려 있었다. 그래서 항복하고 '좋다, 교수에게 자백하자'라고 생각했다."[18] 교수에게 자백해서 어떻게 되었는지는 모르지만 그날 밤 그가 부흥 집회에 참석한 것만은 분명하다.

그런 집회가 으레 그렇듯이 메시지에 감화를 입은 사람들은 앞으로 나가 특별 상담을 받았다. "그날 밤 설교가 끝난 후 나도 기도실에 들어갔다.[19] 그 뒤에 벌어진 일은 잘 모르겠다. 나는 안개 속으로 들어갔다. 안개 속에 머리를 내밀고 있던 급우 페리 배그즈가 기억난다. R. R. 브라운이 내 머리에 안수했다."

제인도 메시지에 반응해서 그 방에 들어갔는데 그녀는 "브라운이 주님께 달라스를 붙들어 달라고 기도했다"라고 덧붙였다. 물론 주님은 그렇게 해주셨다.

달라스의 기억은 브라운의 손이 자기 쪽으로 다가오던 데서 끊겨 있다. 그때부터는 하나님의 생생한 임재를 깊이 경험했다. 달라스는 "그 임재가 며칠이고 몇 주고 내 곁에 머물렀다. 사실은 영영 나를 떠나지 않았다. 그 뒤로 나는 하나님이 멀다고 느껴지거나 내 말을 경청하지 않으신다고 느껴 본 적이 없다"라고 말했다.

제인에 따르면 그날 밤 함께 잠자리에 들 때 달라스가 "침대 모서리마다 천사가 있어요"라고 조용히 말했다. 나중에 그는 "천사들이 보인 것이 아니라 거기 있는 게 느껴졌다"라고 덧붙였다.

이 경험이 달라스에게 미친 중대한 영향은 아무리 강조해도 지나치지 않을 것이다. 이를 통해 그는 하나님과 "함께" 살아가는 것이 가능하다는 믿음이 자라갔다. 본인의 말로 "죄를 자백하고서 그런 극적인 경험을 한 뒤로 나는 솔직히 말해서 하나님이 내 말을 귀기울여 들으시고 나와 대화하심을 단 하루도 느끼지 못한 적이 없다. 이것은 선물이다. 단지 내가 얻어 낸 것이 아님을 잘 안다."[20]

『위대한 그리스도인들은 어떻게 성령의 충만을 받았는가』에 언급된 토머스 아 켐피스의 책을 달라스는 그전에도 접했으나, 이 경험 이후로『그리스도를 본받아』의 현대 도서관판을 더 깊이 파고들었다. 이 책은 그에게 깊은—어쩌면 너무 깊은—영향을 미쳤다. 제인은 달라스가 순교자로 죽고 싶다는 생각을 몇 번이나 말로 표현했다고 회고했다.

다행히 순교는 필요하지 않았다. 어쨌든 **그런** 식의 순교는 아니었다. 그로부터 머잖아 달라스의 졸업식 때 강사로 온 월터 L. 윌슨 Walter L. Wilson—대학 총장 출신이며 자비로 영혼 구원 사역을 하던 의사였다—은 달라스와 제인이 말 그대로 몸을 하나님께 산 제물로 드려야 한다고 조언했다. 이것이 달라스에게 물리적 순교의 충분한 대안이 되었던 것 같다.

1956년 5월 27일 월요일 저녁 8시 반쯤 촌시-굿 강당에 달라스 앨버트 윌라드가 호명되었다.[21] 그는 연단에 올라 첫 학위인 심리학 학사학위를 받았다. 참석한 가족은 제인과 드웨인뿐이었다. J. I.와 버타도 채터누가에 오려 했으나 달라스 부부가 두 달 후 미주리로 돌아갈 참이었으므로 굳이 그럴 필요가 없어 보였다.

그 후로 달라스가 테네시 템플을 다시 찾은 때는 2006년이었다. 그때 그는 "예수 그리스도의 성품과 능력을 입으라"라는 제목의 존 허먼 강연 시리즈에 강사로 참여했다.[22]

달라스 윌라드가 되기까지

•

테네시 템플 시절에 달라스에게 있었던 가장 큰 중대사는 하나님을 인격적으로 경험한 일이라고 할 수 있다. 그는 세탁기 속에 빨래가 돌아가는 동안 요한복음을 통해 하나님을 경험했다. 기독교 고전을 읽고 묵상하며 하나님을 경험했다. 어린이 주일학교 교실에서 홀로 있는 시간을 통해 하나님을 경험했다. R. R. 브라운의 안수를 통해 지금 여기서의 하나님 나라 속으로 떠밀려 그분을 경험했다. 그는 평범한 그리스도인이 일상생활 속에서 하나님을 깊이 경험할 수 있음을 믿게 되었다. 이것이 단지 믿음이나 신념이 아니라 삼위일체 하나님과 교제하며 그분을 아는 **지식**일 수 있을까?

달라스가 배웠듯이 성경 읽기와 기도 같은 영적 실천에 관한 한 "마음이 산만하거나 서두르거나 지쳐 있어서는 안 된다.……삶을 변화시키는 효과적 기도와 공부는 '평상시의 삶'에 꿰매어 달 수 없다. 평상시의 삶은 잠시 내려놓아야 한다. 그보다 나은 것으로 대치되어야 한다."[23] 테네시 템플에서 그는 연과 연실 둘 다의 중요성을 배웠다. 연은 구불구불 날쌔게 하늘을 가르며 매번 산들바람에 곤두박질치다 또 솟아오른다. 바람이 연을 낚아채려고 할 때 연실은 연을 바닥에 매어 두려고 한다. 이 긴장이 연을 춤추게 한다. 접지와 비상 사이, 통제와 자유 사이에 균형이 필요하다.

테네시 템플 재학 중에 달라스는 비상하기 시작했다. 체험적 지식의 몇 가지 중요한 바람에 실려 둥실 떠올랐다. 그러나 동시에 팽팽한 연실 내지 닻줄이 있어 그것이 당시는 물론 남은 평생 동안 달라스를 견고히 붙들어 맸다.

변화의 바람은 여러 모양으로 불어왔다. 즉 그는 채플 시간이나 개인기도 중에 하나님을 신비롭게 생생히 체험했고, 우드사이드 여사와 루비 왜그너와 존 허먼 같은 스승 겸 역할 모델과 교류했고, C. S. 루이스와 찰스 피니와 토마스 아 켐피스 같은 저자의 글을 읽었고, 물론 스스로 사고했다. 달라스는 계속 독자적 사상가로 성장했고, 영혼의 문제를 신학 분야의 울타리 바깥에서 탐구하는 일까지도 겁내지 않았다. 그는 하나님을 체험함으로써 살아 있지 못한 "죽은 듯이 메말라 있는 정통"에서 벗어나기 시작했다. 복음을 공적으로 고백하는(복음에 대한 이해를 표명하는) 것만으로 구원이 완성된다는 과거시제뿐인 구원관을 점차 탈피했다.

무엇보다 달라스는 늘 성경을 깊이 사랑하고 최고로 여겼다. 그가 믿는 성경은 인생을 잘 사는 법에 대한 확실하고 현실적인 전문 서적이기도 했다. 그의 사고는 바로 성경에 기초해 있었다. 나중에 그가 썼듯이 "성경은 **교제**를 확립시켜 주고 **연합**의 길을 열어 주는 하나의 **의사소통** 방식이다. 일단 성경을 경험하기 시작하면 이 모든 과정이 완전히 이해할 수 있는 방식으로 이루어진다."[24] 그의 참신한 사상은 하늘로 비상하면서도 성경이라는 기초에 묶여 있었다. 철학 논문을 제외하고는 그의 어느 기사나 글이나 저서에서도 그렇지 않은 예를 찾기가 불가능할 것이다.

하나님을 체험하는 일은 **연**이고 성경이라는 중요한 접지는 **연줄**

이었다. 웨슬리의 유명한 사변형에서 두 변―전통과 경험―은 **연**이
되어 거룩한 산들바람을 탔고, 다른 두 변―성경과 이성―은 연을
단단히 붙들어 맸다.[25]

06.

학문에 눈뜨다

우리는 수세기 동안 회의적인 사람이 믿는 사람보다
언제나 똑똑하다는 관념을 부추겨 온 문화 속에서 살고 있다.
그러나 의심하는 사람이라고 어리석지 않다는 법은 없다.

달라스 윌라드, 『하나님의 음성』

학계에 가장 흔한 거짓말은 "나도 그 책을 읽어 보았다"라는 말이다.

달라스 윌라드, 여러 강연에서

—

힘든 여정이었다. 이동주택 바퀴의 금속 테두리가 계속 타이어를
찔러 대는 바람에 타이어가 여덟 번이나 펑크 났다. 모아 둔 돈이
그때마다 수선비로 야금야금 줄어들어 마침내 베일러 대학교 근처
의 주유소에 섰을 때는 달라스의 수중에 35센트밖에 없었다. 제인
의 품에는 생후 두 주 된 아기가 안겨 있었다.

  그들은 지칠 대로 지쳐 있었다. 달라스는 점원에게 웨이코에 이
동주택을 싼값에 장기 주차할 만한 데가 어디냐고 물었다. 점원이
근처의 한 곳을 일러 주어 젊은 부부는 그날 밤 거기로 가서 살림을

차렸다.

형편은 최저 수준이었다. 몇 달 동안 달라스와 제인과 아기 존은 거기서 소형 이동주택에 살았다. 으레 있는 연결 장치가 없어 샤워기와 싱크대의 물이 직접 땅바닥으로 쏟아졌다. 전기와 수돗물은 끌어다 쓸 수 있었으나 변소는 옥외에 따로 있었다. 달라스는 밤에 근처 주유소에서 일하여 생활비를 벌었고, 제인은 대개 이동주택에 아기와 둘이 남아 산후 우울증과 싸웠다.

현대의 기준으로 보면 정말 열악한 상황이었다. 그러나 달라스와 제인은 둘 다 최대한 소박하고 검소하게 살기로 "선교사 서원"을 한 터였다. 그 서원이 이곳 웨이코에서 확실히 시험에 부쳐졌다.

1956년 8월 젊은 부부는 검은색 폰티악에 소형 트레일러를 매달고 짐을 실었다. 백미러 속에 작아지는 채터누가 시를 뒤로한 채 테네시 강을 건너 북서쪽으로 향했다. 덜컹거리는 길은 발런티어 스테이트(테네시 주의 별칭―옮긴이)를 가로질러 미주리 주 오자크 고원지대로 들어섰다. 제인으로서는 "내 인생의 가장 행복했던 4년을 두고 떠나는 길이었다."

철재와 목재가 섞인 일레븐포인트 강의 다리를 건너 미주리 남중부의 돌멩이 많은 평평한 평원으로 그들은―적어도 달라스는―돌아갔다. 그가 다녔던 미주리 주 토머스빌 고등학교로 다시 온 것이다.

대학을 졸업하기 전에 달라스와 제인은 그의 모교인 이 고등학교에 교사로 지원했었다. 연봉은 둘이 합해 6,600달러였는데 이 젊은 부부가 보기에 그 돈이면 많아 보였다. 아울러 달라스는 토머스빌 제일침례교회에서 섬기기로 했는데, 이 직책에서도 닭 몇 마리

와 여분의 양말 몇 켤레쯤은 수익이 있을 것이 분명했다.[1]

달라스에게는 행복한 귀향이었다. 제인이 회고했듯이 "우리가 건너온 일레븐포인트 강—사실은 실개천—이 우리 뒷마당에도 지나갔다. 전기는 있었지만 수도가 없어 펌프에서 집 안까지 양동이로 물을 길어 날라야 했다. 옥외 변소도 있었다. 집은 정방형에 방이 네 칸이었고 입구나 복도는 없었다." 나무로 짠 앞문을 통해 동네 사람들이 곧장 젊은 부부의 삶 한가운데로 들어오곤 했다.

이어지는 제인의 회고다. "달라스가 요리용 장작 화덕을 구하려고 했는데 버타가 이런 말로 나를 구해 주었다. '안 돼, 달라스. 할머니가 사시던 방식을 제인에게 바라서는 안 돼.' 그래서 그는 대신 전기스토브를 구했다."

목사 안수를 받다

•

정방형 집 앞문에서 그들의 두 일터가 보였다. 화강암 건물인 교회 첨탑과 둘이 근무할 학교였다. 제인은 영어 문법과 문학 교사로 채용되었고 합창반도 지도하기로 했다. 달라스가 맡을 과목은 수학이었다. 이제 그와 제인은 못 말리는 우드사이드 여사와 함께 일하게 된 것이다.

제인의 말이다. "우드사이드 여사에 대해 달라스에게 들었었는데 과연 대단한 인물이었다. 크리스마스 뮤지컬을 감독한 내게 그녀가 이제까지 교내에서 본 중에 최고라고 칭찬해 준 기억이 있다. 하지만 달라스가 부른 「오, 거룩한 밤」이 마음에 들어서 그렇게 말했을 수도 있다. 마지막 절을 그가 까먹긴 했지만 말이다."

달라스의 7학년 제자 중에 조카 월다 월라드도 있었다. 하루는 월다가 그에게 하나님의 개입을 대신 간구해 달라고 부탁했다. "큰 시험이 있어서 기도해 달라고 했더니 그는 나를 보며 '시험공부는 했니? 공부했다면 기도해 주지'라고 말했다."

수학을 가르치는 일 외에도 달라스는 첫 목회지인 토머스빌 제일침례교회에서 사역했다. 몇 달 동안 현지 양떼의 목자로 섬기다가 안수를 받았다. 제인은 교회에서 피아노 반주를 맡았다.

첫 회중을 달라스는 아주 잘 기억했다. "미주리 남부의 남침례교 교회에서 목회했는데 내 생각에 일부 교인들은 스스로 의롭다는 생각에 온통 매여 있었다. 변화되지 않기로 작정한 이들에게는 내가 아무것도 변화시킬 수 없음을 금세 깨달았다. 대신 교회 사방에 죽어 가는 이들 천지임을 점차 알게 되었다. 교회 밖 친구들을 사귀어 보니 내 말을 받아들이는 이들이 많았다."[2]

제인에 따르면 달라스의 설교는 아직도 "J. 해럴드 스미스"처럼 목청을 높여 빠르게 열변을 토하는 식이었다. 그녀가 기억하기로 그는 그 방식에 빠져든 지 여러 해였다. "캘리포니아로 이사 온 뒤로도 똑같이 하기에 내가 지적해 주곤 했다. 그것이 전혀 그답지 않았기 때문이다."[3]

하지만 효과적일 수는 있었다. 메리 조의 기억에 한번은 달라스가 교회에서 성경의 어떤 주제로 한참 설교하고 있었다. "그 교회에 여러 해 동안 서로 말을 안 하고 지내던 두 남자가 있었다. 그런데 메시지가 끝나고 초청 시간에 그중 하나가 일어나 반대쪽 자리의 다른 남자에게 다가가 화해해서 장내의 모든 사람을 충격에 빠뜨렸다."

1956년 12월 2일 달라스는 남침례교단 소속 토머스빌 제일침례교회에서 목사 안수를 받았다. J. I. 윌라드 목사가 교회에 권면의 말씀을 한 뒤 달라스에게 성경책을 전달했고, 안수식 설교는 로버의 샤일로 침례교회에서 달라스의 목사였던 벤 미크스가 맡았고, 축도는 새로 안수받은 목사가 했다.[4]

달라스는 자신이 안수받은 일을 아주 따뜻하게 기억했다.

내 인생 최고의 순간 중 하나는 내 어린 날부터 나를 알던 그 겸손한 분들이 [목소리가 떨린다] 내게 손을 얹고 복음을 전하도록 안수하던 때였다. 솔직히 나는 그게 정말 무슨 의미인지 몰랐다. 그런데 밭에서 함께 일했고 나를 꼬맹이 때부터 알면서 나 때문에 속 썩었던 그 사람들이 미주리 주 토머스빌의 작은 침례교회에서 내게 안수를 주었다. 이 말을 하는 이유가 있다. 내가 지금 대학교에서 가르친다고 해서 스스로 복음 사역자로 여기지 않는 것이 아님을 밝히기 위해서다. 나는 복음 사역자이기 때문에 대학 강단에 있다.[5]

그러나 결국 달라스와 제인이 토머스빌에 머문 기간은 1956년 8월 말부터 1957년 2월말까지 6개월에 불과했다. 달라스가 침례교 목사로 정식 안수는 받았지만 그도 제인도 정식 교원 자격증은 없었다.

부부가 함께 토머스빌 고등학교 교장실에 불려가던 날을 제인은 지금도 기억한다. 교장은 주(州) 교육 당국으로부터 테네시 템플이 미주리 주에서는 인가된 대학이 아니라는 통보를 받았음을 알려 주었다. "그래서 학교 측에서 우리를 당장 대체해야 했다"라고 제인은 회고했다.

이어지는 그녀의 말이다. "우리야 부끄러울 게 없었지만 상부에
미안했다. 어차피 나는 몇 주밖에 더 가르칠 수 없음을 이미 알고
있었다. 그즈음 첫아이의 출산일이 임박했기 때문이다."

"신기하고 예쁜 이 작은 생명체"

•

1957년 2월에 존 윌라드John Willard가 태어났다. 태어난 지 한 주 만
에 달라스는 아들의 헌아례를 직접 집례했다.

아들의 출생을 회고하면서 달라스는 사랑하는 자녀를 향해서
도 부모에게 항상 한계가 있을 수밖에 없음을 이렇게 고찰했다.

나는 첫아이가 태어났을 때 이와 비슷한 감정을 훨씬 더 강하게 느낀
적이 있다. 우리 부부를 통해 세상에 나온 신기하고 예쁜 이 작은 생명
체가 나와는 철저히 분리된 존재라는 사실, 그리고 세월이 흐르는 동안
불의의 사건과 타인의 홀대와 그릇된 선택과 몸의 노쇠를 거쳐 결국
죽음을 대면할 때까지 이 아이의 외로움을 막아 주기 위해 **내가** 할 수
있는 일이 아무것도 없다는 사실을 뼈저리게 깨달았다.

상대를 아무리 사랑한다 해도 그의 존재와 삶의 심연까지 온전히
채워 주거나 궁극적 최후의 순간까지 **함께한다는** 것은 인간으로서는
할 수 없는 일이다.[6]

머잖아 달라스와 제인과 생후 두 주 된 아기 존은 이번에는 소형 이
동주택을 매단 폰티악에 다시 올랐다. 신문 광고를 보고 구입한 이
동주택을 그들은 테네시 템플에서부터 알고 지내던 유명한 전도자

레스터 롤로프에게 나중에 팔게 된다.

그들은 텍사스로 향했다. 정식 자격을 취득하는 게 문제의 해법이라고 판단했던 것이다. 그래서 달라스는 종교학과 철학을 공부하러 베일러 대학교Baylor University에 입학했고 제인도 나중에 거기서 음악 교육학을 공부한다.

• 웨이코에서 이동주택 바깥에 나와 있는 존

이 대학교의 캠퍼스는 브라조스 강변에 넓게 뻗어 있으며 대형 도서관, 뛰어난 교수진, 많은 대학원 프로그램과 전문 과정을 갖추었다. 다방면의 유명한 동문들을 자랑하기도 하는데, 그중 컨트리 음악가 윌리 넬슨Willie Nelson은 그곳에 재학하던 2년간 인근의 싸구려 카바레에서 연주하며 시간을 거의 다 보냈다. 그러다가 달라스 부부가 캠퍼스에 도착하기 얼마 전에 학교를 중도에 떠났다.

당시의 생활 조건은 암울했다. 이동주택 단지는 복닥거렸고 설상가상으로 존은 분유를 자꾸만 토했다. 제인은 "웨이코 생활 초창기에 남편이 집에 들어오면 아기도 나도 흔들의자에서 울고 있던 밤이 많았다"라고 말했다.

밝은 면도 있었다. 윌라드 가는 혼수용 도자기류와 순은 식기류만 썼다. 그릇이라곤 그것밖에 없었기 때문이다. 또 진정한 은혜도 넘쳤다. 어느 밤에 그들은 돌풍이 다가온다는 소식을 듣고 급히 자동차만 타고 피난을 떠났다. 그런데 하필 정면으로 폭풍을 향하여 차를 몰았다. 아마도 하나님의 섭리로 다행히 돌풍이 방향을 트는 바람에 자동차도 이동주택도 무사했다.

그 힘들었던 시절을 돌아보며 달라스는 이렇게 뉘우치며 반성했다.

초기에 나는 형편없는 잘못을 저질렀다. 내가 집안의 설교자요 가장이라고 배우며 자란 탓이었다. 그래서 내 책임만 용감히 다하면 되었고 사랑하는 아내 제인은 스스로 알아서 하게 그냥 두었다. 아, 하나님이 나를 쳐서 죽게 하지 않으신 게 기적이다. 정말 나는 그런 일을 당해 마땅했다. 그런 것이 다 미련하게 배워서 그것밖에 몰랐기 때문이었다. 지금은 훨씬 철들어 나의 영적 삶보다 아내의 영적 삶을 가꾸는 게 더 중요해졌다. 다행히 아내도 나의 변화를 인정한다.……부부는 정말 함께 자라간다.……이런 훈련을 함께 실천하면 그렇다.7

이동주택의 좁은 공간에서 몇 달 살고 나니 이사가 불가피했다. 다행히 도움의 손길이 나타났다. 새 친구 조 보이드와 옛 친구 찰스 매쉬번 그리고 베일러 대학교의 학생주택 담당 부서였다.

"할 말부터 갖추라"

•

조 보이드는 텍사스 A&M 대학교 재학 때 미국을 대표하는 풋볼 선수로 뽑혔고, 1939년 그 팀 주장을 맡아 11 대 0으로 전국 풋볼 선수권전에 우승했다. 1940년 워싱턴 레드스킨스 팀에 선발되어 프로 무대에서 활약한 뒤에 전도자로 이름을 떨쳤다. 존 R. 라이스와 잭 하일즈의 신학적 친척이 되어 지옥불과 유황을 설교한 그는

"지옥을 전하면 사람들의 가면이 벗겨져 구원을 대면하게 된다"라고 믿었다.[8]

보이드가 지옥에 대해 설교하기 시작했을 때 달라스는 하나님 눈에 띄지 않기를 바라며 좌석 밑으로 숨고 싶었던 기억이 있다. 그의 회고에 따르면 보이드는 "어린아이가 돌멩이로 연못에 물수제비를 뜨듯이 하나님도 죄인들로 불못에 물수제비를 뜨실 것입니다!"라고 말했다.[9]

그런데 1957년 여름에 보이드는 방향을 바꾸어 텍사스 주 메스키트에 오픈도어 침례교회를 개척했다. 웨이코에서 150km쯤 떨어진 달라스 근교였다. 그의 동료이자 오랜 친구인 잭 하일즈도 달라스에서 목회했는데, 그의 밀러로드 침례교회는 세례 교인 숫자가 남침례교단 전체에서 1위였다. 하일즈는 교회 성장 전문가들이 출현하기 전부터 교회 성장의 대가였다. 1958년에 펴낸 그의 책 『교회 출석자를 늘리는 법』How to Boost Your Church Attendance에 보면 밀러로드 침례교회 교인을 92명에서 3,400명으로 공격적으로 늘린 방법이 공개된다. 보이드와 하일즈는 생각이 비슷해서 리 로버슨, 레스터 롤로프, 존 R. 라이스 같은 독립 침례교 목사들을 수시로 자기 교회에 설교자로 초빙했다.

윌라드 부부가 조 보이드와 연결된 것은 테네시 템플의 옛 친구이자 스승인 찰스 매쉬번을 통해서였다.

제인의 말을 들어 보자.

찰스 매쉬번은 우리 3인조가 전국을 순회하며 노래할 때 우리를 차에 싣고 다녔었다. 그런데 조 보이드를 만난 후 매쉬번 박사가 이런 아이디어를 냈다. 달라스와 내가 조를 도와서 조의 교회에 소속된 목회자 양성 학교를 세워 보자는 것이었다. 양성 프로그램 이름은 텍사스 침례교 전도학교를 줄여 BEST로 하고, 나는 교회 비서 겸 학교 교사로 섬기고, 달라스는 중고등부 목사를 맡아 수요일 밤과 주말에만 웨이코에서 차로 올라오면 된다고 했다. 절박했던 우리로서는 이동주택에서 벗어날 수 있는 기회였다. 결국 달라스는 학생주택에 방을 구해 웨이코에 남았고 매주 두 차례씩 가족이 상봉했다.

조 보이드, 찰스 매쉬번, 잭 하일즈와 함께 "학생 설교자"로 활동하던 그 시기에 달라스는 많은 것을 배웠다. 그러나 이후 그의 삶과 사역에 가장 중요했던 한 가지 깨달음은 아마도 이것이다. "말할 곳을 찾으려 하지 말고 할 말부터 갖추라."[10]

보이드와의 동역으로 달라스 부부의 재정 문제는 다행히 해결되었지만 가정의 긴장은 임계점에 이르러 있었다. 아직 아이가 어린 이 가정에 1957년 가을 학기는 특히 힘들었다. 달라스가 웨이코에 살며 주말에 보이드의 교회로 통근했는데, 이런 삶의 스트레스를 제인은 더는 감당할 수 없었다. 아기 존 때문에 병원에 갔을 때 주치의는 달라스에게 어떻게든 아내의 스트레스를 풀어 주어야 한다고 말했다. 그래서 달라스는 그렇게 했다.

목회자 양성 학교가 출범했으나 이 부부는 메스키트에 남지 않았다. 1958년 1월에 그들은 베일러 캠퍼스의 기혼자 학생주택에서 다시 완전히 살림을 합쳤다. 소형 조립식 주택인 "호메트 3호"였다.

인종 분리에 대한 달라스의 심경

•

캠퍼스의 학생주택으로 돌아온 달라스와 제인은 찰스 웰본Charles Wellborn이 목회하던 제7제임스 침례교회라는 큰 회중에 등록했다. 교적부에 보면 1958년 1월 5일자로 그들의 소속이 메스키트의 오픈도어 교회에서 제7제임스 침례교회로 이적되어 있다. 윌라드 일가는 이후 7개월 동안 그 교회에 출석했다.[11]

그 무렵 이 교회는 남부의 큰 문제였던 인종 분리에 반대 입장을 취하기로 결정했다. 베일러 대학교는 인종 통합을 거부하다가 1964년에 가서야 첫 흑인 학생을 받았다. 그러나 찰스 웰본 수석목사에 따르면 이미 1958년에 "웨이코의 이 회중은 '열린' 교회가 되어 교인 자격에 인종이나 피부색의 장벽을 없애기로 이견 없이 공식 선언했다.……교회는 부흥했다. 교인 수가 꾸준히 늘어 이름이 알려지기에 이르렀고 한때는 전국 최대의 개신교 대학촌 교회로 꼽히기도 했다."[12]

달라스가 아직 혼자 학생주택에 살던 1957년 9월 25일, 아칸소주 리틀록에서 흑인 학생 아홉 명이 연방군의 호송 아래 센트럴 고등학교에 등교했다. 캠퍼스 어디서나 그 사건을 비롯한 인종 통합 문제가 온통 화젯거리였고, 베일러 학생신문「올가미 밧줄」The Lariat도 마찬가지였다.[13] 베일러 같은 기독교 학교가 통합에 앞장서야 한다고 보는 학생들도 있었으나 그 생각에 반대하며 통합 기숙사를 가장 우려하는 학생도 많았다. 의견의 공개 발언이 학생신문에 많이 실리는 가운데 한 학생은 이렇게 썼다.

베일러에는 성경책을 끼고 다니며 공공연히 기도하는 이른바 "기독교인"이 많은데, 안타깝게도 그들은 더 "기독교다운" 학교가 되어야 한다며 베일러의 인종 통합을 주창한다. 하지만 그들이 미처 모르는 게 있다. 베일러가 통합되는 일이야 없어야겠지만 만약 그렇게 된다면 통합을 주창하는 "기독교인"이 흑인을 더 차별할 것이다. 그런 "기독교인" 중에 흑인과 한 방에 살거나 흑인과 데이트하거나 교내 친목 행사에 흑인을 초대하거나 흑인과 함께 먹거나 흑인과 화장실을 같이 쓰려는 사람은 아무도 없을 것이다. 따라서 흑인은 차라리 아예 입학을 거부당할 때보다 베일러에 입학한 뒤에 더 차별당할 것이다.[14]

이 문제가 한창 뜨겁게 달아올라 있을 때 달라스도 처음으로 글을 발표할 마음이 들었다. 인종 분리에 대한 자신의 심경을 약간 에둘러서나마 캠퍼스에 알리고 싶어서였다. 그래서 학생신문에 이런 편지를 투고했다.

편집자에게

인종 통합 문제에 대한 베일러 학생들의 발언을 흥미롭게 읽었습니다. 최근에 읽었던 한 비유로 내 발언을 대신하고자 합니다.

"저지대 한쪽에서 거북이 두 마리를 보았는데 등딱지 색이 하나는 어둡고 하나는 밝았다. 그들은 내가 거기 있는 줄을 몰랐으므로 계속 대화를 이어 갔다.

'저리 비켜라.' 밝은 등딱지의 말에 어두운 등딱지는 '왜?'냐고 물었다. 밝은 등딱지는 '나는 너처럼 평범한 거북이가 아니거든. 내 등딱지 색깔 보이지? 나는 너처럼 이 저지대 태생이 아니라 저쪽 더 높은 도랑에서 태어났다고. 우리 아버지 등딱지에는 GW라는 글자가 새겨져 있어. 조지 워싱턴의 주머니칼로 새긴 거란다'라고 되받았다.

그러자 어두운 등딱지가 인내심을 잃고 말했다. '밝은 거북아, 네 입을 아니 등딱지를 닥치는 게 좋을 거야. 네가 태어난 도랑이 내 쪽보다 좀 높기는 하다만 우리는 다 흙의 자손이거든.'

나는 돌멩이를 던져 이 계급 싸움을 중단시켰다. 그러자 밝은 등딱지와 어두운 등딱지는 즉시 오그라들어 똑같은 흙구덩이 속으로 들어갔다."

이성理性을 위하여,

달라스 윌라드

"질문이 무엇인지 보아야 한다"

•

달라스가 베일러에 간 목적은 정식 인가된 학부 학위를 하나 더 받기 위해서였다. 그런데 뜻하지 않게 자신의 지평이 넓어짐을 보았다. 베일러에서 그는 자신의 사고 중 덜 개발된 부분을 발견했다. 학문과 지성의 측면이었다. 그는 당연히 자신이 결국 사역자가 되려니 생각했다. 그런데 베일러에서 "지성의 삶이 무엇인지에 대한 내 의식이 깊어졌다. 본래 나는 철학 따위는 생각하지 않게끔 자랐다. 살아 있는 것만으로 행운이라 여기면 그만이었다."

본인도 고백했듯이 베일러는 "내가 철학이라는 학문에 정말 눈뜬" 곳이자 "지성 활동에 처음으로 진지하게 임한 곳"이었다.

베일러의 철학과 학생이었던 로버트 베어드Robert Baird는 여러 과목을 달라스와 함께 들었다. 로버트는 나중에 철학박사 학위를 받고 1968년에 모교로 돌아와 40년 넘게 철학과에서 가르쳤다. 그가 기억하는 달라스는 사생활 면에서나 철학에 대한 관심 면에서나 학생들 사이에 성숙하다고 알려져 있었다. "그는 아주 진지한 학생이었다."

철학은 달라스에게 하나의 중대한 틀을 제공해 주었고, 덕분에 그는 자신의 세 가지 큰 열정을 하나로 통합할 수 있었다. "설교의 소명과 교육의 소명과 철학의 소명이 내게 하나로 모아졌다"라고 그는 고백했다.

> 그 뒤로 한 번도 이 셋을 분리할 필요성을 느끼지 못했다. 구약의 근본 가르침을 보라. 예컨대 네 앞에 다른 신을 두지 말라는 [계명]이 있다. 이것이 다루려는 질문은 철학과 똑같다. 역사적으로 철학의 두 가지 주된 이슈는 "누가 행복한 사람인가"와 "누가 정말 선한 사람인가"였다. 이 둘은 맞물려 있으며 우리를 다음 질문으로 떠민다. "무엇이 실재인가." 그것이 바로 성경의 주제다. 질문이 무엇인지 보아야 하는데 흔히 그것이 간과된다.

이런 근본적이고 철학적인 질문의 답이 성경에 제시되어 있다. 성경에서 궁극적 실재는 하나님이고, 선하고도 참으로 행복한 사람은 하나님과의 관계가 바른 사람이다. 제1계명이 하나님을 늘 궁극적 실재로 바로 대하라고 역설하는 것은 우리를 성경적 행복으로 인도하기 위해서다. 이렇듯 성경이 다루는 문제는 철학이 전통적으로 다루어 온 질문들과 똑같다. 이 사실을 달라스는 베일러에서 철학을 공부하면서 깨달았다.

물론 이런 발견의 여정에 그의 교수들이 중요한 나침반 역할을 했다.

달라스가 베일러 철학과에 입학했을 때 윌리엄 잭슨 킬고어 William Jackson Kilgore는 한창 철학자로 명성을 날리고 있었다.[15] 그는 머 잖아 학과장이 되었고 후에는 "베일러 대학교의 얼굴"로 불렸다. 젊은 윌라드가 본 킬고어는 교수의 교수요 철학자의 철학자였다. 그즈음부터 시작해서 킬고어는 40년간 미국대학교수협회에서 활 동하면서 나중에 남서부 지부장을 맡았고, 그 밖에도 다양한 철학 학회에서 활약했다. 달라스 재학 시절에 그는 남서부 심리학회 모 임을 베일러 캠퍼스에서 개최하기도 했다. 킬고어는 여름이면 미주 리 남부의 여러 강에서 지내기를 좋아했는데 아마 이게 둘의 관계에 도움이 되었을 것이다.

킬고어가 논리학 책을 집필하던 중에 달라스는 학생이 되어 그 에게 5학점짜리 두 과목을 들었다. 성적은 좋지 못해서 첫 과목에 C를 받고 다음에는 D를 받았다. 물론 그때는 달라스가 혼자 살며 극심한 스트레스를 겪던 시기였지만, 그래도 이는 로마서와 수학 과목에 낙제했던 전철을 밟는 행위였다. 그는 똑같이 반응해서 노 력을 배가했다. 어찌나 열심히 했던지 논리학은 나중에 그의 연구 에서 중심 주제가 되었고, 교수가 되어 가르친 레퍼토리에서도 대 표 과목이었다.

달라스에게 중대한 영향을 미친 또 다른 스승은 "내게 우스사 이드 여사와 비슷한 감명을 준" 헤이우드 슈퍼드 주니어였다. 슈 퍼드는 "사고를 매우 진지하게 대해야 할" 필요성을 강조했다. 그 의 소개로 달라스는 조사이어 로이스Josiah Royce의 저작을 접했다. 미 국 철학자인 로이스는 『스탠퍼드 철학 백과사전』Stanford Encyclopedia of Philosophy에 따르면 "절대적 관념론의 선도적 주창자"였다.[16] 하버드 교수로 은퇴한 그의 두 권짜리 책 『세계와 개인』*The World and the Individual*이 달라스의 사고에 영향을 미쳤다. 달라스는 "베일러에 소장된 그 책 제1권은 내 손때가 잔뜩 묻어 너덜너덜해졌다. 주로 존재에 대한 연구서인데 거기에 하나님과 영혼도 포함된다. 로고스에게서 나는 '로고스'가 '말' 이상임을 배웠다. 로고스는 질서이며, 이 질서에 힘입어 말은 무언가를 대변한다. 그것은 곧 우리 삶을 삼위일체 하나님과 함께 살아갈 수 있는 가능성이다"라고 말했다.

조사이어 로이스는 미주리 주 농장에서 자라지는 않았지만, 관념론자이면서도 현실 생활을 철학적 관념의 가치 기준이자 결정적 요인으로 수용했다. 미국의 저명한 철학자로 크게 존경받는 그는 신자이기도 해서 『철학의 종교적 측면』*The Religious Aspect of Philosophy*, 1885년과 『현대철학의 정수』*The Spirit of Modern Philosophy*, 1892년 같은 책을 통해 하나님의 존재를 논증했다. 로이스는 또 인간에게 자유 의지가 있고 자아를 인식하는 고유의 능력이 있다며 인간의 독특한 가치를 역설했다. 이런 철학적 입장이 나중에 인격주의로 알려진다.[17] 나아가 그는 의지를 이해하는 관념론적 방법을 제시했고, 삼위일체 하나님과 기독교 역사 속 성도들로 이루어진 비가시적 공동체의 실체를 힘써 알렸다.

달라스는 사고할수록 더 사고가 깊어졌다. 성경을 향한 깊은 애정을 결코 잃지 않으면서도—그것은 영원히 그의 기초였다—새로운 차원이 더해지고 있었다.

그는 베일러에서 종교학으로 학사학위를 마쳤지만 학습 과제는 철학 쪽이 많았다. 또 철학과 종교학과 상담학의 대학원 학점도 이수했으나 석사학위를 받지는 않았다. 그런데 알고 보니 학위는 부차적이었고 더 중요한 것이 있었다. 베일러에서 그는 철학에 대한 폭넓은 논의만 아니라 하나님 나라에 대해서도 들었다. 세대주의 신학에 만연한 천년왕국과 연관해서가 아니라 지금 여기서의 실재로서의 하나님 나라였다.

하나님 나라의 사람

●

윌라드의 말로 "석사과정 심리학을 공부하던 중에 나는 하나님 나라에 대한 유의미한 논의를 처음 들었다. 카일 예이츠Kyle Yates라는 사람이 있었는데 필시 그 학교의 가장 유명한 성경학자에다 성경개정표준역RSV 편찬위원회 위원이기도 했다. 일각에서는 그 역본을 개악표준역이라고 혹평했다. 당시에 어떤 사람들은 그 역본 이후로는 아무도 구원받을 수 없다고까지 말했다."

카일 예이츠는 1956년 3월 4일부로 베일러 대학교 석좌교수라는 명예를 얻었다. 텍사스 출신으로 훤칠한 장신에 외모가 출중한 그는 영화 "십계"의 자문위원으로 활동했는데, 마침 그것이 달라스가 극장에서 처음 본 영화였다.[18] 예이츠는 달라스의 모교인 테네시 템플도 잘 알았다. 특히 그가 부흥회에 관심이 많아 그 대학에서 열린 부흥회에 대한 신문 기사를 자료로 철해 두었기 때문이다.[19]

예이츠는 강의안도 많이 철해 두었는데 대부분 손으로 쓴 개요인 데 반해 두 가지만 타자로 되어 있다. 하나는 주제가 팔복이고 또 하나는 로마서 8장이다. 팔복에 대한 강의에 그는 "[산상설교]에서 우리는 '하나님 나라의 사람'을 만난다"라고 썼다.

팔복에 대한 그의 입장은 달라스의 최종 관점보다 전통적이지만, 강의와 필독서 지정을 통해 예이츠는 분명히 이 젊은 제자의 머릿속에 지울 수 없는 인상을 남겼다. 그가 팔복을 강의할 때 제시한 한 예화를 실제로 달라스도 자주 활용했다. "한 소년이 연필로 그림을 그리기에 바빴다. 아이들과 함께 지켜보던 교사가 무엇을 그리느냐고 묻자 소년은 '하나님을 그리고 있어요'라고 말했다. '하나님이 어떻게 생겼는지 아무도 모르잖아'라는 교사의 말에 소년은 '제가 다 그리면 알게 될 거예요'라고 대답했다."

예이츠의 강의는 이렇게 이어졌다. "예수께서도 늘 아버지를 그리시기에 바쁘셨다. 우리에게 그분을 보여주고 알려 주려고 하셨다."

예이츠를 통해 달라스는 존 브라이트John Bright의 책 『하나님의 나라』The Kingdom of God를 접했다. 그 책은 달라스가 1958년에 들었던 예이츠의 구약신학 과목의 필독서였다.[20] 브라이트는 신약만 아니라 성경 전체에서 하나님 나라가 중심임을 설득력 있게 논증했다. 성경을 단 하나의 다른 이름으로 불러야 한다면 "가까이 온 하나님 나라"여야 한다고 주장하기까지 했다.

그 책을 통해 달라스는 하나님 나라가 성경의 중심 주제이자 예수께서 가장 중요하게 가르치신 점임을 깨달았다. 존 브라이트에 따르면 왕이신 그리스도를 우리는 하나님 나라인 지금 여기서의 천국에서 알 수 있다. 여기에 조사이어 로이스의 도움을 조금 받아 그가 풀어낸 "로고스"의 의미를 적용하면, 하나님 나라는 질서이며 누구나 지금 여기서 그 질서 안에 들어갈 수 있다.

그리스도와의 연합

•

달라스가 베일러 대학교에서 만난 교수 중에 언급할 만한 사람이 하나 더 있다. 다만 그가 젊은 윌라드에게 영향을 미쳤을 가능성을 추론할 뿐이다. 레너드 듀스Leonard Duce는 캐나다 침례교인으로 앤도버 뉴턴 신학교에서 수학했고 예일 신학부에서 박사학위를 받았다. 앤도버에서는 신비주의의 영원한 영적 가치에 대해 석사학위 논문을 썼고, 예일에서는 「페르 레지날도 가리구-라그랑주로 대변되는 신토마스주의의 하나님을 아는 지식」을 썼다.

듀스는 윌라드가 윌리엄 주얼 대학에 다니기 전에 한동안 거기서 가르치다가 베일러의 부학장 겸 철학과장이 되었다. 그는 신비 체험을 통해 하나님을 안다는 주제를 연구해서 전문 지식을 제공했는데, 그 분야가 달라스에게 점점 더 중요해졌다. 듀스의 사고는 침례교의 틀을 훌쩍 벗어났다.

아마도 듀스가 연결 고리가 되어 달라스는 근본주의 대 모더니즘의 논쟁보다 시기적으로 앞선 옛 예일 학자들의 저작과 조우했다. 달라스는 그 논쟁 때문에 예수와 하나님 나라에 대한 편견 없는 연구가 심히 어려워졌다고 보았다. 그 책들은 바로 조지 P. 피셔 George P. Fisher와 조지 바커 스티븐스George Barker Stevens의 저작이었다.[21] 달라스의 개인 장서에 그런 책이 많이 있었다. 피셔의 『기독교 교리사』History of Christian Doctrine, 1896년와 아마도 가장 중요한 스티븐스의 『신약 신학』Theology of the New Testament, 1899년과 『기독교 구원론』The Christian Doctrine of Salvation, 1905년[22] 등이었다.

조지 바커 스티븐스는 회중교회와 장로교단의 목사이자 신학자, 교육자로서 나중에 예일 신학부에서 신약학을 거쳐 조직신학 교수가 되었다. 스티븐스와 피셔가 달라스에게 미친 가장 큰 영향은, 이제까지 그가 기독교 라디오와 침례교 예배와 세 침례교 학교에서 흡수했던 신학이 장구한 교회사의 신학과는 다름을 보여주었다는 점일 것이다. 특히 스티븐스의 구원론 책은 달라스가 이제껏 가르치고 설교한 "구원"이 고정된 교리라는 개념을 불식하는 데 도움이 되었다.

2000년대 초에 구원론을 공부하던 젊은 사역자들의 모임에서 달라스는 그 책의 유서 깊은 "요약과 결론" 부분을 필독서로 지정했다. 전체 230쪽에 달하는 역사적, 성경적 개관을 스티븐스가 직접 간추려 놓았다.[23] 모임의 한 참석자에 따르면 달라스는 스티븐스의 활동 시기가 자유주의(모더니즘)와 보수주의(근본주의)의 분열보다 시기적으로 앞서기 때문에 그가 둘 중 어느 쪽도 아니었음을 그들에게 강조했다.

신학자로 준비되던 초창기 어간에 어쩌면 듀스의 추천으로 달라스는 스티븐스의 그 책을 접하고 일부 내용에 동의했을 것이다. 예컨대 21장 "그리스도와의 연합을 통한 구원"에 스티븐스가 제시한 고찰은 고대 기독교 영성과 거의 맥을 같이한다. 곧 구원이란 하나님과의 연합을 향한 여정이라는 논증이다. 그에 따르면 "바울에게 신앙이란 그리스도와의 연합이다. 곧 그분과 교제하는 삶 속에 들어서는 것이다. 신자와 그리스도는 서로 내주한다."[24] 이어 그는 "그리스도와 연합하면 점점 그분을 닮아가게 되며, 그리스도를 닮은 모습은 바로 의로 나타난다"라고 말했다.[25]

그리스도와 연합한다는 주제는 사도 바울을 연구한 제임스 스튜어트James Stewart 의 책 『그리스도 안에 있는 사람』A Man in Christ 에서도 중심을 이룬다. 이 연구서는 달라스가 『영성 훈련』을 집필할 때도움이 되었다. 스튜어트는 서문에 이렇게 썼다. "내 안에 꾸준히깊어진 확신이 있다. 바울의 사상과 경험을 이해하려면 진짜 단서는 칭의나 선택, 종말론 등 이 사도의 어떤 위대한 주제도 아니고바로 그리스도와의 연합이다."[26]

여기서 요지는 달라스의 구원관이 스티븐스나 스튜어트에게서왔다는 것이 아니다. 그가 아마도 베일러에서 이런 사상을 알게 되어 나중에 그들의 저작을 존중하며 자주 후학들에게 추천했다는 것이다. 달라스의 하나님관은 그들 덕분에 사랑이 한층 커지고 진노는 줄어들었을 것이다.

"하나님과 인간 영혼을 전혀 이해할 수 없었다"

•

웨이코에 온 지 18개월쯤 지난 1958년 여름에 달라스와 제인과 존은 다시 이사했다. 이번에는 제인이 귀향할 차례였다.

달라스가 베일러에서 공부를 마친 후 1년 동안 일가족은 제인의고향 메이컨 근처인 조지아 주 워너 로빈스에 살았다. 처음에는 차고 위의 아파트에 살았으나 곧 작은 주택에 입주했다. 제인은 중학교에서 영어와 윤리를 가르쳤고, 달라스는 워너 로빈스의 고등학교에서 문학을 가르치면서 메이컨의 애번데일 침례교회에서 부목사겸 성가대 지휘자로 섬겼다. 제인이 어렸을 때 다녔던 그 교회에서그는 주일 저녁 예배를 담당했다.

그러나 이번에도 달라스에게 목회는 어려웠다. 적어도 본인 생각에는 그랬다. 시간제 목사로 일하던 그해에 그는 중요한 설교 주제들에 대해 자신이 아는 게 얼마나 적은지 갈수록 더 절감했다. "나는 하나님과 인간 영혼을 전혀 이해할 수 없었다."

아무래도 그는 "베드로는 일어나 초청하며 「큰 죄에 빠진 날 위해」를 5절까지 부른 뒤 사람들을 앞으로 나오게 하지는 않았다"라는 생각이 들었다.[27]

아직 말로 표현하지는 못했겠지만 그는 하나님 나라가 지금 여기서의 실재임을 점차 인식했다. 하지만 그럴수록 회심과 영적 변화가 회중석에 앉아 있는 이들에게 어떻게 작용하는지를 이해해야 할 필요성만 더욱 절실해졌다. 그는 자신이 그들을 도울 수 없음을 깨달았다. 그의 고백이다. "나는 아주 성실했고 교인들도 나를 유능하게 여겨 주는 등 다 괜찮았다. 그런데 회중을 보면 여러 문제를 해결하지 못해 쩔쩔매는 모습이 보였다. 그런 문제가 늘 그들을 무너뜨리고 죄책감에 빠뜨려서 그중 다수는 아예 포기하고 그저 충실한 교인으로 버텼다."[28]

그즈음 달라스가 시작한 일은 세대주의자로 자랐던 그로서는 아주 혁명적이었다. 복음서를 오늘을 위한 책으로 읽은 것이다. 그러면서 점차 깨달은 단순한 사실들이 그의 신학과 사역은 물론 가장 중요하게 삶까지 변화시켜 마침내 규정짓기에 이른다. 일례로 그는 이렇게 말했다. "알고 보니 예수는 사람들에게서 벗어나려 하신 적이 아주 많았다. 기존의 내 사역 개념과는 완전히 반대였다. 그때까지는 '가서 사람들을 잡아라! 붙들어라! 물어라! 덮쳐라! 추격하라! 뛰어서 쫓아가라!'였으니 말이다. 그런데 예수는 그런 일을 하나도 하지 않으셨다. 오히려 그분은 달아나 숨고 피하셨다."[29]

그러나 이런 통찰에도 불구하고 달라스는 여전히 자신이 하나님과 영혼에 너무 무지해서 강단에 서는 것이 위험하다고 느꼈다. 그런데 앞서 보았듯이 그는 실패할 때면 늘 배우려는 노력을 배가했다. 해법은 하나뿐이니 곧 다시 학교에 가는 것이었다. "그래서 그해 겨울에 나는 대학원에 진학하여 2년간 철학을 공부하기로 결심했다. 영혼을 더 잘 이해하고 싶었을 뿐이지 학위를 딸 의도는 없었다."

당연히 제인은 그런 결정이 달갑지 않고 싫었다. 철학을 공부만 하고 나중에 가르칠 마음은 없다는 남편의 계획을 듣고 그녀는 "그러니까 당신이 앉아서 사고하려고 우리가 위스콘신으로 간다는 말인가요?"라고 말했다. 그러나 달라스는 중요한 무엇이 빠져 있음을 알았다. 기독교 대학을 세 군데나 다니고 나서도 "나는 하나님과 영혼에 대해 거의 치명적으로 무지했다"라고 나중에 고백했다.[30]

그는 또 젊은 남침례교 목사로서 "내 역량대로 최선을 다하려 했으나 그게 잘 안 되었다"라고 회고했다. "가장 진지한 교인들일수록 내가 도울 수 없어 보였다. 전도를 비롯해 내가 할 수 있는 일도 많았지만 영적 성장에 관한 한 솔직히 아무런 할 말이 없었다."[31]

그래서 그는 다시 학생이 된다. "신학교나 심리학과에서는 그런 주제를 공부할 수 없음을 이제 나도 알았다. 누구보다도 많은 시간을 들여 그런 주제를 논하는 게 철학자들임을 알았다. 그래서 2년간 철학을 공부하기로 했다."[32]

제인은 "1959년 여름의 끝자락에 우리는 임대한 이삿짐 트레일러에 짐을 잔뜩 싣고 메이컨에서 테네시 주 채터누가와 시카고 시내를 지나 매디슨까지 운전해서 올라갔다. 두 살배기 어린 존은 뒷좌석에 있었다"라고 회고했다. 큰 대학교를 향해 가고 있었지만 최고의 배움은 일부분 강의실과 도서관 밖의 가정생활이라는 실험실에서 이루어질 것이었다.

달라스 윌라드가 되기까지

•

2007년 봄에 달라스 앨버트 윌라드는 베일러 대학교의 "자랑스러운 동문"으로 뽑혔다. 수상을 경축한 기사에 따르면 그는 재학 시절에 지식과 종교가 "서로 불화해서는 안 됨"을 점차 깨달았다. 그 기사는 이어 달라스가 이후 수십 년간 "마치 물에 밀가루와 버터를 섞어 별미인 파이를 반죽하듯이 그 둘을 융합했다"라고 말했다.[33] 달라스 본인은 요리의 은유를 덜어 내고 이렇게 말했다.

> 보수 침례교 진영에서 신앙과 이성의 관계는 큰 문제인데 대개 이성은 패자다. 나는 사고를 사랑하고 신뢰하는 법을 베일러에 다닐 때 제대로 배웠다. 그때는 몰랐지만 덕분에 사고의 선善과 위력을 인식하게 되었다. 내가 알던 침례교인들 사이에서는 전혀 강조되지 않던 부분이다. 지금은 사정이 좀 나아진 것 같지만, 성경 해석에서 사고가 차지하는 역할을 생각해 보면 아직도 많은 충돌이 거기서 비롯된다.

달라스가 텍사스에 도착할 때는 "쇼 미 스테이트" 미주리 출신의 농장 아이였다. 베일러에 있는 동안에는 철학이라는 낯설고 흥미로운 우주 속으로 더 깊이 들어가 진지하게 지성을 구사했다. 그러나 그가 도저히 용납할 수 없는 이론이 있었다. 우리가 바라보지 않는 한 컵이나 나무 같은 물체가 실존하지 않는다는 이론이었다. 훗날 그는 제자들에게 "한 번이라도 나무를 치워야 했던 사람에게는 나무가 존재한다는 증거가 아주 명백하다"라고 말하기까지 했다.

사고와 무관하게 실제로 존재하는 것들이 있다. 하나님 나라도 그중 하나다. 그런데 하나님 나라가 현존하는 실재라면 그리스도를 믿는다는 의미도 많은 이들이 생각하는 것과는 달라진다. 지금 여기서 그분을 신뢰하며 살아간다는 뜻이 된다. 훗날 달라스가 말했듯이 "예수 그리스도는 믿음으로 사셨는데 하나님과 하나님 나라에 대한 예수의 믿음이 표현된 것이 바로 그분이 전하신 복음이다. 복음이란 하나님 나라의 통치가 지금 여기 인류에게 가까이 왔다는 기쁜 소식이다."[34]

기쁜 소식은 하나님 나라 자체라기보다 그 이상이다. 더 정확히 말해서 복음이란 **가까이 온** 하나님 나라다. 달라스 윌라드를 연구한 학자 마이클 스튜어트 롭Michael Stewart Robb이 지적했듯이 "이 중대한 시점에 윌라드는 예수에 대한 현대의 학문적 합의에서 이탈했다. 기쁜 소식이 그에게 **소식**인 까닭은 그 나라가 가까이 왔다는 점에서다. 하나님 나라에 대한 달라스의 가르침은 다분히 이 개념을 풀어낸 것이다."[35]

달라스는 사람들에게 단지 하나님과 죄 사함에 대한 진리에 동의하는 일보다 더 중요한 것이 필요하다고 믿었다. 다시 말해, **하나님 자신**을 직접 알아야 했다. 그가 믿기에 그 지식을 얻을 최고의 장은 성경이지만 지식을 적용할 장은 삶 자체만큼이나 넓었다. 우리

의 삶 전체를 살아 임재하며 소통하시는 삼위일체 하나님과 함께
살아갈 수 있다는 것이다.

07.
어느 길로 갈 것인가?

실재란 자신이 틀렸을 때 우연히 마주치는 무엇이다.

달라스 윌라드, 『진리 없이 살 수 있는가?』

―

달라스는 1년이 넘도록 갈림길에 서서 진퇴양난에 빠져 있었다. 사실은 동시에 두 길을 다 가려고 했다.

좋아하는 음식이 김을 모락모락 풍기며 식탁으로 전달되어 코앞에까지 왔는데도 그의 생각은 딴 데 가 있었다. 초대한 주인이자 친한 친구인 얼 올드리지는 그 자리에 달라스의 몸밖에 없음을 알아차리고 물었다. "자네는 오늘 밤 어디에 가 있는가?"

"어, 미안하네. 나도 모르게 생각에 빠져 있느라 그만⋯⋯."

"무슨 생각인데?"

"그게, 어느 쪽으로 가야 할지를 정하지 못하겠거든. 목사도 되고 싶고 교수도 되고 싶은데, 둘 다 좋으니 어떻게 정하나?"

"그거야 간단하지." 얼의 말은 달라스를 완전히 식탁으로 돌아오게 했을 뿐 아니라 제인의 이목까지 집중시켰다.

"교회로 가면 대학 강단은 자네한테 닫히겠지만 대학으로 가도 교회 강단은 여전히 열려 있잖은가." 얼이 말했다.

　그 말이 달라스의 심금을 울려 그는 이를 하나님께로부터 온 말로 받아들였다. 이제 그는 어느 길로 가야 할지를 알았다.

테네시 템플과 베일러 대학교 재학 시절에 두 젊은 철학자 달라스와 드웨인은 저녁 식탁에서 지각과 실재에 대한 개념으로 자주 장난을 쳤다. "우리가 지금 똑같은 숟가락을 보고 있다는 것을 어떻게 알지?" 형제간에 그런 말이 오갔다. 그러면 제인은 점점 냉담해져 "알게 뭐람? 그 숟가락으로 국이나 드시지"라고 되받곤 했다.

　그러나 20세기 내내 대다수 철학자가 그런 고민을 아주 많이 **한** 결과, 의식의 사고를 점하는 것은 (숟가락 자체가 아니라) 물체나 관념의 심리적 표상에 불과하다는 확신에 이르렀다. 다시 말해, 달라스나 드웨인이 숟가락을 볼 때 **정말** 의식한 것은 숟가락에 대한 각자의 주관적 관념이라는 것이었다. 거기서 조금만 더 가면 이런 의문이 싹튼다. 그렇다면 우리는 실재를 어떻게 접하는가? 내가 직접 접할 수 있는 것이 숟가락에 대한 **주관적** 관념 내지 심상일 뿐이라면 숟가락을 물체 자체로는 어떻게 지각할 수 있는가? 또 언제나 세상을 표상이라는 막을 통해 경험해야 한다면 사고와 무관하게 존재하는 실재를 어떻게 알 수 있는가?

　많은 철학자들이 몇 가지 추론만으로 도달한 결론에 따르면, 인간이 알 수 있는 대상은 각자의 사적이고 주관적인 감각 내지 표상에 불과하다. 외부 세계와 각 개인 사이에는 확인되지 않은 지각 내지 심리적 관념이 두꺼운 막처럼 쳐져 있다. 따라서 사고와 무관하게 존재하는 실재 자체는 인간이 결국 지각할 수 없다. 요컨대 우리가 알 수 있는 숟가락이란 없고 사적이고 주관적인 지각만 존재할 뿐이다.

이런 논리대로라면 윌라드 형제 중 하나가 쇠숟가락이라는 객관적 물체를 인식하고 있다고 생각할 때, 다른 하나가 사실은 그것이 주관적 심상이라고 쉽게 반박할 수 있다는 결론이 나온다.

나중에 USC에서 달라스의 대학원 제자가 된 그레그 제슨Greg Jesson은 이렇게 요약했다. "철학사를 보면 모든 가능한 해법이 시험되었다. 그런데 결국 이런 논리가 우리에게 남긴 철학 유산은 실재에 대한 회의론이다."[1] 이 결론은 우리에게 지대한 영향을 미친다. 똑같이 근거 없고 모순되고 무력하며 심지어 엉터리라고까지 할 만한 무수한 견해들에 휘말려 실재의 지식은 유실되거나 적어도 흐려질 수 있다. 지식은 주관성의 손에 죽고 만다. 물론 도덕 지식도 함께 죽는다.

이에 대응하여 달라스가 결국 밝힌 의견이 이 상황을 요약하는 단골 표현이 되었다. "흄은 사고를 잃었고 칸트는 세상을 잃었다." 이는 "내 속을 들여다보아도 자아를 찾을 수 없다"라고 풀어쓸 수 있는 흄의 유명한 선언을 두고 한 말이다.[2] 칸트도 객관적 실재(사고와 별개인 바깥세상)는 알 수 없고 눈에 보이는 대로만 알 뿐이라고 말해 주관성의 혼란을 가중시켰다.[3]

국을 떠먹던 젊은 달라스는 사고와 세상을 다 잃을 수 있다는 가능성 앞에 분명히 걱정이 컸을 것이다. 그러나 위스콘신 대학교 University of Wisconsin, UW에서 공부하면서 그는 점차 답을 얻는다. 거기서 만난 철학자들의 도움으로 지식의 상실이라는 형이상학적 수렁에서 벗어난다. 그 철학자들은 사고 바깥에 존재하는 대상을 능히 알고 경험할 수 있다고 믿었다. 숟가락과 나무를 알 수 있다는 것이다. 그렇다면 피타고라스의 정리도 알 수 있다. 같은 맥락에서 하나님 나라도 알 수 있다.

별로 흔치 않은 상식

•

달라스로서는 다행히도 새 학과장 윌리엄 H. 헤이William H. Hay는 상식적 접근의 철학을 매우 중시했다. 달라스가 그 학교에 끌린 주된 요인 중 하나가 바로 그였다. 헤이는 일리노이 대학교에서 박사학위를 받고 1947년에 위스콘신 대학교 철학과에 부임하여 1958년부터 1963년까지 학과장을 맡았다.

헤이는 경험 많고 재능이 탁월한 교수였을 뿐 아니라 달라스에게 따뜻한 격려를 베풀어 주었다. 1997년 헤이가 사망했을 때 달라스는 장례식 추도 소책자에 이렇게 썼다. "내가 조금이라도 성공했다면 빌의 영향 덕분이다. 그가 나를 다독여 주며 할 수 있다는 자신감을 주었다. 빌은 너그러운 지성의 소유자였다."[4] 빌 헤이의 다독임은 그 시절 달라스에게 중대한 영향을 미쳤다.

헤이 교수는 철학에 대한 달라스의 상식적 접근을 지지해 주었을 뿐 아니라 그 접근의 철학적 근거를 찾도록 도와주었다. 중요한 두 철학자인 G. E. 무어Moore와 에드문트 후설의 작품을 읽게 한 것이다.[5]

영국 철학자 G. E. 무어는 상식적 철학을 옹호하고 외부 세계의 실존을 믿었다.[6] 케임브리지에서 공부하고 모교 교수가 된 그는 특히 당대의 유명한 관념론자 철학자들(예컨대 국물을 앞섶에 흘려 가며 떠먹으면서도 숟가락이 주관적 사고 속에만 존재한다고 우기는 부류)을 논박하기로 유명했다.

그레그 제슨에 따르면 케임브리지 학생 시절에 무어는 지식의 주관성에 관한 강의 도중에 손을 들고 이렇게 질문했다. "제가 오늘 점심식사 전에 아침을 먹지 않았다는 말씀입니까? 저보다 교수님의 교탁이 문에서 더 멀지 않다는 말씀인가요? 분명히 무언가 잘못되었습니다."

무어는 형식과 내용 모두에서 윌라드에게 감화를 끼쳤다. 달라스의 말을 들어 보자.

내가 처음으로 진지하게 읽은 철학 작가는 플라톤과 니체와 에머슨 Ralph Waldo Emerson이었지만, 일단 철학 분야에 들어선 뒤로는 G. E. 무어에게 가장 끌렸다. 키질―맷돌질까지는 몰라도―을 하면서도 전혀 기술적이지 않은 그의 형식은 내게 철학 작업의 정석으로 보였고, 그가 말하는 "상식"은 철학을 인간에게 유의미한 활동으로 정당화할 수 있는 유일한 관점으로 보였다. 그의 "관념론 논박"―나중에 구스타프 베르크만Gustav Bergmann의 일부 논문으로 보충되었다―은 내게 특히 중요했다. 지금처럼 그때도 나는 거기에 제시된 그의 기본 논지가 옳다고 생각했고, 따라서 당연히 다음과 같이 확신했다. "철학의 가장 두드러진 모든 결과물―감각론도 경험론도 관념론도 다 똑같이―은 이제까지 자기네한테 유리한 쪽으로 강변되었으나 사실은 달에 괴물이 산다는 가정만큼이나 근거가 없다."[7]

그레그 제슨이 회고했듯이 달라스는 자주 G. E. 무어에 대해 강의하며 학생들에게 무어의 논문 「외부 세계의 증거」*Proof of an External World* 와 「관념론 논박」*The Refutation of Idealism* 을 읽게 했다. 윌라드가 "즐겨 하던 이야기가 있다. 외부 세계의 실재성을 의심하던 일단의 철학자들 앞에서 무어가 강연할 때의 일이었다. 무어는 한 손을 들고 '보시오, 여기 손이 있습니다'라고 선포한 뒤 다른 손을 들고 '여기 또 하나 있습니다'라고 충격적 주장을 폈다."

윌라드도 훗날 그랬지만 무어가 두 가지 중요하게 강조한 점이 있다. 첫째로 손 같은 객관적 실재에 항상 의미를 더 부여해야 한다. 둘째로 복잡한 철학 서적을 대할 때는 주의가 필요하다. 윌라드가 지적했듯이 그런 서적을 잘못 읽으면 자칫 사고와 세상을 다 잃을 수 있다.

그러나 무어는 **인간 사고**의 실상이 어떠하기에 이런 "이상한" 주장이 가능한지는 자세히 정리하지 않았다. 바로 그 지점에 다른 중요한 철학자인 에드문트 후설이 들어선다.

실존하는 지식, 그 지식의 근원

•

1900년대 말부터 외부 세계를 경험하는 방식에 새로운 패러다임을 제시하는 목소리들이 들려오기 시작했다. 철학계의 주관적 분석에서 탈피하려는 가장 중요하고 감화력 있는 외침은 독일의 혁신적 철학자 겸 심리학자인 프란츠 브렌타노*Franz Brentano*에게서 나왔다. 브렌타노에게 특히 주목할 만한 두 제자가 있었는데, 바로 지그문트 프로이트와 에드문트 후설이다. 훗날 두 사람 다 독창적 사조를 창시한 것은 우연이 아니다. 전자의 정신분석과 후자의 현상학은 각각 정신치료와 철학 분야를 뒤흔들어 놓았다.

윌리엄 헤이는 젊은 객원 교수로 아이오와 대학교에 출강하던 1946-47년에 선임 교수 구스타프 베르크만과 함께 일했는데, 베르크만은 앨버트 아인슈타인 Albert Einstein 의 개인 수학자였고 에

• 철학자 에드문트 후설

드문트 후설의 영향을 크게 받은 철학자였다. 이듬해 헤이는 매디슨 위스콘신 대학교의 종신 재직권을 얻었고, 그로부터 12년 후에 젊은 달라스 윌라드를 가르쳤다.

공부한 지 몇 년 지난 어느 날 헤이와의 세미나 수업 중에 달라스가 힘주어 말했다. 현대 철학자들이 논리와 지식에 대해 여러 주장을 폈는데, 그전에 사고와 사고 기능을 더 잘 이해했어야 한다고 말이다. 헤이 교수는 감명을 받았음이 분명하다. 그래서 이 젊은 대학원생에게 "달라스, 자네가 제기하는 질문은 다 옳네. 이제 후설의 『논리 연구』Logical Investigations 를 읽을 준비가 된 것 같네"라고 말했다.[8] 제슨에 따르면 이로써 철학은 물론 다분히 신학에까지 이후 달라스의 모든 연구 방향이 정해졌다. 세상을 아는 지식을 그 방향이 진지하게 대했기 때문이다.

후설이 윌라드의 사고에 미친 영향은 지대하다. 그 의의를 달라스는 어느 인터뷰에 이렇게 말했다.

후설이 의식을 설명한 모든 방식은 실재론이 가능한 이유를 밝혀 준다.

그의 도움으로 나는 종교에도 **지식**이 있어 실재를 상대하는 것임을 배웠다. 예수의 가르침은 믿음으로 도약하라는 초청만이 아니라 지식의 근원이며 그 지식은 실존한다.……우리가 살고 있는 세상도 **실존하며** 이는 물리학 못지않게 도덕에도 적용된다.

그는 또 이런 말도 했다.

실재론이라는 단 하나의—그러나 다면적인— 이슈가 아니었다면 나는 결코 철학을 직업 분야로 택하지 않았을 것이다. 나는 늘 실재론이 진리이어야 한다고 느꼈다. 외부 세계의 그 어떤 객체도—나무나 은하수, 색깔이나 모양 등 특수한 것이든 보편적인 것이든—사고나 지각의 행위로 인해 결코 생겨나거나 존속될 수는 없기 때문이다.[9]

구스타프 베르크만도 동일한 개념을 신랄하게 표현했다. "일반 객체는 사고와는 별도로 존재한다. 사고는 그 객체를 지각할 수도 있고 지각하지 못할 수도 있다. 이 자명한 이치를 믿지 않는 사람은 미친 것이다."[10]

철학은 아무리 힘들어도 선해야 하지만, 달라스는 철학이 실용 분야가 되어야 한다고 믿었다. "우리 삶은 자신의 관념에 좌우된다." 무엇을 어떻게 아는지에 사람의 생사가 달려 있다는 뜻으로, 그가 다양한 청중에게 자주 한 말이다.

그런데 실재에는 숟가락과 나무와 "일반 객체" 외에 다른 것들도 있다. 후설의 도움으로 달라스가 경험론에 맞서 옹호한 개념이 있다. 예수께서 말씀하신 하나님 나라와 삼위일체 하나님은 우리가

알 수 있는 실재로서 **실존했고** 지금도 현존하는 실재라는 것이다.

요컨대 UW 대학원에서 보낸 마지막 3년 동안 달라스는 에드문트 후설의 방법론을 다리 삼아 현대 철학의 주관성이라는 거대하고 캄캄한 협곡을 건넜다. 또한 G. E. 무어의 매력적인 실재론을 (철학적으로 옹호할 수 있게) 이해했는데 여기에는 하나님 나라처럼 비가시적인 것들을 아는 지식도 포함된다.[11] 달라스의 신학이 때로 현대 기독교보다 첫 몇 세기의 교회와 더 잘 조화를 이루는 데는 그런 이유도 있다.

달라스가 인터뷰 중에 내게 했던 말이다. "초대교회는 데카르트의 틀에 갇혀 있지 않았다. 아리스토텔레스는 세상이 실존하며 세상을 알 수 있는 사고도 실존한다고 보았다. 그런데 지금은 그게 사라졌다. 내가 이제까지 지켜본 과학자들은 포스트모더니즘 철학자들의 말을 들으며 늘 혐오감을 노골적으로 드러낸다."[12]

그러나 누구나 다 후설의 팬은 아니었다. 달라스가 철학과에서 실재의 문제에 답을 얻는 동안 가정에는 다른 종류의 혹독한 현실이 펼쳐지고 있었다.

달라스가 후설에 계속 더 깊이 몰두하자 1970년대 중반에 윌라드 부부가 다니던 교회의 목사는 후설을 그들의 결혼생활에 끼어든 "딴 여자"라고 칭하기까지 했다.[13]

혹독한 현실

•

위스콘신 주 매디슨에서 맞이한 첫해에 달라스와 제인은 현실에 부딪쳤는데 과연 혹독했다. 하비 가의 학생 아파트 단칸방에 입주한 직후에 둘 다 바이러스에 감염되어 현기증이 심해졌다. 누워 있으면 침대가 마구 빙빙 도는 것 같았고 화장실만 다녀오려 해도 엉금엉금 기어야 했다.

곧 달라스는 철학 공부에 매진했고 제인은 "허기진 학생 신세"인지라 일자리를 찾아야 했다. 이 또한 혹독하게 부딪친 현실이었다. 첫 출근 날 저녁 때 제인을 데리러 간 달라스는 무심코 "오늘 어땠어요?"라고 물었다. 아직 바이러스 때문에 기운이 없던 제인은 울음을 터뜨리고 말았다. 지금도 "정말 힘든 한해였다!"라고 회고한다.

힘든 첫해가 지나자 형편이 좀 나아졌다. 제인은 위스콘신 대학교 병원에 새로 취직하여 입원 접수처에 근무하며 환자들과 대화하는 데 보람을 느꼈다. 제인이 임신하면서 일가족은 레이크 멘도타 근처 이글 하이츠라는 학생주택 단지의 더 큰 집으로 입주할 자격이 생겼다. 거기서 1962년 2월에 베키 월라드가 세상에 태어났다. 제인은 짓궂게 웃으며 말했다. "이번에는 분만을 앞당기는 법을 알았다. 첫아이 때는 엉겁결에 낳았지만 이번에는 일부러 계단을 많이 오르내렸다!"

첫해의 혹독한 현실은 머잖아 몰라보게 달라졌다. 제인은 교육학과 음악 과목들을 수강했다. 한번은 쇼핑하러 나갔다가 만난 친절한 노신사가 자신이 애지중지하던 스타인웨이 피아노를 이 젊은 부부에게 기꺼이 팔았다. 직립형이고 꽤 낡았지만 값이 맞았다! 또 그들에게 소형 흑백 텔레비전도 있었는데 주말이 아닌 때는 벽장에 넣어 두었다. 금요일 밤에는 둘이서 "페리 메이슨"을 보았고 토요일에는 서부영화를 시청했다. 월급날이 돌아오면 달라스는 슬쩍 나가서 아이스크림과 탄산음료 같은 "몇 가지 필수품"을 사오곤 했다.

그즈음 그리스도인의 교제가 그들의 바쁜 삶에 특별한 기쁨을 가져다주었다. 그들은 멜빈 홀Melvin Hall이 1957년에 개척한 C&MA 교단의 작은 교회를 만났다. 1960년에 그 교회는 같은 대학교 학부에서 철학을 전공 중이던 아놀드 우드링을 목사로 임용했고, 달라스와 제인도 열심히 활동했다. 바로 이 작은 교회에서 달라스가 시작한 한 전통이 "우연한 집필"로 이어져 결국 탁월한 기독교 저작들을 낳는다. 그는 다수의 성인 주일학교 반을 가르쳤던 것이다.

달라스는 나중에 인격의 **다섯 가지** 측면을 말했는데, 삶은 그 다섯 가지 모두에서 고달팠다. 제인의 회고에 따르면 달라스는 그전에도 한참 편두통을 앓았지만—평생 계속되었다—매디슨에서 대학원에 다니던 시절에 불안이 특히 심해졌다. 차를 세우고 토해야 했던 적이 적어도 한번은 있었다고 한다.

이 불안은 자신이 부족하다는 느낌에서 기인했을 수도 있다. 제인은 "오랫동안 달라스는 자신에게 [학업을] 감당해 낼 능력이 없다고 생각했다"라고 회고했다. 대학원에서 받은 비판이 가치 있었음을 그도 나중에는 알았지만 당시에는 비판이 매서웠다. "매디슨 시절에 내게 큰 영향을 미친 교수가 몇 있었다. 마커스 싱어Marcus Singer, W. H. 헤이, 줄리어스 와인버그Julius Weinberg가 나의 길잡이였는데 필요할 때마다 많은 질타를 퍼부으며 내 연구를 혹평했다. 금요일에 집에 오면 나는 으레 편두통에 시달렸다. 그들은 가차 없었다. 마커스는 내게 '자네의 연구에는 이상하게 겸손과 교만이 섞여 있단 말이야'라고 말한 적도 있다."

편두통도 한 결과였지만 그런 중압감이 또 다른 반응을 불렀을 수도 있다. 바로 방어기제인데 아마도 그것이 겸손과 교만의 이상한 혼합으로 나타났을 것이다. 달라스가 나중에 털어놓았듯이 매디슨 시절에 한 교수는 그가 너무 자신만만하다며 "이보게 달라스, 자네가 무슨 루돌프 카르납Rudolf Carnap이라도 된다는 듯 글을 쓰는군!"이라고 말했다.[14]

먼 훗날 달라스는 자신이 젊었을 때 허영심과 싸웠고 자신을 내세우지 않기로 단호히 결심했었노라고 고백했다. 자신에 대한 긍정적 소개가 너무 길어지면 그는 몸이 아프기라도 한 듯 "그만 치켜세우시지요"라고 말할 때가 많았다. 칭찬에 대한 반감은 혹시 한때 자신감과 심지어 교만으로 내면의 괴물을 퇴치하고 싶었던 솔깃한 유혹을 그가 자각한 결과가 아니었을까? 나중에 그는 하나님의 임재 안에 살아가는 삶이 괴물 퇴치에 더 효과적임을 깨달았다.

불안의 또 다른 출처는 단순히 철학 공부를 꼭 해야 하는지 여부였을 것이다. 아래의 일화에 보듯이 적어도 한동안 그는 철학을 향한 자신의 애정이 그리스도를 사랑하는 마음과 상충되는 것이 아닌지 고민했었다. "사람들은 어떻게 그리스도인이—이 경우 **내가**—철학을 공부할 수 있는가의 문제로 늘 불편해 했다. 정말 잘못된 일일까?" 그의 회고를 들어 보자.

그래서 기도하고 숙고하며 사람들의 의견도 듣던 중에 하루는 주 예수께서 내게 이렇게 말씀하셨다.……"더 좋은 길이 있다면 내가 제일 먼저 너에게 그 길로 가라고 말해 주지 않겠느냐." 듣기에 따라 충격적인 말일 수 있지만 내게는 정말 큰 해방감을 가져다주었다. 덕분에 내 마음이 열려 무엇이든 직시할 수 있었고, '그런 고민은 하지 않는다'라며 피하고 숨어서 살아갈 필요가 없음도 깨달았다.[15]

이 문제가 해결되자 그는 공부를 계속했다. 아주 훌륭한 대학원생이기도 해서 연구 장학금을 받아 1963-64년에 내프 고등 연구원 *Advanced Knapp Fellowship*으로 활동했다. 이 시기에 그는 더 확신이 붙어 「언어의 개별 사례와 양식과 어조」*Token, Type and Tone*라는 논문을 썼다. 자신의 말로 들어 보자.

> 그 논문을 제출한 게 전환점이 되었다. 논문을 써서 한 철학 단체에서 낭독했더니 그들이 감동했던 것이다. 그 뒤로 동료들과 교수들이 나를 대하는 태도가 달라졌다.……"좋다, 윌라드, 너도 이런 식의 철학을 할 수 있다"라는 말은 내 주목을 끌었고, 이는 장래에 아주 중요했다. 이와 때를 같이하여 기말고사도 통과했다. 대부분 내 박사학위 논문(첫 장)에 통합된 그 논문의 기본 요지가 내 모든 활동의 바탕을 이루었다. 곧 언어에 관해 말해서는 특별한 명료성을 얻을 수 없다는 것이다.
>
> 개념 대신 말에 관해 말해서는 아무것도 얻지 못한다는 것이 내 요지였다. 그게 지금까지 내가 한 모든 일의 한결같은 주제 중 하나였다. 내가 그토록 중요하게 후설에게 초점을 맞춘 이유도 그것으로 설명된다. 그는 언어 쪽으로 방향을 전환하지 않았다. 언어의 요소까지 포함해서 의식을 이해하는 것이 기본 문제임을 알았다. 후설 덕분에 나는 종교에도 지식이 있음을 깨달았다. 우리가 상대하는 것은 단지 역사적 과정이 아니라 실재다.

달라스가 이 논문 제출을 전환점으로 꼽았다는 사실이 중요해 보인다. 동료들과 교수들은 그에 대한 견해가 바뀌었을지 몰라도─교수진은 이미 그에게 유수한 연구 장학금을 수여했다─그 자신이 타인들

의 정직한 평가를 통해 철학자의 소임을 감당할 수 있다고 확신하게
된 것은 이번이 처음이었다. 그것이 진정한 전환점이었다. 이로써 그
는 자신이 철학에서 찾아내는 진정한 답이 다른 분야에서 하나님과
영혼에 대해 배우는 내용과도 잘 맞물리리라는 확신이 들었다.

엄청난 안도

•

달라스가 매디슨에서 대학원에 다니던 거의 전 기간 동안 윌라드
일가는 C&MA 교회에 나갔다. 그러나 달라스는 다른 기독교 전통
들도 탐색했다. 나중에 본인이 말했듯이 그는 위스콘신에서 퀘이커
교 집회에 처음 참석했다.[16] 난생처음 침례교회에 나가지 않았다는
사실은 그가 경험을 강조하는 기독교의 다른 표현들에 점점 호감을
품었음을 보여준다.

하나님을 경험하고자 한 달라스의 갈급함에서 그가 복음주의
신비가인 A. W. 토저의 저작을 좋아한 이유도 엿볼 수 있다. 토저는
당시에 가장 잘 알려진 C&MA 목사로서 여러 저서를 통해 독자들
에게 하나님과 더 깊이 교제해야 할 필요성과 그 가능성을 각인시
켰다. 후설처럼 토저도 "'대상' 자체"에 이를 수 있다고 믿었다.

하나님과 함께 살아간다는 개념들을 형성해 가는 중이던 달라
스는 대학원에서 공부하던 첫 4년 동안 이를 함께 시험해 볼 수 있
는 지지 세력도 얻었다. 바로 일요일 저녁에 격주로 모이던 IVF 단
체였다. 이 모임에서 사귄 많은 친구들의 도움으로 그는 학문이 교
회에 중요하며 대학이 전도의 장이 되어야 한다는 비전을 얻었다.
하나님을 진지하게 구하는 헌신적인 단체를 캠퍼스에서 만난 일을

나중에 돌아보며 그는 "엄청난 안도"라는 표현을 썼다.

둘 다 자유감리교 출신인 존 알렉산더John Alexander와 부인 베티가 일요일 저녁에 자택에서 대학원생 모임을 열었다. 달라스가 그 모임에 처음 나갈 때 지리학과 학과장이었던 존은 얼마 후 1964년에 대학을 떠나 IVF 총재가 되어 1981년까지 재임했다.

그 대학원생 모임의 면면을 일부 살펴보자. 스탠 맷슨Stan Mattson은 미국 지성사로 학위를 받아(찰스 피니에 중점을 두었으므로 달라스도 필시 큰 흥미를 느꼈을 것이다) 나중에 캘리포니아 남부에 본거지를 둔 C. S. 루이스 재단의 설립 총재가 되었다. 데이비드 노블David Noble은 서밋 사역기관을 출범시켰고, 케네스 캔처Kenneth Kantzer는 「크리스채너티 투데이」 편집자가 되었다. 메리 L. 대니얼Mary L. Daniel은 위스콘신 대학교 포르투갈어 명예교수가 되었고, 루스 포크 리들Ruth Falk Redel은 웨스턴 켄터키 대학교 교수로 활동했으며 패트리셔 워드Patricia Ward는 휘튼 대학 문리과 학장을 거쳐 밴더빌트 대학교를 명예 은퇴했다. 워드에 따르면 그 모임에 공통분모가 하나 있었다. "하나님을 경험하고자 하는 갈급함이 깊었다는 의미에서 모두 카리스마적이었다."

워드는 모임에 처음 참석했던 달라스를 기억했다. "지각한 그를 누군가가 소개했다. 옆 사람이 내게 몸을 기울이며 하는 말이 '이상하게 그는 독일어 독해 시험에 통과하느라 쩔쩔맸으면서도 박사학위 학위 논문 주제로 독일 철학자를 택했다'라고 했다." 세월이 흘러 달라스는 독일어에 능통한 사람으로 알려졌고 후설의 난해한 독일어를 영어로 번역하기까지 했다. 하지만 당장은 로마서와 수학과 논리학이 또 다시 문제였다. 그녀는 이어 "내 기억에 그는 재킷 차림이었고 대다수 우리보다 성숙해 보였다. 금세 토의에 지대한 공헌을 했다"라고 말했다.

나중에 그 모임 시절을 회고하며 달라스는 "다들 성경적으로 진지했고 루이스가 말한 '순전한 기독교'의 핵심 가르침을 고수하면서도 열린 마음으로 기꺼이 무엇에 대해서든 토의할 줄을 알았다"라고 말했다.

아마 IVF 단체가 달라스에게 미친 가장 큰 영향은 그가 복음서에서 건지고 있던 개념들을 가르칠 장이 그에게 주어졌다는 사실일 것이다. 그 내용이 훗날 『하나님의 모략』의 골자가 되었다.

『하나님의 모략』 스터디 가이드 서문에 그는 이렇게 썼다. "『하나님의 모략』의 기본 가르침은 1960년대 초반부터 싹텄다. 첫 장 일부는 내가 IVF에서 활동하던 대학원 시절로 거슬러 올라간다."[17]

말씀 자체가 역사한다

•

매디슨의 첫 4년 동안 달라스는 대체로 교회 강단에는 서지 않았다. 그러나 대학에 적을 둔 마지막 해에 교회 사역을 늘려 고무적인 열매를 맺었다.[18] 1964년 늦여름에 윌라드 일가는 아레나 회중교회 사택으로 이사했다. 캠퍼스 중앙에서 50km쯤 떨어진 위스콘신 시골의 푸르른 구릉지였다. 어느새 그의 전임 직장은 둘이 되었다. 유수한 대학교에서 가르치면서 두 교회에서 섬긴 것이다.

그는 이렇게 회고했다. "위스콘신 대학교에 강사로 있을 때 내가 섬기던 교회가 기억난다. 1년 동안 그 근처의 작은 회중교회 두 곳에서 목회했다. 복음을 전하면 교회들이 무럭무럭 자라는 게 보였다. 특히 그중 한 교회가 더했다. 마치 여름철 쩍쩍 갈라진 옥수수 밭에 물을 주는 것 같았다."[19]

그가 두 교회에서 목회한 기간은 1년밖에 되지 않았지만 그의 지도로 아레나 회중교회는 60명에서 100명 이상으로 늘어 거의 두 배로 커졌다. 래번 스니스와 조이스 리먼은 윌라드 일가가 그 교회에 있던 때를 기억했다. 래번은 "온 교회가 그와 사랑에 빠졌다"라고 말했고 조이스는 "목소리가 아주 좋았던 그는 독창도 꽤 여러 번 했다"라고 기억했다. 다시 래번의 말이다. "강단에서 설교할 때 그의 방식이 독특했다. 메시지가 늘 아주 명쾌하고 정확했다. 그가 강단에서 목소리를 크게 높였던 기억은 없지만, 지금 우리와 함께 하는 하나님 나라와 산상설교에 대한 설교는 기억난다."

박사 아빠

•

래번의 회고는 이렇게 이어진다. "주중에는 주로 제인이 교인들 곁에서 함께 지냈고 달라스는 거의 내내 매디슨에서 가르쳤다. 딸 베키는 아주 어렸고 존은 개구쟁이였다. 한번은 존이 빨간 소방관 모자를 쓰고 나타나 달라스가 설교를 잠시 멈춘 적도 있다. 달라스는 강단에서 내려가 존의 모자를 잘 벗겨 준 뒤 다시 설교했다."

다음은 제인의 회고다. "그 사택에 살 때 달라스가 철학박사 학위를 받았다. 나는 세 살 난 딸을 준비시켜 아빠가 학위 논문을 방어하고 귀가하면 '박사 아빠'라고 부르게 했다. 딸은 그대로 했다."

그러나 그 자격을 갖추자마자 그에게 다시 회의가 밀려왔다. 박사학위를 받은 직후에 약간 우울해졌던 달라스를 제인도 기억했다.

엉뚱한 분야로 박사가 되지 않았나 하는 회의로 괴로웠던 것이다. 영혼의 병 대신 육신의 병을 진단할 수 있는 의학박사가 되지 않은 게 혹시 과오는 아닐까?

제인의 말이다. "남에게 도움이 되지 않는 쪽으로 박사가 되었다는 생각에 그는 의대에 진학할 생각을 했다. 무슨 일로든 내가 그때만큼 간절히 기도한 적은 없다. 다시 시작하고 싶지 않았다. 얼마 지나자 그의 그런 생각이 잦아들었다."

이 문제는 다른 질문과도 맞물려 있었다. 이제부터 그가 사역자로서 서야 할 장은 어디인가? 의학박사 될 생각은 접었지만, 달라스는 하나님이 자신을 부르시는 곳이 교회인지 대학인지 결정해야 했다. 바로 그때 친구 얼 올드리지의 입을 통해 하나님의 말씀이 임했다. "교회로 가면 대학 강단은 자네한테 닫히겠지만 대학으로 가도 교회 강단은 여전히 열려 있지 않은가."

그래서 달라스는 주로 학계에서 일하고 사역하는 쪽으로 마음이 기울었다. 강사직 연구 장학금과 아레나 회중교회 목회가 끝나 갈 무렵 그는 네 학교에서 교수직을 제의받았다. 그중 두 곳으로 좁히다 결국 남캘리포니아 대학교를 택했는데, 그 이유는 곧 밝혀진다.

교회를 떠나기가 몹시 힘들었다. 래번은 이렇게 회고했다. "사택의 짐이 다 꾸려져 있었다. 다들 아주 슬펐다. 달라스는 '작별 인사는 하지 않겠습니다. 다시 만날 때까지만 헤어지는 거니까요'라고 말했다. 그러더니 고개를 절레절레 흔들며 '여러분 때문에 떠나기가 정말 힘드네요'라고 했다."

이어 래번은 "정말 그렇게 멀리 갈 줄은 몰랐다. 임대한 이삿짐 트레일러를 자동차 뒤에 매달았는데 짐이 어찌나 꽉 찼던지 연결

부분이 바닥에 거의 닿을 듯했다"라고 웃으며 말했다. 그래도 그들은 떠났다.

달라스 윌라드가 되기까지

•

저서 『그리스도를 아는 지식』에도 나오지만 달라스가 USC에서 철학을 가르칠 때 늘 제기하던 네 가지 질문이 있다. "무엇이 실재인가? 누가 행복하거나 복된가? 누가 참으로 선한 사람인가? 어떻게 참으로 선한 사람이 될 수 있는가?" 이런 질문에 어떻게 답하는지에 따라 각 사람의 "화와 복"이 결정됨을 그는 알았다. 여기서 중요한 점은 그중 어느 질문도 현대의 가장 신성한 우상인 감정의 문제가 아니라는 점이다. 대신 네 가지 다 관건은 **지식**의 영역이다.[20]

달라스가 추구한 것이 지식이다. 그가 철학을 공부하러 대학원에 간 목적은 보이지 않는 영혼과 보이지 않는 세계를 더 잘 이해하기 위해서였다. 정신, 하나님 나라, 삼위일체 하나님을 닮은 교제도 그 세계에 포함된다.

윌라드의 철학 연구는 이제껏 연구되어 온 가장 난해한 지성적 문제로 초점이 좁혀졌다. 주관이 어떻게 객관을 품을 수 있는가의 문제였다. 수세기 동안 철학자들은 주관적 경험과 객관적 세계의 관계를 이해하려고 고심했다. 그중 다수는 이 문제를 풀 수 없다고 자인했거나 경험과 무관하게 존재하는 세계를 아예 부정했다.

외부 세계의 증거나 하다못해 이에 대한 설명이라도 찾으려던 달라스는 설교 강단을 떠나 있던 공백기에 중대한 도움의 출처를 만났다. 가장 중요한 출처 둘은 G. E. 무어와 A. W. 토저였다.[21]

무어는 달라스를 언어 상대주의의 길에서 구해내어 외부 세계의 증거에 대한 희망을 살려 주었다. 외부 세계란 사고 바깥의 존재영역이며, 우리는 이를 탐색해서 그것과 교류하고 거기서 배울 수있다. 무어가 철학이라는 학문 분야에서 달라스에게 도움을 주었다면, 토저는 그가 청소년기의 기독교로부터 하나님 나라의 현존하는 실재 쪽으로 협곡을 건너는 데 도움이 되었다. 전자는 영혼 구원으로 접근하지만 후자는 지금 여기서의 하나님 나라에서 그분과 더깊이 교제하며 함께 살아가는 삶이다. 토저가 그려낸 하나님은 복되신 분, 우리가 편히 함께 살 수 있는 분, 교제와 대화를 통해 찾고알 수 있는 분이다.

마이클 스튜어트 롭에 따르면 토저의 다른 어떤 책보다도 특히
『신앙의 기초를 세워라』The Root of the Righteous 라는 책은 달라스가 가르치고 설교한 내용의 직접적인 전조처럼 보인다. 토저의 주제에는다음과 같은 것들이 포함된다. 첫째, 중요한 것은 열매가 아니라 심령이다. 둘째, 그리스도인이 성장하지 못함은 살아 계신 하나님을모르기 때문이다. 셋째, 하나님관이 매우 중요하다. 넷째, 하나님은복되시며 우리가 편히 함께 살 수 있는 분이다. 다섯째, 목사와 신앙상담자는 하나님의 음성을 듣는 것이 중요하다. 여섯째, 역사의 전체 목적은 거룩한 남녀를 창조하는 데 있다. 일곱째, 성경을 읽을 때는 성령께 배워서 영적 의미를 깨닫는 것이 중요하다.[22]

그러나 아직 결핍된 부분이 있었다. 무어와 토저의 말을 순전히탁상공론으로 여기는 회의론자들에게 심층 해답을 제시할 틀이 필요했다. 물론 철학적으로 인정될 만한 틀이라야 했다.

그 결핍된 부분을 달라스는 에드문트 후설의 저작에서 발견했

다. 이 철학자는 경험과 의식을 신중히 분석하면 지식과 실재에 대한 믿을 만한 통찰을 얻을 수 있다고 역설했다. 현상학이라는 철학 사조는 외견에 직접 신중히 주목하면 실체에 대한 통찰에 이를 수 있음을 강조한다. 그 지속적 주목의 대상이 삼위일체 하나님과 하나님 나라 같은 비가시적인 것이라 해도 마찬가지다.

달라스는 하나님 나라의 실체를 직접 경험함으로써 그 나라에 대해 배웠다. 하나님 나라에 대한 달라스의 관점을 이해하는 부분에서 롭은 흥미로운 관측을 내놓았다. "2002년 윌라드의 자전적 고백을 명심해야 한다. '나는 신학자들을 통해 하나님 나라를 이해한 게 아니다.'"[23] 대신 본인의 고백처럼 "그의 그런 관점은 자신의 경험과 사복음서 연구를 통해 생성되었다."[24]

아마도 그는 영성 훈련의 실천을 통해 하나님 나라를 만나기 시작했다. 이 깨달음의 시점을 그는 위스콘신 대학교 시절로 추적해 올라갔다. 조지아 주에서 그는 자신의 가르침이 그리스도인 청중에게 도움이 되지 못함을 인식했다. 그래서 다른 무엇을 찾아 위스콘신으로 갔다. 예수를 더 잘 따르라는 권면만으로는 "그들을 괴롭히던 여러 부분에 대한 변화"를 돕기에 역부족이었다.[25]

위스콘신에서 기독교 역사의식이 깊어지고 교회 인맥도 넓어진 덕분에 달라스는 특정한 영적 실천들을 점차 지혜의 길로 보았다. "그저 헛된 종교의 폐기된 실천이라고 여겼던 것들이 사실은 제대로만 활용하면 사람들의 변화를 도울 길이었던 것이다."[26] 이제 여러 해에 걸쳐 실제로 사람들을 돕는 문제만 남아 있었다. 물론 하나님의 지도 아래 자신의 변화에도 힘써야 했다.[27]

위스콘신 시절에 달라스가 발견한 틀은 그가 좋아하던 상식적 접근의 철학에 학문적 신빙성을 더해 주었다. 아울러 삶과 고통과 까다로운 결정의 한복판에서 하나님 나라를 경험할 수 있다고 믿는 그의 합리적 확신도 학문적 신빙성을 얻었다. 숟가락과 나무는 실재한다. 하나님 나라도 실재한다.

제2부

세 나라

08.
USC 초년 시절

대형 항공기가 이륙할 때 연료를 연소시키듯이
진정 거룩한 사람은 은혜를 연소시킨다.

달라스 윌라드, 『잊혀진 제자도』

—

"브레이크가 말을 듣지 않아요!" 달라스가 외쳤다. 그가 제어하려는 자동차는 가파른 산비탈로 내리달렸다.

제인이 선잠을 자다 얼른 몸을 일으켜 보니 그들이 탄 차가 반대쪽에서 다가오는 세미트레일러를 향해 돌진하고 있었다. 오른쪽은 산에서 깎여 나온 단단한 암벽이라 피할 수도 없었다.

달라스는 눈을 질끈 감고 "오 하나님!"이라고 외마디 기도를 내지른 뒤 충돌에 대비해 마음을 다잡았다.

눈을 떠 보니 트럭은 충돌하지 않고 지나갔고 갑자기 브레이크가 다시 작동했다.

"휴, 큰일 날 뻔했네!" 달라스가 브레이크를 밟으며 말했다. "분명히 천사가 우리를 붙잡아 준 거요." 하얗게 질렸던 그의 얼굴에 다시 핏기가 돌았다.

그날 정오쯤 지프차를 몰던 한 여자가 그들을 사막의 열기로부터 구해 주었을 때도 달라스는 똑같이 설명했다. 그녀는 모하비 사막의 데스밸리 부근에서 차의 냉각수가 떨어져 발이 묶인 이들을 돕고자 최근에 물을 20리터씩 싣고 다니기 시작한 터였다.

캘리포니아 남부까지 가는 동안 월라드 일가는 은혜를 많이 연소시켰다.

매디슨에서 박사후 과정 연구와 두 교회 목회를 마무리하는 동안 달라스는 네 학교에서 교수직을 제의받았다. 그중 메릴랜드와 미주리의 작은 대학은 금세 제외되었다. 다른 둘은 제인의 본가에서 편리하게 차로 한 시간 거리인 조지아 대학교와 남캘리포니아 대학교였다.

자연히 제인은 조지아 주 애틀랜타 쪽을 선호했다. 달라스가 존과 베키에게 물어 보니 존은 얼른 텔레비전 시트콤 "비버리 힐빌리즈"의 주제가를 따서 "캘리포니아! 수영장, 영화 스타"라고 말했다. 베키도 맞장구쳤다.

달라스의 의견도 아이들과 같았다. 그는 "내가 USC 일을 수락한 이유는 가르쳐야 할 과목 수가 더 적었기 때문이다"라고 말했다. 조지아 대학교는 그에게 학기당 세 과목이 아니라 네 과목을 가르칠 것을 요구했다.[1] "내가 쓰고 싶은 논문이 있었으므로 USC 쪽 조건이 더 도움이 될 터였다."[2]

위스콘신에서 캘리포니아 남부까지 가려면 미국의 "중심 도로"라는 66번 도로를 타야 했다. 그들이 대장정에 오를 무렵 그 길은 "피의 66번"으로 알려져 있었다. 수많은 철도 건널목, 시야가 가려진 커브길, 위험한 교차 통행, 바위산, 사막의 불볕더위 등으로 인해 매년 교통사고 사망률이 높았기 때문이다. 다행히 월라드 일가에게는 그 도로가 이름값을 하지 못했다.

서부에 도착한 그들은 첫 두 주 동안 제인과 남매간인 잭의 집에 머물렀다. 그곳 샌 마커스는 로스앤젤레스에서 한참 남쪽이라 본래는 그 집에 체류할 계획이 없었는데, 그들이 이사를 오던 도중에 USC 캠퍼스에서 남쪽으로 10km쯤 떨어진 LA 남부에 왓츠 폭동이 터졌다. 캘리포니아 주 방위군이 시가지를 경비하고 있는 데다 여러 블록의 건물들이 불타고 있어 제인은 서부로 가려는 남편의 생각에 새삼 의문이 들었다.

두 주 만에 달라스 부부는 베니스와 팜스 사이의 소텔 가에서 한 셋집을 찾아냈다. 월세가 턱없이 비쌌지만 일단 1년 계약에 서명했다.

제인의 회고다. "언덕 위에 있던 그 집은 아주 작고 간소해서 거실의 가구라고는 분리형 소파와 소형 그랜드피아노뿐이었다. 방도 둘뿐이었고 에어컨이 없어 여름에는 창문을 다 열어 놓고 자야 했다. 그래서 밤마다 옆집의 텔레비전 소리가 다 들렸다. 우리는 조니 카슨 쇼에서 로스앤젤레스를 많이 배웠다."

달라스에게 그 집의 장점이 하나 있었다. 천장의 출입구를 통해 사다리를 타고 올라가게 되어 있던 작은 다락방이었다. 달라스는 거기에 숨어들어 그 공간을 서재로 썼다. 제인에 따르면 "그곳을 나는 그의 '상아탑'이라 불렀다. 남편은 거기서 많은 시간을 보내며 고매한 생각을 대기층으로 피워 올렸고, 어떤 때는 아이들 취침 시간 전에 그들과 체스도 두었다."

"당신 책임이오"

•

그때는 몰랐지만 달라스는 하마터면 USC에 퇴짜를 맞을 뻔했다. 달라스보다 한 해 전에 철학과에 임용된 케빈 롭Kevin Robb이 마침 청빙위원회에 있었고, 위원장은 동료들 사이에 워키로 불리던 학과장 빌헬름 워크마이스터Wilhelm Werkmeister였다.

케빈의 회고다. "청빙 후보는 둘로 좁혀졌다. 상대는 더 상위 명문 대학인 컬럼비아 출신으로 기억되며 이미 출간 저서도 있었다. 달라스의 모교 위스콘신 대학교는 당시에는 아주 명문은 아니었다. 그때 우리 USC는 학과를 발전시켜 입지를 다지려던 중이었으므로 상대 후보가 더 유리했다.

그런데 달라스가 제출한 자료 중에 플라톤의 『국가론』에 대한 논고가 있었다. 읽어 보니 이제껏 접해 본 가장 의미심장한 고찰 중 하나였다. 한 구절은 지금도 기억난다. 그는 '『국가론』은 실로 영혼에 대한 대화다'라고 썼다. 맞는 말이다. 절대적으로 옳다."

그래서 롭이 학과장에게 "'워키, 이 자리는 윌라드라는 사람에게 주어야겠습니다'라고 말했더니 그는 잠시 뜸을 들이다가 '좋습니다, 하지만 일이 잘못되면 당신 책임이오'라고 대답했다. 내가 '일이 잘되면요?'라고 묻자 워크마이스터는 '그럼 내 공이지요'라고 받았다."

그 뒤로 롭과 윌라드는 같은 학과에서 46년 동안 함께 일했다.

롭이 다시 생각에 잠기며 말했다. "아주 너그러웠던 달라스가 기억난다. 그 당시 우리 학과에는 마찰이 많았다. 성질이 까다롭고 모진 인사가 몇 있었다. 문을 쾅쾅 닫는 일은 예사였다. 그런데 처음부터 '이 사람은 동료를 대하는 방식이 아주 다르구나'라는 생각이 들었다. 내 생각에 달라스를 임용한 일이야말로 내 재임 기간 중에 USC에 일어난 가장 좋은 일이었다."

롭의 그런 견해의 근거는 달라스가 학과에 학문적으로 공헌한 데 있지만 또한 그의 성품에도 있다.

이어지는 그의 말이다. "달라스는 아주 차분하고 상식적인 사람이었다. 그래서 긴장이 발생할 때면 나는 그가 상황을 숙고해서 상식적인 해법을 제시하리라는 것을 알았다. 우리 둘이 상황을 똑같이 볼 때가 워낙 많다 보니 사람들은 우리가 공모한다고 자주 비난했다. 우리는 둘 다 아니라고 강변했고, 실제로 회의 전에 그와 내가 의견을 나눈 적은 거의 없다."

롭과 달라스 둘 다의 조교로 일했던 한 학생은 달라스를 향한 롭의 찬사에 약간 충격을 받으며 말했다. "[그 말을 들으니] 정말 뜻밖이다. 두 사람은 극과 극이었다. 그중 하나에게 끌린 학생들은 다른 하나에게는 끌리지 않았다. 롭은 고전주의자이자 명목상의 가톨릭 신자, 교양 있는 유럽풍 식자였다. 식사 때는 고급 포도주와 도자기 접시를 좋아했고 대화는 피상적 수준을 맴도는 경향이 있었다. 반면에 달라스는 자칭 촌뜨기로 플라스틱 접시에 담아 먹는 시골 음식을 즐겼고 깊은 대화를 좋아했다. 그러면서 누구와도 잘 어울릴 줄 아는 면이 있었다."

이런 평가를 흥미롭지만 한쪽으로 치우쳤다고 보는 학생도 있다. "그 둘은 서로 다름에도 불구하고 공통점이 있었다. 내가 둘 다에게 끌린 이유는 둘 다 '전통 철학'의 '거시적' 접근을 취했기 때문이다. 적어도 그 점에서 서로 닮은꼴이었다."

달라스가 부임할 때 철학과는 머드 홀에 있었다. 이탈리아의 어느 수도원을 본떠 1929년에 지어진 그 웅장한 석조 건물에는 주랑 하나와 작은 정원과 하늘로 솟은 시계탑 그리고 바닥에 타일을 깐 아늑한 도서관이 있었다. 달라스가 많은 시간을 보낸 그 도서관은 탈레스부터 에머슨까지 역사상 가장 위대한 철학자 30명을 모아놓은 사기 타일로 유명했다. 실내에 빙 둘러 걸린 그들이 아래의 참나무 책상들과 학생들을 내려다보았다.

그 건물 설계자의 아버지이자 건축 당시의 학과장은 극동 지방에 기독교 교육기관을 세우고 싶어 했던 감리교인 랄프 타일러 플루엘링이었다. 캠퍼스의 존 웨슬리 동상도 이 학교가 초창기에 감리교와 연계되어 있었다는 또 다른 증거였다. 조 할아버지가 하늘에서 내려다보고 뿌듯했을 것이다.

머드 홀의 기독교적 배경과는 달리 달라스가 부임할 당시 철학과 내에 지각 변동이 시작되었다. 이런 일이 처음은 아니었지만 이 젊은 교수가 들어서려던 새 집은 그를 전적으로 반기지만은 않았다.

뼈아픈 분리

•

예로부터 철학 연구는 "철학의 영구 문제"로 불리는 여러 핵심 이슈 내지 질문을 중심으로 돌아가는 경향이 있었다. 앞서 보았듯이 달라스는 결국 그런 문제를 네 가지로 열거하고 이를 서구 철학 전통의 핵심으로 보았다.

1. 무엇이 (궁극적) 실재인가?
2. 누가 행복한가?

3. 누가 정말 선한 사람인가?

4. 어떻게 진정으로 선한 사람이 될 수 있는가?[3]

달라스에 따르면 철학은 이런 질문과 기타 관련 질문에 합리적으로 답하려는 시도다. 그는 이를 "경험의 필수 구조에 대한 합리적 설명"이라고 표현했다.[4]

서구 철학은 영구적인 문제와 이를 합리적으로 탐구하려는 의지 면에서 어느 정도 일치점이 있지만, 철학자들이 제시한 답은 천차만별이며 완전히 상극을 이루기도 한다. 서구 철학 전통의 특징은 단연 그런 견해차이다. 달라스는 세상의 철학자를 다 모아 놓아도 여전히 결론에 도달하지 못할 것이라고 우스갯소리를 하곤 했다!

달라스가 철학계에 들어선 시점은 마침 그 세계가 철학에 대한 두 상반된 접근으로 분열되기 시작하던 때였다. 나중에 그것이 분석 철학과 대륙 철학으로 불리게 되는데, 달라스가 USC에 도착해서 들어선 철학 환경을 이해하려면 이 두 사조와 각각의 출현 경위를 조금 알아야 한다.

20세기 초에 근대의 연구 대학들은 자연과학의 방법론을 절대적으로 받아들였다.[5] 그 바람에 신학과 철학과 심리학 같은 "연성" 학문은 딜레마에 봉착했다. 근대화("과학화")해서 자연과학이나 근대 과학과 똑같은 구조 형식과 성공 기준을 채택하든지, 그렇지 않으면 주변으로 밀려나든지 둘 중 하나였다. 달라스의 박사과정 제자였던 애런 프레스턴Aaron Preston에 따르면 분석 철학은 철학을 바로 이런 식으로 근대화하려던 시도에서 기원했다. 그의 설명이다.

분석 철학은 20세기 초입에 G. E. 무어와 버트런드 러셀Bertrand Russell의 연구에서 기원했다는 것이 전통적 해석이다. 19세기 내내 영국 대학들을 지배했던 관념론 철학으로부터 혁명적으로 이탈한 것이다. 그런데 분석 철학자들은 금세 자신들이 관념론으로부터만 아니라 전통 철학 전체로부터 이탈했다면서 그 근거로 이런 관점을 내세웠다. 즉 자신들이 유독 정확한 철학 방법—곧 언어 분석—을 새로 개발했으며 따라서 제대로 된 철학은 그 자체가 언어 분석에 불과하다는 것이다.[6]

프레스턴에 따르면 이렇게 언어 분석으로 이동한 현상은 철학에 다음 두 가지를 부여하려던 욕구와 깊은 관계가 있었다. 하나는 명백한 실증적 학문 분야(곧 언어학)였고, 또 하나는 과학에 쓰이는 정확한 계산법에 근접한 방법론이었다.[7] 그뿐 아니라 분석 철학자들이 도달한 결론들은 적어도 20세기 중반까지는 과학적 자연주의와 일치하는 경향이 있었으며, 그런 자연주의가 서구 문화와 각종 기관과 대학을 새롭게 지배했다.

이와는 대조적으로 대륙 철학의 특징은 철학 작업에 더 "주관적인" 출발점을 수용하는 데 있다. 현대 철학자 게리 거팅Gary Gutting은 이렇게 설명한다.

"대륙 철학"이란……다분히 20세기 중반의 일부 분석 철학자들이 유럽 대륙의 현상학자들과 실존주의자들로부터 구별되고 싶어서 지어낸 용어다. 이들 분석 철학자들은……직접적 경험을 중시하는 대륙의 풍조를 주관성과 모호성의 출처로 보았다. 논리적 객관성과 명료성이라는 자신들의 이상理想에 어긋난다는 것이었다.[8]

"현상학의 아버지"인 후설은 대개 대륙 철학자로 간주된다. 그러나 후기 현상학자들은 직접적 경험의 구조를 철저히 조사하면 "지식의 객관성"을 확보해서 인식론적 실재론을 뒷받침할 수 있다는 후설의 핵심 통찰을 배격했다.[9] 그래서 결국 대륙 철학은 거의 포스트모더니즘의 동의어가 되었다. 즉 해석주의적 반실재론과 상대론 쪽으로 경도된 철학적 입장들의 집합인데, 이는 후설(과 달라스)의 입장과는 상극이다.

USC 철학과는 신흥 분석 철학을 더디게 수용했고 20세기 상반기까지 전통 철학과 (이후의) 대륙 철학 쪽을 더 지향했다. 1933년에는 에드문트 후설을 교수로 초빙하려고까지 했으나 그의 대학원생 조교가 이사할 수 없어 그가 제의를 수락하지 않았다.[10]

분명히 달라스는 자신이 USC에 임용된 이유가 철학과에서 대륙 철학자를 원했기 때문이라고 믿었다.[11] 그러나 그가 부임할 무렵부터 학과의 철학 지향성이 바뀌었다. 빌헬름 워크마이스터가 곧 학과장에서 물러날 것을 달라스는 몰랐다. 워크마이스터와 함께 USC의 전통 철학과 대륙 철학도 막을 내렸고, 대신 자연과학에서 떠받드는 정확성을 흉내내는 분석 철학이 도래했다.

그러나 달라스는 분석 철학자도 아니었지만 후설만큼이나 대륙 철학자도 아니었다. 그는 자신의 한 박사과정 제자에게 "나는 근대[분석]도 아니고 포스트모던[대륙]도 아니고 전근대다"라고 털어놓은 적이 있다. 자신이 전통 철학 쪽임을 그런 식으로 밝힌 것이다. 이 "위대한 전통의 철학"은 플라톤과 아리스토텔레스로부터 출발하여 아우구스티누스와 보에티우스와 토마스 아퀴나스 등의 중세 철학자들로 대변되는 이른바 "옛 길*via antigua*"로서, 중세기 기독교와

철학의 통합을 거쳐서 특히 현대의 프란츠 브렌타노와 후설에게까지 이른다.[12]

명칭이야 어찌됐든 달라스는 선과 영혼과 성품과 도덕 발달 등의 문제에 관심이 있었다. 그러나 로버트 프로드먼Robert Frodman과 애덤 브리글Adam Briggle이 「뉴욕 타임스」 기사에 경고했듯이 "과학의 권위는 과학자의 뛰어난 성품에서 나오는 게 아니라 탈인격적 구조와 방법에서 나온다."[13] 그래서 자연과학이 지식에 대한 절대적 권리를 주장하면서 지식과 선은 뼈아픈 분리로 내몰린다.[14]

스모그 탈출

•

몇 달 지나자 윌라드 부부는 로스앤젤레스의 스모그와 교통량에 맥이 빠졌다. 달라스는 "[캘리포니아에 1년 이상] 머물지 못할 줄로 알았는데 결국은 어느 토요일에 해안 도로로 차를 몰아 가족 소풍까지 갔다. 그나마 나무라고 봐 줄 만한 게 있어 큰 도움이 되었던 기억이 난다"라고 회고했다.

존은 그해 가을에 초등학교 3학년에 올라갔고 베키는 1년 더 있어야 취학이었다. 월세 계약이 끝나 가자 달라스와 제인은 「로스앤젤레스 타임스」의 부문별 광고란에서 집을 물색했다. "스모그 탈출"이란 제목이 달린 주택 광고를 보고는 이 집이다 싶어 확인하러 갔다.

가 보니 "스모그 탈출"은 약과였다. 집은 USC에서 북쪽으로 65km쯤 떨어진 챗스워스 부근에 있었는데, 위치가 아주 시골이라 "집 팝니다"라는 팻말이 길가의 참나무에 못질되어 있었다. 협소한 도로에서 더 좁고 긴 진입로로 들어서니 그 끝의 언덕 꼭대기에 작은 목조 가옥이 둥지를 틀고 있었다. 외졌지만 목가적인 곳이라 상관없었다. 아직 아이들이 어린 이 가정은 그 집에 매료되었다.

본래의 부지는 가로 30m, 세로 25m로 작았지만 나무가 많았고 숨 막힐 듯 아름다운 호수가 내려다보였다. 제인은 이사한 뒤로 "오후 3시쯤부터는 아무 일도 못하고 방을 옮겨 다니며 호수를 바라보곤 했다. 수면이 고혹적인 비취색으로 변했다. 천국 같았고 살맛이 절로 났다"라고 회고했다.[15]

집 양옆에 둘린 특이한 모양의 사암 험산들은 그 근처에서 촬영된 많은 서부영화에 배경 경치로 등장하곤 했다. 솟아오른 그 사암들만 제외하면 집 주변의 전체 풍광은 캘리포니아 남부에서 찾아낼 수 있는 미주리 시골에 가장 가까웠다. 베키가 땅다람쥐 구멍에서 개구리를 본 뒤로 두 아이는 새 집에 열광했다.

달라스와 제인의 부동산 중개인은 로스앤젤레스 셋집 근처 베니스 가의 마르비스타 제일침례교회 주일학교 교사였다. 중서부 출신으로 20년 전에 오클라호마 주에서 역시 66번 도로를 타고 넘어온 나이가 지긋한 여자였다. 그녀는 젊은 부부의 내 집 장만을 돕고자 자신의 커미션을 빌려주는 습관이 있었다.

윌라드 부부는 그 중개인의 대출금 1천 달러에 그동안 저축해 둔 같은 액수의 돈을 합해 그 집을 사서 향후 46년간 대부분 거기에 함께 살았다. 나중에 인접한 부지 몇을 더하고, 작은 오두막으로 시작된 별채를 구입해서 서재와 임시 도서실로 쓰고, 바로 옆에 작은 셋집을 직접 짓기도 했다.

그 초창기를 회상하며 제인은 "그때는 시간이 훨씬 더 많았던 것 같다. 우리는 자주 뒷마당에 나가 일광욕하며 책을 읽었다"라고 말했다.

첫 자택의 살림에도 달라스와 제인은 검소함과 소박함의 가치를 고수했다. 지나친 낭비와 과시적 소비는 그리스도의 제자에게 어울리지 않는다고 믿었다. 게다가 그들은 대공황의 후예였다. 그래서 가구도 오래된 것과 중저가의 장식 스타일에 맞추었다! 모든 게 간소한 기능 위주였다.

검소함을 약간 양보한 부분도 하나 있었다. 캘리포니아 남부의 샌퍼낸도 밸리는 대개 햇볕이 강렬하여 제인에 따르면 "에어컨 없이 살려 했으나" 싸움의 승자는 태양이었다. 머잖아 달라스는 창문에 에어컨을 설치했는데 그 소음은 전설이 되었다. 얼마 후에는 집 안에 에어컨 달린 창문이 몇으로 늘었다.

아이들이 어렸을 때는 챗스워스 집에 농장 분위기가 감돌았다. 지금도 베키는 토끼(잔디를 다 뜯어 먹었다), 다람쥐(살구와 복숭아를 먹었다), 때로 열여덟 마리나 줄지어 다니던 메추라기(작은 깃털이 가두행진을 연상시켰다), 땅다람쥐(구멍을 골프장 홀보다 더 많이 팠다), 오색찬란한 공작(얄밉게도 밤중에 울면 온 동네에 소리가 다 들렸다) 등을 기억한다. 풍성하고 아름다운 세상을 창조하셔서 누구나 다 누리게 하신 하나님, 그 사랑과 자비의 하나님을 날마다 일깨워 주던 이런 동물들을 온 가족이 한껏 즐겼다.

베키는 중학생 시절 내내 있었던 차콜이란 이름의 조랑말도 기억했다. 2년 후에 조랑말은 달라스가 임대해 온 말로 바뀌었다. 불행히도 그 말은 머리로 들이받는 위험한 버릇이 있어 임대 기간이 몇 달밖에 가지 않았다.

다음은 제인의 회고다.

개와 고양이는 늘 있었고 첫 개의 이름은 미스치프(장난꾸러기)였다. 추가로 구입한 인접한 집에는 비둘기도 있었다. 닭도 길렀는데 베키는 닭들에게 초등학교 2학년 자기 반 아이들의 이름을 붙여 주었다. 가족들이 계란을 즐겨 먹으며 늘 우리 닭들은 애국자라고 말했다. 암탉 품종이 다양해서 달걀 껍데기가 국기처럼 빨간색, 흰색, 파란색이었기 때문이다. 채소도 재배했다. 남편은 과일나무도 심고 벌통을 달아 꿀도 채취했다. 그가 시아버지께 배운 양봉 덕분에 20년 넘게 집에 꿀이 떨어지지 않았다.

베키는 벌집의 꿀을 따 먹던 즐거움과 꿀 수확기에 문 손잡이마다 끈적거려 고생했던 일을 회고했다. 그녀는 또 과학 발표회 숙제로 아빠의 양봉에 대한 글을 제출해서 3위에 오른 적도 있는데, 그때 꿀을 채취하는 아빠 사진과 양봉 도구 몇 가지를 교실에 가져갔었다.

당시의 한 박사과정 학생이 달라스와 서로 아는 친구와 더불어 "윌라드 농장"에 하루 머문 적이 있는데, 사방에 닭이 꼬꼬거리고 벌이 윙윙거리고 개가 짖어대는 가운데 시종 한없이 멋진 대화를 나누었다.

세월이 흘러도 크게 달라진 건 없었다. 달라스의 친한 친구 존 오트버그John Ortberg는 1990년대에 언덕 꼭대기의 그 집에 처음 방문하고 나서 첫인상을 이렇게 표현했다.

실내에 가구도 별로 없거니와 그나마 있는 것도 오래되고 값싼 것들이

다. 달라스의 머릿속처럼 집도 거의 책으로 가득하다. 거실 창문에 40년
전에 설치된 에어컨이 있는데, 제트기 소리처럼 요란하여 그게 돌아갈
때면 고함을 질러야 말소리가 들린다. 그나마 가동될 때도 많지 않다.
교황이 데이트를 즐기지 않듯이 달라스와 부인 제인은 물질주의자가
아니다. 달라스는 내게 자신이 이전에 만나 영혼의 문제로 대화했던 어
느 공사장 인부에 대해 말한 적이 있다.……달라스의 집을 처음 본 그
사람은 집에 가서 부인에게 "여보, 드디어 가구가 우리 집보다 못한 집
을 만났어요"라고 말했다. 달라스는 그 말을 칭찬으로 들었을 것이다.[16]

윌라드 부부는 피상적인 대화나 겉모습에 관심이 없었다.[17]
　그곳은 미주리 출신의 가정에 여러모로 이상적인 장소였으나
몇 가지 문제가 있었다. 첫째는 이웃과 관계된 문제였다.
　다음은 달라스가 내게 한 말이다. "당시에 샌퍼낸도 밸리는 진
정한 이웃들이 서로 사랑하고 아이들을 돌보는 인간미 넘치는 곳이
었다. 거의 다 확 트인 공간에 아름다운 저수지가 한눈에 들어왔고,
언덕바지에서 아이들 노는 소리가 해질녘까지 들려왔다." 거기까지
말하고 나서 그는 흘끗 바닥으로 시선을 돌렸는데 표정이 서글퍼
보였다. "그런데 주위에 불량배가 많았다."
　"갱단은 아니고 그냥 존 나이의 반항기 있는 사내아이들이었
다"라고 제인이 부연했다.[18]
　조각구름이 일기 시작했다. 폭풍의 조짐이었다.
　둘째로 교회를 찾기가 어려웠다. 근처의 침례교회에 가 보았는
데 나중에 달라스는 그 경험을 한마디로 "맙소사"라고 표현했다.
다행히 그들 취향에 훨씬 잘 맞는 작은 퀘이커교 교회를 만났다. 매

· 1966년경 캘리포니아 주 챗스워스의 윌라드 집 근처에서

주 일요일 오전에 퀘이커교 특유의 "향심向心 시간"이 있었고, 거구의 젊은 목사 제임스 S. 휴잇James S. Hewitt은 가족 수는 단출했으나 마음이 넓었다. 신학 교육 외에도 그가 받은 영문학 석사학위는 탄탄한 연구를 바탕으로 시의성 있고 흡인력 있는 설교를 작성하는 데 도움이 되었다.[19] 머잖아 제인은 그 교회에서 오르간을 반주했고 달라스는 성인 주일학교 반을 가르쳤다.

계단 밑의 삶

●

LA 첫 집에서 달라스의 작업실은 다락이었다. 물론 대학은 달라서 거기서는 계단 밑에서 일했다. 해리 포터 시리즈의 첫 영화 "해리 포터와 마법사의 돌"을 본 사람은 USC 생활 첫 17년 동안 달라스의 연구실이 어떻게 생겼는지 얼추 이해될 것이다. 해리처럼 달라스도 첫 처소가 계단 밑이었으나 해리와 달리 17년이나 거기서 지냈다.

2층으로 향하는 계단 왼편에 보통 크기의 문이 있어 방문객이 그 안으로 들어가면 좁은 통로가 나왔다. 몸을 옆으로 돌리면 양쪽의 비교적 긴 책장 벽 사이로 가까스로 지나갈 수 있었다. 사방에 책과 논문 천지였다. 달라스의 책상은 뒤쪽의 우묵하게 들어간 반침^{半寢} 오른편에 거의 숨어 있었다. 머리 위로 계단이 돌아 나가는 구석의 층계참 부위였다.

달라스의 친한 친구이자 박사과정 제자였던 J. P. 모어랜드 Moreland는 이렇게 회고했다. "그의 연구실에 들어서면 꼭 옷장 안에 있는 기분이었다. 세 명이 있을 만한 공간도 부족했다. 어디에나 책이 쌓여 있었는데 나름대로 질서가 있었다. 그곳에서는 13세기 철학 교수의 오래된 집무실 냄새가 났다."

그레그 제슨이 기억하는 그 이상한 연구실은 편안하고 아늑하고 따뜻해 보였으며, 근무 시간이 길어져 달라스가 오후에 잠깐 눈이라도 붙여야 할 경우에 대비해 스펀지를 덧댄 장의자가 책상 옆에 놓여 있었다. 그레그는 또 책상 위쪽의 벽에 걸려 있던 에드문트 후설의 사진 사본도 기억했다.

그레그는 이어 "그는 물건을 무작정 쌓아 두는 사람은 아니었지만 연구실이나 자신을 꾸미는 면에서 미적인 감각은 조금도 없어 보였다. 한번은 내가 어질러진 실내를 대충 정리해 주었는데 다음

날 다시 똑같아져 있었다"라고 말했다.

다른 제자에 따르면 그의 연구실에 들어가면 거기가 사교 모임의 자리가 아님도 분명히 알 수 있었다. "그는 거기서 소일이나 한 게 아니라 무엇이든 당면한 학술 업무를 수행했다." 반면에 또 다른 제자는 "달라스는 우리가 방해가 된다는 느낌이 들게 하지 않았다. 하고 있던 일보다 우리와의 대화를 더 중요하게 여기며 늘 전적으로 주목해 주었다"라고 회고했다.

마이너리그 야구 선수 출신인 케니 워커Kenney Walker는 스포츠를 그만두고 USC에서 철학을 공부했는데 "소규모의 대학원 세미나 수업에서 달라스를 제대로 알게 되었다"라고 말했다. 대학원 세미나는 8-12명의 학생이 나무 탁자에 둘러앉아 진행하던 친밀감 있는 수업이었다. 한번은 달라스가 도착하기 전에 자신이 책상 위에 두 발을 올려놓고 수업 시작을 기다리고 있었다고 한다. 갑자기 누가 자신의 신발을 탁 치는가 싶더니 "굵고 근엄한 목소리로 '이 발 내려놓지 못하겠나'라는 말이 들려왔다. 벌떡 몸을 일으켜 똑바로 앉는 순간 달라스의 웃음소리가 났다. 장난으로 해본 말이었던 것이다. 그때 처음으로 그에게 따뜻한 유머 감각이 있음을 알았다."

반면에 학부 수업은 대체로 25-40명의 학생으로 이루어졌고 수업 분위기는 격의 없으면서도 집중도가 높았다. 책상 배열도 똑바로 줄을 맞추지 않고 자유분방한 형태였다. 강의실 앞쪽에 칠판이 있었는데 머잖아 1970년대 버전의 파워포인트인 오버헤드 프로젝터가 도입되었다.

USC에 부임한 지 얼마 안 되어 달라스는 기존의 아주 가늘던 안경테에 패딩을 댔다. 그러자 1960-70년대의 헨리 키신저와 약간 비슷해 보인다는 말들이 나왔다. 그는 또 강의할 때 럼주에 적셔진 구불구불한 궐련을 자주 피웠다. 교회에서는 있을 수 없는 일이다. "정말 구불구불한 궐련이었다"라고 제자들은 말했다. 의심의 여지 없이 모두 럼주에 담가진 제품이었다.

달라스는 흡연 사실을 제인에게 숨기다가 언젠가 둘이 식품점 계산대 앞에 줄 서 있을 때 들통났다. 건망증이 있던 이 교수가 무심 코 카트에 궐련 한 갑을 툭 던져 넣었던 것이다. 강의 중의 흡연을 그에게 최종 금지시킨 것이 학교 측인지 제인인지는 불분명하다.[20]

달라스를 기독교 작가로 아는 이들에게는 뜻밖일지 모르지만 그는 또 강의실에서 자신의 종교적 소신을 언급한 적이 없다. 다만 알아볼 줄 아는 이들에게는 특히 USC 재임 초창기에 로스 시메카 Ross Scimeca의 表現으로 "때로 설교자의 모습이 튀어 나왔다."[21]

이어지는 로스의 말이다. "그가 주제에 완전히 몰입할 때면 어 쩌다 한 번씩 말의 리듬과 억양이 확연히 설교조로 바뀌었다. 한번 은 강의가 어찌나 열변이던지 두어 학생이 무릎 꿇고 '아멘, 아멘, 옳소!'라고 말하던 게 기억난다. 그러자 달라스는 웃으며 '머리를 걷어차기 전에 당장 일어나지 못할까'라고 말했다."

1970년대에 달라스가 전통적 논증으로 아주 객관적이고 냉철 하게 신의 존재를 옹호한 적이 있다. 강의 후에 한 학생이 그에게 신을 믿느냐고 물었다. 달라스는 "내가 답한다면 자네가 지금은 모 르는데 더 알게 될 게 무엇일까? 그 답 덕분에 어느 쪽으로 믿어야 할지를 알게 될까?"라고 말했다.[22]

40년 넘게 달라스와 함께 가르친 오랜 동료 존 드레어는 설교와 관련해서 달라스를 이렇게 술회했다.

그는 강의실이 설교하는 곳이 아니라는 사실에 늘 민감했다. 그 선을 지키느라 분명히 때로 긴장해야 했지만 그래도 지켰다. 옛날의 경험이 그에게 도움이 되었다. 매디슨에서 조교로 일할 때 그 둘을 구분하지 않던 그를 스승 빌 헤이가 따로 불러 '달라스, 강의실을 설교할 기회로 이용해서는 안 되네. 그런 게 아닐세'라고 바로잡아 주었다. 하지만 사실 그는 사람들을 그리스도께로 인도하고 싶은 마음이 너무 간절해서 그 선을 넘지 않으려면 상당한 노력이 필요했다.

달라스는 드레어가 알던 가장 헌신적이고 유능한 교사 중 하나였으며 학생들을 대할 때도 "삼촌처럼 따뜻하고 자상했다."

달라스는 강의실 밖에서도 말을 조심했다. 어느 가을 학기 초에 철학과 박사과정 신입생과 재학생 환영회가 열렸는데, 그때 이 스승이 보여준 절묘한 반응이 여태 한 제자의 기억 속에 남아 있다. 그에 따르면 당시 USC에 종교에 우호적인 대화는 극히 드물었고, 분명히 달라스와 기독교인 대학원생들은 신앙을 드러내지 않았다. 그런 정황 속에서 달라스가 기독교인임을 알던 한 열성파 신입생이 마침 여러 학생(전원이 기독교인은 아니었다)에 둘러싸여 있던 달라스에게 접근했다. "열의에 찬 그 신입생이 '모두들 어느 교회에 나가십니까?'라고 물었다. 어색한 침묵이 흘렀다. 적어도 일부 원인은 우리 중에 교회에 다니지 않던 이들도 있었기 때문이다. 물론 달라스가 상황을 파악하고 이런 말로 긴장을 해소했다. '이 중에 교회에 나가는 사람도 있고 그렇지 않은 사람도 있으니 분명히 자네한테 맞는 자리를 찾을 수 있을 걸세.' 그 반응 덕분에 모두가 편해졌다."

다음은 케니 워커의 말이다. "달라스가 하나님에 대해 학생들과 대화한 때는 수업 중이 아니라 수업 후였다. 수업 중에는 신이나 종교에 대한 지적인 토론만 허용했다. 그러면서 아우구스티누스와 아퀴나스 같은 기독교인들이 아주 똑똑하고 비상했음을 지적하곤 했다. 그들을 논박하려면 치밀하게 준비하라는 것이었다." 이어 그는 "달라스가 신학교와 교회에서 가르치기를 그토록 좋아했던 데는 아마 훨씬 더 자유로울 수 있다는 이유도 있었을 것이다"라고 추측했다.

수업 중에 비신자가 종교에 대한 반론을 제기하면 달라스는 명쾌하고도 단호하게 그 학생이 말하는 논리의 허점을 지적했다. 그는 학생들에게 더 명쾌하게 심사숙고할 것을 독려하곤 했다. 그러면서 기독교인 철학자가 된다 해서 지적으로 함량 미달이 아님을 거듭 주지시켰다.

무엇보다 그는 솔직하기로 유명했다. 프레드 스트롬Fred Strohm의 회고로 들어 보자.

윌라드 교수는 솔직하고 허튼 소리가 없기로 정평이 나 있었다. 어느 학술지에 게재된 자신의 철학 논문에 밝힌 의견이 좋은 예였다. 형식 논리학 과목보다 비형식 논리학 과목에서 배우는 내용이 아마도 학생들에게 더 유익할 것이라는 말이었다. 그게 그의 주요 논지는 아니었고 곁가지였다. 그런데 달라스에 따르면 그가 이제까지 발표한 어떤 말보다도 그 짤막한 한마디가 더 큰 반향을 불러일으켰다. 형식 논리학을 높이 떠받들던 기존 철학계가 이것을 모종의 이단으로 간주했던 것이다.

이런 해학적이고 실제적이며 상식적인 접근은 그의 여러 예화에서도 볼 수 있다. 더그 게이벳Doug Geivett과 브렌던 스윗맨Brendan Sweetman의 회고에 따르면 그는 수업 시간에 자주 베시와 보시와 버터컵이라는 세 마리 소로 다양한 요점을 예증했다.

이런 접근법이 교수 생활 내내 그에게 도움이 되었다. 먼 훗날 한 잡지 기자가 달라스에 관한 기사를 작성하는 과정에서 그의 수업을 청강한 적이 있다.

이 시대가 도덕 지식을 차세대에 전수해야 할 사명을 저버렸다고 주장하는 그는 진리의 존재를 전복적이고 정교하게 변증한다. 현대 사상이 어디서 어떻게 잘못됐는지 조목조목 설명한다. 르네상스에서부터 시작한 그는 종교개혁으로 촉발된 권위 싸움을 풀어낸 뒤 합리주의에서 상대주의까지 쭉 개괄해 나간다.……이렇게 그는 지루해 할 듯한 19-20세의 학생들을 경청하는 무리로 바꾸어 놓는다. 철학의 도움으로 "행동의 기초가 될 지식을 찾을" 수 있다고 설명한다. 졸업반인 재커리 무로는 "윌라드는 실생활과 연결시키는 능력이 있는 데다 온유하기까지 하다. 내가 그의 과목을 계속 듣는 이유다"라고 말한다.[23]

"나를 전혀 모르는군"

•

강의실을 벗어나 연구실에서 사담을 나눌 때나 산책할 때면 달라스는 하나님에 대해 거리낌 없이 말했다. 많은 학생들이 그 시간에 달라스를 깊이 만났다.

깊은 고통과 고난을 겪던 이들에게 달라스의 마음은 자동 유도 장치와도 같았다. 그와 가까워진 제자나 동료 중에 큰 고통의 시기에 그에게 상담과 조언을 받은 사연이 없는 사람을 찾기가 힘들다.

달라스의 한 대학원생 제자는 자신이 이제 막 결혼한 여자가 다른 남자와 사랑에 빠져 있음을 알고는 삶이 나락으로 떨어졌다. 심리적으로만 아니라 심장에까지 점차 심각한 문제가 생겼다. 그의 애틋한 회고다. "아무것도 못하고 자판조차 두드릴 수 없을 지경이 된 나는 달라스의 연구실에 들러 '말씀 좀 나눌 수 있을까요?'라고 물었다."

달라스는 하던 일을 내려놓고 함께 길 건너 장미 정원으로 걸었다. 그때를 영영 잊지 못한다. 걸으면서 그는 경청하고 나는 마음을 쏟아 놓았다. 두 가지 기억이 뚜렷하다. 우리는 그 정원에 여섯 시간이나 함께 있었다! 누가 학생에게 그렇게까지 해주겠는가? 또 다른 기억은 지금 생각하면 거의 우습다. 내가 "교수님, 그녀 없이 살 수 있을지도 모르겠고, 그렇다고 그녀와 함께 살 수 있을지도 모르겠습니다"라고 했더니 그는 차분히 "자네라면 분명히 둘 중 어느 쪽이든 할 수 있을 걸세"라고 말했다.

그날 그가 내 목숨을 구한 셈이다. 내 학업을 구한 것만은 분명하다.

한번은 케니 워커가 자신이 통과 중이던 극도로 어려운 시기에 대해 달라스와 내밀한 대화를 나눈 후 이렇게 말했다. "교수님께 상담받으러 오는 사람들이 믿어지지 않을 정도로 많습니다."

잠시 말이 없다가 내놓은 달라스의 답에 그는 완전히 허를 찔렸다.

"그런데 나는 누구한테 가나?"

케니는 언젠가 대학원 세미나 수업을 마치고 달라스와 함께 걷던 일도 기억했다. "엑스포지션 가의 인도를 걷던 중에 갑자기 달라스가 위로 펄쩍 뛰어 최소 3미터 높이의 금속 도관에 손을 대 보려고 했다. 나는 왜 이러시냐는 말투로 '교수님!' 하고 불렀다. 고등학생이나 할 법한 행동이었으니 말이다. 그는 나를 보며 '나를 전혀 모르는군'이라고만 말했다."

워커는 그 말을 들으며 깜짝 놀랐던 기억이 지금도 선하다. '교수님 주위에 사람이 그렇게 많아도 천하에 혼자라고 느껴질 수 있겠다'라는 생각이 들었다.[24]

달라스 윌라드가 되기까지

•

66번 도로를 타고 서부로 오면서 달라스는 물려받은 정신적 유산도 함께 가져왔다. 그래서 LA 카운티에서 지극히 시골스러운 거처를 찾아내 조 할아버지나 제드 클램펫("비버리 힐빌리즈"의 시골뜨기 주인공—옮긴이)에게까지 집처럼 느껴질 만한 작은 농장을 그런대로 가꾸었다. 또 오래 써서 낡아진 성경책, 고전 철학자들을 향한 애정, 인생 최대의 문제들 앞에 현명한 답을 찾으려는 일념도 함께 품고 왔다.

달라스는 대륙 철학자로 임용되었을지 모르나 플라톤, 아리스토텔레스, 아퀴나스 같은 고전 사상가들의 전근대 사조와 더 맥을 같이했다. 또 그가 46년 넘게 철학자로 활동하는 동안 시대와 소속 철학과는 분석 철학의 자연주의 방법론을 수용해서 점차 비실재론

쪽으로 기울었지만, 그 속에서도 그는 실재론자였다.

달라스는 분석 철학의 다음과 같은 주장을 아예 믿지 않았다. 지식과 실재란 자연과학으로 증명될 수 있는 것으로만 또는 형식 논리학의 이상 언어로든 일상생활의 보통 언어로든 표현될 수 있는 것으로만 국한된다는 주장이다. 과학자들은 지식이 무엇인지를 자신들이 정한다고 믿고 자연과학자가 아닌 이들을 2등 시민으로 취급하곤 했는데, 달라스는 이를 못마땅해했다. 지식과 실재가 측정 가능한 가시적 세계로 국한된다는 개념이야말로 달라스로서는 단연 현존하는 가장 해로운 사상이었다.

학생들과 학계 동료들에게 달라스는 모든 답을 지닌 듯 한없이 지혜롭고 긍휼이 풍성한 사람이었다. 그의 마음은 고통과 상실을 겪는 이들 쪽으로 기울었다. 그러나 "나는 누구한테 가나?"라는 애처로운 반문은 그가 캘리포니아에 자신의 고통에서 벗어나려는 깊은 갈망도 품고 왔음을 보여준다. 이런 상처는 관계를 통해서만 치유될 수 있다.

09.
캠퍼스의 왕과 여왕

일은 가치를 창출하고 놀이는 불필요한 가치를 창출한다.

달라스 윌라드, 캘리포니아 주 멘로파크의 레노바레 연구소

—

프로 풋볼 결승전인 슈퍼볼 대회가 열리던 일요일이었다. 윌라드네 아파트에 학생들이 삼삼오오 꾸역꾸역 모여들어 결국 스무 명쯤이 북적였다.

달라스와 제인은 교수 입주 프로그램에 뽑혀 캠퍼스 근처에 살면서 우등생 50명과 함께 삶을 나누고 공동체 생활을 경험하도록 돕던 중이었다. 모두 학교 소유의 3층짜리 아파트에 입주해서 학생은 한 호에 네 명씩 살고 달라스와 제인에게는 따로 한 호가 주어졌다. 주말마다 오페라와 발레, 풋볼 경기, 시내 산책 등 학생들과 함께하는 행사가 있었고, 금요일에는 포도주와 치즈를 곁들인 모임에서 초청 강사의 강연을 들었다.

이번 일요일에는 와플이 대세였다. 제인이 반죽하고 달라스가 틀에 계속 와플을 구워 냈다. 모두들 따끈따끈한 와플을 먹으며 활기찬 교제를 즐기고 있었다.

"어, 이게 뭐지?" 한 학생이 「월페이퍼 저널」Wallpaper Journal 이라는 전국 학생신문의 기사를 읽다가 큰소리로 말했다. "우리 학교의 교수 입주 프로그램에 관한 기사예요. 그런데 기자가 제인 사모님께 말하고 있네요. 들어 보세요."

"제인 사모님, 남편이신 교수님과 함께 그렇게 많은 학생들 틈에 살려니 외계인처럼 느껴지시나요?"

그러자 제인은 "아니요, 학생들이 깍듯이 예우하고 잘 받아 주어서 우리가 왕과 여왕처럼 느껴져요"라고 말했다.

이튿날 그 그룹의 한 학생이 달라스와 제인에게 다가와 이렇게 제안했다. "인간 체스 시합에 참석하실 의향이 있으십니까? 폰과 나이트와 룩과 비숍을 맡을 학생들은 제가 모집하겠습니다." 그렇게 해서 시합이 성사되었다.

정해진 주말 오전에 학생들이 근처 테니스장에 모였다. 바닥에 분필로 거대한 체스판이 그려져 있었다. 학생들이 역할을 배정받아 각자 체스판의 제자리에 섰다. "제인 사모님은 퀸이니까 여기 서시고요, 달라스 교수님은 킹이니까 퀸 바로 옆에 서시면 됩니다." 체스의 달인들이 선정되어 "말들"에게 이동을 지시했다. 이렇게 달라스와 제인을 행사의 왕과 여왕으로 한 실물 크기의 체스 시합이 시작되었다.

『하나님의 모략』이 출간되기 오래전부터 달라스와 제인은 하나님 나라를 체험적으로 연구한 셈이다.

"우리가 왕과 여왕처럼 느껴져요"

•

미주리 주 시골에서 아주 뛰어난 교수가 왔다는 말이 머잖아 USC 캠퍼스에 퍼져 나갔다. 계단 밑에 있던 달라스의 작은 연구실에 각종 상과 초청이 쌓이기 시작했다.

부임한 지 2년 만에 달라스는 댄포스학회 회원으로 지명되어 1975년까지 재임했다. 댄포스학회는 전국 각지의 대학에서 선발된 교수 단체로서 창의적 집필과 연구를 발표하고 토론할 목적으로 해마다 학술대회를 주최했다.

달라스는 집필과 연구에도 관심이 있었지만 강의 현장에 더 관심이 많았다. USC 학생신문인 「데일리 트로전」*Daily Trojan* 1968년 5월 21일자에 달라스가 인터뷰 대상으로 뽑혔다. 그가 학업증진위원회에서 수고한 데 따른 결과였다.

USC 마스코트인 타미 트로전의 사진과 존 맥케이가 코치하는 USC 풋볼팀의 춘계 훈련 사진 사이에 달라스 특유의 유머가 예시된다. 그의 말이다.

내 생각에 "출간하다 망하는"데 [휘말려든] 교수가 너무 많다. [그러나] 대다수 학생은 자기 교수가 죽었는지 살았는지 알지도 못하고 관심도 없다. 교수의 출간 이력은 뛰어날지 몰라도 강의실의 학생들에게는 죽은 사람이다.……교수는 "이 과목에서 내가 전인으로서 학생들에게 어떤 유익을 끼치고 있는가?"라는 물음에 답해야 한다. 그리고 그 답을 자기 학생들에게 똑똑히 보여주어야 한다.[1]

달라스를 인터뷰한 학생은 감동한 듯 이런 말로 기사를 맺었다. "어쩌면 머잖아 윌라드 박사와 기타 헌신된 교수들의 지도 아래 실천 계획이 시행될 것이다. 이 학교와 및 안일한 교수들을 흔들어 깨울 실천 계획이다. 윌라드 박사는 그날을 기다리고 있다."

1976년에 블루키 전국명예남학생회에서 달라스를 USC의 "훌륭한 교수"로 선정한 것도 놀랄 일은 아니다. 이는 대학의 학생 생활에 기여한 모범적 인물에게 주는 상이다. 이 수상이 요행이 아니며 캠퍼스 생활 중에서 학생을 섬기는 면에만 국한되지 않음을 증명이라도 하듯, 달라스는 1976-77년에 USC 협회의 우수 교수상도 받았다. 제인의 표현으로 달라스는 이런 상을 "부끄러워하는 입장"이었다. 그녀는 "그러나 이 상은 그에게 중요했고 귀한 명예였다. 초창기인 그때 그는 자신에 대한 회의가 많았다. 그럼에도 아주 열심히 노력했다. 그래서 바로 그 수상으로 큰 힘을 얻었다"라고 말했다. 1984년에 USC 학생 자치회에서 그를 올해의 훌륭한 교수로 지명했을 때도 틀림없이 그는 특별한 힘을 얻었을 것이다.

어쩌면 당연하게도 달라스는 대학 강단에 서자마자 부교수로 승진했다. 그의 말로 "승진이 일렀던 것 같다. 사실 내가 승진을 꾀한 게 아니다. 학과장 존 호스퍼스가 어느 날 내게 다가와 '당신 승진되었소'라고 말한 게 전부다. 나의 첫 두 논문이 아무래도 최고의 지면에 실렸던 것도 이유로 작용했다. 게다가 당시에는 승진 운동을 벌일 필요가 없었다. 그래서 솔직히 내가 승진 대상으로 고려되고 있는지조차 전혀 몰랐다."

미주리 시골 출신의 얌전한 젊은이가 캠퍼스의 중요 인물로 바뀌고 있었다.

그런데 1980년 봄에 달라스는 두 가지 문제에 봉착하여 자신이 보기에 창의적인 해법을 찾아냈다. 첫째, 그는 제인이 자신의 USC 일에 더 관여해서 잘 알기를 간절히 바랐다. 둘째, 고등학교 졸업을 앞둔 딸 베키가 이듬해 가을에 음악 전공으로 USC에 진학하기로 했다. 막내딸을 큰 대학에 따로 살도록 떠나보내고 싶을 아빠는 없으므로 윌라드 일가는 챗스워스 언덕배기의 작은 농장을 임대하고 캠퍼스 근처에 집을 사서 온 가족이 함께 살기로 했다. 그때 구입하여 2007년까지 소유했던 그 집을 그들은 멘로 집이라 불렀다.

1년 후에 달라스와 제인은 대학촌 및 캠퍼스와 더 깊이 소통하기로 했다. 그래서 교수 입주 프로그램에 참여해 달라는 제의도 수락했다.

그들은 딱히 대문을 열어 놓고 살지는 않았지만 그에 가까웠다. 초청 강사가 오는 금요일 밤에 휴게실에서 학생 50명을 전원 대접하거나, 슈퍼볼 대회 날의 와플 파티 같은 행사를 집에서 여는 일이 드물지 않았다. 제인은 "3년 연속 그렇게 했다. 집에 들르는 학생들을 와플 굽는 틀 하나로 많게는 50명까지 먹였다"라고 말했다. 또 인간 체스 시합에도 최소한 한 번은 참여했다.

"결혼생활 첫 20년보다 그 3년 동안에 남편과 함께한 일이 더 많았다. 참 좋은 시간이었다." 제인의 회고다.

달라스와 제인은 USC의 스포츠 생활에도 적극 참여했다. 그들이 그 학교에 온 지 2년 후에 머잖아 유명해질—그러다 훗날 악명을 떨친—한 운동선수가 입학했다. 샌프란시스코의 어느 전문대학에서 편입해 온 O. J. 심슨은 마지막 두 학년 동안(1967-68년) USC에서 활동했다. 윌라드 부부는 직접 운동장에 가서든 텔레비전 중

베키의 졸업을 축하하는 윌라드 부부

USC 풋볼 경기 때의 윌라드 가족

계로든 거의 빠뜨리지 않고 경기를 관람했다. 제인은 "달라스는 O. J.의 상당한 팬이었다. 특히 상대 팀을 속이는 그의 기습 전법을 좋아했다. 남편은 경기 중에 소리를 지르는 유형은 아니었으나 시합이 흥미진진해지면 손을 높이 쳐들곤 했다. 나중에 O. J.가 저지른 온갖 사고는 우리를 몹시 실망시켰다"라고 말했다.

이후로 달라스는 캠퍼스 바깥의 여러 행사에서도 열심히 가르쳤다. 그러나 가르친 곳이 어느 유수한 대학교나 신학교의 교단이든 아니면 교회 강단이든 그의 교육 철학은 분명했다. 이 모두를 그는 섬김으로 보았다. 그의 말이다. "그것이 내가 가르치는 이유요 교사 된 본분이다. 사랑으로 남을 섬기는 데 내주어야 할 전체 삶의 일부다. 어디서 무엇을 하든 그것이 우리의 일이어야 한다. 자신의 일을 사랑으로 주변 사람들을 섬겨야 할 부르심과 사명의 일환으로 보는 사람은 '내[예수]가 올 때까지 장사'할 수 있다."[2]

"우리가 살고 있는 세상은 실존한다"

•

그러나 이 모든 성공에도 불구하고 달라스의 입장은 독특했고 때로 곤란했다. 항상 시류를 거슬렀기 때문이다. 그레그 제슨의 지적처럼 달라스는 학계에 몸담은 거의 전 기간에 사상과 세계관의 지배적 흐름에 역류했다. "죽은 물고기만이 물의 흐름을 따라간다"라고 한 맬컴 머거리지Malcolm Muggeridge의 말이 여기에 걸맞을 것이다.[3]

달라스의 학과장이었던 제임스 히긴보텀에 따르면 철학자들 사이에서 달라스의 평판은 주로 후설의 실재론에 관한 그의 연구에 기초한 것이었다. 후설처럼 달라스도 사고와 무관하게 존재하는 세계를, 언어와 문화와 시간과 심지어 가시성의 장벽을 초월하는 그 세계를 직접 경험할 수 있다고 믿었다. 그러나 철학과의 동료들이 다 여기에 수긍한 것은 아니다.

그런데 달라스는 한층 더 흐름에 역행했다. 독일 철학자 후설에게 그의 마음이 끌린 것은 후설이 주류 사상에서 탈피했던 것이 적잖은 이유였다. "내 생각에 [현대 철학에] 유행하는 견해들은 재앙이었다. 실재론이 아니었다면 그리고 사고를 넘어 실재에 다가가 경험할 수 있다는 후설의 사상을 붙들지 않았다면, 나는 철학계에 남아 있지 않았을 것이다."

사실 USC 재임 기간에도 달라스는 자신이 사고와 무관하게 존재하시는 하나님과 활발하게 소통하고 있음을 알았다. 물론 대다수 동료 교수는 그분의 존재를 인정하지 않았다. 그는 "우리가 가치 있고 실재한다고 여기는 그것이 곧 우리의 태도와 행동을 지배하게 되어 있다"라고 말했다.[4]

다음은 당시에 학생이었던 브렌던 스윗맨의 설명이다. "USC 철학과를 알아야 한다. 시류에 따라 그곳도 상당히 반실재론으로 변하고 있었다. 언어와 개념 분석을 통해서만 세계를 이해할 수 있다는 것이 지배적 관점이었다. 따라서 실존 세계를 과연 알 수 있는지 여부는 늘 의문으로 남아 있었다. 그런데 달라스는 그런 성역화한 사상을 비판하는 인물로 알려져 있었다. USC의 달라스 진영에도 사람이 소수 있었을지 모르지만 많지는 않았다."

달라스의 마지막 박사과정 제자 중 하나였던 월터 호프가 이를 가장 잘 요약했을 수 있다. 그의 설명이다.

달라스는 "양쪽 다"이면서 그 이상이었다. 그는 무엇이 진선미인가에 대한 전통 철학의 관심사도 수용했고, 플라톤과 아리스토텔레스가 제기해서 아퀴나스와 칸트에까지 이르렀던 중대한 질문들—무엇이 실재이고 누가 행복한가 등—도 수용했다. 그의 시각은 분석 철학이나 대륙 철학보다 넓었다. 그러면서도 그 모든 갈래에 매우 박식했다. 그래서 양쪽 다이면서 그 **이상**이라는 것이다. 진정한 영속적 질문들에 관심을 둔 그가 있어 정말 속이 후련했다.

달라스는 틀을 벗어나 사고하는 유형이었다. "대륙"이나 "분석"이나 기타 딱지를 그에게는 붙이지 않는 게 더 정확할 것이다. "거시" 철학자나 "철학 역사가"라는 표현이 가장 적합할 것이다. 그는 다수의 대립하는 사조 속에서 지식과 지혜를 찾을 수 있다고 믿었다. 예컨대 그의 핵심 연구 관심사 중 하나는 후설과 고트로프 프레게 Gottlob Frege를 이어 줄 사상의 다리를 놓으려는 일이었는데, 각각 대륙 철학과 분석 철학의 발원지인 둘을 양립 불가의 라이벌로 보는 게 대다수의 중론이다.

달라스는 하나의 특정한 기독교 교단에 갇히지 않고 나중에 리처드 J. 포스터가 말한 모든 "생수의 강"(기독교 전통)에서 적극적으로 수영을 즐겼듯이, 철학에서도 어떤 하나의 사조에 갇히지 않았다. 비록 USC에서 학자로 생활하던 동안 그가 시류에 역행했음에도 불구하고 분석 진영과 대륙 진영 양쪽 모두에 그를 동지로 여긴 아주 친한 친구들이 있었다.

달라스는 자신의 견해를 방어해야 한다고 느꼈을까? 아마 그렇지는 않았겠지만 자신의 마지막 학과장이었던 스캇 솜스에게 분명히 지적한 사실이 있다. 대다수 동료 교수와는 달리 그와 동일한 견해를 취한 인물들도 꽤 많다는 것이었다. 언젠가 그가 솝스에게 말했듯이 "교황 요한 바오로 2세도 후설 학자로서 후설의 접근법을 기독교 방식의 진리 경험과 융합한다는 주제로 박사학위 논문을 썼다." 달라스와 교황 요한 바오로 2세라니, 둘이 대화했다면 흥미로웠을 것이다.

철학에서 달라스의 일차 관심사는 형이상학이었고 그중에서도 실재론과 그 반론들이었다.[5] 박사학위 논문도 그 주제로 썼다. 마이클 스튜어트 롭에 따르면 그 구심점 다음으로 인식론이 달라스의 전공 연구 관심사에서 바짝 뒤를 쫓았다. 그 증거로 명망 높은 학술지에 게재된 그의 첫 논문 「인식론의 중대 오류」*A Crucial Error in Epistemology* 와 그의 유일한 철학 저서 『논리학과 지식의 객관성』을 들 수 있다.[6]

그 두 분야에 우선 학문적 매력을 느낀 데서 보듯이 그는 다음 사실을 입증하는 데 마음이 끌렸다. 즉 천국처럼 비가시적인 것들도 엄연히 실재하며(형이상학적 실재론), 우리가 그 실재를 이해하고 그 속에 들어가 그것과 교류하고 거기서 배울 수 있다는 것이다(인식론적 실재론). 이렇게 사고하는 이들을 가리켜 흔히 신비가라고 한다.

달라스의 설명이다. "내가 후설에게 그토록 끌린 이유는 세상에 존재하는 것이라고는 주관적 이야기뿐이라는 입장을 그가 용납하지 않기 때문이다. 우리가 살고 있는 세상은 다분히 실재한다. 우리는 [대상을] 구분할 수 있으며 이는 물리학 못지않게 도덕에도 적용된다."

그러나 실재나 지식과 교류하는 일은 달라스에게 이론적 문제

가 아니라 삶 자체였다. J. P. 모어랜드는 학부의 한 철학 전공생이
자기에게 했던 말을 기억한다. "예수가 정말 걸어서 우리에게 다가
올 수 있을까요?" 모어랜드의 이어지는 말이다. "그래서 내가 [그
학생에게] 그게 무슨 뜻이냐고 물었더니 그는 자기가 지금 달라스
의 연구실에서 오는 길인데, 달라스가 예수에 대해 말하면서 '자네
가 기도하면 예수께서 걸어서 자네에게 다가와 들어주실 걸세'라고
했다는 것이었다."

모어랜드는 "그 학생을 20년 후에 어느 철학학회에서 만났는데
여태 예수와 대화하며 살고 있었다. '예수께서 걸어서 당신에게 다
가올 수 있다'라는 식으로 말하는 사람이 누가 있겠는가? 삼위일체
하나님과 그분의 나라처럼 비가시적인 것들도 실재한다고 참으로
믿는 사람만이 그럴 수 있다"라고 덧붙였다.

훗날 달라스는 이렇게 말했다.

실존 인물과 대화하는 것과 존재하지 않는 사람과 대화하는 것은 큰
차이가 있다. 확연히 다르지 않는가? 내 성장기를 돌이켜 보면 기도한
햇수는 오래되었지만 꼭 존재하지 않는 사람에게 말하는 것 같았다. 다
들 겪어 봐서 알 것이다. 그러다 일련의 경험을 통해 기도가 달라졌는
데, 마침 주기도문을 활용해서 그 기도대로 새롭게 해 나갔다. 그 뒤로
는 존재하지 않는 듯한 하나님과 대화한 적이 한 번도 없다.7

외부인처럼 느껴질 때도 있었다

•

달라스가 참석한 교외校外 행사에 기독교 사상을 논하는 시간이 따

로 마련되어도 그는 외부인처럼 느껴질 때가 많았다. 예수께서 걸어서 다가와 대화하실 수 있다고 믿는 실천적 실재론자였으니 그럴 만도 했다.

당시의 한 학생은 달라스가 1984년 3월에 패널로 참석했던 미국철학협회의 공개 토론회를 기억했다. 저명한 종교 철학자인 그리스도인 존 힉John Hick도 패널 중에 있었다. 힉은 「상충되는 종교적 진리 주장에 관하여」라는 자신의 논문을 인용하면서 "동일한 나무를 바라보는 두 사람은 진정한 의미에서 각자 다른 나무를 보는 것이다"라고 말했다. 그 순간 그 학생이 보니 달라스는 고개를 숙여 절레절레 내둘렀고 곤혹스러우리만치 괴로워 보였다. 힉은 후설의 저작을 제대로 읽지 않았던 것이 분명했다.

젊은 교수 달라스가 부임한 지 2년밖에 되지 않았을 때 케니 워커는 그의 연구실 바깥에 앉아 그가 대학원생 연구 조교에게 하는 말을 들은 기억이 있다. 그 여학생의 논문 주제는 시몬 베유Simone Weil였다. 케니는 "베유가 프랑스 철학자이며 기독교 신비가임을 나도 알았다"라고 말했다.

베유는 "20세기 상반기의 가장 중요한 특징은 점증하는 나약성과 거의 사라져 버린 가치 개념이다"와 같은 발언으로 유명했다.[8] 그때 케니는 '이 사람은 누구이기에 세속 대학교에서 기독교 신비가의 사상과 관련해 이렇게 흔쾌히 학생을 지도해 주는가?'라는 생각이 들었다고 한다.

이런 차이점과 관련해서 동료 교수들은 그를 어떻게 생각했을까? 가까웠던 한 동료의 말이다. "사감에서 나온 말이라든가 그가 직위를 남용했다고 보지는 않지만, 달라스 때문에 철학과가 기독교 성향을 띠고 기독교와 연계된 듯 보인다는 당혹감이 더러 있었다.……그러나 기독교를 진지하게 대하는 것을 당혹스럽게 여긴 사람들이 막후에서 하던 불평이 대부분이었다.”

역시 익명을 원한 다른 교수에 따르면 교수직 말기에 달라스는 주로 학부 과목을 가르쳤는데, 이는 대학원이 이미 분석 철학과 언어 분석 쪽으로 완전히 돌아선 탓도 있었다. 그는 또 달라스의 한 박사과정 제자의 생각에도 동의했는데, 그 제자는 “진심어린 찬사 속에 달라스를 철학과와 떼어 놓거나 멀어지게 하려던 시도가 섞여 있었다. 들을 귀가 있는 사람에게는 그게 들렸다”라고 말했다. 그러나 대화에는 제3의 목소리도 중요하다. 스티브 포터Steve Porter가 믿기로 달라스가 주로 학부 과목을 가르친 또 다른 이유이자 어쩌면 주된 이유는, 그것이 동료 교수들에게 아량을 베푸는 행위이자 학부생들을 향한 그의 애정이었기 때문이다. 포터는 “달라스가 내게 여러 번 말했는데 그가 대학원 세미나 수업을 가르칠 자기 차례를 양보한 것은 누구나 탐내는 과목을 가르칠 기회를 젊은 교수들에게 더 주고 싶어서였다”라고 밝혔다.

랜디 닐Randy Neal은 달라스의 제자였을 뿐 아니라 USC에 본거지를 둔 철학 잡지 「인격주의자」The Personalist의 편집장으로 10년 넘게 일했다. 랜디는 USC가 이 간행물을 지원한다는 점과 달라스를 교수로 영입했다는 점에서 유사성을 보았다. “USC가 설립된 기초에는 전통적/대륙적 접근의 철학이 있었고 ‘인격’을 실재의 지극히 기본적인 범주로 보는 신념이 있었다. 그런데 이런 관점에 대한 지지는 달라스의 부임 초기에 급속히 증발했다. 언어 분석 접근이 어느새 철학과의 대세로 등극했다. 그러자 편집부도 어떻게든 과거의 인격주의와 거리를 두려고 잡지명을 중립적 어감의 「퍼시픽 철학 계간」*Pacific Philosophical Quarterly*으로 바꾸었다."

그러나 달라스는 시종 한결같았다. 어느 인터뷰에서 동료들의 대우가 어떻게 느껴지느냐는 질문에 그는 자신의 견해를 다행으로 여기는 이들도 있다고 답했다. 그러면서 이렇게 덧붙였다. "다른 사람들도 있다. '지금부터 기독교인을 다 총으로 쏘아 버리자'라고 하면 손들고 나설 이들이다. 하지만 그들은 **그것 말고는** 다른 방도를 모른다.……그 외에 단순히 이해하지 못하고 납득하지 못하는 이들도 있다. 그래도 꼭 말하고 싶은데, 그들은 내게 참 너그럽다. 내 생각에 하나님이 나를 자주 보호해 주셨다. 나 혼자서는 뚝심이 부족해 감당할 수 없음을 아시기 때문이다. 그래서 지금까지 나는 놀라운 보호와 복을 받았다."⁹

동료 교수들이 어떻게 생각했든 학생들은 그에게 감화를 받았다. 달라스의 마지막 학과장이었던 스캇 솜스에 따르면 달라스는 "철학과에서 가장 영역이 넓은 교수"로서 "학생들이 원하면서도 설마 없겠거니 생각하는 사부 같은 교수, 그들 자신과 삶 자체에서 그들이 상상했던 것 이상을 보게 함으로써 삶을 풍요롭게 해주는 사람"이 되었다.

행정직을 좋아하지 않은 왕
•

대다수 동료의 존경을 얻었다는 확연한 증거로 달라스는 1982년에 3년 임기의 학과장으로 지명되었다.

그 결과로 연구실도 몰라보게 격상되었다. 마침내 달라스는 계단 밑에서 벗어나 "대통령 집무실"로 옮겨 갔다. 백악관 집무실처럼 타원형이라 제인이 붙인 이름이었다. 행정직이 맡겨진 시점은 마침 달라스와 제인이 한창 바쁠 때였다. 교수 입주 프로그램으로 학생들과 함께 살고 있었기 때문이다. 그때부터 2년 동안 그는 밤에는 학생들을, 낮에는 까다로운 교수들을 상대해야 했다.

제인의 회고에 따르면 새 사무실은 둥글고 컸으며 바깥에 둘린 로비에 비서들의 자리가 있었다. 전임 학과장이 놓고 간 소형 코끼리 조각상이 가득했는데 "다행히 달라스는 코끼리를 좋아했다"라고 제인은 말했다.

사실 그는 코끼리를 가장 장엄한 피조물로 생각했다. 코끼리들이 다정히 서로를 돌보는 모습, 새끼를 양육하는 방식, 친구가 죽으면 그 곁에 오래도록 모여 있는 습성 등을 좋아했다. 또 코끼리는 조련이 가능하며 조련사가 오래 떠나 있어도 조련사를 기억한다는 사실 또한 좋아했다. 달라스의 가족들은 텔레비전에 코끼리에 대한 내용이 나오면 꼭 그에게 알려 주었다. 그러면 그는 시청하다가 눈물을 글썽일 때도 있었다.

이렇게 마음이 여린 사람에게 학과를 책임지는 일은 어땠을까? 본인이 금세 깨달았듯이 그는 즐거운 행정가가 못되었다. 무엇보다 강의실에 서는 시간이 줄어들어 아쉬웠다. 학생들과 함께 보내는 시간이 그리웠고 학과장 일은 대부분 행정 조교가 하면 된다고 생각했다.

그런데 왜 수락했을까?

그와 교분이 두터웠던 전임 학과장 마틴 린이 그 보직을 그만두어야 했다. 린은 학과장이 될 마음이 없었던 것 같은데, 전임자 존 호스퍼스가 1972년에 자유당 후보로 미국 대통령 선거에 출마하기로 하면서 문제를 일으킨 바람에 린이 대신했다. 부득이하게 맡고 보니 그에게 일이 너무 벅찼다.

달라스는 이미 친구 마틴의 그 일을 거든 지 여러 해였다. 상황이 악화되어 린이 학과장 업무를 수행할 수 없게 되자 학교 측은 달라스에게 인수를 부탁했다. 그러면 대통령에 출마하려는 유혹이 없을 것이라고 확신했던 모양이다. 정계에 진출할 유혹은커녕 그는 오히려 이 작은 대통령 집무실에서 **벗어나고** 싶을 때가 많았을 것이다.

제인의 말이다. "내가 보기에 그는 그 일을 매순간 싫어했다. 게다가 집에까지 업무가 따라왔다. 전화가 쉴 새 없이 걸려 와 그의 목소리는 노기를 띠었다. 가장 기억나는 것은 그의 탈진한 모습이다. 그 일은 그의 탱크를 고갈시켰고 당시에는 재충전할 방도도 여의치 못했다. 일처리는 아주 잘했으나 즐기지는 않았다." 달라스는 서류나 사람과 싸우기보다는 본질적인 일에 투자하고 싶었다.

J. P. 모어랜드는 그때를 잘 기억했다. 그가 USC에서 보낸 마지막 해는 달라스가 학과장으로 일한 마지막 해였다. "그는 그 일을 좋아한 적이 없다. 나에게 'J. P., 아침에 일어나 거울을 보면 마치 누군가에게 흠씬 두드려 맞은 듯한 모습일세. 임용된 교수가 이렇게 많은데 다들 자존심이 아주 세서 항상 싸우거든'이라고 말했다."

J. P.의 말은 이렇게 이어진다. "당시에 두 교수가 학과 비서에게 추근거렸고 그녀도 맞장구쳤다. 그것까지 다 달라스가 처리해야 했다. 비서가 사임한 뒤에 그는 70세 여성을 비서로 영입했다. 그리고 그 교수들에게 만약 자기에게 권한이 있다면(그들은 종신 재직권이 있었다) 그들도 지금쯤 새 일자리를 알아보고 있을 거라고 말해 주

었다."

학과 내의 섹스 스캔들이 그 정도였고 그 밖에 승진의 문제가
있었다. 달라스의 설명이다.

> 내가 행정직에 있을 때였다.……한 동료의 정교수 승진 여부를 두고
> 내가 결정을 내렸는데 [결국] 부정적 결정이었다. 그러자 몇 년 동안 그
> 는 나를 제거하려고 혈안이 되었다. 나는 똑같이 반응하지 않고 계속
> 복도에서 그에게 말을 걸며 힘닿는 대로 도우려고 했다. 마침내 몇 년
> 만에 그를 설복할 수 있었다.……그냥 기쁨과 평안을 유지하며 그에게
> 말도 걸고 힘닿는 대로 도왔더니 몇 년 후에는 그의 직무 수행에 대해
> 조언할 수 있게 되었다.[10]

달라스가 행정직을 싫어하긴 했지만 그의 업무 실력은 널리 칭송되
었다. 학과장직에서 용케 물러난 뒤에도 학교 측은 그에게 자꾸 더
높은 행정직을 권유했다. 교무처장이 그에게 돈사이프 문리과대학
학장이 되어 달라고 한 적도 있었다. 외부 대학들에서 그를 총장으
로 청빙하려고 한 경우도 드물지 않았다. "그러나 학과장으로 3년
을 보낸 후 그런 요청을 심각하게 고려한 적은 한 번도 없었다"라
고 제인은 말했다. 이 왕의 나라는 강의실이었다.

품종이 다른 사람
•

달라스의 교수 이력을 돌아볼 때 동료들이 그를 소외시켰다기보다
그저 "품종이 다른 사람"으로 보았다는 것이 스캇 솜스의 생각이다.

강의실의 달라스

달라스는 철학계에 널리 알려지지 않았다. 케빈 롭이—아마도 대륙과 분석의 분열을 에둘러 언급하며—"내가 믿기로 달라스는 미국보다 유럽과 특히 로마에 더 잘 알려져 있다"라고 말하긴 했지만, 그가 철학 분야보다 신학과 사역 분야에 훨씬 더 잘 알려져 있으리라는 것이 롭과 솜스의 공통된 의견이었다.

솜스의 말이다. "내가 프린스턴에 있을 때 서로 아는 친구 케니 워커가 달라스를 내게 소개하지 않았다면 그의 존재를 영영 몰랐을 것이다. 상위 10위 안에 드는 철학과를 찾아다니며 달라스 윌라드가 누구냐고 묻는다면 내 생각에 어느 학교에든 그를 아는 교수가 하나도 없을 수도 있다. 후설을 연구한 학자가 있다면 틀림없이 달라스를 알겠지만 말이다."

지난 수십 년간 분석 철학이 승기를 굳힌 데도 분명히 그 원인이 있었지만 그 밖에 다른 이유들도 있다.

그레그 제슨의 말이다. "그의 견해는 사람들이 이해하기도 아주 힘들뿐더러 대다수 현대 주류 철학자들이 믿는 바에 어긋났다. 게다가 그는 유명인 행세를 할 줄 몰랐고 아주 겸손했다. 언젠가 미국 철학협회 모임에서 보았던 그가 기억난다. 달라스가 송아지 고기를 주문했는데 같은 식탁의 콜린 맥긴Colin McGinn이라는 유명한 철학자가 무례하게 '당신이 송아지 고기를 먹는다면 나는 이 식탁에 앉지도 않겠소'라고 말했다. 그러자 달라스는 겸손히 '당신의 도덕 감정을 해치고 싶지 않습니다'라고 말한 뒤 다른 음식을 주문했다."

제슨은 이어 "그는 또 변론 무대를 좋아하지 않았다. 변론했다면 장관을 연출했겠지만 일부러 삼갔다. 상대를 패자처럼 기분 나쁘게 만들려 하지 않았다"라고 말했다.

달라스는 점차 자신을 내세우려는 야망이 없어졌다. 애써 추종자나 파벌을 만들 마음도 없었다. 그의 저서가 출간되는 과정에도 그런 태도가 나타났고, 제자들의 박사학위 논문 주제와 관련해서 그들을 대할 때도 마찬가지였다. 달라스 월라드 센터와의 인터뷰 중에 달라스는 이렇게 말했다. "분명히 기록해 주기 바란다. 나는 여태까지 학생들을 시켜 내 연구를 진척시키는 일을 단호히 거부해 왔다. 이는 내게 원칙적인 문제다. 나는 학생들에게 '자네가 이 주제의 전문가이며 결론도 전적으로 자네의 것이다. 나는 진행 과정을 도울 뿐이다'라고 말한다. 내가 알기로 철학 교육의 역사가 내게 그런 모본을 남겼다."[11]

그는 제자들을 자신의 집필 목표를 진척시킬 수단으로 보지 않았을 뿐 아니라 거기서 한 걸음 더 나아갔다. 그리스도인 교수들이 모인 어느 자리에서 그는 짤막한 강연을 통해 이렇게 말했다. "남에게 부담이 될까 봐 이 말을 하기가 조심스럽지만, 나는 결코 홍보를 부탁하지 않는다. 재정을 요구하지도 않는다. 지금까지 출간된 나의 기독교 서적도 다 출판사 측에서 내게 요청해 온 것이다."[12]

그가 자신의 학술 논문과 주요 철학서에 대해서는 출판사를 물색했으므로(종종 거부당했다) 그런 이례적인 태도는 주로 그의 기독교 서적에 해당한다. 제인이 말했듯이 "그의 기독교 서적 중 그가 먼저 시작해서 쓴 책은 한 권도 없었다." 나중에 본인이 밝혔듯이 그는 할 말을 갖추려 했고, 갖추어지면 여러 강단과 교단에 서서 말했다. 그러자 결국 출판사들이 그를 찾아왔다.

무엇보다 그는 관심 분야가 더 넓어 단지 철학만 하거나 철학서만 쓰는 데 반감이 있었다. 그래서 "조심하지 않으면 머잖아 삶과 별로 관계도 없는 주제로 소수의 사람에게만 말하게 된다"라고 말했다.

제인의 회고에 따르면 USC 초년 시절에 그녀는 달라스가 철학 학회에 참석하는 것이 못내 안쓰러웠다. "가면 우울해져서 집에 돌아왔기" 때문이다. 이 말을 들은 그레그 제슨은 달라스가 유명 출판사들로부터 퇴짜 맞은 답신을 읽을 때 두어 번 그와 함께 있었던 일을 떠올렸다.[13] 그는 "달라스는 소속감을 얻으려고 애썼다. 자신의 연구가 이 분야에 오래 기억되지 못할까 봐 고심했다"라고 말했다. 자신에 대한 이런 회의가 그의 일중독에 한몫했을 수 있다. 제인은 "일중독을 측정하는 혈액 검사가 있었다면 틀림없이 그는 양성으로 나왔을 것이다"라고 덧붙였다.

달라스가 집필한 철학 학술서는 한 권뿐이다. 장장 15년의 고역스러운 과정의 산물이었다. 본인의 말로 "그 책 때문에 거의 탈진했다."

그레그 제슨도 그 말에 동의하며 "그는 그 책을 쓰느라 결딴날 뻔했다"라고 말했다. 그러나 이를 통해 그가 결국 웬만큼 자신감을 얻은 것은 사실이다. 제인은 "결국 달라스는 학회에서 우울해져 돌아오는 일이 없어졌다"라고 말했다.

무엇이 달라졌을까?

이어지는 제인의 말이다. "아무래도 학생들에게 우수 교수로 뽑혀 받았던 상들이 흐름을 뒤집는 데 아주 중요한 역할을 했던 것 같다. 물론 후설에 대한 책을 마침내 끝마친 것도 빼놓을 수 없다."

위스콘신 대학교에서 그가 박사후 과정 연구원으로서 제출했던 논문처럼 이 책도 그에게 상당한 자신감을 남겼다. 짧은 기간이나마 남긴 것이 또 있었으니 곧 콧수염이다.

그레그 제슨은 달라스의 입 주위에 새로 기른 수염을 보며 놀랐던 기억이 있다. "내가 콧수염이 마음에 드느냐고 물었더니 그는 '아니, 싫다네. 하지만 책을 끝마칠 때까지는 면도하지 않기로 나 자신과 약속했거든'이라고 말했다."

달라스는 철학의 지배적 흐름에 역류하느라 지친 적이 있을까? 세속 기관 속의 그리스도인이라는 가중된 어려움을 유감으로 여겼을까?

이런 의문에 대한 그의 답은 그로부터 16년 후 시애틀 퍼시픽 대학교에서 했던 인터뷰에서 나왔다. 그는 "그 자리는 있기에 좋은 곳이다"라고 말한 뒤 "신기하게도 이제 나는 열성분자가 되었다"라고 웃으며 덧붙였다.

오늘날의 젊은 보수 그리스도인들은 학계의 일부 분야에서 심한 곤경에 처하기 일쑤다. 본격적인 박해를 당할 수도 있다. 그러나 내 경우는 이미 학과와 학교의 터줏대감이나 마찬가지다. 그동안 학과장을 비롯해서 맡을 만한 보직은 두루 다 거쳤다. 우리 학과의 많은 교수가 내 재임 중에 임용되었다. 나는 그들을 이웃으로 보고 사랑한다. 그중에는 그리스도인도 소수 있지만 나머지는 아니다. 요컨대 그 자리는 있기에 나쁜 곳이 아니라 좋은 곳이다. 그나저나 캠퍼스 한복판으로 걸어가서 건물 꼭대기 쪽을 올려다보면 거기 존 웨슬리가 학교 중앙을 향해 손을 뻗어 축도하고 있다.[14]

달라스 윌라드가 되기까지

•

라파엘로의 명화 "아테네 학당"에 보면 고대의 가장 위대한 수학자와 과학자와 철학자 무리가 한 방에 모여 사상을 나누고 있다. 그림 한가운데에 부각된 두 거장은 플라톤과 아리스토텔레스다. 플라톤의 손은 위를 가리켜 보인다. 실재란 (미와 선 같은 것들도 포함하여) 영원불변하며 궁극적 실재는 이 세상에 속하지 않아 제6감인 직감을 통해서 가장 잘 경험된다는 표시다. 반면에 아리스토텔레스의 손은 아래로 향해 있다. 이는 오감의 관찰과 경험을 통해 실재에 접근할 수 있다는 그의 신념을 보여준다. 실재의 경험에 대한 고전적 대비가 이 상징적 장면 속에 포착되어 있다. 예술가와 시인의 제6감인가 아니면 과학자의 오감인가?

진리의 발견에 관한 한 달라스는 단순한 이분법을 거부했다. 그는 과학자나 분석 지향의 철학처럼 오감을 통해 경험되는 실재의 중요성도 부인하지 않았지만, 이 세상 안에 있으면서 **동시에** 이 세상을 초월하는 비가시적 실재가 존재함도 깊이 믿었다. "아테네 학당" 속에 그가 등장했다면 아마 플라톤과 아리스토텔레스의 손동작을 보며 "예, 둘 다 맞습니다.……그리고 그 이상입니다"라고 말했을 것이다. 그의 한 박사과정 제자가 말했듯이 "달라스는 플라톤과 아리스토텔레스 사이에 서서 양쪽에 팔을 둘러 하나로 품었을 것이다."

달라스는 전근대 사상과 대륙 사상에 심취했지만 분석 철학의 방법론도 연구하고 활용했다. 그의 사고 생활의 중심은 형이상학적 실재론과 인식론적 실재론이지만—사고와 무관하게 존재하시는 예수께서 걸어서 우리에게 다가와 대화하실 수 있다고 믿었을 정도다—그 실재론에 대한 그의 미묘한 기술은 기존의 틀을 벗어났다.

아마도 달라스가 틀을 벗어난(이분법이나 양시론에 갇히지 않은) 사상가였다는 가장 확실한 증거는 그가 USC 철학과의 복도와 강의실과 각종 위원회에서 수십 년을 보낸 후에, 분석과 대륙 진영 **양쪽 모두에서** 그의 많은 친구들이 "그는 우리 편이다"라고 말했다는 사실일 것이다. 정말 그는 양쪽 모두의 편이었다.

USC에 오기 전이든 거기 있을 때든 그 이후에든, 달라스는 자신의 사고에 가장 강력한 영향을 미친 요인이 언제나 예수 그리스도의 인격과 가르침이었다고 고백할 것이다. 그는 예수께서 삶에 대한 인류 보편의 거시적 질문들에 답을 제시하여 이분법과 양시론의 딜레마를 해결하셨다고 보았다. 나아가 달라스가 알던 예수는 현 순간에도 생생히 실재하여 우리에게 삶에 대한 혜안과 통찰을 주실 수 있는 분이다.

『논리학과 지식의 객관성』이 출간되고 정교수로 승진되고 학생회와 동료들의 상을 거듭 받으면서 분명히 달라스는 내면의 불안한 목소리를 마침내 조금씩 잠재울 수 있었다. 아울러 하루를 살아가는 동안 그리스도의 음성을 들을 수 있다는 확신도 깊어졌다.

그는 다음 사실을 결코 잊지 않았다. "나의 기본 임무는 좋은 교수가 되어 잘 가르치고 좋은 논문을 쓰는 것이다. 당신도 그 일을 잘하면 사람들이 마음을 열고 당신을 받아들인다. 학계에 보수 기독교인들을 향한 상당한 편견이 있음은 사실이다. 그러나 직접 그 안에 살아 보면 바깥에서 볼 때와는 다르다."[15] 달라스는 그 학교에 부임할 때 "하나님과 함께" 갔다. 그리고 예견된 대로 교회도 그에게 늘 열려 있었다.

10.
가정에서 이루어진 영성 형성

하나님을 만날 곳은 어디인가? 벼랑 끝 닷컴이다.

달라스 윌라드, "성령 안의 삶"

—

제인은 청중을 등지고 앞에 서서 작은 가방을 열어 교육 자료를 꺼냈다. 학생들 쪽으로 돌아서자 달라스가 따뜻한 응원의 미소를 띠고 맨 앞줄에 앉아 있었다. 제인도 그에게 미소로 답했다. 1시간 남짓 동안 평소의 역할이 바뀌었다.

제인은 말문을 열었다. 강의 제목은 "네가 낫고자 하느냐"였다. 거짓 자아에서 참 자아로 가는 여정을 다룬 그 강의는 자신이 직접 겪은 중년의 위기에서 태동했다. 그녀는 칠판에 그림을 그린 뒤 중앙의 큰 원에 "시편 139편: 온전한 인격, 온전한 자아"라고 썼다.

다른 두 원은 거짓 자아의 상이한 두 성향을 가리켰다. "성공, 우월감, 거드름, 성취, 자만심" 같은 단어가 주축을 이루는 원에는 "이상화된 자아상"이라는 이름이 붙여졌다. 이어 제인은 "실패, 열등감, 우울, 무력감, 자책, 죄의식" 같은 단어로 묘사되는 다른 원에는 "멸시당한 자아"라고 썼다.

그러고 나서 말했다. "양쪽 다 자아가 주인이 된 상태인데, 한쪽은 자아가 이겼을 때이고 한쪽은 졌을 때입니다. 이상화된 자아상이 무너져 버리면 그때 드는 심정이 바로 멸시당한 자아입니다.

이 원은 모두 자전적인 내용으로 1960년대 말을 지나온 나의 여정에서 영감을 얻은 것입니다. 그때 나는 마치 목적의식과 삶의 의미를 상실한 채 세상이 무너진 듯한 심정이었습니다. 나중에야 알았지만 그 세상은 고치였고 내 삶은 그 고치에서 벗어나 해방되는 중이었습니다. 하나님의 은혜였지요. 그분이 내 마음을 현재의 실상과 앞으로 변화될 모습까지 드러내 보여주셨습니다. 덕분에 나는 진리를 알고 자유롭게 되는 여정에 들어섰습니다." 제인이 눈을 들어 보니 달라스는 골똘히 생각에 잠긴 표정이었다.

캘리포니아에서 보낸 첫 5년(1965-70년)은 힘들었다. 중서부 문화 출신의 그들이 캘리포니아 남부에 적응하기란 여러모로 큰일이었다. 그곳은 페미니즘 운동을 위시한 1960년대 여러 해방 운동의 진원지였다. 개인적으로 제인은 중년의 정서적 위기를 겪고 있었다. 외도는 전혀 없었지만 부부 관계도 스트레스가 많았고 우선순위에서 밀려나 있었다. 달라스에게나 제인에게나 편한 시절은 아니었다.

달라스는 자신의 시시콜콜한 사생활에 대한 공개 발언을 늘 꺼렸다. 그런데 1997년 휘튼 대학에서 산상설교에 대해 강연할 때 갑자기 자신을 콕 집어 예로 들었다. "서기관과 바리새인의 의"와 그들이 치중하던 겉모습에 대해 가르치던 중이었다. "나 자신에 대해 위선자라는 말이 절로 나왔다. 나도 가면을 쓰려는 유혹이 무엇인지 안다. 속마음을 숨긴 채 뒤로 물러나 남들이 나를 알 수 없게끔 관계를 조절하고 싶을 때가 있다. 그래서 나도 그런 생리를 잘 안다."

그런데 나는 예수 그리스도께서 우리에게 그 상태에서 벗어날 능력을 주심도 안다. 그분은 우리를 받아 주시며 그 사실을 알려 주신다. 우리를 대하실 때 그저 행위를 보시는 것이 아니라 존재 자체를 보신다. 나를 위해 십자가에서 죽으신 그 사랑 속에서 나는 그분의 수용하심을 본다. 그분은 내 가면이 아니라 참 나를 수용하신다. 참 나라면 곧 거짓말한 나, 속이고 훔친 나, 허세 부리는 이기적인 나, 허영심에 귀가 가려워 찬사만 들으려는 나를 말한다. 그런 나를 위해 그분이 죽으셨다. 이 사실을 알기에 이제 담대히 참된 내가 될 수 있다. 그래서 하나님의 모든 참된 운동에서 자백이 그토록 엄청나게 중요하다. 자백하는 순간 우리는 서기관과 바리새인의 의를 넘어서기 때문이다. 그러면 하나님의 삶의 흐름 속으로 들어선다.[1]

달라스의 여정은 형식주의인 "서기관과 바리새인의 의"를 점차 등지고 "하나님의 삶의 흐름 속으로" 자꾸 더 깊이 들어갔다. 하지만 결코 일순간에 된 일은 아니었다.

마땅히 행할 길을 아이에게 가르치라

•

존과 베키도 챗스워스로 이사한 뒤로 적응해야 했다. 그들은 새 집을 아주 좋아했으나 근처에 다른 아이가 별로 살지 않았다. 게다가 그들의 복장은 1960년대 후반 캘리포니아 남부의 자유분방한 분위기에 비해 너무 "점잖았다." 베키야 아직 어렸으니 그게 귀여움으로 통했지만 존은 학교에서 친구들 사이에 잘 받아들여지지 않았다.

존은 "내 등교 복장은 정장 바지에 구두뿐이었다. 나도 대다수 아이처럼 청바지와 운동화에 아예 티셔츠까지 입고 싶었다"라며 아쉬워했다.

제인은 자신이 아이들에게 입히는 옷이 얼마든지 적절한 줄로 알았다. 그녀가 가르치던 사립학교에는 교복과 구두와 재킷이 필수였다. 그런데 어느 날 존을 학교에 데려다주러 갔다가 다른 학생들의 옷차림을 보았다. 그때부터 존의 옷 종류가 크게 달라졌다.

하지만 더 입씨름이 잦았던 문제는 군대식 이발이었다. 존은 이렇게 힘주어 말했다. "나는 짧은 스포츠머리가 제일 싫었다. 머리가 자라 납작하게 눌러 붙일 만하면 아버지는 즉시 나를 이발소로 데려갔다. 5-6학년 내내 급우들 앞에서 창피했고, 비웃음만 살까 두려워 한 번도 여자아이에게 접근하지 못했다."

그의 말은 이렇게 이어진다. "내가 머리 길이에 대한 결정을 바꿔 달라고 자꾸 졸라 아버지를 귀찮게 한 것은 사실이다. 아버지는 그것을 내가 그의 권위에 늘 도전하던 방식으로 보았다. 그래도 한 번은 그가 뜻을 꺾어 학교에서 6학년 앨범 사진을 찍을 때까지 이발을 미루어 주었다."

그때 이미 부자 관계가 껄끄러워져 있었다. 존은 아주 어려서부터 과잉 행동의 징후를 보였다. 두 살 때부터 사다리나 지붕에 올라갔는가 하면 부둣가에서 장난감 배를 건지려고 무작정 물속에 뛰어들기도 했다. 당시에는 주의력 결핍이나 과잉 행동의 배후 원인을 알려 주는 진단 도구를 부모도 교사도 접할 수 없었다. 물론 요즘처럼 자녀양육에 대한 책이 많이 나와 있지도 않았다. 존의 행동 방식은 계속되었고, 달라스와 제인은 "마땅히 행할 길을 아이에게 가르칠" 효과적인 방법을 찾으려고 애썼다.

제인은 "우리가 배운 주된 훈육 방법은 '매를 아끼면 자식이 버릇없어진다'였다"라고 말했다. 그러면서 "규율만 있고 관계가 부실하면 반항을 낳는다"라는 자명한 이치를 너무 늦게 배웠다고 회고했다. 부모가 맞벌이하던 그 가정에 후자의 격언은 예언처럼 적중했다.

여기에 덧붙여야 할 사실이 있다. 달라스가 아버지로부터 받은 자녀양육의 모델은 이상理想과는 거리가 멀었다. 먼 훗날 달라스는 어느 강연에서 이렇게 말했다. "한때 아이들을 훈육하려면 의지를 꺾어야 한다는 말이 있었는데 이는 불행한 일이다. 그 말은 꺾였어야 하는데 꺾이지 않은 부모 쪽 의지의 군림을 뜻할 때가 아주 많았기 때문이다. 그 의지의 주인공은 아버지일 때가 다반사였다. 아버지는 폭군이 되어 '아이의 의지를 꺾으려는 것뿐이다'라는 말로 자신을 정당화할 수 있다."

다행히 변화의 기운이 감돌았다. 6학년 때 존은 학교에서 유대인 남자아이와 친구가 되었다. 이 급우가 존에게 하는 말이 자기는 13세가 되면 바 미츠바라는 성인식을 통해 아이에서 스스로 결정할 수 있는 청년으로 넘어간다고 했다. 그래서 존은 아버지에게 다가가서 자기도 13세가 되면 이발 같은 문제는 스스로 결정해도 될 만큼 큰 아이로 대해 줄 수 있겠느냐고 물었다. 달라스는 처음에는 안 된다고 답했으나 나중에 막상 존이 열세 살이 되자 이런 말로 그를 놀라게 했다. "더는 너를 아이처럼 훈육하지 않겠다. 머리 깎을 때를 정해 주지도 않겠다. 네가 잘 판단해서 계속 단정하게 하리라고 믿는다."

존은 머리를 길렀고 그만큼 점점 더 또래들과 통한다는 기분이 들었다. 그는 "많은 동년배 아이처럼 나도 머리를 뒤로 모아 묶었다. 그러다 스물한 살이 돼서야 깎았다"라고 말했다. 달라스는 그게 마음에 들지 않았지만 약속대로 한 번도 존에게 장발을 자르라고 지시하지 않았다. 그래서 존의 다음번 이발은 7년 후에나 이루어졌다.

달라스가 두 자녀 모두에게 품었던 깊은 사랑과 긍휼은 그를 잘 아는 이들에게 명백히 드러났다. 딸과 진정으로 친했던 그는 아들과는 비슷한 관계를 맺지 못한 데 대해 자주 회한을 토로했다. 부자 관계는 좌절과 스트레스의 연속이었다. 둘 다 관계의 균열을 늘 슬픔으로 품고 살았다.

아직 아이들이 어렸던 이 가정은 1960년대 말에도 상황이 어려웠지만, 1970년 9월에는 커다란 비극이 다가오고 있었다.

쌍둥이 아기의 죽음

•

베키가 일곱 살로 2학년에, 존이 열두 살로 7학년에 올라갔을 때였다. 봄에 그들은 가족 수가 늘어난다는 소식을 일찍부터 듣고 신났었다. 제인이 쌍둥이를 임신했던 것이다. 그런데 시간이 가면서 남매는 어리둥절해졌다. 부모의 입에서 아기들에 대한 말이 점점 뜸해졌기 때문이다. 그러면서 부모는 몹시 슬퍼 보였다.

제인의 말이다. "초기부터 의사가 내게 몇 가지 문제가 있다고 말했다. 내 몸에 수분이 너무 많아 항아리처럼 퉁퉁 부어올랐다. 너무 통증이 심해 잠을 한 번에 5분 이상 잘 수 없었다. 그나마 우리 집에 있던 바나나 모양의 의자에서 깜빡 조는 정도였다."

제인은 임신 경과에 너무 깊이 신경 쓰느라 정작 태중에 자라는 어린 두 생명과는 별로 교감을 나누지 못했다고 털어놓았다.

석 달 일찍 진통이 시작되어 달라스는 제인을 병원에 데려다준 뒤 당시 그들이 다니던 우드레이크 애비뉴 퀘이커교회로 가서 거의 밤을 새우며 친구 밥 몰과 목사 제임스 휴잇과 함께 기도했다. 휴잇은 그 교회를 떠나 캘리포니아 주 아케이디아의 다른 교회로 옮긴 직후였다.

이튿날 아침에 병원으로 온 달라스와 밥과 제임스 세 사람은 마음이 평안했다. 쌍둥이가 둘 다 목숨을 건지겠다는 생각이 들었다.

하지만 그렇지 않았다. 첫 남자아기는 사산되었다. 의사의 말을 회고하는 제인의 얼굴이 찡그려졌다. 의사는 사산 소식에 이어 "제인, 아기의 몸도 정상이 아닌 듯합니다"라고 덧붙였다.

둘째 남자아기는 하루 동안 살았다. 달라스는 두 아들에게 스티븐과 스털링이라는 이름을 지어 주었다.

제인은 의사에게 병실을 바꾸어 달라고 했던 일을 아주 고통스럽게 회고했다. 모든 산모가 같은 병동을 썼는데 엄마 곁으로 데려온 신생아들 소리가 계속 들렸다. 모두들 내지르는 환성을 그녀로서는 차마 감당할 수 없었다. 제인은 독방으로 옮겨졌다.

제임스 휴잇은 문병 와서 목사가 할 수 있는 가장 훌륭한 일을 했다. 말하고 싶지 않다며 그녀의 손만 잡아 주었다. 분만 후 그때 처음으로 제인은 울 수 있었다.

"오랫동안 아주 허전했던 기억만 난다. 지금이라도 병원에 갔다가 신생아 울음소리를 들으면 다시 울음이 터질 것 같다. 그때부터 내 중년의 위기와 우리 부부의 불화에 끝이 보였다." 이어 제인이 덧붙인 말은 너무 축소된 표현이었다. "좋은 시절이 아니었다. 하지만 이를 계기로 우리는 기운을 낼 수 있었다. 남편과 내가 힘을 합쳐 각자 옹졸한 마음을 털어내야 했다. 그때 정신이 번쩍 들어 가장 중요한 본질로 돌아왔다."

달라스는 용케 자신의 일과 연구실과 지적 활동으로 물러났다. 그가 스티븐과 스털링을 입에 올린 적은 거의 없었다.

"한 방 날려요, 교수님"

•

두 아들을 잃은 달라스의 비애는 (그가 그 일을 함구했으므로) 다른 식으로 터져 나왔을 수도 있다. 직장에서 있었던 다음 사건처럼 말이다. 로스 시메카는 1969년에 박사과정 학생으로 USC 철학과에 입학하여 곧바로 달라스에게 마음이 끌렸다. 처음에는 교수로서 끌렸으나 나중에는 친구가 되었다. 학위를 마친 후에도 로스는 철학과에 남아 40년 넘게 버드 홀에서 사서로 일했다.

로스의 회고에 다르면 그가 신입생이었을 때 철학과 주최로 같은 학교 심리학과의 한 실력 있는 교수의 강연회가 열렸다. 그 심리학자는 아인 랜드와 그녀가 주창한 "나를 앞세우는" 반이타주의 사상을 논했다. 지금도 로스의 기억에 생생하지만 중간에 달라스가 동료 교수인 그에게 질문했다.

"잠시 확인하고 넘어갑시다. 그러니까 물에 빠진 어린아이가 보여도 뛰어들어 구하기 전에 미리 따져 봐야 한다는 말입니까?"

이어지는 로스의 말이다. "심리학 교수는 '예, 우리의 모든 행동은 자기의 이익에서 유발되어야 합니다'라고 답했다. 그러자 그때부터 난리가 났다!

　갈수록 더 언성이 높아졌다. 그날처럼 노기 띤 달라스를 본 적이 없다. 정말 화가 치밀어 의자에서 나와 핏대를 세웠다. 둘은 당장이라도 한판 붙을 태세였다. 나중에 학생 몇이 달라스가 사고를 칠까 봐 걱정되었다고 내게 말했다. 그런데 다른 학생 몇은 '한 방 날려요, 교수님, 그냥 쳐 버려요'라며 그를 부추겼다."

　훗날의 한 강연에서 달라스는 인간의 분노 뒤에 무엇이 도사리고 있는지를 이렇게 예리하게 통찰했다.

　세상 사람들은 자신의 삶을 구원하고 싶은데 그럴 능력이 없다. 물론 그럴수록 더 절망하며 필사적으로 자아에 더 집착한다. 그러다 결국 분노와 절망에 이끌려 서로를 공격하기에 이른다. 사실 나도……교묘하게 사람들을 공격하는 내 모습에 깜짝 놀랄 때가 많다. 목소리의 미세한 음조와 순식간에 동원되는 교묘한 어휘 선택으로 상대를 바늘처럼 찌른다.……사랑하는 사람을 찌른다. 때로 우리는 바늘 대신 망치를 들고 나온다. 평범한 인간의 삶 속에 분노와 절망이 얼마나 많은지 모른다. 그래서 사람들이 지금처럼 서로 으르렁거리는 것이다. 자신의 상황이 절망적이기 때문이다. 하지만 희망을 품을 이유가 얼마든지 있다. 자신을 그만 바라보고 하나님을 바라볼 수만 있다면 말이다.[2]

그의 솔직함이 가장 잘 드러난 예는 "비판하지 말라"라는 예수의 말씀에 대해 강연할 때였을 것이다. 그는 "분노와 두려움과 온갖 불안이 어떻게 우리 삶 속에 들어오는지 다들 안다"라고 말문을 열었다.

자녀와 사랑하는 이들을 대하다가 무슨 문제라도 있으면 우리는 아주 신경질적으로 변하곤 한다. 그 신경질이 아주 단순한 사실을 말해 준다. 무언가 하나님께 내려놓지 않은 게 우리에게 있다는 것이다.……
하나님이 여러분에게 주신 그 아이는 여러분 것이 아니다. 내게 주신 아이도 내 소유가 아니라 하나님의 것이다. 무슨 일이 있어도 그 아이를 하나님께 드리는 게 내가 할 일이다. 직접 경험해서 아는데, 내가 잔뜩 불안한 상태에서 자녀를 대할 때 꼭 신경이 곤두선다. 정죄하거나 억지로 몰아세우며 조종하려 들 때는 "언제든지" 이유가 있다. 내가 잠잠히 천국을 신뢰하지 못하기 때문이다.[3]

달라스의 심오한 철학적 지혜와 날로 더해 가는 영적 통찰은 이렇듯 놀라운 조합을 이루었다. 그러나 동시에 그는 15여 년 만에 처음으로 심한 우울 증세가 자꾸 도져 힘들어 했던 것 같다. 제인에게 보낸 편지의 한 대목에 그 내면의 격랑이 신중히 성찰되어 있는데, 1969년 여름 제인이 아이들을 데리고 몇 주 동안 조지아 주 친정을 방문했을 때였다.

사랑하는 아내에게
심한 우울 발작이 여러 번 있었는데 십대 때 이후로는 처음이오. 편두통은 아직까지 한 번뿐이었으니 이제 얼추 안정되는 것 같소. 다시 혼자 지내려니 아주 힘들지만 틀림없이 장기적으로는 유익이 있소. 나 자신과 삶의 처지에 만족하려면 아직 멀었지만 그래도 자아와 삶을 보는 눈은 확실히 더 명료해졌소. 내가 도달한 원칙적 결론은, 내가 지극히 감상적이고 낭만적이라는 것(둘은 똑같지 않소)과 나쁜 아니라 내 아버지와 할아버지의 약점도 다분히 이런 기질에서 연유했다는 것이오. 사실 인간의 감정과 갈망은 격렬하고도 파괴적이라서 매우 능동적인 수준의 일과 놀이―한마디로 활동―를 통해서만 거기서 헤어날 수 있을 뿐 그 밖에는 방도가 없소. 모든 갈망을 최대한 억압하는 게 가장 현명한 대책일 것이오. 그러면 갈망이 다시 출현해도 어쨌든 자기 소관이 아닐 테니 말이오.……

또 산에 다녀올 일이 생길 것 같소.……이번에는 빅베어로 갈 텐데 당신과 아이들이 동행하지 못해 아쉽소.

식탁을 새로 주문해 놓았소. 식탁 위로(밑으로? 둘레로?) 당신의 손을 잡을 날을 고대하오.

사랑으로 안녕히,

달라스

이 편지에 드러난 34세 남자는 자아를 성찰하여 자신이 정말 누구이고 어디에서 왔는지를 더욱 깊이 이해하기에 이른다. 이런 내면의 씨름은 결국 달라스의 영적 성숙에 유익을 끼쳤다. 훗날 그는 "감정은 인생의 큰 복이자 큰 문제다.……시선을 끌려는 말썽꾸러기 아이처럼 감정은 우리 삶의 전면을 점하고 있다.……약간의 예외도 있지만, 감정이 종이 되면 착하다. 그러나 감정이 주인이 되면 재난을 부른다"라고 썼다.[4]

이렇듯 그는 감정을 더 깊이 이해하게 되었는데, 이는 활동으로도 억압으로도 결코 이룰 수 없는 일이었다. 오직 그리스도의 제자가 됨으로써만 결국 "나는 이제 환난에도 감격한다!"라고 고백하는 자리에 이르렀다.[5]

훗날 달라스는 감정의 변화에 대한 장을 이런 말로 마무리했다. "우리가 알아야 할 것이 있다. 삶의 처지가 어떻든 사랑과 기쁨과 평안은 우리 몫이 될 수 있고, 우리를 하나님과 동행하는 찬란한 영원으로 인도할 수 있다."[6]

자아에 대해 죽을 때

•

제인은 쌍둥이를 잃은 뒤로 남편에게 변화가 나타났다고 회고했다. 둘의 관계도 더욱 가까워졌다.

아마도 무엇보다 그는 대학원생 때 시작했던 기도를 다시 실천하여 시편 23편과 주기도문 같은 친숙한 성경 본문을 묵상하며 기도했다. 나중에 그가 강연에서 말했듯이 "[주기도문으로] 기도하는 법을 배우던 그 시절에 나는 새벽 2시에 일어나곤 했다. 대학원에 다닐 때였는데, 혼자 있을 만한 방에 들어가 어떤 때는 한 시간이 지나도 '이름이 거룩히 여김을 받으시오며'를 넘어가지 못했다."[7]

달라스가 경험한 이런 기도 방식에 대해 제인은 이렇게 말했다. "본문을 그냥 외운 게 아니라 한 구절씩 천천히 묵상해 가면서 그 내용으로 기도했다. 그는 또 사람들에게 시편 23편을 암송해야 한다고 말하곤 했다. 기도할 때 굳이 읽을 필요가 없도록 말이다."

달라스는 성경 암송을 중시해서 꾸준히 실천했다. 여행할 때도 성경 여러 곳을 복사해서 주머니 속에 접어 넣고 다니곤 했다. 제인은 자신이 알기로 그런 방법이 별로 체계적이지는 못했다고 덧붙였다. "그의 경력처럼 이 또한 계획에 없던 결과에 더 가까웠다."

어쨌든 그는 성경을 단락이나 장별로 많이 암송했고 시도 외웠다. 그가 보기에 암송은 우리 의식의 사고 내용뿐 아니라 결과적으로 그 사고에서 비롯되는 감정과 신념과 행동까지도 관리하는 한 방법이었다.

달라스의 기도 생활도 깊어져 갔다. 그는 선교사 프랭크 루박의 삶과 그의 저서 『프랭크 루박의 편지』 *Letters by a Modern Mystic* 와 『프랭크 루박의 1분 게임』 *Game with Minutes* 에 깊은 감화를 받았다. 두 책 중 후자에는 저자가 매일 매순간 하나님을 생각하며 기도하던 체계적인 방법이 기술되어 있다.

달라스도 루박의 방법을 시도했는데 처음에는 너무 수고스러워 보였다. 그러나 워낙 깊은 감화를 받았기에 이를 자신에게 맞게 바꿔 매일 실천했다. 예컨대 "논문을 채점하다가 다음 논문으로 넘어갈 때나 학생을 면담하다가 다음 학생으로 넘어갈 때나 수업 시간에 강의하다가 다음 요점으로 넘어갈 때, 나는 잠깐 시간을 내서 이렇게 아뢰곤 했다. '아버지, 아버지를 모셔 들입니다.' '다음 순간에도 인도하여 주소서. 다음 학생이나 다음 논문에 주의 복이 임하게 하소서.' 일단 자신을 훈련하여 행동에 옮기면 된다. 그러면 차차 습관이 붙는다. 그리고 효과도 좋다."[8]

달라스를 아는 사람은 알겠지만 그는 일기 쓰기를 힘들어 했다. 제인의 추산으로 그가 한동안 시도했던 일기장이 세 권쯤 있다. 그러나 내용은 별로 없고 동료들을 위한 기도 제목이 주를 이룬다.

달라스는 감사, 예배, 자백, 경청 기도 등 기도의 여러 다른 측면을 가르쳤지만 중보를 기도의 주안점으로 보았다. 존 R. 라이스에게 감화받은 기도의 정의를 그는 가장 좋아했던 것 같다. "기도란 구하고 받는 것이며, 무슨 일이든 하나님과 함께하면서 그분과 대화하는 것이다."

분명히 달라스는 가장 깊은 감정까지도 하나님께 가져가서 구체적으로 기도하는 법을 배웠다. 나중에 그는 외롭거나 쓸쓸할 때 하는 기도에 대해 이렇게 고찰했다.

감정에 대해 솔직하게 기도하는 법을 누구나 배워야 한다. 감정은 의지를 지배한다. 그래서 솔직한 기도로 감정을 변화시킬 줄 알아야 한다. 어떤 때는 외로움처럼 감정이 아주 깊다. 주변에 사람들이 있어도 우리 대부분은 아주 외롭다. 사랑받지 못한다는 감정도 있다. 십대 자녀와 충실한 아내가 있어도 자신이 사랑받지 못한다고 느껴진다. 이런 쓸쓸한 감정에 대해 솔직하게 기도하는 법을 배워야 한다.……솔직하게 하늘 아버지께 도와 달라고 기도할 줄 알아야 한다. 때로 나도 아주 솔직하게 "주님, 예수의 이름으로 이 감정을 거두어 가소서. 이 감정을 거두어 가소서"라고 기도한다.……우리의 친구와 이웃과 사랑하는 이들의 형편없는 행동은 대부분 단순히 감정에 놀아난 결과다.[9]

서서히 가정에 변화가 나타났다. 아마도 가장 중요한 요인은 달라스와 제인이 둘 다 "날마다 죽는" 법을 더 깊은 차원에서 배우기 시작한 데 있었다.

테네시 템플 재학 시절에 그들의 수중에 들어온 B. 맥컬 바버McCall Barbour의 네 권짜리 소책자 시리즈가 있었다. 바버의 "더 깊은 삶" 시리즈의 일부였다. 그중 가장 유익했던 책은 제목이 『날마다 죽는 법』How to Die Daily이었다.

자아에 대한 죽음이 이 부부에게 영향을 미친 것이 그때가 처음은 아니었다. 제인은 채터누가 시절에 "신혼 부부였던 우리는 거기에 집중했다. 알다시피 달라스는 한동안 자신이 순교자가 될 줄로 믿었다"라고 회고했다.

어떤 면에서 달라스의 소원은 이루어졌다. 1970년대 초반에 그가 경험한 순교를 통해 자존심 내지 거짓 자아가 더욱 죽었으니 말이다.[10] 아마 그는 자신의 의지가 비교적 무력함을 깨달았을 것이다. 많은 이들의 삶이 그러했듯이 분명히 달라스도 하나님 나라에 이르는 다른 관문을 터득했다. 그 문 위에는 "날마다 죽는 법"이라는 현판이 걸려 있었다. 자아에 대한 죽음은 매우 실제적으로 구현될 수 있다.

그의 말이다.

예컨대 남을 잘 사랑할 수 있으려면 주목하여 경청할 줄 알아야 한다. 힘든 일이다. 자신을 훈련하여 행동에 옮겨야 한다. 훈련에 힘써야 그 일이 가능해진다.……자신의 이기심을 다스려야 한다. 남의 말을 경청하려면 내가 이곳에서 가장 중요한 사람이 아님을 깨달아야 한다. 경청이란 내가 지금 어찌하고 있으며 상대가 나를 어떻게 생각할까에 대한 상념을 그친다는 뜻이다. 말로써 자꾸 가면을 쓰지도 말고, 기회를 잡아 멋진 말을 던지려는 생각도 버려야 한다. 대신 아주 너그럽게 상대에게 마음을 열고 사랑으로 상대를 있는 그대로 받아들여야 한다. 자신에 대한 걱정은 그쳐야 한다. 이 점을 깨달으면 경청이 왜 이렇게 힘든지 알 수 있다. 경청이야말로 남을 사랑하는 최고의 영적 행위에 속한다. 사랑의 최초 행위는 주목이다.[11]

하나님의 음성을 듣는 법을 배우면 그때부터 그분이 아주 뜻밖의 장소에서도 말씀하신다. 1980년경 달라스와 제인은 처음으로 함께 유럽에 갔다. 물론 달라스는 연구 활동으로 유럽에 간 적이 있었지만 이번에는 순전히 여행 목적에다 단둘이었다. 그들은 파리와 브뤼셀과 아테네를 다녔고 물론 런던에도 갔다. 아무런 일정 계획이나 예약이나 입장권 없이 떠난 여행이었다.

하루는 런던에서 줄기차게 걷기만 하다가 둘 다 신경이 곤두서 있던 중에 정말 뜻밖에도 막판에 연극 "마이 페어 레이디"My Fair Lady의 입장권을 구할 수 있었다. 그들이 묵고 있던 민박집에는 샤워기가 없고 욕조와 작은 세면대뿐이었는데 제인은 연극에 가기 전에 머리를 감고 말려야 했다. 달라스는 개막을 놓칠까 봐 불안해 하며 조바심을 냈다. 제인은 간절히 기도했다. "**주님**, 부디 남편에게 남자와 여자는 서로 달라서 제가 그의 보조에 맞출 수 없음을 깨우쳐 주세요."

급히 극장으로 달려가 좌석을 찾아 앉으니 그때 막 커튼이 올라갔다. 연극은 시종 매혹적이었고 특히 한 대목은 하늘이 주신 듯 보였다. 남자 주인공이 대본대로 잘난 체하며 노래한 변덕스런 가사가 하필 "왜 여자는 더 남자 같을 수 없는가?"였던 것이다. 그 순간 달라스가 몸을 기울여 다정히 아내의 손을 잡았다. 제인이 보기에 남편에게 퍼뜩 어떤 깨달음이 온 것 같았다. 제인은 "내 기도가 정확히 응답되었다. 나를 대하는 남편의 태도가 완전히 달라졌다. 내게는 마법같은 저녁이었다"라고 회고했다.

하나님의 빛

•

제인도 새로운 여정인 기도의 모험에 나섰다. 아직 중년의 위기와 쌍둥이의 죽음으로부터 회복 중이던 그때 "두려움에 찬 부정적 생각을 떨쳐 낼 방도가 없었다. 그래서 시편 139편으로 간절히 기도했다. '주님, 제 마음을 보여주소서. 제 안에 제 최악의 적이 어디인지 보여주소서.' 나는 변화될 **준비가 되어** 있었다"라고 그녀는 회고했다.

그래서 제인은 달라스가 지역 신문에서 찾아낸 광고에 적극 반응했다. 인근의 셰퍼드 오브 더 밸리 루터교회에서 『기도가 당신의 인생을 바꾼다』라는 책에 기초하여 여러 "기도 치료 그룹"을 운영한다는 광고였다.[12] 목사 윌리엄 "빌" 루터 바스위그는 전 교인에게 이 12주 과정 그룹에 참여할 것을 권하면서 인근 지역사회에도 문호를 개방했다. 일정을 보니 성격 검사가 포함되어 있었고, 그 책 속의 여러 검사지로 두려움과 죄책감과 열등감 같은 감정을 측정한 뒤 결과를 토의하는 시간도 있었다.

제인은 "물에 빠진 사람이 지푸라기라도 잡는 심정으로" 첫 그룹 모임에 나갔다고 회고했다. 매주 열두 명의 참석자를 빌 바스위그가 상상을 활용한 기도 속으로 인도했다. 제인은 그 기도가 어떻게 시작되었는지 기억했다.

우선 근육 이완 운동으로 몸의 긴장을 풀었다. 다음 일상의 염려에서 벗어나 내면에 더 집중하고자 우리 자신이 빽빽한 숲속에 서 있다고 상상했다. 저만치 앞에 보이는 공터로 하나님의 빛을 상징하는 환한 빛이 눈부시게 내리비쳤다. 우리는 그 빛 쪽으로 이끌리는 느낌을 받았다. 빛으로 이어진 오솔길 옆에는 돌돌거리는 시내에 이끼 긴 돌과 물에 뜬 나뭇잎이 있었다. 축축한 숲의 냄새와 얼굴을 적시는 물안개가 느껴졌다. 머리 위로는 새들이 나뭇가지 사이를 획획 오가며 지저귀는 소리가 들렸고 발밑으로는 잔가지가 툭툭 부러졌다. 빛으로 둘러싸인 공터에 이른 우리는 심신을 열어 하나님의 빛과 사랑을 흠뻑 흡입했다. 하나님이 우리와 하나 되기를 원하심을 우리는 요한복음 17장을 통해 알고 있었다. 시편 저자가 자신의 영혼에게 말했듯이 우리도 성령의 열매와 하나님에 관한 성경 말씀을 각자 자신에게 말했다.

제인의 말은 이렇게 이어진다. "1년 이상 매일 적어도 한 번씩 그렇게 20-25분 동안 묵상했다. 덕분에 하나님이 어떤 분이시고 내가 그분 안에서 누구인지가 정립되었다. 그 구절들이 내 영혼 깊숙이 스며들어 아예 내 중심의 일부가 되었다."

그 깊은 파장을 제인은 이렇게 설명했다. "나 자신의 경험을 통해 내가 일요일 아침마다 쓰는 가면에 대해 느끼는 혼란을 이해할 수 있었고, 남을 돕고 싶은 마음에 결혼가정 심리치료사 공부까지 하게 되었다."

달라스도 제인의 변화를 보고 공부를 지원했다. 빌 바스위그도 같은 석사과정에 등록해서 여러 과목을 제인과 함께 들었다. 1974년에 석사학위를 받은 제인은 1976년에 캘리포니아 결혼가정 심리치료사 자격증을 취득해서 셰퍼드 하우스 상담센터의 심리치료사가 되었다. 자신이 배웠던 상상을 통한 치유 기도를 그녀가 대폭 통합한 것이 나중에 심리치료 분야에 선구적 활동이 되었다.[13]

선구자가 되기 전에 제인은 빌 바스위그를 남편에게는 물론 자신의 새 목사에게도 소개했다. 그 목사의 이야기는 나중에 더 나온다.

"기껏해야 들쭉날쭉한 노력이었다"

•

달라스가 천사나 하나님 나라나 삼위일체의 공동체 같은 비가시적인 세계를 어렴풋이나마 깨우친 때는 이미 오래전이었다. 그리스도인의 여러 고전적 훈련에 대한 실험도 일찍이 대학원생 시절에 시작되었다. 그러나 1970년대 들어 그는 더 꾸준히 그런 의식 속에 살고 싶은 마음이 간절해졌다. 실천하려는 의욕이 더욱 강해졌다.

제인의 회고에 따르면 달라스는 다른 많은 관심 분야와 마찬가지로 이 부분에도 처음 들어설 때는 긴가민가했다. 달라스도 이에 동의하며 "여러 해 동안 이해하고 성장한 후에야" "'헛된 종교의 폐기된 실천'이 사실은 제대로만 활용하면 사람들의 변화를 도울 길"임을 배웠다고 회고한 바 있다.[14]

훗날 그는 이렇게 말했다.

나는 그것을 훈련이 아니라 봉사로 생각했었다. 게다가 [절제를 통한 훈련]은 [한동안] 전혀 이해되지 않았다. '나한테는 너무 가톨릭적이다'라는 생각이 들었다. 그러다 점차 깨달았는데 절제를 통한 훈련을 실천하지 않으면 행위를 통한 훈련은 아주 얄팍해진다. 사실 행위를 통한 훈련은 탈진의 지름길이 될 수도 있다. 그렇지 않은가? 내 경우는 "녹슬어 못 쓰게 되느니 차라리 탈진이 낫다"라는 말을 입버릇처럼 들었다. 몇 년이 지나서 알고 보니 굳이 둘 중 하나를 선택할 필요가 없었

다. 양자택일의 상황이 아니었던 것이다.[15]

제인의 말이다. "내 기억에 그가 훈련을 처음 가르친 때는 리처드 포스터가 부임한 후 우드레이크 애비뉴 퀘이커교회에서였다. 물론 달라스는 훈련의 가치를 그전에도 인식했다. 그래서 테네시 템플의 작은 주일학교 교실에서 성경을 읽고 기도했다. 하지만 그런 행위의 의미를 정확히 안 것은 훨씬 더 지나서였다."

제인에게 달라스가 그리스도인의 훈련을 실천하던 초기에 대해 물었더니 그녀는 "분명히 말하지만 기껏해야 들쭉날쭉한 노력이었다. 그는 자신의 행동을 설명하지 않았다. 서재 문이 닫혀 있으면 우리는 그가 기도하는 줄로 알았다"라고 답했다.

그래도 그의 일과는 훈련되어 있었다. 우선 아침식사로 시작되었다.

다시 제인의 말이다. "그는 아침마다 커피포트로 향했고 이어 함께 아침을 먹었다. 그 후에는 문을 닫고 성경책을 들고 소파에 앉았다. 아직도 그 닳은 자리가 보인다. 연구실로 출근할 필요가 없을 때는 두 시간 이상 그 자리에 있었다. 출근하는 날에도 시간만 짧아졌지 그 일과는 변함없었다."

그의 성경 읽기에도 일과나 계획이 있었을까?

"'성경 1년 통독' 같은 계획은 없었다. 강연에 도움을 얻고자 읽을 때도 있었지만 대개는 그 반대였다. 성경에서 읽은 내용이 나중에 강연이 되었다. 어쨌든 아침마다 성경을 읽고 공부하고 기도했다. 바로 이 소파에서 다 했다."

결혼생활 57년 동안 달라스와 제인은 경건의 시간을 함께하려고 몇 번 시도했으나 마지막 20여 년에는 시도를 중단했다. 제인은 "분명히 내가 남편을 따라갈 수 없는데 그렇다고 남편을 지연시키기도 부당한 일이었다. 그래서 식사 때나 특별한 경우에는 늘 함께 기도했지만 경건의 시간은 따로 했다"라고 설명했다.

고독 훈련도 달라스가 경험했고 또 자주 권한 실천이었다. 그의 경우는 대개 나무 밑에 앉아 있거나 오리를 구경하는 식이었다. 생각하는 게 철학자의 본업이다 보니 평소 근무일 중 많은 시간이 영적 고독 훈련과 잘 구분되지 않았을 것이다.

소파에 누워 있거나 나무 밑에 앉아 있을 때 제인이 다가오면 달라스는 "아무것도 안 하는 것처럼 보이겠지만 사실은 일하는 중이오"라고 말하곤 했다. 제자들에게도 "학위 논문을 쓰다가 꽉 막히면 나무 밑으로 가서 하루만 앉아 있어 보게. 쓸 내용이 떠오를 걸세"라는 조언을 즐겨 베풀었다.

현상학자이자 영성 실천가로서 달라스는 침묵 속에 앉아 "'대상' 자체에 이를" 수 있다고 믿었다. "대상"이 하나님 나라라면 고독 훈련이 필요할 테고, "대상"이 논리 방정식이라면 연구실에서 하루를 보내야 할 것이다.

가족들이 알기로 달라스는 요즘 말하는 의미의 공식 피정을 계획한 적은 없지만 그래도 피정을 자주 경험했다. 서재에 있을 때, 학교로 운전해서 갈 때, 강의실로 걸어갈 때, 오리를 구경할 때, 뒷짐 지고 천천히 거닐 때 소규모로나마 수시로 피정을 했다. 제인은 "시카고에 갔을 때 남편이 폭설 때문에 발이 묶여 본의 아니게 피정을 한 적도 있었다"라고 회고했다.

달라스의 금식 훈련은 더 체계적이었다. 오랜 세월 수요일마다 금식했고 국제선 비행기를 탈 때면 비행시간 내내 금식했다. 그는 자신이 곡기를 끊고 "하나님의 말씀과 임재로 포식하면" 일요일 아침에 매번 더 잘 준비된 상태로 강단에 선다고 믿었다.[16]

그 시기에 달라스의 영성 형성에 중요한 사건이 적어도 두 가지 더 있었다. 첫째로 빌 바스위그와의 관계를 통해 그는 애그니스 샌포드Agnes Sanford의 사상을 듣고 읽기 시작했다. 달라스는 그녀가 **빛**과 **전류**와 **전기**라는 단어로 하나님의 능력과 임재와 에너지를 기술한 데 마음이 끌렸고, 또 그리스도인들이 하나님을 위해 기도로 능력을 더 구해야 한다는 그녀의 독려에도 고무되었다.

둘째 사건은 1970년대 말의 연구 출장 중에 벌어졌다. "행위를 통한 훈련"이라는 제목의 강연에서 그는 제자 출신의 동료와 둘이서 유럽을 관광하다 경험했던 일을 소개했다.

"내가 아는 한 젊은이가 있다"라고 그는 운을 뗐다.

미국에서 아주 엄격한 개신교 교육을 받으며 자란 그는 대학에 가서 학위를 받고 유럽에 갔다. 그런데 다시 돌아와서부터 주체할 수 없이 그리스도를 경험했다. 그 이유를 나도 정확히 안다. 이유인즉 샤르트르 대성당과 노트르담 대성당에 갔을 때 그는 미술품을 보았는데 거기에 구현된 무언가가 어찌나 장엄하던지 그에게 실재가 되었다. 주체할 수 없는 그리스도 체험이 그때부터 시작되면서 그의 삶에 변혁이 일어났다. 그런 경험이 시작될 무렵 그는 자리에 앉아 "하나님을 인해 하나님께 감사하라. 하나님을 인해 하나님께 감사하라"라고 말하곤 했다.……우리도 삶과 역사와 자연 속에 드러난 하나님 말씀의 실재를 묵상할 수 있어야 한다. 그러면 하나님이 얼마나 위대하고 놀라우신 분

인지를 조금이나마 깨달을 수 있다.[17]

그 젊은이는 케니 워커였다. 그런데 이제 달라스도 하나님의 선하심과 위엄을 주체할 수 없게 되었다. 다음은 그가 어느 강연 중에 한 말이다.

> 하나님의 말씀을 살아 있는 실체로 우리 안에 들여놓으면 말씀이 정말 우리를 변화시킨다. 내 경험은 감정의 차원에서 이루어졌다. 지금도 기억나지만 그때 나는 한 여성을 가르치던 중이었다. 함께 차를 타고 가면서 로마서 8장을 설명하다가 불현듯 내게 그 모든 의미가 깨달아졌다. 자동차 안에 영광이 충만한 것 같았다. 굉장히 심오했다. 그 뒤로 나는 영영 달라졌다. 하나님의 사랑과 그분께 사랑받는다는 데에 대한 생각이 바뀌었다. 나는 이를 사고의 내용으로 추적해 올라간다. 연결점은 바로 거기에 있었다.……하나님 말씀의 내용이라는 문맥 속으로 그것을 가져가야 한다. 그러면 나 자신이 달라 보인다.[18]

놀랍지 않은가! 젊었을 때 로마서 과목에 F학점을 받았던 사람을 하나님은 로마 교회에 써 보낸 바울의 말을 통해 변화시키셨다. 그리하여 훗날 그는 로마서를 그토록 깊이 있게 가르칠 수 있었다.

"그냥 나를 보고 싶어서"

•

1960년대 말과 1970년대 초에 윌라드 가족에 몇 가지 어두운 주제곡이 흐르긴 했지만, 같은 시기에 여러 다른 선율도 집 안에 울려 퍼졌다. 그중 음악과 춤과 예술의 즐거움도 빼놓을 수 없었다.

베키는 독립기념일 저녁이면 으레 가족들과 함께 챗스워스 집 지붕에 앉아 샌퍼낸도 밸리 곳곳에 솟아올라 작렬하는 불꽃놀이를 즐기던 일을 기억했다.

그녀는 또 부모가 피아노 앞에 모이곤 하던 저녁 시간도 기억했다. "엄마가 피아노를 치면서 자주 아빠와 함께 노래했다. 대개 찬송가와 오페라 음악이 섞여 있었다." 베키의 기억에 가장 남아 있는 노래는 모차르트의 「돈 조반니」에 나오는 돈 조반니와 체를리나의 듀엣을 부모가 재창조한 곡이었다.

대개는 그런 수준 높은 음악이 아니었다. 달라스는 집에서 늘 찬송가나 실없는 노래를 부르거나 흥얼거리거나 휘파람을 불며 다녔다. 「고양이가 또 왔네」 같은 컨트리 송과 「야키티 약」 같은 50년대 노래가 단골 애창곡이었다. "아빠는 또 테일러의 '스윗 베이비 제임스' 가사를 '스윗 베이비 제인'으로 바꾸어 즐겨 불렀다."

달라스와 제인은 음악을 사랑하는 마음을 두 자녀에게 물려주고 음악 스승까지 되어 주었다. 베키에게 제인은 피아노를 가르치고 달라스는 기타를 가르쳤다. 존은 근처 공원에서 기타 강습을 받았는데 그것이 이어져, 베키에 따르면 "오빠는 훌륭한 기타리스트가 되어 항상 연주했다." 베키는 엄마의 피아노 교습에 더해 플루트 레슨도 받고 노래도 많이 불렀다. 결국 1985년에 종교 음악으로 학사학위를 받았다.

예술 애호는 음악에서 그치지 않았다. 달라스와 제인은 다양한 춤 강습을 받았고, 두 자녀 모두 소형 그랜드피아노 주변에서 그리스 춤을 자주 추던 부모의 모습을 기억했다.

시각 예술에 대한 달라스의 애정은 대화 중에도 나타났고, 간혹 철학과에서 예술과 미학 위주의 과목을 가르친 사실에서도 알 수 있다. 또 그의 시 애호는 글쓰기에 활용한 많은 예화에서부터 마이크 체크에 이르기까지 다양한 방식으로 드러났다. 흔히들 "하나 둘 셋" 하며 마이크를 점검하는데, 그는 이를 발음하기 힘든 말이나 시 암송으로 대체했다.

달라스와 아들의 관계도 분명히 더 화목해졌다.

존이 집을 떠나 독립한 후 하루는 자기 아파트에서 일하고 있는데 전화가 왔다. 아버지가 잠깐 방문하고 싶다며 괜찮겠느냐고 물었다. 용건은 말하지 않았다.

존의 말이다. "그가 여기 왔기에 무슨 일이냐고 물었더니 그냥 나를 보고 싶어서라며 '너 하던 일 계속해라'라고 말했다.

그때 날씨가 아주 더워 나는 웃통을 벗은 채 땀을 흘리고 있었다. 결국 그는 '너한테 말해 주고 싶어서 왔다. 너 어렸을 때 내가 매를 많이 들었잖니. 생각해 보니……내 잘못이었다. 내가 크게 잘못했다'라고 말했다. 그러더니 울음을 터뜨렸다.

나는 그에게 다가가 그의 어깨에 손을 얹었다. 괜찮다는 말은 안 했지만 최대한 위로해 주었다."

존과 달라스는 끝내 둘 다 원하는 만큼은 가까워지지 않았을지 몰라도 세월이 가면서 훨씬 가까워졌다. 나중에 존은 아버지에 대해 이렇게 썼다. "달라스는 반석의 화신이었다. 지금 여기에 현존하며 나를 덥석 끌어안아 주는 강인하고 온유한 사람이었다. 내가 늘 딛고 설 수 있는 반석, 깊어가는 지혜와 피부로 느껴지는 사랑의 샘이었다."[19]

달라스 윌라드가 되기까지

•

아주 힘겨운 시기를 지난 지 여러 해 후에 달라스와 제인은 어느 격의 없고 친밀한 소규모의 지도자 모임에 초대되어 참석했다. 달라스가 주강사였지만 대부분의 시간은 허심탄회한 토론으로 이루어졌다.

모임 중에 이런 질문이 나왔다. "다른 사람에게 책을 한 권만 권할 수 있다면 무슨 책을 권하겠는가?" 달라스의 답변에 모두가, 아내 제인까지도 깜짝 놀랐다. 그가 M. 스캇 펙Scott Peck의 『아직도 가야 할 길』The Road Less Traveled을 권했던 것이다. 철학자로서는 의외의 선택처럼 보였다. 1960년대 말과 1970년대 초에 자신이 지나온 길을 그 모임에 은근히 보여주었던 것일까?

그 책에 펙은 영적 성장과 심리적 성장의 통합을 기술하면서, 변화의 필요성에 대한 대중 심리학이나 대중 신학의 손쉬운 해결책을 거부했다. 아울러 저자는 낡은 인식 습성을 새로운 상황이나 주변 사람에게 전이하지 않으려면 끊임없이 자아를 성찰해야 한다고 역설했다. 죽고 다시 태어나는 길을 직접 걸어온 사람이 아니고서야 남에게 권할 책으로 뜻밖의 선택이었다.

이것이 달라스의 생애에서 그 시절의 여정이었다. 이 시기에 그는 자신의 실상을 보고 받아들였다. 기도하는 가운데 자신의 두렵고 불안한 감정에 의지적으로 솔직하게 직면함으로써 하나님의 더없이 충분한 은혜와 능력을 만났다. 결국 달라스는 자신이 남들에게 권한 대로 하늘 아버지의 사랑 속에 푹 잠겼다. 부적격한 자아(바울의 표현으로 "옛사람")를 죽여야 비로소 더 나은 새 자아(온전히 순복된 "마음과 의지와 심령")가 출현할 수 있음을 터득했다.

어쩌면 그 자신의 말에 가장 잘 요약되어 있다.

이 세상에서 성장하는 우리에게 비일비재한 일이지만, 하나님으로 충분함을 깨닫고 그 안에 살기로 선택할 시점에 이르면 이미 우리는 받은 상처가 너무 심해 엉망으로 망가져 있다. 그래서 많은 부분을 거슬러 올라가야 한다. 그동안 살아오면서 입은 심한 상처로 다시 돌아가야 한다. 경험과 기도와 묵상과 성찰의 과정, 어쩌면 주변 사람들에게 자백하고 털어놓는 과정을 통과해야 한다. 과거를 다시 사는 셈이다.……

내 경우 홀로 남겨졌던 그 모든 때로 다시 돌아가 하나님으로 충분함을 받아들여야 했다. 내게는 일반적 의미의 부모가 없었다. 다행히 다른 사람들이 그 자리를 보충해 주었지만 그래도 어느 부분은 아주 쓰라리게 심하게 망가져 있다. 고백컨대 그 부분도 하나님으로 충분함을 받아들여야 한다. 그분의 얼굴을 올려다보며 "주님, 괜찮습니다"라고 아뢰어야 한다. 그리고 그분의 이런 음성을 들어야 한다. "그래 괜찮다. 너는 내가 책임진다. 너는 내 소유다. 다 잃기만 한 것이 아니다. 사실 나는 그것까지도 취하여 더 낫게 만들 수 있다."[20]

삶의 온갖 도전에 부딪치면서도 달라스는 하나님의 임재 안에 살아가는 큰 기쁨을 얻었다. 그에게 그분은 살아 실재하며 교제하시는 분이었다.

II.

우연히 탄생한 운동

'아름답고 총명한 젊은이다. 매력 있는 사람이다'라는 생각이 들었다.
그렇게 시작된 우리의 대화는 끝날 줄을 몰랐다.

달라스 윌라드, 게리 문과의 인터뷰

—

리처드의 차가 샌퍼낸도 밸리의 카노가 파크 쪽으로 더 벗어나자
도시의 풍경은 작은 농장들과 심지어 소수의 소형 목장으로 점차
변했다. 말을 타던 한 소녀는 마치 **그가** 이곳에 안 울린다는 듯 쳐
다보았다. LA 시내와는 전혀 다른 곳이었다.

그는 어느 교회의 주차장으로 들어섰다. 교회는 아주 평범해 보
였다. 직사각형 벽돌 건물에 아마도 주일학교 교실로 쓰는 작은 곁
채가 딸려 있었다. 차에서 내려 시계를 보니 몇 분 지각이었다. 그는
뒤쪽에 빈자리가 있기를 바랐다.

안에 들어가 작은 현관을 지나니 수수한 예배당이 보였고, 앞쪽
을 향한 회중석 몇과 목제 강대상과 수십 명의 사람이 듬성듬성 차
있었다. 그는 퀘이커 교도답게 조용히 맨 뒷줄에 앉았다. 자신에게
시선을 끌고 싶지 않았고, 교회를 살피러 왔음을 들킬 생각은 더욱

없었다. 그는 자신이 첫 목회지로 수락할 수도 있는 이곳이 어떤 교회인지 알아보러 왔던 것이다.

몸집이 작고 매력적인 금발의 여자가 오르간을 쳤다. 곡목은 침례교회에 더 잘 어울릴 법했지만 그녀의 연주 솜씨는 뛰어났다. 회중 찬송을 인도하는 사람은 차분하고 기품 있는 생김새에 바리톤 목소리가 멋있었다. 뒷줄에서 지켜보던 이 젊은이는 '고무적이군' 하는 생각이 들었다.

노래가 끝나자 그 예배 인도자가 대표로 기도했다.

전능하신 하나님, 우리가 전적으로 무력하여 마땅히 듣고 말해야 할 것도 듣거나 말하지 못함을 주께서 아십니다. 오늘 아침 이 자리에 우리의 자격이나 실력이나 멋이나 지식이나 기타 무엇에 의지하여 기도하는 사람은 아무도 없습니다. 우리가 구하는 것은 궁핍하기 때문이고 주께서 선하시며 우리를 사랑하시기 때문입니다. 오늘 아침에 우리는 빛을 구합니다. 우리를 향한 주님의 뜻을 더 잘 알도록 깨우쳐 주시기를 기도합니다. 그동안 우리는 잘못된 길을 선택한 적이 참 많았음을 뼈저리게 압니다. 의도가 나빠서가 아니라 잘 몰라서 고생할 때가 많음도 압니다. 우리는 어둠 속에 있습니다. 그런데 아버지께서 아들을 세상의 빛으로 보내 주셔서 얼마나 감사한지요. 오늘 우리들에게 빛을 비추어 주소서. 주님의 영광을 위하여 기도합니다. 아멘.

이어 예배 인도자는 역할을 바꾸어 임시 목사로서 회중에게 이렇게 말씀을 전했다.

"하나님을 믿는 우리에게 결정적인 도전은 이생이 좋은 삶임을 믿는 것입니다. 하나님의 존재를 믿는 게 아닙니다. 그것이라면 거의 누구나 무조건 믿습니다. 문제는 여러분이 믿는 하나님이 어떤 분이냐는 것입니다. 구체적으로 말해서 여러분이 믿는 하나님은 우리에게 좋은 삶, 복된 삶을 주시려는 분입니까?"

젊은이는 설교자에게서 눈을 떼지 않은 채 옆 사람에게 슬며시 묻지 않을 수 없었다. "저 분이 누구입니까?"

나지막한 소리로 대답이 건너왔다. "아, 달라스 윌라드입니다. 철학 교수지요."

젊은이가 고개를 끄덕이며 한 행동은 자신도 생각지 못한 일이었다. '이렇게 생각하는 사람이 누가 있겠는가?'라고 생각하면서 성경책 속에서 종이쪽지를 찾아내 필기하기 시작한 것이다.

1970년 8월 우드레이크 애비뉴 퀘이커교회의 목사가 바뀌었다. 신임 목사는 호리호리하고 눈빛이 반짝이는 27세의 내성적인 풋내기로 풀러 신학교에서 목회신학 박사과정을 마무리하던 중이었다.

그의 이름은 리처드 J. 포스터였다.

경험과 학식이 많고 약간 통통했던 전임 목사 제임스 휴잇은 그 작은 교회만 아니라 아예 퀘이커교를 떠났다. 장로교 목사가 되어 캘리포니아 주 아케이디아의 한 칼뱅주의 교회에서 섬기기로 한 것이다.

포스터의 말이다. "[퀘이커교] 캘리포니아 연례회의에서 나를 우드레이크 교회의 후임자로 발표했을 때 제임스 휴잇이 내게 했던 말이 기억난다. 그는 '이제 당신이 광야에 갈 차례로군요'라고 말했다."

여러모로 선견지명이 있는 말이었다. 영적인 의미에서는 광야가 만남의 장이기 때문이다. 기독교 역사를 읽어 보면 사막의 교부들과 교모들에게 광야는 영혼의 실험실이었다. 성경에도 보면 신구약 인물들이 광야에 가서 하나님을 만난다.

광야는 일이 벌어지는 곳이다.

달라스와 리처드의 첫 만남
•

리처드—당시에 대체로 딕으로 불렸다—는 우드레이크 애비뉴 교회에서 남쪽으로 100km쯤 떨어진 알라미토스 퀘이커교회에서 성장기를 보냈다.[1] 캘리포니아 주 가든 그로브의 그 작은 교회는 이 젊은이에게 기사회생의 장소였다. 딕이 중서부에서 초등학교에 다니던 때 부모에게 어려운 일이 닥쳤다. 아버지가 실직하는 바람에 온 가족이 사실상 노숙자 신세가 되었다.

캘리포니아 주 웨스트민스터의 친척집에서 그들에게 캘리포니아 남부로 이주할 것을 권하여 한동안 집에 같이 살게 해주었다. 결국 리처드의 아버지가 취직해서 집안이 웬만큼 안정되었는데, 이는 다분히 알라미토스 퀘이커교회의 교인들이 돌보아 준 덕분이었다. "바로 그 교회가 우리 가족을 받아들여 그리스도의 사랑을 베풀어 주었다. 그들은 우리를 놓아 주지도 않았다."

리처드는 태평양 연안 북서부의 작은 퀘이커교 대학인 조지 폭스를 졸업한 후 캘리포니아 남부로 돌아와 당시에 DThP로 통하던 목회신학 박사과정을 1964년부터 1970년 사이에 밟았다. 그쪽으로 박사학위를 받으려면 신학의 실천에 독창적으로 기여해야 했는데, 역사가 증명해 주듯이 포스터는 이 숭고한 사명을 잘 감당해냈다.

패서디나의 풀러에서 공부하던 동안 그는 캐롤린 커를 만나 결혼했고 시간제 중고등부 목사로 두 곳의 퀘이커교회에서 사역했다. 그러나 강의실 안팎을 막론하고 그때까지 살면서 접한 그 무엇도 그를 우드레이크 애비뉴 교회의 담임목사로 사역하도록 준비시켜 주지는 못했다.

나중에 그는 이렇게 회고했다. "달라스는 아직 [학계에] 알려지지 않았고 후설에 대한 역작을 내놓기 몇 년 전이었다. 기독교 저서도 아직 한 권도 출간하지 않았을 때였다. 아무것도 모르는 상태에서 그를 만났다."

한편 달라스도 처음부터 그에게 좋은 인상을 받았다. 나중에 그는 둘의 첫 만남에 대해 "'아름답고 총명한 젊은이다. 매력 있는 사람이다'라는 생각이 들었다. 그렇게 시작된 우리의 대화는 끝날 줄을 몰랐다"라고 말했다.

리처드가 맡은 뒤로 우드레이크 애비뉴 교회의 모임은 무정형이기보다 목양에 더 가까워졌다. 본래 퀘이커교 모임은 일정한 틀 없이 침묵 기간이 길었고, 누구나 침묵을 깨고 말할 수 있었다. 단 하나님께로부터 침묵보다 나은 말씀을 들었다고 느껴질 때에 한해서였다. 리처드의 방침대로 목사의 발언이 잦아지긴 했지만, 그래도 "열린 예배"라는 요소가 늘 중심을 차지했다. 교인들이 자유로이 침묵을 깨고 말할 수 있는 시간이었다.

리처드가 부임한 시점은 마침 쌍둥이를 임신한 제인이 마지막 몇 주 동안 혼란을 겪던 때였다. 제임스 휴잇이 아직 달라스 부부와 연락하고 지내며 집으로 심방했고 나중에 병원에도 왔다. 그즈음 달라스와 제인을 지성으로 돌본 교인이 또 하나 있었으니 바로 토니 도렌조였다.

토니는 초등학교 3학년까지밖에 다니지 못한 중년의 이탈리아계 이민자였다. 공사장 인부로 일하며 낮에는 시멘트를 붓고 밤에는 성경을 공부했다. 윌라드 부부를 아주 좋아해서 오랫동안 챗스워스 집에 다니며 달라스와 일대일 성경공부를 했다. 둘은 아주 친했다. 토니는 존재론이나 인식론 같은 단어의 의미는 몰랐지만, 달라스처럼 노력을 중시했고 성경을 사랑했다. 달라스와의 우정에 감사하여 남자 교인 몇을 모아 그의 집에 옹벽을 쌓아 주기도 했는데, 덕분에 달라스는 나중에 집 측면에 서재를 지을 수 있었다.

리처드가 그 교회에 머물던 동안 한번은 토니가 경청 기도 시간 후에 자신이 받은 감화를 나누었다. 달라스가 라디오에서 말씀을 전해야 한다는 것이었다. 이 문제에 대한 토니의 분별이 달라스에게는 침묵보다 나아 보이지 않았던 모양이다.[2] 그는 따로 리처드에게 "라디오 설교자가 하나 더 늘어난다고 될 일이 아니지요"라고 말했다.

토니는 또 제인의 임신 기간 막바지에 전 교인이 윌라드 부부를 지원해야 한다며 걱정했다. 제인이 병원에 갔을 때도 토니가 리처드에게 전화해서 온 교회가 매일 밤 모여 달라스와 제인을 위해 금식 기도를 하자고 제안했다.

리처드는 "토니가 워낙 단호하게 함께 기도하자기에 갓 부임한 목사로서 그대로 했다. 다들 쌍둥이가 목숨을 건지겠다는 희망에 부풀었고 특히 토니는 더했다. 그가 기도회를 주관해서 교인들이 사흘 연속 밤마다 모여 기도했다"라고 회고했다.

안타깝게도 이야기의 결말은 그들의 바람대로 되지 않았다. 예상을 벗어나기는 우드레이크 애비뉴 퀘이커교회도 마찬가지였다.

대단한 오합지졸

•

훗날 리처드는 그 교회를 가리켜 "교회 성적표치고 낙제에 가까웠다"라고 말했는데, 이번에도 자신의 첫 목회지였던 그곳을 회고하며 "대단한 오합지졸처럼 매우 역기능적인 집단이었다"라고 표현했다.

알고 보니 포스터의 평가는 너무 관대했을 수도 있었다. 나중에 그가 말했듯이 사실은 "불 시험"이었다. 석 달 후에 그의 평가는 이랬다. "내가 줄 수 있는 것을 다 주었지만 그들에게 전혀 소용없었다. 보수파는 진보파에 화나 있었고, 진보파는 급진파에 화나 있었고, 급진파는……맙소사……그냥 화나 있었다."

제인이 회고하는 그 교회는 미성숙한 신자가 너무 많아 리처드와 달라스의 진을 빼놓았다. "말하자면 교회에 아기는 너무 많은데 그들을 보살필 장성한 사람은 부족했다. 교인들이 너무 부실했다.……달라스는 밤중에 상담을 청하는 전화가 하도 많이 걸려 와서 결국 평소에 질색하던 자동응답기까지 샀다. 상시 '대기 상태'라는 느낌이 싫었던 것이다."

리처드도 상담 시간을 많이 들였다며 이렇게 되짚었다. "그 또한 목사의 삶이긴 하지만 그래도 건강한 교인과 부실한 교인의 균형이 잘 맞지 않았다. 낙심될 때마다 나는 달라스를 만났다. 하루걸러 만난 셈이다!"

리처드가 몸서리치며 회고했듯이 그 교회에서 벌어진 일부 사건은 막장 드라마의 대본 같았다! 리처드 포스터와 달라스 윌라드에게서 아침 드라마를 무색하게 하는 교회를 연상하기란 쉽지 않지만 그들은 바로 그런 곳에 있었다. 적어도 달라스는 그 현실을 직시했다.

어느 일요일 아침에 리처드는 모세에 대해 설교했다. 자신의 양떼에게도 하나님의 신속하고 능하신 역사가 절실히 필요하다고 생각했던 모양이다. 그는 모세가 하나님의 일을 하려 했으나 육신의 힘에 의지하여 이집트인을 죽였음을 지적했다. 그래서 하나님은 그를 광야로 보내 하나님의 일을 성령의 능력으로 하도록 가르치셨다.

리처드의 설교는 이렇게 이어졌다. "모세가 그렇게 변화되는 데 광야에서 40년이 걸렸습니다. 그래서 우리는 같은 교훈을 **지금** 배우자는 겁니다. 모세처럼 굳이 40년이 걸리지 않도록 말입니다."

리처드에 따르면 "바로 그 순간 달라스가 '안 될 텐데'라고 조용히 말했다."

리처드는 그 말을 불쾌하게 받아들이지 않았다. 오히려 중요한 "깨달음의 순간"이었다고 한다.

"달라스가 무엇을 우려하는지 나도 알았다. 그는 속전속결 식의 신앙을 경계했고, 장기간의 느린 과정을 우리 교회가 기꺼이 거쳐야 함을 알았다." 그의 말을 계기로 리처드는 자신이 교회에 계획했던 일을 다시 생각하게 되었다. "나는 속으로 건축 사업을 목회 성공의 증표로 여기고 있었다. 그것은 내 성공이었다! 그 사실을 깨닫고 나니 내 속마음이 보였다. 평소에 그래서는 안 된다고 말하던 나였지만 정작 내 내면의 자아가 드러난 것이다. 나야말로 광야에 더 오래 있어야 했다."

구원의 정의가 달라지다

•

작고 역기능적인 오합지졸이었을지 몰라도 우드레이크 애비뉴 퀘이커교회에는 훌륭한 교사들이 있었다. 리처드가 머잖아 깨달았듯이 달라스가 가르칠 때면 특이한 일이 벌어졌다. 훗날 리처드는 "내가 가르칠 때는 교인들이 더러 오는 정도였지만, 달라스가 가르칠 때면 으레 나는 다른 주일학교 반들을 취소했고 교인들은 녹음기를 가져왔다"라고 자못 겸손히 말했다. 특히 리처드 자신도 장래의 사역을 위해 녹음기를 지참했다.

달라스가 시리즈로 가르친 주제 중 가장 주목할 만한 세 가지는 사도행전과 산상설교와 영적 훈련이었다. 영적 훈련에 관한 내용이 훗날 『영성 훈련』이 되었고, 사도행전과 산상설교에 대한 가르침은 『하나님의 모략』의 뼈대를 이루었다.

리처드가 묘사한 달라스의 가르침은 "산상설교를 주제로 여태 들어 본 중에 가장 독특한 해석이었고 사도행전에 대한 올바른 반응도 마찬가지였다.……참석자들에게 배부된 달라스의 개요를 첫 페이지만 읽어 보아도 차원이 전혀 다름을 알 수 있었다. 첫 몇 주 동안 그의 가르침을 들으며 나는 충격에 휩싸였다."

신앙생활 초기에 리처드에게 영향을 미친 핵심 요인으로 디트리히 본회퍼의 저작과 그중에서도 특히 『나를 따르라』를 빼놓을 수 없었다. 그런데 그는 "달라스가 가르친 산상설교는 내가 본회퍼에게 배웠던 내용을 모두 취하여, 본문에 대한 이해를 크게 보충하고 심화시켜 주는 느낌이었다"라고 평했다.

초기의 성인 주일학교 반에서 그가 들었던 달라스의 가르침을 지금도 녹음으로 처음 몇 분만 들어 보면, 실재론이라는 철학적 신념이 달라스에게 얼마나 중요했는지 알 수 있다.

달라스는 "상상력을 활용하십시오. 이런 내용을 실재 사건으로 보지 않고는 깨달을 수도 없습니다.……예수께서는 사람들 앞에 하나님 나라를 보여주시되 아무도 무시할 수 없도록 현존하게 하셨습니다"라고 권면했다.

달라스가 믿기로 사도행전이 기록된 목적은, 예수께서 이 땅에 계실 때 벌어진 일이 그분의 생애와 죽음과 부활과 승천 후에도 **계속될** 수 있는 실재임을 보여주기 위해서였다. 그 실재란 곧 권능으로 역사하는 하나님 나라다.

달라스가 그 소수의 청중에게 풀어낸 사도행전의 초대 기독교 역사는, 그가 믿기에 인류 역사를 향한 하나님 목적의 논리적 진행 과정이었다. 즉 "사랑의 인격체들로 이루어진 포괄적 공동체를 창조하시되 그 공동체의 주된 부양자이자 가장 영광스러운 주민은 하나님 자신이시다."[3]

다시 리처드의 말이다. "핀켄발데의 신학교에서 본회퍼의 강의를 듣던 학생들도 꼭 이랬을 것이라는 생각이 들었다. 통찰력과 역동성이 어찌나 놀랍던지 분명히 우리에게 대규모의 패러다임 전환이 일어나고 있었다. 구원 자체의 정의가 달라져 우리를 이전의 좁은 구원관에서 벗어나게 했다!"

달라스는 이미 리처드의 편협한 구원관에 도전을 가한 적이 있었다. 하루는 리처드가 자신이 꽤 시간을 들여 한 젊은 교인을 구원의 결단으로 인도한 일을 달라스에게 나누었다.

"나는 달라스에게 그 친구가 예수를 자신의 구주로 영접했다고 말했다. 그런데 이런 어법에 대한 그의 시각이 내가 알던 대다수 교회 사람들과는 다르다는 것을 그의 반응에서 즉각 느꼈다. 그가 생각하는 구원은 사뭇 달랐던 것이다.

그는 이런 식으로 말했다. '그게 그에게 좋은 일이었기를 바라고 이를 통해 예수를 자신의 **생명**으로 영접하게 되기를 바랍니다.' 나는 '와! 이 말이 무슨 뜻일까?'라는 생각이 들었다. 그의 가르침을 몇 차례 더 들으면서 점차 깨달았다. 달라스에게 구원이란 단지 결단이 아니라 훨씬 그 이상이었다. 새로운 생활방식과 영혼의 치유, 하나님과 **함께** 살아가는 현 순간을 뜻했다."

물론 달라스도 생애 초반에 20세기 표준의 복음주의적이고 심지어 근본주의적인 구원관을 접했었다. 자신도 아홉 살 때 그런 극적인 결단을 경험했다. 하지만 기독교 사상의 가장 근본적인 이 주제를 다르게 보는 여러 관점도 그는 접했었다. 테네시 템플에 다닐 때부터 이미 채플 시간에ㅡ예컨대 도널드 반하우스에게서ㅡ근본주의와는 크게 다른 강연을 여러 번 들었다.[4]

달라스의 형 J. I.가 나중에 그에게 반하우스의 녹음된 설교를 주었는데, 설교의 시점이 달라스가 그 작은 캠퍼스에 재학 중이던 때였을 수 있다. 이 강연을 통해 반하우스는 이렇게 선포한다.

나는 전도자가 아니라 성경 교사이고 여기는 분만실이 아니라 육아실입니다.……하나님은 왜 우리를 천국으로 데려가지 않으셨을까

요?……우리를 증인으로 이곳에 남겨 두셨습니다.……하나님을 **알라**
고 여기에 두셨습니다.……인간의 으뜸가는 목적에 도달하여 "하나님
을 즐거워하고 영원토록 영화롭게" 하라고 이곳에 두셨습니다.……어
떻게 하면 하나님을 영화롭게 할 수 있을까요? 열매를 많이 맺으면 하
나님을 영화롭게 합니다.……열매를 맺으려면 그분 안에 거해야 합니
다. 거함이란 의지한다는 뜻입니다. 우리가 여기에 남겨진 목적은 [하
나님의 음성을 듣는 법과] 그분을 의지하는 법을 배워 그분 안에 거함
으로써 열매를 맺기 위해서입니다.……어떻게 하면 그분 안에 거할 수
있을까요? 요한복음 15:10에 답이 나옵니다. 그분의 말씀을 "지키면"
그분 안에 거합니다.[5]

이런 설교와 글이 분명히 달라스에게 영향을 미쳤다. 나중에 그는
순종을 영적 변화라는 기차를 *끄는* 엔진이라 칭하면서도, 그리스도
안에 거하는 것이 순종보다도 중요하다고 말했다. 하나님께 순종하
되 순전히 두려움 때문에 또는 의무감으로 순종할 수도 있다. 그러
나 하나님 안에 거함은 교제하는 신뢰 관계요 체험적 앎이다.

우드레이크 애비뉴 퀘이커교회의 작은 회중이 은혜에 대한 달
라스의 가르침을 들었다. 누구나 이 은혜(삼위일체 하나님과 교제하며
변화를 낳는 우정) 가운데 자라갈 수 있다. 달라스에게 구원은 영원
한 생활을 뜻했다. 지금 여기서 하나님 나라의 삶과 능력에 참여한
다는 뜻이었다.[6]

요한복음 17:3의 실재 속에 들어서는 것이 구원이다. "영생은
곧 유일하신 참 하나님과 그가 보내신 자 예수 그리스도를 아는 것
이니이다." 반하우스와 피니, 토마스 아 켐피스 등 많은 이들이 그

렇게 변론했고, 후설도 논리적 증거를 제공하는 데 일조했다.

누구나 "대상" 자체에 이르러 그 실재를 경험하고 이해할 수 있으며, 그 "대상"이 이 땅의 하나님 나라여도 마찬가지다.

그 회중 가운데 많은 이들이 이것을 깨달았다.

실험실이 된 교회

•

제인과 달라스가 우드레이크 애비뉴 교회에 끌린 이유는 제임스 휴잇의 설교와 목양 때문이었다. 리처드는 그 점에 동의하면서도 달라스가 하필 그 교회에 적을 둔 이유가 또 있다고 보았다. 달라스는 퀘이커교 초창기의 체험적 뿌리를 간직한 살아 있는 퀘이커 단체가 있는지 보고 싶었다.

달라스는 이 교회를 살아 있는 실험실로 삼아 하나님과 함께하는 삶이 무엇인지 알아보고 싶었다. 이 작은 퀘이커 회중이 퀘이커교 창시자인 조지 폭스를 본받아 "빛 가운데 행하는" 법을 배우는 게 그의 간절한 바람이었다. 그 표현은 유명한 퀘이커교 노래에 나온다.

사람의 마음속을 비추는 빛 있으니
세상이 창조될 때부터 반짝이던 빛.
이방인과 유대인을 두루 비추는 빛.
친구여, 그대와 내게도 그 빛 비친다.
어디서나 빛 가운데 행하라,
어디에 있든 그 빛 가운데!

남루한 옷차림에 더벅머리 폭스도
그 빛의 영광 중에 걷는다 고백하네.7

리처드는 이렇게 회고했다. "퀘이커교는 그리스도께서 자기 백성
가운데 임재하심을 강조하는데, 이는 달라스에게 못지않게 내게도
아주 중요하다. 우리는 그 오합지졸인 우드레이크 애비뉴 교회의 교
인들도 하나님 임재의 빛 가운데 행하는 법을 배우기를 바랐다."

적어도 몇 년 동안 그 교회는 하나님 나라 삶의 실험실이 되었
다. 리처드의 말을 들어 보자. "나중에 내 책 『영적 훈련과 성장』
Celebration of Discipline에 나온 모든 내용을 그 작은 교회에서 실행했다.
놀라운 경험도 있었고 실패도 있었다. 전 교인에게 금식을 경험하
게 하려 했으나 내가 그 역할에 영 서툴렀다. 교인들은 늘 카페인
금단 증상으로 두통을 호소했다. 그저 몇 사람만 시도해서 교훈을
얻고 거기서부터 출발하는 게 훨씬 나음을 깨달았다."

이어 그는 "우리는 작은 교회였다. 언젠가 달라스는 내게 그 점
을 정말 다행으로 여겨야 한다고 말했다. 덕분에 그 모든 것을 실험
할 수 있었으니 말이다. 게다가 우리는 교회 권력으로부터 멀리 비
껴 나 있었다. 전혀 중요하지 않은 존재였던 것이다"라고 말했다.

그 살아 있는 실험실에서 탐구된 폭발적 개념은 무엇이었던가?
가장 두드러진 세 가지는 현존하는 실재인 하나님 나라, 하나님과
함께하는 지속적 삶인 구원, 변화의 수단인 영성 훈련의 실천이었다.

달라스가 훈련에 어떻게 접근했느냐는 물음에 리처드는 달라스
의 관심이 처음에 그리스 철학자들을 위시하여 이 주제에 대한 훌
륭한 작가들의 책을 읽으면서 싹텄다고 보았다. 하지만 그의 접근

은 결코 형식적이지 않았다.

"그도 중간에 넘어지고 실수했을 수 있다." 리처드는 그렇게 운을 뗐다.

그러나 영혼의 성장과 그 성장을 이루는 수단에 대해 진지하게 고민했다. 아마 그는 다른 누구보다 존 웨슬리의 영향을 많이 받았던 것 같다. 하지만 조지 폭스의 신학에 대한 통찰도 상당했다. 한번은 그가 폭스의 일기를 시리즈로 풀어냈는데 나로서는 "와! 퀘이커교가 아니라 침례교 출신인데도 폭스를 여태 내가 본 누구보다도 더 잘 안다!"라는 말밖에 나오지 않았다.

요즘의 영성 훈련은 형식적 전례典禮가 더 흔하여 사람들이 이를 삶의 계율로 삼기도 하는데, 달라스의 접근법은 그렇지 않았다. 그런데도 그는 이미 그때부터 실천을 매우 중시했다. 진정한 실천가였다. 훈련 운운하는 말이 별로 없이 그냥 시행했고, 훈련에 대한 신학을 해박하게 꿰뚫고 있었다. 그에게 훈련이란 전례 제도 대신 삶의 경험과 연계된 것이었다. 그는 바리새인 방식의 훈련을 삼갔고, 훈련을 공로를 쌓는 수단으로 삼지도 않았다.……그가 훈련을 주로 표출한 장은 의식이나 의례가 아니라 단순히 삶의 깊은 경험이었다.

포스터의 기억에 여러 훈련 중에서 윌라드는 "특히 일요일 설교 전에" 금식했고 성경 암송과 홀로 있음도 꾸준히 실천했다.

그의 말은 이렇게 이어진다. "일례로 그가 USC에서 첫 안식년을 맞았을 때 내가 그를 찾아가 한 해 동안 무엇을 할 계획이냐고 물었다. 그는 '처음 석 달 동안은 생각만 할 작정이오'라고 답했다.

이것이야말로 홀로 있음과 침묵이라는 영성 훈련의 극치다. 그의 암송에도 감동했다. 나는 약간 곰돌이 푸처럼 '뇌가 아주 작기' 때문이다. 그런데 그는 경건의 실천으로 수많은 본문을 외웠다."

그러나 달라스가 이 분야에 가장 중요하게 기여한 점은 아마 실천이 아니라 이론일 것이다. 다시 리처드의 말이다.

달라스 윌라드는 영혼을 돌보는 전통에 중대하게 기여했다. 오랜 세월 그는 신앙 고전에 심취했고, 내 표현으로 고금에 걸친 "영혼의 성장에 관한 위대한 대화"에 정통했다. 나아가 이 위대한 전통을 우리 시대의 침체에 접목할 길을 찾고자 내가 아는 그 누구보다도 심사숙고했다.

무엇보다 중요하게 그는 영적 성장의 종합 신학을 제시하면서 인간의 성품을 형성하는 "은혜의 수단"으로 영성 훈련을 중심에 두었다. 그동안 개신교계는 "행위로 말미암는 의"를 두려워한 나머지 그리스도인의 훈련에 관한 한 철저히 무력해져 있었다. 반면에 전례를 중시하는 전통에서는 대개 훈련을 독실한 부류의 의식 행사로 전락시킨 채 훈련이 어떻게 영적 성장과 성품 훈련으로 연결되는지에 대해서는 거의 가르치지 않았다.

윌라드의 제자였다가 친구가 된 랜디 닐은 이렇게 말했다. "달라스는 사람들에게 고대 기독교 영성을 소개하려고 했다. C. S. 루이스식으로 말하면 사람들이 매사를 '영원의 관점에서' 생각하기를 원했다. 그런데 그 일을 할 때 그는 명시적 칭호를 붙이지 않았다. 자신의 표현으로 '사람들을 겁주어 쫓아내지' 않기 위해서였다."

기도의 용사 애그니스

•

리처드가 우드레이크에 와서 달라스와 함께 동역한 지 얼마 되지 않아 제인은 셰퍼드 오브 더 밸리 루터교회의 기도 치료 그룹에 나가기 시작했다. 제인은 그 교회의 빌 바스위그 목사를 남편에게 소개했고, 누가 "마르틴 루터"라고 말할 새도 없이 빌은 달라스를 자기 교회에 불러 가르치게 했다.

빌은 아들 필립의 문제로 큰 어려움을 겪고 있었으며[8] 자신이 아는 방법은 모두 시도했다. 관할 주교를 집으로 모셔 필립에게 기도를 받게 했으나 소용없었다. 로스앤젤레스 소재 캘리포니아 대학교(UCLA)의 저명한 정신과 의사에게 아들의 치료를 맡기기도 했다. 프로이트 계열의 그 정신분석 전문의는 필립을 여러 차례 면담한 뒤 빌의 잘못으로 필립이 그렇게 되었다고 말했다.

빌은 사흘간 책상에 머리를 묻고 기도하며 괴로워서 울부짖곤했다. "제 잘못입니다. 저 때문에 아들이 미쳤습니다."

그러던 중에 그는 애그니스 샌포드라는 여성에 대해 들었다. 한 시간쯤 거리의 캘리포니아 주 먼로비아에 살던 그녀는 작가요 강사이자 두려움을 모르는 기도의 용사였다. 언제 발생할지 모르는 "대지진"을 기도로 막으려고 일부러 캘리포니아 주 팜데일 근처의 샌안드레아스 **지진대에** 지어진 주택을 구입하기까지 했다. 도전을 즐기는 여성이었다.

빌은 치유 기도를 받고자 필립을 애그니스에게 데려갔고 그녀는 기간을 두고 네 차례 필립을 만나 기도했다. 처음 두 번의 기도후에 빌은 아들의 정신과 의사로부터 전화를 받았다. 의사는 대화

할 게 있다며 빌을 호출했다. 필립이 아주 달라 보이는데 어찌된 일
이며 무슨 변수가 있었는지 알고 싶다는 것이었다.

"필립이 달라진 줄을 어떻게 아십니까?" 빌이 물었다.

"나는 프로이트 계열의 정신분석 전문의입니다. 아들의 꿈이 전
부 바뀌었습니다. 그동안 무엇을 한 겁니까?" 의사의 말이었다.

빌은 애그니스에 대해 말한 뒤 의사의 생각을 물었다.

"글쎄요, 아들에게 아무런 해도 끼치지 않은 것만은 분명합니
다." 그 말에 이어 의사는 이제 필립이 아버지에 대해 말할 때마다
기쁨으로 얼굴이 빛난다고 말했다. 그러면서 자신과 UCLA의 동료
정신과 의사들이 "먼로비아의 그 왜소한 노파"를 만나 볼 수 있겠
느냐고 물었다.

그래서 애그니스 샌포드는 UCLA로 가서 24명의 정신과 의사
와 심리학자, 기타 정신건강 전문가를 만났다. 팀 전원이 나와서 그
녀에게 기도가 어떻게 작용하는지를 물었다. "예수의 이름을 불러야
효과가 나타납니까?"와 같이 아주 구체적으로 묻는 이들도 있었다.

애그니스는 "나야 그리스도인이니까 예수를 통해 기도하지요.
하지만 당신이 유대교인이라면 하나님께 직접 가면 됩니다!"라고
말했다.

빌이 기억하는 정신과 의사가 하나 더 있었는데 그는 아인슈타
인과 아주 비슷했다. 적어도 머리 모양은 그랬다. 그의 자동차 번호
판은 Shrink(정신과 의사)라는 단어였다. 그가 질문하려고 손을 들었
을 때 빌은 최악의 사태를 예상했으나 그의 질문은 이랬다. "사람들
을 위해 기도하실 때 상대방의 앞에 서십니까, 뒤에 서십니까?"

애그니스는 "뒤에 서야 합니다. 앞에는 예수께서 계시니까요"라

고 답했다.

그녀는 대인기였다.

달라스와 제인도 빌에게서 이 모든 이야기를 듣고 몇 차례 아들 존을 먼로비아로 데려가 애그니스의 기도를 받았다. 존의 경우 그런 극적인 결과는 없었다. 그런데 한번은 존의 몸이 아파 달라스와 제인이 병원에 데려가려고 했더니 존이 말했다. "의사는 소용없어요. 애그니스가 기도하기를 내가 다시 담배를 피우면 몸이 아플 거라고 했거든요. 담배를 피워서 이렇게 된 겁니다."

그 여성은 진정한 기도의 용사였다.

리처드가 제인과 달라스에게서 빌의 이름을 듣고 보니 그 세련된 젊은 루터교 목사는 이미 그와 아는 사이였다. 지역 사역자 단체에 둘 다 가끔 참석했던 것이다.

"빌과 나는 그 협회 모임이 절망적이라 생각했고 서로 그렇게 고백했다. 그들의 화제와 관심사는 실생활과 전혀 무관했다. 그래서 우리 둘만 따로 만나기 시작했다."

둘의 관계 초기에 리처드는 빌에게 기도를 가르쳐 달라고 했다.[9] 리처드는 열성으로 뛰어들어 자기 교인 둘을 위해 기도했다. 하나는 관절염 환자였고 또 하나는 암 환자였다. 그런데 아무리 기도해도 효과가 없었다.

마침 그때 애그니스 샌포드가 빌의 교회에서 사흘간 기도에 대한 집회를 열기 직전이었다. 달라스는 리처드에게 남을 위해 기도하는 법을 배우고 싶거든 그 집회에 참석해야 한다고 권했다.

그녀의 책 『치유의 빛』*The Healing Light*을 읽었던 리처드는 미심쩍은 마음에 되물었다.

"왜 가야 하지요?"

달라스의 대답은 간단했다. "애그니스가 기도하면 일이 벌어지기 때문입니다."

리처드의 말이다. "그러니까 달라스가 본 애그니스는 실제로 **행하는** 사람, '대상' 자체에 이르는 사람, 삼위일체 하나님과의 실존 관계 속에서 교제하는 사람이었다. 그녀는 두려움을 몰랐다."

아직 긴가민가했지만 그래도 리처드는 첫날밤의 기도 집회에 참석하기로 했다.

이어지는 그의 말이다. "그러니까 퀘이커교 목사가 침례교 목사의 권유로 루터교 목사의 교회에 가서 장로교 출신 성공회 교인의 강연을 들은 것이다. 게다가 그녀의 행동은 오순절에 가장 가까웠다. 본인은 자신에게 그런 표현을 쓰지 않겠지만 말이다."

리처드는 빌의 교회당에 슬그머니 들어가 2층에 앉았다. 캐롤린도 함께 갔다. "'여기서 우리 교인과 마주치는 일은 없어야 할 텐데'라고 생각했던 기억이 난다."

행사가 시작되었다. 아주 점잖고 세련되고 전문가다우며 전례에 익숙한 빌이 이 신기한 노파에게 무대를 넘겼다. 그녀는 세련된 강사 쪽과는 거리가 멀었다. 리처드의 회고다. "내 태도가 좋지 못했다. 그녀를 지켜보며 '설교법이라면 내가 더 잘 아는데 **나를** 가르친다고? 어림도 없지'라고 생각했다. 그런데 그녀가 이런 말을 했다. '사람을 치유하는 기도를 처음 배울 때는 암이나 관절염처럼 가장 어려운 병에서부터 시작하지 마십시오.'

나는 의자에서 떨어질 뻔했다. 하나님이 나를 지목하시는 것 같았다. 정말 그러셨다고 믿는다. 이어 그녀는 '대신 더 단순하게 두통이나 귀앓이를 위한 기도부터 시작하십시오'라고 말했다. 그때 퍼뜩 깨달아지면서 이런 생각이 들었다. '아, 점진성의 원리로구나. 점점 자라가는 거야. 이 또한 성장의 신학이다.'

애그니스는 하나님이 실제로 현존하여 활동하신다고 믿었다. 삼위일체 하나님을 전기에 비유하고 사람을 전구에 비유했다. 그녀에 따르면 우리가 할 일은 삼위일체 하나님의 전력 곧 치유의 빛이 우리 안에 흘러들어 관통하게 하는 것이었다. 하나님의 전류를 우리 삶 속에 수용할 역량을 길러 주는 게 우리의 본분이었다. 그녀를 매료한 빛의 은유는 초기 퀘이커 작가들이 강조했던 내주하시는 그리스도의 빛으로 자연스럽게 연결되었다."

보라, 전기가 가까이 왔느니라.

나중에 달라스는 캘리포니아 남부 출신의 또 다른 퀘이커 교도에게 마음이 끌렸는데, 그는 하나님을 깊이 경험하던 존 윔버John Wimber였다. 존과 하나님의 만남이 어찌나 애그니스 샌포드의 경우와 비슷했던지 교단 내 일부 지도자는 그에게 퀘이커교회를 떠나라고 권했다.

리처드의 회고에 따르면 "존의 교회가 훨씬 커서 아마 내가 약간 부러워했던 기억이 있다. 그러자 달라스가 '딕, 교회 권력 구조에서 멀리 벗어나 있으니 오히려 감사하시오. 선지자는 예루살렘에서만 돌에 맞는 법이오'라고 말했다."

가장 중요한 본질

•

나중에 리처드는 어느 인터뷰에 이렇게 말했다. "정확히 이유는 모르겠지만 나는 직감적으로 옛 작가들에게 끌렸다. 그냥 아우구스티누스의 『참회록』이나 아빌라의 테레사의 『내면의 성』 같은 책들이 사안의 가장 중요한 본질에 닿아 있다고 느껴졌다."

리처드는 글을 쓰기 시작했다. 그런데 이 열정이 부끄러워 한동안 캐롤린에게까지 비밀로 했다. 우선 매주 교회 뉴스레터에 500단어 분량의 에세이를 썼다. 이어 잡지에 글을 기고했는데 본명을 감추고 로버트 J. 캐틸리스트라는 필명을 썼다. 그런 식으로 여러 잡지에 쓴 에세이와 기사가 50-60편에 달한다. 글 쓰는 취미를 공개한 것은 그 후의 일이다.

우드레이크 애비뉴 퀘이커교회에 있은 지 4년 후인 1974년에 리처드는 이제 교회를 떠날 때가 되었다고 판단했는데, 글쓰기에 대한 애정이 점점 더해 가는 데도 일부 원인이 있었다. 본인의 회고에 따르면 그는 어느 집회에서 돌아와 용기를 내서 달라스에게 교회를 떠나려는 생각을 말했다. 그런데 달라스는 더 듣지 않아도 괜찮다며 그의 말을 막고 이렇게 말했다. "당신에게 하나님의 말씀을 내가 아는 대로 전달하고 당신이 무엇을 하든 당신을 사랑하는 것, 그게 내가 할 바요."

그래도 우드레이크 교회는 하나님 나라 생활의 실험실이었다. 그래서 리처드는 자신의 결정을 시험에 부쳤다. 다음은 그가 1974년 2월 23일에 달라스에게 쓴 편지다.

사랑하는 달라스에게

어제 시간을 내주셔서 정말 감사합니다. 큰 진전이 있었습니다. 이 문제의 핵심은 제가 여기 남거나 어디로 가거나 그런 게 아니라 하나님이 제게 예비하신 사역의 비전을 확립하는 일이라 확신합니다(흔히 보이는 "성공한" 교회들과는 사뭇 달라야 함은 이미 분명합니다). 많은 기본 원리가 지금 정립되는 중이지만, 확언컨대 거기에 함축된 의미를 제가 아직 다는 모릅니다. 아울러 하나님의 뜻 안에도 운신의 폭이 넓다는 것과 이런 원리를 실현할 기회의 장은 얼마든지 많다는 것도 압니다. 이런 이해를 바탕으로 저의 변함없는 확신은—분명히 당신도 마찬가지겠지만—저의 잔류나 이임과 관련해서 하나님의 생각을 우리가 확실히 알아야 한다는 것입니다. 그래서,

양털 시험1: 사역의 원리에 따라 하나님께 앞으로 3주 동안 매주 두 사람이나 두 그룹을 제게 보내셔서 영적인 문제로 **장시간** 토론하며 교훈을 나누게 해주시도록 기도하겠습니다.

양털 시험2: 이 사역에 대한 저의 개인적 확신을 3월 4일 일요일에 교인들에게 알린 뒤 반응을 (또는 무반응을) 듣겠습니다.……

당신에게 이 문제로 은밀히 함께 기도해 달라는 부탁은 굳이 할 필요가 없을 줄로 압니다.

그분을 믿는 법을 배우고 있는,

딕

추신: 다음 주 목요일에 둘이 다시 만나 교제하고 기도하면 좋겠습니다.

달라스는 온전히 리처드의 재량에 맡겨 자유로이 마음 가는 대로 하게 했다. 1974년 여름 리처드는 우드레이크 애비뉴 퀘이커교회를 떠나 오리건 주 뉴버그로 가서 다른 퀘이커교회에 임직되었다. 조지

폭스 대학의 많은 학생과 교수가 다니던 교회의 팀 목회에 합류한 것인데, 그 퀘이커교 대학의 학생수는 당시 850명쯤 되었다. 교회 설교를 주로 두 목사가 맡았는데, 리처드가 그중 한 사람이었다. 그는 또 조지 폭스 대학에서 학기마다 한 과목씩 가르치기로 했다.

그때 그의 나이 32세였고, 그의 스승 달라스는 39번째 생일을 앞두고 있었다.

달라스 윌라드가 되기까지

•

달라스는 교단 간의 차이에 대해 크게 걱정한 적이 없다. 어디까지나 그는 철학적 실재론자였고 경험에 끌렸다. 『위대한 그리스도인들은 어떻게 성령의 충만을 받았는가』라는 책도 그래서 좋아했다. 사도행전의 초대교회 때로부터 기독교 역사의 여러 위대한 부흥 운동에 이르기까지 달라스는 성부·성자·성령 하나님을 경험하며 그분과의 실존 관계를 누린 이들에게 마음이 끌렸다.

달라스는 교회를 살아 있는 실험실로 삼아 하나님과 함께하는 삶이 무엇인지 알아보고 싶었다. 조지 폭스처럼 "하나님과 함께했던" 그리스도인들을 교인들이 본받아 "빛 가운데 행하는"(요일 1:7) 법을 배우는 것이 그의 바람이었다. 그러나 무엇보다 중요하게 그가 생각했던 것은 영적 성장의 종합 신학을 제시하면서 인간의 성품을 형성하는 은혜의 수단으로 영성 훈련을 중심에 두고자 했다.

"여기 외진" 광야에서 달라스는 믿을 만한 친구를 만났다. 그 역시 영적 삶의 진정한 성장을 실험하려는 관심이 달라스와 똑같았다. 그리하여 1970-74년에 달라스 윌라드와 리처드 포스터는 우드레이크 애비뉴 퀘이커교회를 살아 있는 실험실로 삼고자 힘썼다. 그들이 구상한 목회 사역의 주요 관건은 영적 변화였다. 둘의 공통점은 거기서 끝나지 않고 영성 고전에 대한 애정과 글쓰기 자체에 대한 애정으로 나아간다.

12.

우리 몫의 사역을 다하는 한

운동의 출범을 전적으로 반대하지는 않지만 솔직히 대다수 운동은 흐
지부지되고 만다. 반면에 그리스도의 영 안에 설 줄 아는 이들은 주변
사람을 변화시킨다. 실패하지 않는다. 실패할 수 없다. 그것만 있으면
주변 사람을 변화시킬 수밖에 없다.

달라스 윌라드, "세상에 있되 세상에 속하지 않는 법"

—

어느 호텔의 대형 회의실에 기독교계 최고의 학자들이 여럿 모였다.
일이 썩 순조롭지 못해 실내에 약간의 "기독교적 긴장"이 감돌았다.

중대 과제를 앞두고 더 나은 구심점을 찾는 것이 문제였다. 그들
이 이 일에 착수한 지 벌써 몇 달째였다. 기독교 영성 훈련의 렌즈
로 성경에 접근할 새로운 주석성경을 제작하려고 했으나 실내의 사
람 수만큼이나 견해도 다양했다.

그들이 하려는 일은 분명했다. 생명을 살려야 할 성경이 종종 잘
못 쓰여 오히려 생명을 앗아 가고 영혼을 파탄 낼 수 있음을 인식해
야 했다. 성경을 읽으려는 이들조차 그 속에 베풀어진 잔치를 앞에
놓고도 굶어죽는 경우가 많다.

이루려는 목표도 분명했다. 성경이야말로 삶다운 삶―사랑과 평화와 기쁨이 메아리치는 풍성한 삶―의 **유일한** 길잡이인 만큼 성경을 여는 열쇠를 제시해야 했다. 성경과 그 속의 가르침을 알아도 하나님과 타인을 향한 사랑이 더 깊어지지 않는다면 무언가 크게 잘못된 것이다.

그런데 그룹의 과정에 문제가 있었다. 서로 다르다 못해 때로 상충되어 보이는 구상이 스물 남짓한 학자 수만큼이나 가지가지였다.

그때 한 사람이 입을 열었다. 전문 신학자가 아닌데도 그가 평소의 침묵을 깰 때마다 다른 사람들은 귀를 기울였다.

"내 생각에 성경의 통일성은 하나님과 함께하는 삶을 이 땅의 실재로서 훈련하는 데 있습니다. 에덴동산에서 시작된 그 삶은 예수의 성육신과 생애와 죽음과 부활에서 그리고 성령의 강림에서 절정에 달합니다."

이어 그는 창세기 1:1부터 요한계시록 마지막 구절까지 임마누엘 원리라는 공통분모를 쭉 추적해 나갔다. 그가 말하는 동안 필시 그 자리에서 가장 유명한 신학자였을 사람이 진지한 대학 신입생처럼 필기했다. 달라스 윌라드의 발언이 끝나자 이제까지 필기하고 있던 전문 성경학자이자 교회 역사가인 톰 오든Tom Oden이 자리에서 일어나 종잇조각에 쓴 내용을 모두가 보도록 칠판에 옮겨 적었다. 다 쓰고 나서 그는 "감사합니다, 달라스. 내 생각에 당신이 아주 중요한 맥을 잡아 주었습니다. 이 주석성경은 '하나님과 함께하는' 성경이 되어야겠습니다"라고 말했다.

그리고 그대로 되었다.

학계로 자리를 옮긴 리처드 포스터의 초점은 당연히 교육 쪽으로 더 기울었다. 1974년부터 1978년까지 그는 조지 폭스에서 여러 과목을 가르치면서 그 대학촌 교회에서 설교했다. 글을 쓸 시간적 여유도 즐겼고 교회에서 15분쯤 떨어진 수양관인 틸리컴에 자주 다녔다. 책 집필에도 착수했는데, 다분히 고전 영성 훈련에 대한 달라스의 가르침에 영감을 받은 흔적이 묻어나는 책이었다.

오리건 주 포틀랜드 인근에서 열린 한 작가대회에서 리처드는 하퍼앤로 출판사 종교분과 편집자인 로이 카알라일을 만났다. 10분간의 인터뷰 말미에 로이는 리처드의 집필 기획안을 보내 달라고 했고, 나중에 이를 읽고 나서 "한마디로 우리는 당신의 기획안에 격하게 열광합니다"라는 답을 보내왔다. 한마디보다는 긴 글이었지만 어차피 카알라일은 편집자였지 작가는 아니었다. 리처드는 하루 12-15시간씩 작업하여 33일 만에 탈고했다.[1] 그 책이 바로 1978년에 출간된 『영적 훈련과 성장』이다.

그해 얼마 후에 리처드는 틸리컴 수양관에 다시 갔다. 첫 저서의 홍보를 시작하던 때였는데 마침 맹인 음악가 켄 메데머Ken Medema도 그곳에 있었다. 켄은 리처드와 대화한 뒤에 저녁 예배 시간 동안 즉석에서 이 노래를 지었다.

멈추어 듣게 가르치시고
중심을 잡게 가르치소서.
침묵을 누리게 가르치시고
평화가 있는 곳을 가르치소서.
주의 부르심을 듣게 가르치시고
주의 말씀을 찾게 가르치소서.

이제껏 듣지 못했던 내용을

침묵 속에 듣게 가르치소서.

침착해지게 가르치시고

조화를 이루게 가르치소서.

침묵이 금세 끝날 테니

인도하심을 받게 가르치소서.

그러다 움직일 때가 되면

날마다 매순간 속에

고요한 봄날의 평화를

품고 임하게 하소서.[2]

켄과 리처드는 죽이 잘 맞아 이후 몇 년 동안 함께 몇 차례 집회를 열었다. 나중에 리처드는 묵상에 대해 그리고 상상을 활용한 기도에 대해 『영적 훈련과 성장』에 쓴 말 때문에 비난의 뭇매를 맞았는데, 그가 이 모든 소동을 켄에게 설명하려고 했더니 켄이 아주 귀한 반응을 내놓았다. "뭐라고요! 사람들이 상상을 싫어한다니요! 그럼 성관계는 어떻게 합니까?"

제자들에 관한, 제자들에 의한, 제자들을 위한 책

•

1979년 2월 1일 달라스는 한 옛 친구로부터 이런 편지를 받았다.

달라스 윌라드 씨

철학 부교수

남캘리포니아 대학교

유니버시티 파크

로스앤젤레스, 캘리포니아

친애하는 윌라드 박사께

　최근에 제 친구 피터 길퀴스트와 대화하다가 그의 권유를 받고 당신이 혹시 우리 「크리스채너티 투데이」에 제자도에 관한 글을 기고해 주실 수 있을까 해서 이렇게 서신을 드립니다. 이 잡지를 알고 계신지 잘 몰라서 일단 살펴보시도록 임의로 한 부를 동봉합니다.

　이 주제나 기타 관련 주제를 고찰한 글을 기고해 주실 수 있다면 큰 영광이겠습니다. 원고 분량은 3,000단어(타자로 10쪽) 정도입니다. 다른 질문이 있으시면 부담 없이 저에게 글을 주십시오. 어떤 구상이나 개요가 있다면 거기에 대해서도 즐거이 의견을 교환할 수 있습니다.

　편하신 시간에 소식 주시면 감사하겠습니다.

　편집자

　케네스 S. 캔처 드림

케네스 캔처라면 달라스에게도 낯익은 이름이었다. 기억하겠지만 둘은 위스콘신 주 매디슨에서 IVF 모임에 함께 있었다. 그렇다고 캔처가 그 후로 달라스의 활동 경력을 추적해 왔다는 말은 아니다. 그는 친구 피터 길퀴스트와 대화하다가 달라스 사상의 중요성에 대해 전해 들었다.

　길퀴스트는 CCC 전국 지도자들로 이루어진 어느 그룹의 일원이었는데, 이들 복음주의자 무리는 1960년대 말에 CCC를 탈퇴했다. 사도행전의 교회를 닮은 기독교의 생생한 표현을 찾아내고 실천하는 데 전념하기 위해서였다. 이런 추구는 달라스의 심중과도 상통했다. 길퀴스트는 달라스에게 무언가 귀한 통찰이 있다고 보고 이를 기독교계에 널리 알렸으면 좋겠다고 생각했다.

1980년 10월 10일자 「크리스채너티 투데이」에 달라스 윌라드의 글이 실렸다. 그때까지 그가 기독교 계통의 글을 발표한 적은 몇 번 없었고 주요 잡지에는 분명히 처음이었다. 글의 제목은 "제자도: 슈퍼 그리스도인들만의 것인가"였다. 불과 몇 천 단어 속에 달라스는 복음주의를 대표하는 간행물의 독자들에게 제자도에 대한 신약 교회의 아주 새로운 관점을 소개했고, 그 과정에서 뜻하지 않게 자신까지 소개했다.

달라스가 글에서 밝힌 주요 골자는 "신약성경은 예수 그리스도의 제자들에 관한, 제자들에 의한, 제자들을 위한 책이다.……복음이 인류에게 주는 모든 확신과 유익은 분명히 그 삶을 전제로 하며, 그 삶을 떠나서는 현실적인 의미가 없다"라는 것이었다.

그는 또 현대의 서구화된 관점에서 볼 때 그리스도인이 되는 최소한의 조건이 더는 "제자도"가 아님에 개탄했다. 지상명령에 중대한 누락이 발생한 것인데 그 결과는 다름 아닌 무기력한 기독교다.

이어 그가 글에서 역설했듯이 그리스도의 계획은 결코 사람을 회심시켜 세례를 통해 교인으로 받아들이는 것이 아니라, 잘못된 생활방식으로 인한 죽음에서 살려내 세례를 통해 지금 여기서의 하나님 나라에 받아들이는 것이었다. 윌라드가 다시 소개한 체험적 기독교는 현대 복음주의보다 초대교회에 더 잘 맞았다. 이 글은 나중에 그의 책 『영성 훈련』에 부록으로 실렸다.

하지만 『영성 훈련』이 그의 첫 저서는 아니고, 1983년에 『하나님의 음성』In Search of Guidance, 현재의 Hearing God 이 먼저 간행되었다.

첫 기독교 저서 『하나님의 음성』 탄생

•

랜디 닐은 책이라면 아주 잘 아는 사람이었다(이사할 때면 개인 장서만 수십 상자에 달했다). 풀러 신학교의 6월 졸업식을 앞둔 1971년 봄에 그는 풀러의 주간 학생신문에서 특이한 구인 광고를 보았다. IVF 출판부에서 태동한 한 비전을 적극 실현하고자 지역위원회에서 웨스트우드 빌리지의 기독교 서점을 운영할 사람을 찾고 있었다. 그곳은 인근 UCLA 캠퍼스 사역의 구심점이었다. 사업 자금은 벨에어 장로교회에서 주로 대기로 했다. 결국 랜디는 1972년부터 로고스 서점을 운영했다. 방대한 양의 훌륭한 책도 좋았고 학생이나 교수(그리스도인 여부를 떠나)와 나누는 많은 활기찬 대화도 좋았다. 삶의 가장 중요한 이슈들에 대해 사람들과 개인적으로 이야기할 기회까지도 좋았다.

서점 운영과 병행하여 시간제로 대학원 과목을 수강할 수 있다는 것이 채용 조건의 하나였다. 그래서 랜디는 1973년에 USC 대학원 철학과에 입학했다. 달라스 윌라드에 대해서는 금시초문이었으나 머잖아 그 젊은 교수에 대한 말들이 들려왔다. 그를 "별난 사람"으로 보는 이들도 있었다. 또 성경에 해박하고 인식론에 기초한 골수 실재론자로서 당연히 도덕 지식의 객관성을 믿었고 그리스도인이기까지 하다고 했다.

1년쯤 후에 랜디는 달라스의 과목을 수강했다. 알고 보니 여태

이 젊은 교수에 대해 들었던 내용은 대부분 사실이었으나 그는 결코 고지식하지는 않았다. 오히려 객관적 진리라는 범주를 신학과 철학 양쪽의 통찰로 능수능란하게 변호했다.

문장 실력 덕분에 머잖아 랜디는 USC 철학 잡지 「인격주의자」의 편집장 일을 부탁받았다. 그 바람에 머드 홀에서 보내는 시간이 많아졌고—매주 하루씩 거기서 철야할 때도 있었다—달라스와 함께 보내는 시간도 많아졌다. 둘은 자주 저녁식사를 함께했다. 랜디에게 달라스는 이제껏 만나 본 사람 중에서 "지성적 화물의 가장 정직한 중개인"이었다.

랜디가 그 잡지 편집장으로 일하다 보니 그와 달라스는 가끔 학과의 유산인 인격주의가 점차 배격되는 현상을 논의했다. 왕년에 학과를 대표했던 간행물 「인격주의자」의 운명도 마찬가지였다. 애초에 제목이 그렇게 정해진 이유는 더는 축소될 수 없는 실재의 기본 범주로서 **인격**이라는 핵심 개념의 중요성을 강조하기 위해서였다.

그런데 그런 사고방식이 기계론적 환원주의 사고에 밀려나 점차 사라졌고, 달라스가 주창하던 현상학적 접근도 증발했다. 랜디의 표현으로 현대 철학은 "어떤 분기점을 맞이했다. 많은 현대 철학자가 후설 학자를 별로 중시하지 않거나 아예 무시했다."

랜디는 계속 달라스의 과목을 수강했고, 그가 캘리포니아 남부 일대의 여러 교회에서 강연할 때도 가끔씩 가서 들었다. 교회에서는 당연히 달라스도 성경으로 가르치면서, 잘 받아들이는 청중에게 다음 사실을 상기시켰다. 창조주 하나님은 그분의 형상대로 인간을 창조하셨고(**인격** 개념의 기초) 타락한 인간을 구속救贖할 길도 마련하셨다. 망가진 그분의 형상을 인격적 변화를 통해 회복하시기 위해서인데, 거기에는 하나님과 인격적으로 교제하며 그분의 음성을 "들을" 수 있는 놀라운 선물도 포함되어 있다.

1983년의 어느 날 랜디는 오랜 친구 던 퓨의 전화를 받았다. 랜디가 샌디에고의 칼리지 애비뉴 침례교회에 다닐 때 그의 중고등부 목사였던 던은 이제 가스펠 라이트 출판사의 편집자였다. 주로 주일학교 교재를 펴내는 출판사였는데 이번에는 다른 계획이 있었다.

"던은 내가 철학을 공부하는 USC에 윌라드가 가르치고 있음을 알았다." 랜디는 그렇게 말문을 뗐다.

그래서 내게 전화해 그를 아느냐고 물었다. 던은 여러 통로로 들었다면서, 당시 준비 중이던 가스펠 라이트의 기획물에 달라스가 매우 유망한 예비 작가로 중요하게 기여할 수 있겠다고 했다. 그러면서 내게 윌라드를 찾아가 이 출판사의 새로운 "……을 찾아서" 시리즈에 동참할 의향이 있는지 알아보아 달라고 했다. 시리즈 범위는 충분히 융통성 있어 폭넓은 주제가 가능하다고 했다. 윌라드가 무슨 주제를 택하든 그의 글을 받는 게 중요하다는 것이었다.[3]

그래서 랜디는 과감히 계단 밑 달라스의 연구실로 갔다. 달라스의 책상 위쪽에 걸려 있는 표지판이 보였다. 제인의 감화와 승인을 받은 그 표지판에는 "무조건 사양할 것"이라고 적혀 있었다.

랜디가 청탁을 전하자 달라스는 표지판을 흘끗 올려다본 뒤 다시 그를 보며 말했다. "지금 책을 쓸 시간은 없으나 최근에 강연한 시리즈물이 카세트테이프에 녹음되어 있네. 자네가 그것을 초고로 풀어낼 의향이 있고 또 출판사에서 그 주제를 받아 주겠다면, 내가 그 풀어쓴 원고를 다듬어 보겠네. 그럼 우리가 이 기획물을 맡는 거지. 그쪽에서 제안한 선인세는 자네가 경비로 쓰게."[4]

랜디는 녹음테이프를 듣고 나서 친구 던에게 구상을 전했다. 던은 "물론 좋지. 제목은 '인도하심을 찾아서'In Search of Guidance로 하면 되겠군"이라고 말했다.

달라스는 책의 선인세를 한사코 랜디 몫으로 넘겼다. 아내와 세 자녀가 있는 고달픈 대학원생에게 5천 달러면 큰돈이었다. 그는 달라스의 호의를 사양했으나 결국 깊이 감사하며 받았다. 그렇게 간행된 책이 바로 달라스의 첫 기독교 저서 『하나님의 음성』이다. 나중에 분량을 줄이고 제목을 Hearing God으로 고쳐 재출간되었다.

그 후로도 달라스의 집필 활동은 다분히 그런 식이었다. 처음에 교육과 강연과 토의로 시작된 내용이 많은 수고와 개작을 거쳐 책으로 탈바꿈했다. 1989년에 달라스는 다시 랜디에게 녹음테이프를 건네며 자신이 가르친 시리즈물을 풀어내게 했는데 그 원고는 『하나님의 모략』이 되었다.

레노바레의 출범

•

리처드 포스터가 오리건 주 뉴버그로 간 지 막 4년이 지난 1978년에 『영적 훈련과 성장』이 출간되었다. 책의 성공에 본인도 놀랐고 1978년 복음주의출판협회The Evangelical Press Association에서 올해의 작가상을 받고는 어안이 벙벙해졌다. 이 책은 머잖아 영성 고전의 반열에 올랐다. 이로써 리처드에게 전혀 새로운 기회와 도전의 세계가 열렸다.

그 무렵 리처드는 오리건 해안을 걸으며 고독을 즐기곤 했다. 자신이 전한 대로 실천한 셈인데 문득 헤이스택 바위 근처에 나무 한 그루가 보였다. 겉은 멀쩡해 보이는데 속은 썩어 있는 그 나무를 관찰하다가 "나의 교회가 이렇다"라는 하나님의 음성을 느꼈다. 또 하나님이 그의 비전과 활동을 넓혀 모든 다양한 전통을 망라하여 예수 그리스도의 교회를 새롭게 하기를 원하심도 느꼈다.

머잖아 그는 강연 차 나라를 절반쯤 가로질러 캔자스 주 리버럴에 갔다. 『영적 훈련과 성장』을 베스트셀러로 만드는 일을 개인적 사명으로 삼았던 오랜 친구 데이비드 리치가 그에게 연락하여, 같은 주 위치타에 있는 퀘이커교 기반의 프렌즈 대학교로 초대했다. 퀘이커교에서 말하는 "분별위원회"를 만나 보자는 것이었다. 주제는 리처드의 미래였다.

리처드가 도착해 보니 프렌즈 대학교의 핼 코프Hal Cope 총장도 동석해 있어 약간 놀랐다. 장시간의 대화와 침묵 끝에 핼이 리처드를 똑바로 보며 말했다. "당신은 교육 기관에 적을 두고 자원과 지적인 자극을 얻어야겠지만, 거기에 갇혀 있어서는 안 됩니다. 자유로이 글을 쓰고 기도하며 전 세계를 다녀야 합니다." 즉시 전체 그룹도 동의했다. 분별의 때가 가까이 온 것이다.

그런데 총장이 베푸는 지도는 거기서 끝나지 않았다. 석 달쯤 후에 리처드는 그 대학교 종교학과장의 서신을 통해 일자리를 제의받았다. 내용은 그전에 핼이 했던 말과 정확히 일치했다.

"분명히 핼의 구상이었을 것이다"라고 리처드는 덧붙였다.

그래서 그는 위치타로 이주하여 그때부터 학교 강의와 집필과 외부 강연에 시간을 쪼개 썼다. 여러 행사에서 강연하면서 보니 사람들이 **시도**는 하는데 **훈련**이 없었다. 『영적 훈련과 성장』을 읽긴 했는데 그다음에 어찌해야 할지 전혀 몰랐다. 다시 말해서 훗날 달라스의 표현으로, 그들은 예수 그리스도의 제자가 된다는 비전Vision(V)을 충분히 이해하지 못한 채 그런 사람이 되려는 의도 Intention(I)와 방법Means(M)만 있는 상태였다(셋을 합해서 그는 VIM이라 표현했다).[5]

그러나 먼저 리처드 자신부터 훈련이 필요했다. 그는 바빠도 너무 바빠졌다. 그래서 캐롤린한테서 아주 중요한 질문이 나왔다. "가정은 엉망인데 유명해지고 싶어요, 아니면 덜 유명해지고 가정 상황이 좋기를 원해요?"

후자를 택한 리처드는 제자 출신의 조교 린다 그레이빌을 시켜, 이미 들어온 3백 건의 이듬해 강연 요청을 전부 거절했다. 이로써 문제가 해결되었다.

그렇게 생겨난 여유 시간에 그는 특히 걷고 조깅하며 생각했다. 참 제자가 되기 원하는 이 모든 사람을 어떻게 도울 것인가? 그래서 그는 기독교 역사의 세 가지 중요한 모델을 생각했다. 즉 프란체스코회, 퀘이커교의 잘 알려지지 않은 전도자 단체인 용감한 60인, 초기 감리교 순회 목사들 등에 마음이 크게 끌렸던 것이다. 그는 이 세 모델을 공동체로 복음을 실천한 모범 사례로 보았다.

리처드가 하나님께 이 새로운 사역에 성공하기 어렵겠다는 우려를 표하자 "너더러 성공하라는 게 아니라 시도만 하라는 것이다"라는 그분의 음성이 느껴졌다. 또 사람들에게 돈을 구해야 한다는 걱정을 아뢰자 "너더러 돈을 모금하라는 게 아니다. 사람들에게 권하여 구제 헌금도 하고 각자 신앙의 양육을 받고 있는 곳에 헌금하게 하라. 그러면 너는 내가 책임지겠다"라는 말씀이 들려왔다.

법률 서류 작성에 필요한 비용을 프렌즈 대학교 신임 총장인 리처드 필릭스Richard Felix가 지원해 주어 레노바레가 탄생했다.[6] 1988년 11월 21일에 리처드 필릭스, 리처드 포스터, 캐롤린 포스터, 린다 그레이빌, 제임스 브라이언 스미스James Bryan Smith가 법률 서류에 서명했다. 리처드는 즉시 짤막한 홍보물을 제작하여 레노바레를 설명하고 신탁위원회와 고문단의 영입에 나섰다. "그때부터 비영리단체 운영에 요구되는 절차를 밟았고 행사 개최에 필요한 일을 진행했다"라고 그는 말했다.

그래서 리처드가 달라스에게 전화하여 이사회와 사역팀에 동참해 달라고 부탁하자 미주리 주 시골 출신의 그는 수락하면서 "우리도 실제로 우리 몫의 사역을 다하는 한"이라고 덧붙였다.

이렇게 레노바레가 출범했다. 리처드는 "하나님과 함께 레이저 프린터 한 대로" 시작했다고 우스갯소리로 말하곤 했다. 이사회와 사역팀에는 리처드와 달라스 외에도 빌 바스위그, 마티 엔사인Marti Ensign, 로저 프레드릭슨Roger Fredrickson, 에드워드 잉글랜드Edward England, 제임스 브라이언 스미스 등이 있었다.

1989년 11월 9-11일에 위치타의 센트럴 커뮤니티 교회에서 제1차 레노바레 대회가 열렸다. 달라스가 성결의 전통을 소개했다. 그 교회의 예배와 음악 지도인인 조지 스크램스태드George Skramstad가 발굴되어 결국 사역팀에 합류했다. 제1차 국제대회는 1991년 10월에 캘리포니아 주 패서디나의 레이크 애비뉴 회중교회에서 개최되었다.

1989년 11월부터 (조지아 주 애틀랜타에서 마지막 전국대회가 열린) 2008년 5월까지 리처드 포스터와 달라스 윌라드와 레노바레 사

• 리처드 포스터와 달라스 윌라드

역팀은 총 140회의 지역대회와 전국대회, 국제대회를 열었다.7 우연히 태동한 이 운동은 인간의 변화에 대한 균형 잡힌 비전과 실제적 전략을 교회에 제시하고자 했다.

달라스는 계속 리처드에게 레노바레의 발전에는 물론 이후의 저작에도 큰 영감과 도움을 주었다. 리처드의 회고에 따르면 하루는 그가 조깅하며 이런 모델을 생각하던 중에 "갑자기 다섯 가지 전통이란 개념이 우르르 쏟아져 나왔다. 다섯이라고 말하지만 막연히 여섯째 전통도 있다는 생각이 들었다. 당장은 '전례' 외에 떠오르는 명칭이 없었는데 꼭 맞는 이름은 아니었다."

그 비전에 이끌려 리처드는 기독교 신앙의 위대한 전통을 책으로 쓸 사람을 물색했다. 그런 시도가 5년간 계속되었다. 그런데 또

한 차례의 분별위원회에서 제안된 답은 그가 적임자를 찾을 데가 하나 더 있다는 것이었다. 바로 거울 속이었다.

리처드의 말이다. "한창 그러던 중에 달라스의 집에서 그에게 내막을 다 털어놓았더니 그는 '또 다른 전통이 있잖소'라고 말했다. 내가 '그야 나도 알지요'라고 했더니 그는 '이름을 성육신의 전통이라 붙이고 [퀘이커 교도였던] 존 울면 John Woolman 을 혹시 핵심 인물로 삼으면 어떻겠소'라고 말했다. 그제야 퍼뜩 깨달아졌다. 결국 울면을 핵심 인물로 삼지는 않았지만 그때 돌파구가 열렸다. 그렇게 하면 되겠다 싶었다. 달라스가 내 최고의 책이라고 말하는 『생수의 강』Streams of Living Water 은 그렇게 시작되었다."

달라스는 레노바레에 무엇을 기여했을까? 리처드에 따르면 "그는 우리가 정리하려던 내용에 뿌리를 갖추어 주었다. 레노바레 활동의 영감과 동인은 다분히 그의 가르침에서 비롯되었다. 그의 가르침은 초기에 우리가 함께 있던 때에, 특히 우리가 직접 가르치던 십여 년 동안에 이루어졌다. 그는 레노바레 모임에서 수시로 가르치며 자신이 쓰고 있던 글을 읽어 주곤 했다. 지금도 기억나는데, 그가 『하나님의 모략』을 한 장 읽던 때에 빌 바스위그도 그 자리에 있었다. 당시에 그의 아내 마신이 죽음을 앞두고 있었는데 빌은 달라스의 강연이 끝난 후에도 자리를 뜰 줄 몰랐다. 우리도 다 마찬가지였다. 빌은 '오늘을 평생 잊지 못할 겁니다'라며 눈물을 훔쳤다."

세월이 흘러 2009년 6월 4일에 달라스는 사랑하는 친구 리처드 J. 포스터를 다정스레 떠올리며 이런 편지를 썼다.

사랑하는 리처드에게

당신의 명저 『영적 훈련과 성장』의 출간 30주년을 (아주 늦게나마) 이렇게 글로 축하합니다. 하나님이 당신과 이 책을 높여 주셨음을 항시 떠올립니다. 이 책은 처음부터 지금까지 사람들의 삶에 선한 영향을 끼쳐, 이 땅에 현존하는 그분 나라의 실체 속에서 그리스도와 동행하는 데 필요한 지식과 능력을 복된 선물로 베풀어 왔습니다. 하나님의 타이밍 속에 이 책이 20세기 그리스도인의 삶에 신기원을 열었음이 입증되었습니다. 그 주된 이유는 참으로 그리스도를 따르려는 이들에게 어떻게 하면 그분을 체험적으로 알 수 있는지를 알려 주었기 때문입니다. 덕분에 독자들은 기독교의 형식과 공식에 열매 없이 충성하던 데서 벗어나 하나님과 교제하는 관계, 곧 영원한 생활 속으로 들어갈 수 있었습니다.

그래서 영광은 마땅히 하나님의 몫이지만 지금은 리처드도 칭찬을 받아야 할 때입니다. 요즘 말로 "도전적인" 시절에도 당신이 자신의 삶을 향한 하나님의 부르심에 충실했기 때문입니다. 그보다 덜 힘든 상황에도 포기하고 그만둔 사람이 많은데, 당신은 하나님을 바라보며 소망과 활기를 잃지 않고 초지일관 열심히 일했습니다.

이제까지 우리의 삶과 사역에서 서로의 뜻이 맞았음을 내가 얼마나 자랑스럽고 감사하게 여기는지 아무리 과장해도 지나치지 않습니다. 기도하기는 요셉처럼 당신도 "무성한 가지 곧 샘 곁의 무성한 가지"가 되어 "그 가지가 담을 넘"기를(창 49:22), 그리고 영광 가운데 행하면서 계속 우리에게 그 영광—지금부터 영원까지 이어질—에 들어가는 길을 보여주기를 빕니다.

마음 가득한 사랑과 기쁨으로,

달라스 윌라드

편지를 읽은 리처드의 뺨에 눈물이 흐르면서 머릿속에 아득한 추억 하나가 떠올랐다. 잠시 그는 우드레이크 애비뉴 퀘이커교회의 어느 일요일 아침으로 돌아갔다. 달라스가 성인 주일학교 반에서 가르쳤고 리처드가 설교했다. 침묵의 시간 후에 토니 도렌조가 입을 열어 장래의 환상을 보았다고 말했다. 카메라가 돌아가는 가운데 달라스와 리처드가 큰 행사의 무대에서 함께 강연했다고 했다. 그 "예언"을 무시한 채 두 번 다시 생각하지 않았던 리처드도 이 순간 생각이 바뀌었다.

달라스 윌라드가 되기까지

•

달라스는 육체노동의 효과를 믿었다.

"집에 가서 한동안 몸으로 하는 일을 해보게!" 한 대학원생이 자신의 사고가 교착상태에 빠졌을 때 스승인 달라스에게 들었던 조언이다. 사고의 교착상태는 지속적인 두뇌 활동이 생업인 이들에게 흔한 직업병이지만, 달라스가 분간하기에 이 경우는 분명히 그 이상이었다. 그 학생은 왜곡된 실재관 때문에 고생하고 있었다. 자신의 힘과 능력으로 해법을 내놓을 수 있다고 철석같이 믿었던 것이다.

까다로운 두뇌 활동이라면 달라스도 모르는 바 아니었다. 그래서 머리를 비우고 시각의 균형을 되찾고자 힘든 육체노동이란 방법을 자주 썼다. 몸으로 일하면 물리적 실재의 기본 요소에 직접 맞닥뜨릴 수밖에 없는데, 그런 실재는 인간의 의지에 좀처럼 쉽사리 굴하지 않는다. 커다란 바위를 끙끙대며 밀어 보면 금방 확인되듯이 의지의 실효성에는 한계가 있으며, 대부분 현실 세계는 의지의 갈망에 선뜻 따라 주지 않는다.

달라스의 조언은 이렇게 이어졌다. "일단 시각의 균형을 되찾고 나면 충분히 냉철하고 기민한 상태에서 정신노동을 재개할 수 있다네."

달라스도 평생 그런 교착상태에 부딪쳤는데 특히 1965-85년 기간에 두드러졌다. 철학과에서는 기계론적 유물론과 도덕 상대론이 바위였다. 우드레이크 교회에서는 하나님 나라에 대한 오합지졸 신자들의 저항이 걸림돌이었다. 그 돌은 리처드가 옆에서 함께 힘껏 미는데도 요지부동이어서 우드레이크 애비뉴 퀘이커교회는 리처드가 떠난 지 몇 년 만에 문이 닫혀 다시는 열리지 않았다. 그리고 달라스의 가정에서는 아들의 의지가 또 다른 바위였던 것 같다.

그런 부동의 대상을 어찌할 것인가? 의지력을 총동원해 생각나는 방법을 다 시도했는데도 상대가 요지부동일 때는 어찌할 것인가?

자신의 의지를 하나님의 뜻에 넘겨 드리는 법을 배우는 일이야말로 하나님뿐 아니라 나아가 우리 자녀를 가장 깊이 사랑하는 행위일지도 모른다. 다음은 달라스가 아들을 염두에 두고 한 말이다.

아직 예수께 넘겨 드리지 않은 부분이 무엇인지 알려면 자신이 무엇을 염려하는지 보면 가장 확실하다. 나는 첫아이를 예수께 넘겨 드리는 데 오래 걸렸다. 오래 걸려서야 결국 넘겨 드릴 수 있었다. 넘겨 드려서 얼마나 다행인가. 이 문제는 아기가 태어나 처음 내 품에 안겼을 때부터 시작되었다. 나는 아기가 마냥 예쁘고 신기해서 장차 이 어린 것이 내 소관 바깥의 넓은 세상으로 나갈 거라는 사실을 받아들일 수 없었다.……알다시피 부모는 죽을 때까지 부모다. 자녀와 갈라설 수는 없다. 하지만 자녀를 하나님께 넘겨 드릴 수는 있다. 그분께 맡기면 된다. 부모에게 이보다 큰 도전은 많지 않다. 여러분도 자녀를 하나님께 넘겨 드려야 한다. 여러분의 미래와 배우자와 일은 물론이고 자신의 의義와 기타 모든 것까지 넘겨 드려야 한다.[8]

이런 부동의 바위를 밀면서 달라스는 자신의 의지와 능력의 한계를 절감했다. 덕분에 하나님을 대할 때 겸손과 소망의 차원이 새로워졌다.

리처드는 문란한 성생활로 우드레이크 교회 교인들 사이에 악명 높았던 한 남자와 달라스와 셋이서 저녁식사를 했던 일을 회고했다. 리처드의 기억에 그는 아주 세속적이었고 달라스도 리처드에게 그를 "바다갈매기만큼이나 거친" 사람이라 표현한 바 있었다. 그 사람이 식사 중에 후추를 입 안에 부으며 말하기를 너무 매워서 "사람 속의 지옥이 불타 버릴" 정도라고 했다. 그러자 달라스가 기다렸다는 듯이 즉시 "그럼 나한테도 잔뜩 좀 주시오"라고 말했다.

어쩌면 바위는 우리에게 자만심의 끝이 지옥문임을 가르쳐 준다. 그러나 겸손히 하나님과 함께 살아가면 에덴동산으로 돌아가는 길이 환히 밝아 온다. 그리스도의 영 안에 서 있을 줄 아는 이들은 정말 주변 사람을 변화시킨다.

1980년대 중반에 달라스는 철학자, 남편과 아버지, 목사들의 목사라는 세 가지 소명의 장에서 첫 20년을 마쳤다. 또 하나의 긴 여정도 상당 부분 마무리되어 마침내 그는 달라스 윌라드가 되었다. **대체로** 항상 그 사람이었으나 인간의 경험 속에 부대낀 50년의 삶은 그런 자질을 더 탁월하게 키워 주었다. 기독교계의 태반이 곧 만나게 될 50세의 이 철학자는 그를 통해 일어난 여러 운동이 느리고 신중했던 만큼이나 각종 정의定義가 확실하고 정확했다. 이 사람 앞에서는 남을 험담할 수 없을뿐더러 놀랍게도 스스럼없이 각자의 고통을 털어놓게 되었다.

제3부

끝이 좋은 인생

13.
현세부터 영원까지 중요한 사상(1)

예수는 누구보다도 먼저 당신에게 이렇게 말씀하실 분이다. 진리가 어
디로 인도하든 가차 없이 진리를 따라야 한다고 말이다.

달라스 윌라드, "달라스 윌라드: 다른 '시간대'에서 온 사람"

—

키이스 매튜스Keith Mattews는 1980년대 중반에 노스롭 사에서 항공
우주 공학자로 일하면서 로스앤젤레스의 교회에서 집사로 섬기던
젊은이였다. 젊은 날의 달라스처럼 그도 직업의 갈림길에서 둘 중
어느 길로 갈지 분별하던 중이었다.

1985년 겨울에 키이스의 교회는 달라스를 초빙해서 "하나님 나
라 삶의 지침"이란 제목의 시리즈 강연을 들었다. 교회의 한 오랜
지도자가 키이스에게 "이 분의 강연은 꼭 들어야 한다"라고 거듭
권해서 그도 듣기로 했다.

평소에는 십여 명뿐이라 빈 의자가 많던 교회가 초만원이었다.
많게는 백 명까지도 실내에 바글바글했다. 첫 모임의 중간쯤에 키
이스는 '달라스 윌라드라는 이름이 왜 낯익어 보이지?'라는 의문이
들었다. 알고 보니 신학교에서 『영적 훈련과 성장』을 읽을 때 감사

의 말에서 보았던 이름이었다. 이 사람이야말로 이 책이 전하려는 삶의 화신이라던 리처드 포스터의 말이 인상 깊었었다.

그래서 젊은 날의 리처드처럼 키이스도 매주 성인 주일학교 시간에 앉아 필기했다. 주를 거듭할수록 키이스의 놀라움은 더해만 갔다. "달라스는 예수의 삶과 가르침에서 모든 급진성을 취해 하나님 나라 삶의 의미로 증류해 내는 것 같았다. 그런 내용은 생전 처음 들어 보았다."

열두 번의 모임에 전부 참석하고 나서도 그는 녹음테이프를 듣고 또 들었다. "그와 그의 가르침에 한없이 끌렸다. 그는 성경을 낭독하며 울곤 하던 아주 겸손하고 따뜻한 사람이었다. 마치 교회 안으로 하나님 나라가 뚫고 들어오는 것 같았고, 그는 자신이 맛본 사탕을 우리에게 나누어 주는 사탕 가게 주인 같았다. 지식을 초월하여 직접 경험한 삶으로 가르쳤다. 그것이 모두에게 느껴졌다."

물론 철학자로서 달라스는 삶의 태반을 관념의 세계에서 보냈다. 그러나 다른 모든 생각보다 그의 변화를 빚어 낸 생각이 하나 있다. 그는 "인간의 사고에서 가장 중요한 것은 하나님관이고 또 그와 관련된 인상이다"라고 썼다. 이는 A. W. 토저의 이런 도발적 발언과 맥을 같이한다. "우리의 실제 하나님 개념은……종교적 사고의 쓰레기더미에 묻혀 있을 수 있다.……고통스럽고 지난한 자기 성찰을 통해서만 우리는 하나님에 대한 자신의 실제 생각을 알 수 있을 것이다."[1]

수십 년의 치열한 성찰을 통해 달라스는 자신이 참으로 하나님을 어떤 분으로 믿고 있는지 깨달았다. 그리고 하나님 체험과 영원한 삶에 대해 그동안 자신이 **알게** 된 내용을 30년의 남은 생애 동안 세상에 내놓는다.

그 기간에 그는 작가와 강사로 유명해지는데, 이는 계획된 결과가 아니었다. 제인이 전하듯이 "달라스는 자신에게 경력이 쌓이리라고는 생각해 본 적이 없다고 농담처럼 말하곤 했다. '계획에 없던 결과에 더 가까웠다'라고 표현했는데, 그저 제자리에 맞아 들[게 두]었다는 의미다."² 1985년 가을 윌라드 부부가 다시 챗스워스 언덕의 집으로 돌아오면서 그 경력의 무계획적 측면이 전면 가동되기 시작한다.

그러나 자신의 경력을 "계획에 없던 결과"로 표현한 그일지라도 그의 머릿속과 가슴속에 가장 고이 품었던 관념들에 관한 한 놀랄 만큼 계획적이고 정확했다.

달라스가 믿기로 그리스도인의 신앙생활과 영성 형성은 철학과 신학의 일정한 기본 관념들을 바탕으로 이루어지며, 그 관념들은 그리스도인의 생활방식이 믿음의 표현만이 아니라 지식의 표현이기도 하다는 주장을 뒷받침해 준다. **지식**은 우리에게 공적으로 행동할 권위와 확신을 준다.

숨을 거두기 8개월 전에 달라스는 박사과정 제자이자 오랜 친구이며 다년간 동료로 활동했던 J. P. 모어랜드와 중요한 대화를 나누었다. 당시 대수술을 앞두고 있던 달라스는 자신이 이번에 살아나지 못할 수도 있음을 알았다. 대화중에 그는 J. P.에게 자신을 이끌어 온 네 가지 주요 관심사를 개괄했다. J. P.는 그 대화를 회고하면서 네 가지 핵심 영역을 이렇게 요약했다.

첫째, 달라스는 **확고한 형이상학적 실재론**을 옹호했다. 그는 "바깥"세상이 우리의 사고와 무관하게 존재한다고 믿었다. 다시 말해, 세상과 그 안의 모든 존재는 우리의 생각과는 별개로 실재한다. 그렇다면 영혼과 심령과 삼위일체 하나님과 하나님 나라 같은 비가시적인 것들도 사과와 의자와 눈송이만큼이나 엄연한 실재라는 뜻이다. 이 개념이 다분히 『하나님의 모략』의 배경을 이룬다.

둘째, 철학자로서 달라스는 **인식론적 실재론**을 주창했다. 그는 이를 인간의 사고가 다양한 주목 대상을 의도적으로 직접 접촉한다는 뜻으로 보았다. 이런 직접적 인식의 경우 지식의 주체와 객체 사이에 아무것도 가로놓여 있지 않다. 그렇다면 삼위일체 하나님 같은 실재와도 교류해서 지식을 얻고 새로운 습관을 기를 수 있다는 뜻이다. 그의 책 『영성 훈련』과 『하나님의 음성』은 이 진리에 바탕을 두고 있다.

셋째, 달라스는 **기독교 영성 훈련 모델과 인간관**을 개괄하려고 했다. 그의 일관된 사상에 따르면 신념과 행위가 모여 인간을 빚어내는데, 그것(신념과 행위)의 본질과 실천을 보는 관점은 우리의 인간관에서 최대한 자연스럽게 흘러나와야 한다. 그는 정교하고도 통합적인 종합 인간관이 형성되어야 한다고 굳게 믿었다. 다시 말해, 인간은 하나님을 경험하도록 독특하게 설계된 존재다. 이 부분에서 그의 최고 역량은 『마음의 혁신』에 구현되어 있다.

넷째, 달라스는 **기독교 영성 훈련을 실천하면 검증 가능한 객관적 결과를 낳는다**고 믿었다. 그래서 기독교 영성 형성과 그 실천을 진정한 지식의 대상으로 확립하려는 관심이 지대했다. 요컨대 영성 훈련은 측정될 수 있으며, 따라서 공공 지식의 다른 분야들과 나란히 대학에서 다루어질 수 있다. 마땅히 그렇게 되어야 한다. 이 관심사를 그는 『그리스도를 아는 지식』에 논하기 시작했다.

달라스의 모든 기독교 저작은 이 네 가지 중대한 개념을 중심으로 이루어졌다고 할 수 있다. 이런 개념이 자신에게 한없이 중요했기에 그는 사명감을 품고 이를 전수했다. 그래서 그의 기독교 저서는 하나같이 이런 핵심 사상을 밝히려는 시도였다.

하나님과 대화하는 관계

•

1985년 가을까지의 3년은 철학자인 그에게 활동과 성취의 연속이었다. 우선 앞으로 다시는 맡지 않을 USC 철학과장의 임기를 마쳤다. 또 20년 가까이 공들인 책 『논리학과 지식의 객관성』도 마침내 출간되어 철학계의 좋은 반응을 얻었다. 적어도 아직 현상학에 주목하는 이들로부터는 그랬다.[3] 아울러 그 책을 계기로 많은 관련 논문이 쏟아져 나왔다.

마침내 책도 간행되고 다른 중요한 실적도 많이 쌓인 결과로 달라스는 정교수로 승진되었다. 승진 지원 서류철의 신상명세서 부분은 그가 맨 처음 철학에 끌렸던 계기와 관련해서 이렇게 시작된다.

초등학교 5학년 때 나는 고대의 삶을 창의적으로 재구성한 연재물을 읽었다. 아직 씨족 단위로 유목생활을 하던 인류가 막 동물을 길들이고 작물을 재배하기 시작하던 시대라고 했다. 익숙한 사회 구조와 가치관이 인간 실존에 **항상** 있었던 줄로만 알고 있었던 나는 그 테두리 **바깥**의 삶을 보며 매료되었다. 매료되면서도 분명히 약간 두려웠다. 아이의 유한한 경험으로 이해할 수 없는 부분도 많았기 때문이다. 아리스토텔레스는 경이가 철학을 낳는다고 했거니와 아마 그것이 내가 처음 경험한 **경이**였을 것이다.

이어 자신의 간행물과 발표 자료와 역임 직책을 길게 나열하기에 앞서, 그는 철학의 매혹을 학부생들에게 나누고 싶은 자신의 열정을 이렇게 피력했다. "학부 과목에서 나는 또한 철학 문제가 인생 전체에 **편만해** 있음을 학생들에게 깨우쳐 주려고 하며, 경험을 바탕으로 그들도 신중한 사고를 통해 궁극적 사안들에 대한 진리에 더 가까워질 수 있다는 희망을 주고자 애쓴다."

USC 철학과의 일부 동료는 달라스에게 그 논리학 책이 간행되기 전이라도 정교수 승진 지원자로 이름을 올리라고 권했었다. 그러나 그는 그들의 권유에 따르지 않기로 했다. 우선 책을 완성하고 싶었고, 아마 매우 힘든 그 일을 마치고 나서 자신에게 보상도 더 주고 싶었을 것이다. 콧수염을 깎는 것만으로 부족할지도 모르니 말이다.

윌라드의 학술서 『논리학과 지식의 객관성』이 출간된 바로 그 해에 그의 첫 기독교 서적 『하나님의 음성』도 출간되었는데, 이 책의 부제는 "하나님과 대화하는 관계의 훈련"이다. 사실 후자의 책도 후설에 관한 전자의 책과 크게 동떨어져 있지 않다. 달라스는 학자와 사역자라는 자신의 두 직업을 바쳐 지식의 객관성에 몰두했고, 또 능히 "대상 자체에 이를" 수 있다는 신념에 몰두했다. 그 경험 "대상"이 살아 계신 하나님일 때는 특히 보람이 크다. 그분은 알려지기를 좋아하시며 때로는 대화까지도 통로로 쓰신다.

『하나님의 음성』이 출간되기 전부터 그가 가르친 그 책 속의 내용은 자신의 표현으로 "하나님과 대화하는 관계 곧 [예수와] 함께하는 삶의 친밀성과 실재성을 밝히려는" 시도였다.[4] 실제로 그는 그리스도인이 기도하면 예수께서 걸어서 다가와 대화하신다고 믿었다.

1985년 가을에 달라스는 평소 마음에 품었던 별도의 일에 더 힘쓸 여유가 마침내 생겼다. 이미 그는 사랑이신 하나님의 심정에 경도되어 있었는데, 그분은 실제로 풍성한 교제를 나눌 수 있는 대상이다. 그래서 그는 젊은 철학도들의 삶에 계속 자신을 쏟아붓는 가운데, 이때부터 사역자들에게 감화를 끼치는 일에도 시간을 더 투자한다. 전 세계를 다니며 하나님 나라를 가르치고, 큰 고통을 겪은 이들과 함께 앉아 그들에게 기쁘신 하나님을 소개한다.

목사들을 사랑한 사람

•

키이스 매튜스는 롤링힐즈 언약교회 성인 주일학교 반의 후속 모임으로 생겨난 한 소그룹에서 달라스와 만나기 시작했다. 그는 달라스의 원대한 사고에만 아니라 잘못을 바로잡아 줄 때의 온유한 성품에도 놀랐던 기억이 있다. '이 사람은 누구이기에 사고가 이렇게 정확한데도 남을 고쳐 줄 때는 이토록 온유한가?'라는 생각이 들었다.

이 질문의 답을 많은 사역자가 차차 알게 된다. 1989년 가을 달라스는 풀러 신학교에서 영성 형성과 새로운 사역자라는 과목을 가르쳤다. 1993년 여름부터 이후 20년 동안은 풀러 목회학 박사과정의 일환으로 2주짜리 심화 과목인 영성과 사역을 가르쳤다. 이 과목을 맡은 뒤로는 USC 하계 과목을 그만 가르쳤다.[5]

젊은 감리교 사역자 제임스 브라이언 스미스가 몇 년 동안 달라스의 조교 노릇을 했다. 나중에 그는 달라스에게 들은 내용을 모아 『선하고 아름다운 하나님』*The Good and Beautiful God*, 『선하고 아름다운 삶』*The Good and Beautiful Life*, 『선하고 아름다운 공동체』*The Good and Beautiful Community* 라는 3부작 저서로 아름답게 제시했다.

몇 년 후에는 키이스가 달라스의 조교가 되어 그가 풀러에서 이 목회학 박사 과목을 마지막으로 가르치던 2012년까지 그 역할을 즐겼다. 키이스는 "달라스 곁에서 목사들을 향한 그의 애정을 바라보던 일은 내 생애 최절정의 하나였다"라고 술회했다. 그 후로 몇 년 동안은 잰 존슨Jan Johnson이 팀에 합류해서 복음주의 사역자들에게는 다소 생소한 개념인 영성 지도를 많은 수강생에게 소개했다.

그 강좌는 특이했다. 키이스에 따르면 "달라스의 강의는 전형적인 전통 방식으로 내용 전달 위주였다. 하지만 그에게 중요한 것은 올바른 내용의 제시였다. 그 내용대로만 하면 효과가 나타났다. 달라스는 자료를 다룰 때도 아주 세심했다. 겉보기에는 잘 정리되어 있지 않은 듯해도 연구실에서든 강의할 때든 모든 게 어디 있는지 알았다."

수강한 박사과정 학생수는 첫해에 스무 명이 좀 안 되게 출발했으나 거의 해마다 서른 명쯤 되었다. 상처와 고통을 경험한 이들이 이 강좌에 다수 끌리는 것 같았다. 다시 키이스의 말이다. "첫 수업에 들어올 때는 포기하기 직전인 학생이 많았다. 그들은 책에서 접했던 이 사람이 진짜인지 보기 원했다." 그런데 종강할 때면 대부분 사역의 목적이 새로워져 있었다. "달라스는 목사들에게 엄청난 비전과 희망과 자유를 주었다." 한 번 소문이 퍼지자 늘 수강 대기자가 줄을 섰다.

키이스의 말은 이렇게 이어진다. "흥미롭게도 그는 거창하거나 현란하지 않으려고 일부러 애쓰는 듯했다. 그에게는 이것이 실험이어서 성령께서 강의 내용에 역사하심을 보고자 했다. 성령께서 어떻게 하시는지 보려 했고, 또 자신의 말에 효력이 있는지 학생들이 시험해 보기를 바랐다. 그는 이 수업반이 자신이 제시하는 개념을, 곧 하나님 나라가 정말 여기서 살아 있음을 시험하는 실험실이 되기를 원했다." 달라스는 살아 있는 실험실을 아주 좋아했던 것 같다.

"강의마다 수시로 성구가 인용되었고 학생들에게 달라스 어록으로 알려진 문구들도 등장했다." 키이스는 그렇게 회고한 뒤 수많은 예 중의 하나를 소개했다. 어떤 학생이 달라스에게 왜 묵상 실천에 그토록 호의적이냐고 따지며 그런 훈련은 동양 종교에 가장 잘 어울린다고 말하자, 달라스는 이런 말로 긴장을 완화했다. "불교도가 아침을 먹는다는 이유만으로 내가 아침을 거를 필요는 없습니다."

영성과 사역 과목은 달라스의 VIM 모델을 중심으로 짜였다. 즉 중점적으로 제시된 내용은 지금 여기서의 하나님 나라 삶에 대한 **비전**, 내어 드리고 순종하려는 **의도**의 중요성, 기독교 훈련을 은혜와 교류하는 수단이자 변화의 **방법**으로 보는 시각 등이었다. 이 과목은 달라스의 첫 두 저서에서 비롯되었지만, 『하나님의 모략』이 아직 출간되기 전인 그때도 이미 강좌의 핵심은 늘 하나님 나라의 삶이었다.

키이스가 믿기로 하나님 나라를 보는 달라스의 관점은 존 브라이트로부터 받은 감화와 풀러 신학교 신학 교수였던 조지 래드George Ladd로부터 받은 영향에서 비롯되었다. "달라스는 하나님 나라를 '이미 그러나 아직'으로 기술한 래드의 시각을 온전히 이치에 맞다고 보았다."

키이스는 이렇게 요약했다.

> 달라스는 신학이 학문의 여왕이며 나아가 목사가 교회와 세상에 성경의 메시지를 전하는 주요 중재자라는 옛말을 믿었다.……그는 철학과 신학을 분리해서 보지 않았고 철학자라는 자신의 소명이 또한 교회를 위한 소명임을 일찍부터 알았다. 그가 가슴속 깊이 목회자의 마음을 품었기 때문이다.……그는 목사들을 사랑했으며 자신의 가르침을 목사가 알아들으면 회중도 알아들으리라고 보았다. 예수와 하나님 나라에 대한 목사들의 이해를 돕고자 철저히 혼신을 다했다.

키이스가 회고했듯이 거의 모든 강의에 아래와 같은 달라스의 어록과 질문이 몇 가지씩 추가되었다. 이는 사고의 시한폭탄처럼 서서히 터져 낡은 사고방식을 뒤흔들어 놓았다.

- 천국불이 지옥불보다 더 뜨겁게 타오른다.
- **안다**는 말은 "그분에 대해서 안다"라는 뜻이 아니다.
- 성경적으로 말해서 언제나 지식은 교제하는 관계를 가리킨다.
- 실재란 안심하고 믿을 수 있는 대상이며 자신이 틀렸을 때 우연히 마주치는 무엇이다.
- 하나님께로부터 극적인 소통이 있었다고 해서 성숙한 그리스도인

이라는 증표는 **아니다**.

- 죄 관리만으로는 예수께서 약속하신 풍성한 삶에 이를 수 없다.
- 예수께서 현장에서 하신 일을 당신도 하고 싶다면 그분이 하신 일도 실천해야 한다.
- 런던에 가지 않겠다고 해서 저절로 뉴욕에 가는 것은 아니다.
- 최초로 그리스도인이라 불린 이들이 어떤 사람이었는지 잘 생각하라.
- 예수의 명령을 수행하는 데 집착하느라 자칫 그분의 성품을 닮지 못할 수 있다.
- 거룩함이란 다른 행동이 아니라 다른 됨됨이다.
- 구원받는다는 말은 무슨 뜻인가? 지금 여기서 영원을 살아간다는 뜻이다. 신약성경 요한복음 17:3에 영생이란 지금 여기서 예수와 교제하는 삶으로 묘사되어 있다.
- 전도자의 질문은 "당신이 오늘밤 죽지 **않는다면** 내일 무엇을 하겠는가?"여야 한다. 그리고 답은 "내 모든 삶에서 범사에 예수를 신뢰하겠다. 그러면 하나님 나라에서 살아갈 수 있다"여야 한다.[6]

이 모든 인식적 시한폭탄의 핵심은 삼위일체 하나님과 하나님 나라 같은 비가시적인 것들이 실재이며, 우리가 그 실재를 알고 경험하고 더불어 교류할 수 있다는 것이었다. 즉 하나님 나라는 **현재**다. 이는 또한 달라스의 초기 기독교 저서들의 주제이기도 하다.

풀러에서 가르친 이 목회학 박사 과목의 강의 요강에 달라스는 수업을 통해 학생들이 얻었으면 하는 내용을 이렇게 요약했다.

1) 우리의 사역은······**자신이 경험한 하나님에게서** 그리고 그분의 말씀

과 그분의 나라에서 **비롯된다.** 예외 없이 기독교 사역은 그저 얻어 들은 내용이 아니라 우리가 만나고 경험한 내용의 산물이다.

2) 사역의 내용은⋯⋯**하나님의 통치다.**⋯⋯지금 누릴 수 있는 하나님 자신과 그 나라의 실재와 진리와 권능이다. 이 나라의 왕 예수께서 그 실재를 선포하고 드러내고 가르치셨다.

3) 사역의 방법은⋯⋯**우리도 예수의 제자가 됨으로써 그분이 하신 일을 그분의 방식대로 한다.** 우리는 공동체로 사역한다.⋯⋯즉 과거와 현재의 시간을 아우르는 하나님의 백성(교회)이요 세상의 증인이다.

4) 사역의 장은 영적 실체(성령과 천사들)의 한복판이며 그들과 더불어 사탄과 그 부하들, 이 세상 제도와 구조, 개개인의 나라 등에 맞서 싸운다.

5) 우리는⋯⋯예수의 제자로서 점점 깊고 늘 새롭게 그분을 헌신적으로 따름으로써 **하나님 통치의 도관으로** 거룩함과 능력에서 자라간다.

핵심 신념이 이러했기에 달라스의 첫 기독교 서적의 주제가 하나님과 대화하는 관계였음은 놀랄 일이 아니다. 그러나 그것이 이야기의 전부는 아니었다. 나중에 그가 썼듯이 "이 관계는 저절로 되지 않으며 수동적으로 주입받는 것이 아니다." 이에 그는 "예수의 제자 또는 학생이 하나님의 은혜 및 그분의 영과 효과적으로 교류함으로써, 영생의 선물로 예비된 공급과 성품을 온전히 누릴 수 있는" 방법을 탐색하고 가르쳤다.

앞서 보았듯이 계획에 없던 경력을 통틀어, 그는 작정하고 책을 쓴 적이 거의 없다. 다만 그의 강연이 녹음되었다. 게다가 그의 둘째 책 『영성 훈련』은 친구 리처드 포스터의 강권으로 탄생했다.

기독교 대중에게 절실히 필요한 가르침

•

예수는 처음 열두 명의 학생에게 영생을 가르치셨듯이 오늘날에도
계속 도제를 양성하기 원하신다. 리처드가 달라스에게서 그런 가
르침을 들은 지 10년도 더 지난 1980년대 초였다. 이때는 포스터
의 책『영적 훈련과 성장』이 간행된 지 몇 년 후이기도 했다. 그 책
은 1년 넘게 "입소문"으로 홍보되어 개신교와 가톨릭 할 것 없이 인
기를 끌었다. 서점과 교회마다 눈에 띄게 매출이 늘었다. 명실공히
베스트셀러 작가가 된 리처드는 달라스 또한 기독교 작가로서 더
잘 알려지게 해야겠다고 마음먹었다.[7]

당시에 리처드는 우드레이크 애비뉴 퀘이커교회에서 달라스가
가르쳤던 내용을 왜 책으로 펴내고 싶으냐는 질문에 이렇게 답했다.

> 그의 강연은 우리에게 삶과 실재에 대해 들려준다. 이는 누구나 어렵지
> 않게 알 수 있는 사실이다. 우리가 읽고 듣는 수많은 이들의 말이 아주
> 가짜처럼 보이는 데 반해 달라스는 진짜였다. 겸손한 자세가 삶으로 배
> 어났다. [깊은 영적 진리를] 달라스처럼 전달할 수 있는 사람은 극히 드
> 물다. 그는 학계에 이름난 고도의 지식인인데도 마음이 온유하고 겸손
> 하여 아무리 배우지 못한 사람의 말도 마치 상대가 예수인 것처럼 경
> 청할 줄을 안다. 요컨대 그가 말하는 복음은 우리가 이제까지 듣던 것
> 과는 달랐다. 이 메시지와 메신저 둘 다를 들어야 한다.

결국 리처드의 뜻이 이루어져서 달라스는 리처드의 책을 펴낸 출
판사 하퍼앤로에 원고를 보내기로 했다. 책의 가제는『영성 훈련의

신학』*The Theology of the Spiritual Disciplines* 과 『경건에 이르는 연습』*Exercise unto Godliness* 두 가지였고,[8] 취지는 리처드의 책에 이미 소개된 영성 훈련의 중요성을 신학과 철학으로 뒷받침하는 데 있었다.

1986년 4월 2일에 리처드는 달라스의 원고에 관해 자신의 편집자 로이 M. 카알라일에게 이런 편지를 썼다.

친애하는 로이에게

원고를 제가 직접 다 읽어 보았는데 달라스 특유의 수작입니다. 당신도 언젠가 이런 내용을 가르치는 그를 보아야 합니다. 최고의 영적 경험입니다. 이 책에 비중을 두고 하퍼앤로의 관심을 기울여 주시기를 간절히 바랍니다. 기독교 대중에게 이런 가르침이 절실히 필요합니다.

아래 문구를 책 표지나 기타 홍보에 마음껏 쓰셔도 됩니다.

달라스 윌라드 박사의 『경건에 이르는 연습』은 십 년에 하나 나올까 말까 한 책이다. 영성 훈련이 왜 그리스도 안에서의 삶에 필수이며 어떻게 그리스도 안에서의 성장을 낳는지를 정확하고 명쾌하게 보여준다. 그리스도를 닮아가는 기초를 닦는 데 이보다 더 중요한 책을 나는 알지 못한다.

그 밖에 제가 도울 일이 있다면 무엇이든 말씀해 주십시오.
평안과 기쁨을 전하며
리처드 J. 포스터

그보다 며칠 전에 리처드는 달라스에게 지원의 편지를 보내면서 위치타에 일자리까지 제의했었다. 그는 달라스를 설득해서 캔자스 주로 이주시키고 자신이 구상 중이던 작가협회에도 가입하게 하려 했으나 성공하지 못했다. 그러나 "기독교 세계관에 입각해서 집필에 힘쓰는 전국전문작가조합"이라는 협회를 설립하는 데는 성공했다. (성 요한 크리소스톰의 이름을 딴) 크리소스톰협회The Chrysostom Society는 기독교 저작 활동을 증진하고 회원 간의 장기적 지원 관계를 도모한다는 취지로 1986년 10월에 출범했다. 처음부터 리처드와 함께 조합을 결성한 인물로 캐런 버튼 메인즈Karen Burton Mains와 캘빈 밀러Calvin Miller 등이 있다.

달라스는 크리소스톰협회에 가입하지는 않았지만 예전에 자신의 어머니가 물렸던 글쓰기 벌레에 똑같이 물렸다. 첫 책『하나님의 음성』은 달라스가 썼을 법한 표현으로 "널리 읽히지 않았다." 그러나 이전에 「크리스채너티 투데이」에 실렸던 그의 기사에 이어 이번 둘째 책은 이를테면 숨은 인재를 발굴해 내는 결과를 낳는다. 이제부터 달라스 윌라드는 일부 진영에서 아주 유명해진다.

다른 주파수에 맞추어져 있는 사람

•

1988년 가을에 달라스의 둘째 책이 『영성 훈련: 삶을 변화시키는 하나님의 방법에 대한 이해』라는 제목으로 출간되었다. 출간된 지 몇 달 만에 다양한 교단의 기독교 지도자들이 책의 진가를 알아보고 다른 사역자에게 권하기 시작했다. 나중에 달라스의 중요한 친구가 된 존 오트버그도 그런 사역자 중 하나였다. 세월이 흘러 달라스와 함께 가슴 뭉클한 대화를 나누던 자리에서 존은 그 책이 자신의 삶과 사역에 어떤 의미였는지를 되짚었다.

"그 일이 벌어진 장소인 비행기 좌석까지도 여태 생생히 기억납니다." 존은 그렇게 운을 뗐다.

그때 나는 신앙생활에 대해 오랜 기간 심한 불만과 혼란을 겪던 중이었습니다. 마음으로 늘 "어찌해야 할지 모르겠습니다. 분명히 주님이 필요하고 주님을 원하는데 앞길이 막막합니다. 주님이 제게 보여주셔야 합니다!"라고 부르짖었지요. 하나님이 나타나 주셔야 했습니다. 불만과 혼란을 느낀 지 오래인지라 무언가 잘못되어 있음을 알았습니다. 그즈음 어느 교회 집회에 갔었는데 한 강사가 책을 한 권 권했습니다. 그 책을 구해 비행기에 가지고 타서 펼치니 저자의 이런 말이 나오더군요. "이 한 가지만 할 마음이 있다면 진정한 변화는 정말 가능하다. 그것은 바로 예수께서 아버지로부터 생명과 능력을 받고자 실천하신 일들을 중심으로 당신의 삶을 재조정하는 것이다." 물론 그 책은 당신의 책 『영성 훈련』이었습니다.

그 책이 내면의 깊은 무엇을 건드렸다. 이를 통해 존 오트버그는 자신이 그 무엇보다도 더 원하던 일을 할 수 있으며, 자신이 할 수 있는 일이 있다는 확신을 갖게 되었다. 시미밸리에 살고 있던 존은 거기서 불과 8km 거리에 사는 달라스에게 전화를 걸었고, 달라스는 즉시 그를 집으로 초대했다.

존의 회고다. "그처럼 유머가 풍부하고 강인하고 합리적이며 급할 것 없이 느긋하게 하나님 나라에 사는 사람은 처음 보았다. '삶을 이렇게 살 수도 있다면 나도 그쪽을 향해 갈 수 있겠다'라고 생각되었다."

달라스와의 첫 만남은 지금도 그에게 따뜻한 기억으로 남아 있다. "나와는 다른 주파수에 맞추어져 있는 사람과 함께 있는 기분이었다. 문득 '그에게 보이고 들리는 내용이라면 나도 믿을 수 있겠다'라는 생각이 들었다."

감탄사로 맺은 편지

•

달라스와의 만남—실제 대면—은 깊은 변화를 낳았다. 그런 경우가 아주 많았다. 게다가 그의 집을 다녀간 이들은 사역자만이 아니었다.

1980년대 말에 폴라 휴스턴Paula Huston은 고통스러운 이혼과 재혼을 거치면서 어린 시절의 신앙을 등졌다.[9] 학업을 재개한 그녀는 주립대학의 지적인 기류에 이끌려 불가지론에서 무신론으로 옮겨 갔다. 그런데 그녀가 수강한 어느 과목의 교수가 하필 달라스의 박사과정 제자 출신이었다. 이 교수에게는 마음속의 고민을 털어놓아도 좋겠다는 생각이 들어 그녀는 그를 찾아갔다. 그러자 그는 그녀에게 달라스 윌라드를 알려 주면서 그의 책 『영성 훈련』을 권했다.

그녀가 그 책에 매료된 결과로 달라스와 제인이 자택에서 그녀를 만나기로 했다. 마음속에 하나님에 대한 관심이 새로 솟아난 그녀는 이참에 닻을 찾고 싶었다. 두 자녀와의 관계로 겪고 있던 자신의 고충을 이해할 만한 사람과 대화하고 싶었다.

화제는 폴라와 두 의붓딸의 관계를 거쳐 애그니스 샌포드에게로 그리고 치유 기도로 넘어갔다. 달라스와 제인의 인도로 그녀도 그 기도를 연습했다. 마음속에 두 딸을 떠올리고 그 둘레에 빛의 원을 그린 뒤 각자의 머리 위에 십자 성호를 그었다. 이후로도 몇 달 동안 폴라는 이 기도를 자주 반복했다.

달라스 부부가 그날뿐 아니라 이후의 만남과 서신을 통해 폴라에게 쏟아부은 시간의 양은 그녀도 믿기 어려울 정도였다. "마치 가족처럼 그들은 나와 내 문제를 아주 진지하게 대해 주었다."

『영성 훈련』을 읽은 소감을 그녀는 이렇게 밝혔다. "그 책은 이제까지 몰랐던 그리스도인의 존재 양식을 소개하면서 우리의 생활 속에 그런 노력과 작은 실험이 가능하다는 개념을 내게 심어 주었다. 이로써 평소에 보지 못해 잊고 있던 우리의 정체를 깊이 보여준다. 우리는 새로운 습관을 들여 삶을 변화시킬 수 있다."

수도원 방문도 그 책을 읽고 기른 새로운 습관 중 하나였다. 그 결과 그녀는 영적 주제로 책을 쓰기 시작해서 현재 그와 관련된 저서만 일곱 권에 달한다. 최신작 제목은 『어느 평범한 일요일: 미사의 신비에 대한 묵상』*One Ordinary Sunday: A Meditation on the Mystery of the Mass*이다. 그녀의 모든 저서는 달라스의 둘째 책과 그의 삶에서 접한 개념에 감화를 입었다. 누구나 하나님의 은혜 및 그분의 영과 효과적으로 교류하여 지금 여기서 영생의 선물을 온전히 누릴 수 있다.

그녀가 아주 애틋하게 기억하는 달라스의 편지가 하나 있다. 그는 "와!"라는 인사말로 편지의 서명을 대신했는데, 그녀는 이를 자신의 말투나 삶에 접근하는 방식이 지나치게 심각해서 자책을 일삼음을 부드럽게 상기시키는 말로 받아들였다. 달라스에게 하나님 나라는 기쁜 곳이다.

침울하신 하나님?

●

1985년에 남아프리카공화국의 젊은 감리교 목사 하나가 병으로 요양 중이었다. 트레버 허드슨Trevor Hudson은 인종 차별 반대 시위를 하다가 데스몬드 투투Desmond Tutu와 함께 옥살이를 했었는데, 이번에는 유행성 이하선염이라는 훨씬 평범한 이유로 갇힌 신세가 되었다. 회복 중에 그는 달라스가 한 해 전 남아공에서 했던 강연 시리즈를 우연히 오디오로 들었다. 생전 처음 들어 보는 사람이었지만 가르침의 내용이 심금을 울렸다. 달라스가 묘사하는 하나님 나라를 듣고 또 제자도와 일상생활과 사명의 관계를 들으면서 그는 예수를 알고 사랑하고 따르고자 하는 열망에 휩싸였다. 그 열망은 점점 뜨겁게 타올랐다.[10]

트레버는 "삶의 영적 차원이 내게 하나의 실재로서 아주 절절하게 다가왔다. 달라스가 자주 쓰는 표현으로 하면 하나님 나라의 '실재성'이다.……그는 하나님의 임재와 능력이라는 그 실재 안에 살아가는 삶을 내게 비전으로 제시했다"라고 말했다.

그는 달라스에게 편지를 보내 앞으로 연락하며 지내도 될지를 물었고 달라스는 쾌히 응했다. 1년 후 트레버는 달라스에게 로스앤젤레스에서 요하네스버그까지 비행기로 25시간 거리를 와 줄 것을 청했다. 그러면서 안타깝게도 그에게 항공료를 지급하거나 사례금을 보장하거나 호텔에 묵게 해줄 형편이 못 됨을 알렸다. 다만 잠잘 곳은 있다며(그의 집의 작은 바느질 방에 있는 소파였다) 청중으로 친구 목사 몇을 모아 놓겠다고 약속했다.[11]

당연히 달라스는 수락했고 그리하여 1987년 8월 남아공에 도착해 3주간의 사역을 시작했다. 그는 온종일 여러 강연을 통해 천국의 삶을 가르쳤는데, 그중 어떤 때는 트레버와 그의 몇몇 친구만이 들었다. 하지만 트레버의 삶에 지울 수 없는 흔적을 남긴 것은 가르침이 아니었다.

트레버의 회고다. "그 기간에 내게 가장 인상 깊었던 것은 그의 말이 아니라 우리 가운데 거하던 그의 삶이었다. 달라스는 자신의 가르침대로 살았다. 누구와 대화하든 상대의 말을 경청했고 우리 남아공의 관심사에도 귀를 기울였다.……집회에서 우리가 그에게 사례금을 드렸는데, 빈곤 지역에서 일하는 동료에게 나중에 들으니 그가 그 돈을 자신에게 기부했다고 했다."[12]

트레버의 영혼 속으로 파고든 것이 또 있었으니 곧 달라스의 기쁨이었다. 그가 다정스레 회고했듯이 "달라스가 존재하기만 해도 기쁨이 전염되었다. 즐겨 부르던 그의 찬송 소리를 들어도 그랬고, 방에서 제인과 베키와 존의 사진을 보며 즐거워하던 모습도 그랬고, 한밤중에 라운지에서 주님과 대화하는 그의 말소리가 들려올 때도 그랬고, 호수 위로 해가 질 무렵 말없이 함께 서 있어도 그랬고, 하루 종일 사역한 후 맥주와 매운 닭구이를 즐길 때도 그랬다."[13]

달라스는 자신이 책에 썼던 하나님과의 대화도 몸소 보여주었다. 한번은 밤에 아래층에서 사람 목소리가 들려왔다. 그 당시 남아공에서는 좋은 일이 아니었다. 트레버가 알아보니 달라스가 무릎 꿇고 하나님께 말하고 있었다. 분명히 달라스는 하나님이 그 방에 걸어 들어와 대화 중이심을 믿었다. 트레버는 목사인데도 그런 데 익숙하지 않았으나 달라스에게는 그것이 실재였다.

트레버와 달라스는 따뜻한 우정을 가꾸었다. 이후 십여 년간 달라스는 세 번 더 남아공에 다시 갔으며, 그중 한번은 트레버에게 자신이 집필 중인 새 책에 대한 비평을 부탁했다.

그래서 이후 몇 달 동안 트레버의 우편함에 새 초고가 장 단위로 배달되었다. 지금 여기서 영생을 경험하라는 예수의 초대, 우리 개개인의 나라가 큰 하나님 나라에 통합될 수 있는 방식, 죄 관리의 복음의 한계 등 모두 그에게는 "폭발적인" 주제였다. 그런데 3장 원고를 받던 날 그는 그 자리에 얼어붙고 말았다. 하나님이 "우주에서 가장 기쁘신 존재"라는 말 때문이었다.

중요하게 기억할 점이 있다. 그 말을 읽을 때 트레버의 배경에는 남아공의 인종 차별이 있었다. 게다가 위르겐 몰트만Jürgen Moltmann의 『십자가에 달리신 하나님』을 읽은 후이기도 했다. 수백만의 사람이 압제에 시달리는 상황에서 행복하신 하나님을 상상하기란 어려웠다. 그러면 압제당하는 집단 사이에 이미 퍼져 있던 생각, 즉 하나님이 그들의 상황에 정녕 무심하시다는 생각이 더 굳어질 것 같았다. 트레버는 "십자가에 달려 우리와 함께 고난당하시는 하나님이 훨씬 더 중요한 신학의 초점이 되어야 한다는 것이 나의 개인적인 확신이었다"라고 회고했다. 그런데 그런 "하나님관"에는 큰 대가가 따랐다. "주변 사람들과 특히 아내 데비가 나의 비관적인 인생관에 대해 자주 우려를 표했다. 기쁨은 당연히 낯선 손님이었다"라고 그는 말했다.[14]

1993년 남아공에 갔을 때 달라스는 주차된 차 안에 트레버와 함께 앉아 3장에 대한 소감을 물었다. 트레버는 기쁘신 하나님이라는 개념에 반감을 표했다. 그는 달라스가 존경하던 특정인을 근거로 제시하면서, 고난당하시는 하나님만이 고통 가운데 있는 우리를 도우실 수 있다는 본회퍼의 확신을 상기시켰다. 이어 "십자가에 달리신 하나님이 전혀 언급되지 않아 아쉽습니다. 분명히 그분은 늘 우리와 함께 고난당하시지 않습니까? 그런 그분이 어떻게 우주에서 가장 기쁘신 분일 수 있습니까?"라고 말했다.

그러자 달라스는 그답게 트레버의 질문에 질문으로 답했다. "트레버, 당신의 하나님은 침울하신 분입니까?"

나중에 트레버는 생각에 잠겨 말하기를 "내가 기쁘신 하나님에 대한 그의 가르침을 기꺼이 진지하게 대한 것은 그 자신의 기쁨을 통해 배운 교훈 때문이었다"라고 했다. 그때부터 그는 복음서를 다시 읽으며 한없이 행복하신 예수의 모습에 감동했다.

그분은 세상을 창조하신 아버지의 선하심을 생생히 실감하며 사셨다. 온전히 현재를 살면서 당면한 일에 주목하시고, 지금 여기서 하나님의 임재를 즐거워하실 줄 아셨다. 그분은 잔치를 즐기시고 식사를 함께하시고 아이들을 안아 주셨다. 주변 사람들을 뜨겁게 맹렬히 사랑하셨다. 자신이 포도나무요 제자들은 자신에게서 끊임없이 생명을 빨아들이는 가지임을 설명하신 후에 그분은 화룡점정으로 이렇게 말씀하셨다. "내가 이것을 너희에게 이름은 내 기쁨이 너희 안에 있어 너희 기쁨을 충만하게 하려 함이라"(요 15:11).[15]

복음서에 그려진 예수를 새롭게 보면서 점차 트레버는 기쁘신 하나님이라는 개념을 받아들였다. 하나님이 십자가에 달리신 예수의 하나님이시자 또한 부활하신 그리스도의 하나님이심도 서서히 깨달았다.

그 3장 덕분에 트레버의 여정의 궤도가 바뀌었다. 아마도 그 책은 달라스의 가장 중요한 책이 될 운명이었다. 주제는 하나님 나라와 제자도의 소명으로, 지금 여기서 예수와 함께하는 영생에 대한 달라스의 비전을 다른 모든 책보다 잘 담아냈다. 바로 1998년『하나님의 모략』이란 제목으로 출간된 책이다. 하지만 하마터면 집필되지 못할 뻔했다.

"제인의 책"

•

제인이 직접 들어 기억하고 있듯이 1980년대 중반에서 1990년대 중반까지 십여 년간 달라스가 로스앤젤레스 일대의 여러 교회와 주일학교 반과 세미나에서 일관되게 선포한 주제는 바로 하나님 나라였다. 그녀의 회고다.

나는 즐겁게 뒷줄에 앉아 사람들이 진리를 듣고 반응하는 모습을 지켜보았다. 참석자들이 장내를 떠나면서 내게 "이 내용이 책으로 나와 있나요?"라고 수없이 묻곤 했다. 그래서 내가 달라스에게 책을 쓰라고 권했으나 왠지 그는 손을 대지 못했다. 특히 1990년에 할리우드 장로교회에서 8주간 진행된 강연 시리즈가 카세트테이프에 잘 녹음되어 있었다. 그 테이프를 무기 삼아 남편에게 "당신이 쓰지 않으면 내가 쓰겠어요"라고 말했다. 나중에 그는 우스갯소리로 사람들에게 "작가와 함께 살기는 싫어 그때부터 착수했다오"라고 말했다.

그렇게 그는 그 책을 썼다. 내게 소중하게도 그는 감사의 말에 나를 넣어 주었다. "아내의 사랑과 인내와 **독촉**과 내조는 그 무엇에도 비할 바 없는 꼭 필요한 것이었다. 이 책은 제인의 책이다."

처음 두 권의 기독교 저서에 달라스는 하나님과 대화하는 관계 속에서 인생을 가장 잘 살 수 있음(『하나님의 음성』)과 예수의 도제가 의도적 실천을 통해 하나님의 임재 의식을 고취하고 성품을 변화시킬 수 있음(『영성 훈련』)을 강조했다. 요컨대 처음 두 책의 주제는 영생에 지금 들어가는 **방법**이었다. 그런데 그 영생이 무엇인가에 대한 충분한 **비전**이 필요했다. 이번 셋째 책이 그 간극을 메워 주었다.

다음은 그가 제시한 이 책의 개괄이다.

> 그런 세태 속에서 세 번째로 펴내는 이 책은 예수에 대한 제자도를 복음의 핵심 그 자체로 제시하고 있다. 인류를 위한 진정한 복음은 예수께서 자신의 인생 수업에 지금도 학생들을 받고 있다는 사실이다. 그분을 믿음으로써 시작되는 영생은 지금 이 땅 위에서 만인에게 열려 있는 나라, 그 나라의 현재성을 경험하는 삶이다. 그러므로 예수의 메시지, 예수에 대한 메시지는 비단 죽을 때만이 아니라 특별히 현재의 삶을 위한 복음이다. 단지 그분 공로의 소비자로서가 아니라 하나님 나라 삶의 도제로서 현재를 사는 삶이다. 아무리 멀어 보여도 우리의 미래는 현재를 살아가는 믿음과 현재 맛보고 있는 삶의 자연스러운 연장이다. 영원은 이미 시작되었으며 좋든 싫든 우리도 그 영원과 함께 가고 있다.[16]

새로운 생활방식에 대한 예수의 비전을 밝힌 것 외에도, 달라스는

• 베키와 달라스와 존

『하나님의 모략』에 기독교 사상의 근본 요소인 복음의 의미가 철저히 달라져야 함을 지적했다. **속죄의 복음** 내지 죄 관리의 복음은 죄를 용서받을 수 있다는 뜻이지만, **하나님 나라의 복음**은 지금 여기서 그 나라에 살 수 있다는 뜻이다. 바로 이것이 그 비전이다. 새로운 생활방식이 존재하며 여러분도 그 안으로 초대되었다.

또 하나의 중대한 사건

•

『하나님의 모략』의 간행으로 아마도 달라스가 기독교 사상에 가장 중대하게 기여할 일은 완수되었다. 이 책은 하나님 나라 안의 삶이 어떠해야 하는지에 대한 종합 비전으로 남아 있다. 리처드 포스터가 "추천의 말"에 썼듯이 『하나님의 모략』은 탄복을 자아내는 경이로운 책이다.……사실 나는 이 책을 디트리히 본회퍼, 존 웨슬리, 장 칼뱅, 마르틴 루터, 아빌라의 테레사, 빙겐의 힐데가르트, 나아가 토마스 아퀴나스와 히포의 아우구스티누스의 진귀한 저작과도 같은 반열에 올려놓고 싶다."[17]

이 책의 출간과 동시에 달라스의 생애에 또 하나의 중대한 사건이 있었다. 하나뿐인 손주 라리사 히틀리의 출생이었다. 책과 손녀가 같은 해에 태어났다! 『하나님의 모략』을 쓰는 중압감에서 해방된 달라스는 자신의 삶에 들어온 이 작은 새 인격체에 즐거이 주의를 기울일 수 있었다.

할아버지가 된 경험이야말로 달라스에게 가장 큰 기쁨의 하나가 되었다. 베키는 라리사가 생후 3개월 때부터 직장에 복귀해야 했으므로 달라스와 제인이 매주 사흘간 아기 보는 책임을 맡았다. 아기가 오는 날이면 달라스는 새벽부터 "아이가 언제 오지?"라고 묻곤 했다. 아기가 카시트에 잠든 채로 도착하면 그는 아기가 깨어났나 보려고 자꾸 서재에서 나왔다. 마침내 라리사가 눈을 뜨면 달라스도 눈을 크게 뜨고 맞이하며 큰 양손을 맞쥐고는 기뻐서 어쩔 줄을 몰랐다. 그때부터 아기 곁에 머물며 하루의 첫 미소를 교환하곤 했다.

라리사는 세 살 때부터 매주 며칠씩 유아원에 다녔다. 물론 유아원 일정에는 으레 낮잠 시간이 빠지지 않았다. 머잖아 라리사는 할머니와 할아버지에게 낮잠 자는 법을 가르쳐 주었다. 그래서 달라스는 현관 쪽 콘크리트 바닥에 길게 드러누웠고 제인은 등나무 소파에 누웠다. 그런데 둘은 도무지 낮잠을 제대로 잘 줄을 몰랐다. 자

꾸 떠들고 낄낄거렸던 것이다. 제인에 따르면 "손녀가 계속 우리한
테 인상을 쓰며 작은 손가락을 입에 대고는 큰 소리로 쉬! 하고 말
했다."

아이의 재롱이 아무리 즐거워도 결국 아이는 자라게 마련이다.
라리사가 아홉 살 되던 2008년 부활 주일에 달라스는 오래전 딸에
게 그랬던 것처럼 손녀에게 세례를 베푸는 특권을 누렸다.

여기서 우리가 가장 중요하게 생각해야 할 점은 라리사와 함께
했던 15년을 통해 달라스의 마음과 영혼이 심도 깊게 빚어졌다는
사실이다. 그는 손녀의 성격 형성을 갈수록 더 깊이 인식했고, 가까
운 친구들은 그의 내면에 더 공고하게 빚어지는 사랑을 감지했다.
인간의 사랑에 대한 인간학이 더 풍부해졌음은 물론이지만 하나님
의 사랑에 대한 신학도 더욱 깊어졌다.

달라스 윌라드가 되기까지

•

달라스가 생애 초반에 보고 경험했던 문제는, 죄 관리의 복음만으
로는 인간이 여전히 자기 힘으로 살아가려고 할 수 있다는 것이었
다. 그러나 현재 하나님 나라 안에 살고 있다면, 내 죄가 용서되었음
을 아는 이유는 바로 천국의 삶이 현재 내 안에 있기 때문이고 삶의
매 순간을 하나님과 **함께** 살아가는 법을 배우고 있기 때문이다. 이
는 단순하면서도 심오한 전환이다. 이로써 아무것도 변하지 않으면
서 모든 것이 달라진다. 그리고 그 결국은 기쁨이다.

그러나 말은 메시지의 일부에 불과했다. 확신과 기쁨에 찬 사람
달라스는 20세기 마지막 15년간 갈수록 더 많은 사역자와 평신도

에게 알려졌다. 그는 천국을 가르쳤을 뿐 아니라 자신의 삶으로 그
들에게 영적 변화라는 거룩한 감염을 유발했다.

14.

현세부터 영원까지 중요한 사상(2)

하나님을 영화롭게 하려면 그분의 선하심과 위대하심과 아름다움이
자신과 주변 모두에게 늘 분명히 드러나도록 사고하고 행동해야 한다.

달라스 윌라드, 영원한 삶(*Eternal Living*)

—

워싱턴 DC 국회의사당 근처에서 열린 작은 모임이었다. 달라스는
친구 오스 기니스Os Guinness의 초청 강사로서 토론회를 진행하던 중
이었다. 작은 회의실에 고위급 사법계 인사 여럿과 국회의원 몇이
모여 있었고 주제는 도덕 지식이었다.

"도덕 지식과 영적 지식은 **확실합니다.**" 달라스는 목소리와 얼
굴 표정으로 **확실하다**는 말을 강조하며 말문을 열었다.

한 국회의원이 끼어들었다. "하지만 알다시피 경험 과학만이 검
증 가능하고 확실한 지식이라는 것이 문화의 전제입니다. 그런데
과학은 도덕 지식에 대해서는 말할 게 거의 없거나 어쩌면 전무합
니다. 날마다 사람들이 줄줄이 내 사무실을 찾아와 뻔히 잘못된 법
안이나 결정을 지지해 달라고 합니다. 그래도 내가 그것을 잘못이
라고 말하면 안 됩니다. 근거가 될 도덕 기준이 없으니까요."

모두들 달라스가 무슨 대답을 할지 보려고 그를 주목했다.

그가 말했다. "지식이―물론 실재도―자연 과학의 세계로 국한 된다는 개념이야말로 오늘날 삶의 무대에서 가장 해로운 사상입니다. 우리가 사는 세상에 도덕 지식이 실종된 것 같을지 몰라도 사실은 그렇지 않습니다."

달라스의 발언은 계속되었다. 그러나 입에서 말이 나오면서도 속으로는 대화가 시작되었다. 그 순간 그는 제인과 자신의 직관이 옳았음을 실감했다. 이전에 바이올라 대학교에서 강연을 마쳤을 때 그는 눈물을 글썽이던 제인과 그런 눈빛을 교환한 적이 있었다. 과연 대부분의 세상 사람에게 도덕 지식은 증발된 듯 보인다. 달라스는 자신이 도덕 지식의 실종과 재발견에 대해 책을 써야 함을 알았고 제인도 알았다. 그 숙제가 남은 평생 동안 그의 머릿속을 떠나지 않았다.

제임스 캣포드James Catford는 도서출판 하퍼 영국 지부에서 신규 원고 검토를 담당하던 젊은 편집자였다. 그는 텍사스 주 휴스턴에서 열린 레노바레 국제대회에서 달라스를 처음 만났는데, 그 대회는 『하나님의 모략』의 출간을 중심으로 구성되었다. 그의 강연이 끝나자 제임스는 그의 옆자리에 앉으려고 차량 뒷좌석에 올라탔다. 달라스의 책을 영국에서 출판하고 싶었던 그는 달라스도 그 사실을 알고 있음을 몰랐다. 그래서 달라스가 아무런 담소도 거치지 않고 자신을 보며 이 말부터 했을 때 깜짝 놀랐다. "내가 영국에 간다면 당신이 무언가 기획을 도와줄 수 있겠소? 다시 가야 할 것 같은데 당신이 보기에 갈 만한 이유가 있겠소? 당신이 기획을 맡아 주겠소?"

제임스는 "물론입니다. 제게도 기쁨입니다"라고 대답했다.

그래서 그는 달라스의 영국행을 주선했고, 이를 필두로 몇 차례 더 그런 일이 있었다. 이후 달라스의 방문은 매번 제임스에게 큰 즐거움이었다. 그는 달라스의 일정이 너무 과하지 않도록 신중을 기했고, 덕분에 둘이 함께 보낼 수 있는 시간이 많아졌다. 초기 방문 때 한번은 둘이서 잉글랜드 심장부인 러틀랜드 카운티의 어느 댐을 가로질러 걷고 있었다. 양떼와 그들이 남긴 똥이 지천에 널려 있었다. 달라스는 잡담을 거의 하지 않는 편이라서 화제는 신학 문제로 넘어갔다.

제임스의 회고다. "아름다운 저수지를 한쪽에 끼고서 곧 우리는 속죄에 대해 대화하고 있었다. 나는 한 번에 한 가지 일 이상은 하기 어려운 사람인 데다 그 한 가지가 속죄에 대한 대화였으니 특히 더했다. 우리의 걸음은 점점 느려졌고, 똥을 밟아도 별로 개의치 않고 대화에 열중하느라 신발이 점점 역겨워졌다. 속도는 계속 더 느려져 결국 우리는 제자리걸음을 하다시피 하며 십자가와 예수께서 죽으신 이유와 그 결과에 대한 토론으로 더 깊이 빠져들었다. 속죄의 아주 중요한 측면과 십자가를 통해 이루어진 일을 캐내던 사뭇 풍성한 경험이었다. 그때 그가 한 말을 평생 잊지 못한다. 달라스만이 내놓을 수 있는 요약에 입이 떡 벌어졌다."

달라스가 한 말은 이것이었다. "제임스, 결코 사실과 이론을 혼동해서는 안 되오. 그리스도의 죽음은 사실이고, 이를 통해 무슨 일이 이루어졌는지는 이론입니다. 신학자들은 아직도 이를 속죄 이론들이라 칭하지요."

편집자들은 참신한 은유와 통찰로 사안의 정곡을 찌를 줄 아는 작가를 좋아한다. 제임스는 달라스를 아주 좋아해서 그의 기독교 저서를 전부 영국 독자들 앞에 내놓았다. 나중에 그는 영국성서공회 총재가 되었다. 그가 영국에 와 달라고 요청할 때마다 달라스는 매번 수락했다.

그중 한번은 제임스가 당시 캔터베리 대주교이던 조지 캐리 George Carey와의 만남을 주선했다. 제임스는 국회의사당의 장관이 한눈에 들어오는 런던의 램버스 다리를 달라스와 함께 걸어서 건너던 일을 기억했다. 램버스 궁전에 이르러 그들이 기다리던 대기실에는 군주부터 성공회 수장에 이르기까지 여러 중요 인물의 대형 유화가 빙 둘러 걸려 있었다. "달라스가 대화하다 말고 그림을 보며 '아, 저건 누구누구이겠고……저건 누구누구이겠군'이라고 말하는데 아주 정확했다. 영국사를 기막히게 섭렵한 게 분명했다."

대주교가 도착하여 둘의 대화는 끊겼다. 달라스는 그와 아주 즐겁게 대화하며 서재의 책등에 이름이 보이는 저자들에 대한 호감을 서로 나누었다. 그런데 대화를 마치고 램버스 궁전에서 나온 후에 달라스가 제임스를 보며 "아까 우리가 어디까지 대화하다 말았던가?"라고 말했다.

다시 제임스의 회고다. "이제 막 당대 기독교의 고위급 지도자를 만나고 온 사람이 나와의 대화로 되돌아갈 생각밖에 없다니 나는 깜짝 놀랐다. '괜찮았나?' 또는 '나 어땠지?' 따위의 의식이 전혀 없었다."

달라스가 제임스의 삶에 미친 영향은 무엇일까?

제임스는 이렇게 말했다. "그의 사고와 저작은 나의 세계를 뒤집어 놓았다. 수영도 잘 할 줄 모르는 사람이 수영장에 던져진 기분이었다. 나는 생명을 살리는 놀랍고 신나는 여러 신개념의 물속에 던져졌다. 나도 모략에 가담했다. 예수 그리스도의 삶으로 현대 세계를 교란하는 모략이었다."

달라스와 제임스는 공통점이 많았다. 둘 다 재능이 남달랐다. 둘 다 다분히 숨겨진 깊은 고통을 경험했고, 그 고통의 흔적이 때로 몸으로 나타났다. 둘이 조우한 시기는 달라스가 하나님 나라를 밝히는 데서 인간의 인격을 밝히는 데로 넘어갈 무렵이었는데, 이 주제에 대한 관심도 둘 다 지대했다.

『마음의 혁신』

•

1998년 초에 달라스는 바이올라 대학교 창립 90주년 행사에 강사로 초대되었다. 제인에 따르면 **"제인의 책"** 『하나님의 모략』의 원고가 출판사에 넘어간 상태라 그녀는 '이제 삶이 정상으로 돌아갈 수 있겠구나'라고 생각하며 강당에 도착했다.[1]

그리고 앞줄에 앉았다. 달라스는 "이성의 구속救贖"이란 제목으로 강연하다가 지나가는 말처럼 대학에 "도덕 지식 같은 것은 존재하지 않는다"라고 언급했다. 감정에 호소하는 강연이 아니었는데도 그녀는 끝날 때 눈물이 났다고 회고했다. "이런 내용이 책으로 나와야 하고 그 저자는 달라스여야 함을 하나님이 내게 '알려 주신' 영적 경험이었다. 나는 열렬한 박수를 보냈고 남편과 눈빛을 교환하며 서로의 긍정을 확인했다." 그의 다음 책이 결정된 순간이었다.[2]

어쨌든 계획은 그랬다. 아주 두껍고 중요한 이 철학 서적은 집필되기만 한다면 많은 이들에게 그의 대표작으로 간주될 것이었다.

문제는 달라스가 요청을 잘 거절하지 못했다는 것이다. 오래전 USC 계단 밑 그의 연구실에 "무조건 사양할 것"이라는 표지판이 걸려 있었는데, 아무래도 그 판지가 사라진 모양이었다. 몇 년 전인 1995년에 그는 또 하나의 요청을 수락했다.

제인의 말이다. "달라스는 네비게이토 출판부에서 펴내는 영성 형성 시리즈의 책임편집을 맡기로 했다. 남편이 무언가 글을 쓰고 있기에 내가 도덕 지식에 대한 책이냐고 물었더니 그는 시리즈 편집자로서 안내서 성격의 소책자를 쓰기로 했노라고 말했다. 그날 둘이 조금 다투었다. 하나님이 이보다 먼저 그에게 맡기신 일이 있다고 둘의 의견이 일치되어 있었기 때문이다."

> 그는 그 소책자를 아주 빨리 쓸 수 있을 거라며 나를 안심시켰다. 하지만 남편은 일단 말을 지면에 옮기기 시작하면 아주 철저한 사람이다. 『마음의 혁신』을 쓰는 데도 2년이 걸렸다. 그 책을 쓰는 일에 남편을 빼앗길 때는 싫더니만 이제 『마음의 혁신』은 내가 가장 좋아하는 책이 되었다. 우리 교회에서 3년 연속 내가 DVD 시리즈로 그 책을 가르쳤다. 심리치료사로 수십 년째 일하다 보니 사고와 감정을 다룬 6-7장 "생각의 변화"가 제일 좋다. 가장 좋아하는 문장까지 있다. "우리 생각의 가장 중요한 부분은 단연……" 이 정도면 주목을 끌지 않는가?[3]

물론 우리의 주목을 사로잡는다. 아울러 이는 달라스가 청중에게 확실히 제시하려고 했던 두 가지 비전을 서로 연결시켜 준다. 하나는 하나님 나라이고 또 하나는 인간이 그 나라의 풍성한 삶을 경험하도록 특별히 설계된 방식이다.

달라스는 추가로 『마음의 혁신』을 쓰기로 하면서도 그러면 『도덕 지식의 실종』의 집필이 미루어질 것을 알았다. 하지만 그럴 만한 이유가 있었다. 『마음의 혁신』은 인간 자아의 다양한 측면(생각·감정·행동·관계·선택)을 하나님의 통치 아래에 두는 법을 가르쳐 준다. 그 나라 안에서 삶을 충만하게 경험하도록 말이다.

2002년에 『마음의 혁신』을 펴내면서 달라스는 본격 철학이 아닌 두 번째 학문 영역에 들어섰다. 그의 처음 세 권의 저서도 많은 그리스도인 심리학자의 주목을 끌었다. 책마다 진정한 변화와 성품 형성이란 주제가 흐르고 있기 때문이다. 그러나 『마음의 혁신』의 출간으로 그는 1900년대부터 신학과 심리학이라는 두 잦은 교전국 사이에 그어져 있던 선을 확실히 넘어갔다.[4]

비전문 신학자인 그가 이제 비전문 심리학자로 널리 알려졌다. 오래전부터 그는 심리학에 관심이 있었다. 수십 년 전 테네시 템플 대학에서 심리학 전공으로 학사학위를 받았고 베일러 대학교에 다닐 때는 대학원 심리학 과목들을 수강했다.

『마음의 혁신』에 달라스는 심리학 분야에서 다분히 무시되는 개념을 하나 제시했다. 인간을 설계한 창조팀(삼위일체 하나님)의 일원이신 예수께서 인간 최적의 기능에 대해 실제로 해박하시다는 개념이다.

그는 예수께서 **현존하실** 뿐 아니라 **정말 똑똑하다고** 과감히 말했다. 또 인류가 수천 년 동안 씨름해 온 네 가지 질문의 탁월한 답도 예수께 있다고 했다.

- 무엇이 실재인가? 의사이신 예수의 답은 하나님과 그분의 나라다.

- 누가 행복한가? 예수에 따르면 누구든지 하나님 나라 안에 살며 삼위일체 하나님과 교제하는 사람이다.

- 누가 참으로 선한 사람인가? 예수 그리스도에 따르면 누구든지 사랑으로 충만한 사람이다.

- 어떻게 참으로 선한 사람이 될 수 있는가? 예수 그리스도를 믿고 그분의 도제가 되어 하나님 나라에 살면 된다. 그러면 우리의 뜻이 하나님의 뜻에 일치되어 그 뜻에 순종하게 된다.[5]

요컨대 예수는 아주 유능한 심리학자이셨다.

현대 심리학은 그 뿌리를 독일의 라이프치히와 빌헬름 분트 Wilhelm Wundt의 실험실로 추적해 올라간다. 분트는 독일의 의사이자 생리학자, 철학자, 교수였다. 또 최초의 자칭 심리학자로서 심리 연구와 측정을 전문으로 하는 실험실을 최초로 설립했다. 핵심 단어는 **측정**이다. 그전까지 철학과 신학과 인간학 분야를 둥지로 삼았던 한 학문 분야가 분트와 함께 떨어져 나가 생물학과 물리학 같은 자연과학에 더 가까운 새 집을 찾아 나섰다. 달라스가 분트를 언급할 때는 대개 찬사가 아니었다.

분트가 살던 시기는 앞서 이미 소개한 프란츠 브렌타노와 겹쳤다. 브렌타노는 지그문트 프로이트와 에드문트 후설 둘 다의 사고에 영향을 미친 사람이다. 분트와 브렌타노는 고향이 라이프치히로 같았을 뿐 아니라, 그들이 활동하고 집필하던 수십 년 기간에 비가시적 세계에 주로 집중하던 (철학과 신학 같은) 분야들은 계몽주의 사상과 충돌했다. 풍파가 다 지나고 나니 현대 심리학이라는 새 분야가 생겨나 있었다. 비가시적 세계를 계속 말하는 이들은 점점 더 주변으로 밀려났다. 심리학의 신세계에서는 눈으로 보고 측정할 수 없는 것은 존재하지 않는다.

그러나 심리학의 심리psyche란 "영혼"을 뜻한다. 『마음의 혁신』을 통해 달라스는 심리학(문자적으로 영혼학) 분야에 큰 선물을 제시했다. 현대 심리학은 행동과 정서와 인지를 이해하는 면에는 훌륭하지만, 인격의 비가시적 요소인 **심령**(마음과 의지)과 **영혼**을 거의 무시한다. 『마음의 혁신』이 처음 출간되던 무렵 미국심리학협회나 미국정신의학협회에서 지원하는 학술지에 **영혼**이란 단어가 언급된 사례는 극히 드물었다. 그런 문제에 관심이 있던 사람들에게 달라스의 이 인간학 서적은 그 분야의 더없이 반가운 보완재였다.

1995년 봄에 달라스는 초청에 응하여 버지니아 주 버지니아비치에서 열린 기독심리학협회 모임의 기조연설을 맡았다. 토마스 오든과 게리 콜린스Gary Collins, 루스 티파니 반하우스Ruth Tiffany Barnhouse, 데이비드 라슨David Larson 등 다수가 동석한 그 자리는 오든의 표현으로 "'영혼 돌봄'의 기치 아래 최초로 모인 심리학·상담학·목회상담학 대회"였다.[6]

레슬리 웨더헤드Leslie Weatherhead의 아래와 같은 날카로운 지적은 달라스가 봉착해 있던 곤경을 상기시켜 준다. 변화의 물결이 그의 세 관심 분야(철학·신학·심리학)에 영향을 미쳤으나 그는 한사코 그 물결에 휩쓸리지 않았다.

재료의학처럼 [현대] 심리학도 제 역할은 있으나 1세기 교회가 알았던 영적 원동력을 그 둘이 대신한다고 보아서는 안 된다. 그런데 우리는 그 둘로 대충 때우려고 한다. 치유하는 교회가 치를 대가에 대해 준비되어 있지 않기 때문이다. 그래서 우리는 1세기에 벌어진 치유의 기적이 심리치료로 되풀이되는 양 행세한다. 200시간이나 간격을 두고 환자를 면담하여 환자가 발을 심하게 절지 않으면 우리는 기뻐한다. 하지만 사도들이라면 "예수 그리스도의 이름으로 일어나 걸으라!"라고 말할 것이다.7

『마음의 혁신』의 주목적은 인간 자아의 다양한 차원(사고·정서·행동·관계·의지·영혼)을 더 명쾌하고 정확하게 이해하고, 인격의 그 다양한 측면을 하나님의 통치 아래 두는 과정을 설명하는 데 있었다.

달라스는 인격의 여러 차원이 떼려야 뗄 수 없이 서로 맞물려 있음을 잘 알았다. 그래서 "이런 여러 차원을 완전히 분리한다는 것은 책의 장 제목을 붙일 때에만 가능하다"라고 말한 적도 있다. 그가 알았듯이 실제로 각 차원은 서로 맞물려 있어 상호작용을 통해 영향을 주고받는다.8

그는 또 참된 변화—생각과 행동 방식만 고치는 것이 아닌 진정한 성품의 변화—가 가능함을 설득력 있게 논증했다. 그런데 이런 식의 근본적 변화가 이루어지려면 현대 심리학에서 다분히 간과되는 인격 요소에 주목해야 함을 그는 알았다. 바로 인격의 사령탑이라고 할 수 있는 심령/마음/의지다. 그러려면 그는 우리 마음이 철저히 악한 상태("그 심령은 하나님 대신 **나를** 하나님으로 삼는다")에서 철저히 선한 상태("나는 다짜고짜 내 뜻을 관철시킬 필요가 없다. 하나님을 믿는 믿음으로 그 사실을 받아들"일 수 있다)로 **변화되어야** 한다고 제안했다.9

달라스가 『마음의 혁신』을 써서 우리에게 일깨워 주었듯이 현대 심리학이 생겨나기 전부터 심리학은 있었고, 인격의 비가시적 부분(영혼·심령·사고)은 행복에 필수이며, 의사이신 예수께서 가까이 오셔서 새 환자들을 받고 계신다.

큰 저수지도 고갈될 수 있다

•

달라스는 강연 초청이 들어오는 대로 거의 다 수락하는 성향이 있었다. 제인의 말대로 거절은 그에게 극히 어려운 일이었다. 이에 대한 질문에 달라스는 "누군가 내게 무엇이라도 부탁한다는 자체가 복이다. 그러니 부탁에 응할 수밖에 없다"라고 답했다. 그러면서 "만일 복음을 전하지 아니하면 내게 화가 있을 것이로다"라고 얼른 덧붙이곤 했다.[10] 그러나 1999년 즈음에는 무언가 조치가 필요함이 분명해졌다.

제인은 잰 존슨을 찾아가 도움을 청했고 잰은 다시 키이스 매튜스를 이 계획에 끌어들였다. 1995년에는 리처드 포스터가 달라스를 자주 만나 과도한 일정을 막아 준 덕분에 그가 『하나님의 모략』의 탈고에 집중할 수 있었다. 그러나 이제 리처드가 더는 그런 만남을 지속할 수 없어 제인은 잰과 키이스가 비슷한 역할을 맡아 주기를 바랐다. 달라스는 이런 식으로 그들의 시간을 빼앗는 게 부담스러웠다. 특히 윌라드 집에서 차로 거의 세 시간 거리에 살던 키이스에게는 더했다. 그러나 잰과 키이스는 둘 다 이 일에 즐거이 임했다. 게다가 그들은 자기네가 주는 것 못지않게 어쩌면 그 이상으로 얻을 것도 있음을 달라스에게 지적했다. 머잖아 윌라드의 딸 베키와 그들의 목사 빌 드와이어도 이 모임의 정규 일원이 되었다.

그렇게 해서 1년에 3회씩 "그 모임"이 시작되었다. 얼마 후에는 다들 명칭이 필요하다는 생각이 들었다. 다음은 베키의 설명이다.

내가 처음 합류하던 날 우리는 이 모임의 명칭을 무엇으로 할지 물었다. 아빠는 잠시 말없이 생각에 잠겼다. 그 기억이 생생한 이유는 모임에서 다들 불안하게 누군가의 결정적 발언만 기다리는 침묵에 내가 익숙하지 않았기 때문이다. 마침내 아빠가 꽤 만족스러운 표정으로 우리가 자신의 "감독위원회"가 되었으면 좋겠다고 말했다. 그러면서 다른 단어로 혼동하지 않도록 위원회의 철자까지 명시했다. 자신의 삶에 관여할 권한을 우리에게 의도적으로 부여한 것이다.

달라스는 대표작이 될 『도덕 지식의 실종』을 벌써 몇 년째 쓰고 있었는데, 그 책 자체가 실종될 위기에 처해 있었다! 곁가지로 『마음의 혁신』까지 이미 떠맡은 후였다. 제인은 과중한 강연 일정 때문에 남편이 도덕 지식에 대한 중대한 작업에 오롯이 집중하지 못할까 봐 걱정이었다. 그래서 감독위원회는 달라스에게 출장과 대중 행사를 줄이도록 힘써 권했다.

그러나 성과에는 한계가 있었던 것 같다. 잰 존슨에 따르면 "강연을 줄이도록 우리가 그를 도우려고 했으나 그는 좀처럼 갇혀 있지 않았다! 얼마 후 나는 그게 최선이라는 결정을 내렸다. 행사에 참석하는 이들은 그의 강연 내용 못지않게 현장에 와 있는 그의 모습에 감동했다. 그래도 강연 일정과 집필과 기타 수많은 일에 대한 우리의 조언은 그의 여생 동안 계속되었다."

달라스는 이 작은 지원 모임을 진심으로 고맙게 여겼다. 일을 더 선별하는 데 그들이 도움을 준 것도 사실이다. 예컨대 그들의 영향으로 그는 어느 공항에서든 몇 시간씩 가야 하는 행사에는 강연을 중단했다. 그때부터 달라스는 "이제 내가 숲속에 들어가 집회를 인도할 일은 없겠군. 아, 나의 숲이여!"라고 농담을 하곤 했다.

그 과정에서 감독위원들도 달라스에게 배웠다. 그들은 그가 야고보서 3:17을 "위로부터 난 지혜는……남의 간청에 쉽게 응하나니"라고 의역하는 말을 자주 들었고, 받은 메일함을 무조건 비우려고만 들지 않는 그를 향해 깊은 존경심이 생겼다. 잘 거절하지 못하는 달라스에게서 그들이 얻은 가장 깊은 교훈은 어쩌면 이것이었다. 결국 정말 중요한 것은 사람이라는 사실이다.

정말 중요하기는 결혼생활도 마찬가지다. 2005년에 윌라드 부부는 결혼 50주년을 맞았다. 딸 베키와 사위 빌 히틀리가 달라스의 많은 도움으로 기념일 파티를 열어 50년 전에 조지아 주 메이컨의 애번데일 침례교회에서 있었던 일을 기렸다. 따뜻하고 경이로운 날이었다. 날씨까지 아주 따뜻했고(그날 최고 기온이 41.7도였다) 경이감도 상승했다.

달라스와 제인의 손녀인 일곱 살 난 라리사가 그날의 가족 사진사였다. 평생의 친구들이 축하의 말을 적어 넣은 스크랩북도 그 기념 잔치의 기념물로 남아 있다.

파티를 마칠 때 달라스가 일어나 깊은 애정을 담아 말했다. "이자리에 철학과의 제 동료들도 계시고 사역의 동역자들도 계시고 제가족들도 있습니다. 서로들 전혀 모르는 사이지만 단언컨대 안다면 영원히 좋은 친구가 될 것입니다."

실재에 굶주린 사람들

•

2006년 여름 리처드 포스터는 30명을 모임에 소집해서 자신이 구상한 연구소 설립에 대해 의논했다. 주로 달라스 윌라드의 사상에 기초하여 영성 형성을 훈련하려는 연구소였다. 이 모임의 결과로 "기독교 영성 형성을 위한 레노바레 국제 연구소"가 발족했다.

그전에 달라스는 이렇게 쓴 적이 있다. "현재 영성 형성 분야에는 치열한 지성과 검증 가능한 정보가 부족하다. 실재에 굶주린 수많은 사람들에게 복음과 그리스도 안의 영적 삶을 널리 인식시키려면 그런 것이 필요하다." 이 연구소의 사명은 "사람들을 예수의 제자로 삼아 하나님 나라의 삼위일체 삶으로 세례를 베풀고 예수께서 말씀하신 최선의 삶을 실천하도록 가르치는" 것이었다.[11]

이 연구소는 2009년에 제1기 훈련생을 받아 지금까지 기수마다 40여 명의 학생이 2년 과정의 집중 훈련을 수료했다. 교육과정은 아래 표1에 요약된 핵심 사상을 중심으로 구성되었다.

---

01. 예수를 본받는 일은 실제로 가능하다.

02. 하나님 나라의 삶: 그리스도의 복음이란 무엇인가?

03. 전인적 관점—인격의 모든 요소로 하나님을 사랑해야 한다.

04. 하나님의 음성을 듣는 법을 배운다.

05. 영성 훈련: 개념과 역사.

06. 구원이란 하나님과 함께 살아가는 삶이다.

07. 기독교 영성의 모든 전통을 경축한다.

08. 고전 신앙 서적의 중요성.

---

09. 성경에 나타난 "하나님과 함께하는" 15가지 방법.

10. 하나님과 함께하는 기도.

11. 예수의 도제다운 삶.

12. 삶의 여러 역할 속에서의 영성 훈련.

• 표1. 레노바레 연구소에서 가르치는 핵심 사상

이런 영성 훈련 경험에는 당연히 독서가 수반되었다. 달라스의 주요 저서만 아니라 존 브라이트의 『하나님의 나라』처럼 달라스에게 영향을 미쳤던 책들도 읽었다. 이 훈련 과정에는 능동적 의지도 필요했다. 학생들은 다양한 영성 훈련 활동에 참여했고, 2년 기간 중 총 4회에 걸쳐 일주일씩 집회로 모여 신앙 공동체를 이루었다.

달라스는 이 프로그램에 아낌없이 자신을 내주었다. 2009년부터 2012년까지 매년 두 주간—USC의 봄방학과 가을방학 기간—을 들여 학생들과 일곱 명의 다른 강사진 및 운영진과 함께 공동체로 살며 가르쳤다. 학생들은 배우는 대로 남에게 나눌 목적으로 달라스의 핵심 사상에 몰입했다. 교육과정을 가르치는 일 외에도 달라스는 각 학생을 개인적으로 만났다.

설립 이후로 300명 이상의 학생이 이 연구소를 거쳐 갔다. 인종과 교단과 교육 배경은 다양했으나 예수를 따르는 길을 찾으려는 열망만은 모두 같았다. 그 길의 결국은 삶과 성품의 진정한 변화, 하나님과 함께하는 삶을 알고 실천하려는 열정, 삶답게 살도록 남에게 영향을 미치는 능력과 그 장이다. 달라스의 표현으로 "그들은 실재에 굶주린 사람들이다."

• 리처드와 달라스

사랑을 경험한 학생

•

이렇게 기독교 강연과 집필과 교육으로 온통 바쁜 중에도 달라스
는 계속 USC 철학과의 전임 교원이었다. 그의 일차적 소명은 강의
실이었다. 이때는 그가 첫 20년을 보냈던 연구실에서 위층의 큰 연
구실로 옮긴 후였다. 새 연구실에는 화사한 햇빛이 쏟아져 드는 큰
창문, 나중에 상자형 컴퓨터에 자리를 내준 낡은 IBM 전동 타자기,
커다란 목제 책상, 안팎으로 종이에 뒤덮여 쭉 늘어선 금속제 서류
캐비닛, 헌 책으로 꽉 찬 많은 책장 등이 있었다. 연구실 밖에는 그
와 대화하려는 학생들이 거의 언제나 줄을 서 있었다.

　달라스 특유의 모습은 학교에서도 삶의 다른 영역들에서와 마찬가지였다. 그에게서 사람들에게 복음이 옮겨 붙었는데, 그냥 스며드는 것 같았다. 1990년대의 한 학생은 윌라드 교수의 학부 과목을 수강한 일을 회고했다. 당시 그는 무신론자였고 교수가 기독교인인 줄을 몰랐다. 한 학기 내내 수업을 들었는데도 그의 기억에 달라스가 예수나 삼위일체나 성경을 언급한 적은 단 한 번도 없었다. 그런데도 학기가 끝날 무렵에 그는 그리스도인이 되어 있었다. 현재 법학 교수인 그는 그 시절을 돌아보며 이렇게 말했다. "나도 달라스의 영적 모범을 본받고자 힘을 쏟는다. 나도 달라스처럼 현존하는 실재인 하나님 나라의 불온한 성질을 늘 남에게 소개하는 통로가 될 수 있기를 기도한다."[12]

또 다른 학부생이었던 캐서린 휴비스는 이렇게 회고했다. "수업 첫날 문에 서서 모든 학생을 반겨 주던 그가 기억난다. 수업이 끝나자 이런 생각이 들었다. '이 사람이 가르치는 것이라면 무엇이든 공부하자. 실력 있는 교수니까.' 하지만 무엇보다 그는 자신의 말대로 살았다." 그녀가 수업 후 그의 연구실을 처음 찾아갔을 때는 "몸에 밴 듯 나를 따뜻하고 진솔하고 존엄하게 대해 주는 그의 모습"에 눈물이 핑 돌았다고 한다. "그는 안전하고 개방적인 분위기를 만들어 진정한 사고를 장려하는 데 탁월했다. 부담을 주거나 정해진 방향으로 유도하거나 우월감을 보이지 않았다. 그저 우리를 지도하면서 있는 그대로 들어주고 도와주었을 뿐이다."

2000년대 들어서면서 달라스 윌라드에게 수학하려고 USC에 입학하는 학생들이 늘 줄을 이었다. 현재 보스턴 대학교 철학과 부교수인 월터 호프는 그렇지 않은 경우였다. "나는 달라스에게 배우려고 USC에 간 게 아니라 거기서 우연히 그를 만났다. 달라스가 누구인지 전혀 몰랐을뿐더러 내가 1학년 때는 그가 안식년이라 가르치지도 않았다."

그런데 월터는 1학년과 2학년 사이의 여름에 후설의 『논리 연구』를 읽고 감동했다. 이어 후설에 대해 달라스가 쓴 두 편의 기사를 읽고는 더 감동했다. 그가 보기에 "달라스는 후설의 사상을 후설 본인보다 훨씬 간단명료하게 표현하기" 때문이었다.

2학년이 시작되자 그는 어서 달라스를 만나고 싶었다. 그의 회고에 따르면 "달라스가 아주 해박하다는 일화를 많이 들었던 터라 사실 나는 그를 만나려니 잔뜩 주눅이 들었다. 똑똑한 사람은 당연히 거만할 것이라는 생각에서였다." 그러니 충격을 받을 수밖에 없었다.

"그가 보여준 행동에 깜짝 놀랐다"라고 월터는 말문을 뗐다.

면담 시간에 그를 보러 갔는데 그의 일정이 빡빡했다. 그런데 그는 "저녁을 함께 먹으면 어떻겠는가?"라며 교수 식당에 저녁 약속을 잡아 주었다. 그날 저녁 6-7시쯤에 그는 내 세미나 강의실 밖에서 멋있게 벽에 기대어 나를 기다렸다. 우리는 죽이 맞았다. 저녁을 먹은 후 나는 그에게 수학하고 싶다는 것과 후설이 내 학위 논문의 중심인물이 되리라는 것을 의심의 여지없이 알았다.

아주 자상하게 그는 나와 내 학업에 확연히 관심을 보였다. 자신에 대해 말하지 않고 전적으로 내 이야기에 집중했다. 그날 내가 경험한 것을 정확하게 표현하면 **사랑**일 것이다. 알다시피 그가 말하는 사랑이란 남이 가장 잘되기를 바라고 남의 유익을 구하는 것이다. 달라스를 만나기 전 내 인생에서 만났던 최고의 두 사람은 나의 할머니와 할아버지였다. 그들은 주변 모든 사람으로 하여금 저마다 사랑받고 존중받는다고 느껴지게 하는 비상한 능력이 있었다.

반실재론 입장이던 월터의 철학 사상은 그 후로 변화되어 관념과 무관하게 실재를 알 수 있음을 믿게 되었다. 철학 교수가 된 지 10년이 지났는데도 그는 철학 역사상 달라스만큼 반실재론을 성공적으로 잘 논박한 사람을 알지 못한다.[13]

"그들은 그를 어찌할 바를 몰랐다"
•

앞서 보았듯이 달라스 재임 초기의 USC에는 인격주의와 대륙 철학을 벗어나 분석 철학에 동조하는 운동이 일어났다. 그 운동은 달라스가 재직한 마지막 20년 동안 더 격해졌다. 호프에 따르면 "학과 측은 유명한 분석 철학자들을 임용하는 절차에 돌입했다. 반면에 달라스가 지속한 연구 내용과 방식은 현대 분석 철학에 맞지 않았다. 그럼에도 그는 분석 철학에 해박했고 주요 인물들 사이에 논의되던 일부 핵심 사안을 다루었다.[14] 다만 동료들과 똑같은 방향으로 가지는 않았다."

에드 맥캔Ed McCann은 달라스가 재직 중이던 1983년에 USC에 임용되었다. 그는 달라스를 깊이 존중하면서도 이 동료 교수가 그 분야의 괴짜임을 인정했다. 그의 견해에 따르면, 후설 같은 현상학 철학자에게 그토록 천착한 달라스가 분석 철학에도 훤히 통달해 있음은 극히 이례적인 일이었다.

호프는 "달라스는 자신이 철학과의 외부인이라고 정확히 자평했지만 내 생각에 교수진 전체가 그의 지성을 존중했다"라고 평했다.

스티브 포터는 이렇게 회고했다. "그가 한 인간으로서 존경받고 그의 지혜도 존중되는 게 깊이 느껴졌다. 그러나 그들이 그를 어찌할 바를 모르는 것도 느껴졌다. 그는 존중 대상이면서 규범을 벗어난 사람으로 여겨졌다. 기독교와 후설을 중시했다는 사실만으로도 따로 분류되기에 충분했다."

요컨대 달라스는 지성을 존중받았고 동료 교수로서 높이 평가되었으나, 그가 가장 중시하던 것들이 분석 철학의 세계에서는 대수롭지 않게 여겨졌다. 이런 정서는 어느 정도 쌍방향이어서 달라스도 분석 철학을 일부 측면은 인정했으나 전체적으로는 크게 가치가 없다고 여겼다.

포터에 따르면 달라스는 옥스퍼드—분석 철학의 오랜 요새—에서 철학을 공부하려는 그에게 추천서를 써 주며 이렇게 말했다. "스티브, 일단 옥스퍼드 대학교에 입학될 수 있도록 애써 보세. 예전만큼 좋은 학교는 아니지만 말일세. 허튼 소리가 많아졌거든. 그래도 허튼 소리에 영국 억양이 배어 있어 조금 낫긴 하지."

포터는 또 이렇게 덧붙였다. "달라스는 본격 철학 쪽으로는 책을 많이 쓰지 않았다. 다른 사람들의 작품—편집 서적 등—에 쓴 글은 너무 많은데, 정작 자신이 할 말에는 충분히 힘쓰지 못했노라고 한번은 내게 언급한 적도 있다. 또 일단의 대학원생에게 '운동'이 학계에 영향을 미치는 역할을 자신이 과소평가했다고 말하기도 했다. 본인의 말로 그는 '혼자 하려는' 실수를 범했고, 변화를 이루려는 시도에 다른 사람들과 공조했어야 함을 나중에 깨달았다."

달라스의 마지막 학과장이었던 스캇 솜스에 따르면 "그는 다

년간 철학과에서 가장 영역이 넓은 교수로서 논리학, 형이상학, 윤리학, 미학, 종교철학사, 양분된 분석 철학과 현상학을 다 포괄한 17-20세기 철학사 등의 과목을 꾸준히 가르쳤다." 솝스는 나중에 제인에게 보낸 이메일에 그 발언을 강조하면서 "달라스는 철학과의 심장이었다"라고 말했다.[15]

최고의 답은 예수께 있다

•

일각에는 혹 이상해 보였을지 몰라도 달라스의 차이점은 존중되었다. 철학자로서 그를 분류하려는 시도는 쉬운 일이 아니다. 앞서 보았듯이 최소한 세 가지 철학 사조—고전, 대륙, 분석—를 대변하는 이들이 그를 동지로 여겼다. 그는 양자택일 사고라는 근본주의의 함정에 빠지지 않았으므로 그런 이유로 그를 비난할 사람은 아무도 없다. 하지만 그의 사고방식과 세계관에는 양시론의 사고조차 넘어서는 무엇이 있다.

스티브 포터에 따르면 "다른 선택지가 양자택일뿐이라면 그는 분명히 양시론 쪽이다. 그러나 전형적 의미의 양시론과는 달리 그보다 깊었다. 그는 분열을 낳기 일쑤인 이슈를 취해서 점점 깊이 들어가 결국 양쪽을 통합하는 입장에 도달하곤 했다. 차이점도 보았지만 이면으로 더 파고들어 결국 논쟁을 **넘어섰다.** 그가 워낙 많은 영역에서 그러다 보니 상대방 쪽에서 '저런, 나도 이 문제를 당신의 방식으로 생각한다면 우리의 의견 충돌이 사라지겠군요'라는 말이 절로 나왔다."

월터 호프도 동의하며 이렇게 덧붙였다.

분석 관점과 현상학 사이의 긴장에 관해서라면 달라스는 두 접근의 가치도 보았지만 양쪽 다 자신이 중시하는 전통 철학을 거부한다는 점도 보았다. 그래서 분석 접근과 현상학의 가치를 취하되 전통 철학의 관심사도 받아들였다. 특히 초월적 가치(진선미)와 중대한 질문(인생을 어떻게 살 것인가? 무엇이 실재인가? 누가 행복한가? 어떻게 선한 사람이 될 수 있는가?)에 관심을 두었다.

플라톤과 아리스토텔레스로부터 아퀴나스와 칸트에 이르기까지 다루어진 그런 질문이 달라스에게도 중요했다. 그래서 자신의 관점이 분석 철학과 현상학보다 넓었고 그 두 계통에 아주 박식했는데도, 그는 그 지식을 삶의 더 중요한 질문들에 적용하려고 했다. 또 이런 질문에 대한 최고의 답이 예수께 있음을 말하려고 했다. 진정한 영속적 질문들에 관심을 둔 그가 곁에 있어 학생으로서 정말 속이 후련했다.

이런 관심사에 비추어 보면, 달라스의 학문 활동의 처음과 끝이 되어 줄 두 책의 작업에서 그의 열정이 돋보인다. 우선 『논리학과 지식의 객관성』에서 그는 실재를 아는 지식을 얻을 수 있으며 영적 세계를 아는 방식까지도 이에 해당함을 논증하려고 했다. 이 첫 책은 그의 논문 「관념이 사고와 대상을 이어 주는 방식: 입증된 '하나님의 관점'」How Concepts Relate the Mind to Its Objects: The 'God's Eye View' Vindicated에 잘 요약되어 있다.[16] 이 책을 쓰는 데 USC에 재직하던 처음 15년이 걸렸다.

다른 한편에는 『도덕 지식의 실종』이 있었다. 이 작업에는 USC에 재직하던 마지막 15년을 들였다. 이 책에 그는 20세기 철학계와 고등교육계의 중요 인물들이 했던 역할과 이로써 도덕 지식이 상실된 경위를 풀어내기 시작했다. 자신이 파악한 여러 결함을 바로잡도록 도전하려는 취지에서, 철학과 교육의 이후 계승자들에게 주로 제기한 논의였다. 『하나님의 모략』이 교회에 그랬듯이 그는 이 마지막 역작이 대학에 똑같은 경종을 울려 주기를 바랐던 듯 보인다.

달라스 자신의 말이다.

다시금 강조하거니와 대학의 궁극 목표는, 학생들에게 인생을 살아갈 가능하고도 바람직한 준비가 무엇인지 이해하도록 돕는 데 있어야 한다. 인도적으로 책임감 있는 교육 프로그램이라면 학생들을 **각자의** 실제 삶의 정황 속에서 무엇을 할 수 있는지 생생히 인식하도록 이끌어 줄 것이다. 그러려면 인간의 물리적·관념적·정서적·사회적·도덕적 역량을 길러 줄 지식이 필요하다. 요컨대 대학은 진리를 가르쳐야 하며 여기에는 진리에 **도달하는 방법**에 대한 진리도 포함된다. 대학이 이런 책임을 떠맡기만 한다면 인류의 수천 년 경험 속에 검증 가능한 가설들은 얼마든지 준비되어 있다. 현재 살아 있는 지혜로운 사람들도 꽤 있다.[17]

요컨대 그 미완의 책의 논제는 도덕 지식과 진리와 정당한 도덕적 신념이 부재하다는 게 **아니라** 존재한다는 것이었다. 한때 공고했던 문화적이고 제도적인 **지식**이 침식되고 있었을 뿐인데, 그전에는 이성적 탐구와 단련된 논증을 통해 조직적인 도덕 지식 **체계**에 도달하는 게 가능했다.[18]

달라스가 심히 우려했듯이 대학을 비롯한 문화 전달자들은 더는 도덕 지식의 가능성을 믿지 않았고, 따라서 합리적 검증에 대한 도덕적 열정도 더는 없었다. 달라스는 도덕적 합의에 도달했던 일종의 황금기가 있어 우리가 거기로 돌아가야 한다고는 믿지 않았다. 하지만 도덕 지식의 증진을 통해 도덕적 진보가 가능하다는 잃어버린 의식만은 우리가 회복해야 한다고 믿었다.

이 정도면 중대한 작업인데 이 책은 이미 『마음의 혁신』에 밀려난 바 있었다. 게다가 감독위원회의 최선의 노력에도 불구하고 달라스는 자꾸 다른 책들을 맡았다.[19] 파생물 성격인 『그리스도를 아는 지식』의 집필도 수락했다. 그 책에도 도덕 지식의 실종을 논하긴 했으나 예수를 최상의 지식의 출처로 받아들이도록 논증하기 위해서였다. 또 그는 목회자들에게 예수와 친밀하게 교제하며 살아감으로써, 가르칠 권리를 얻으라고 말했다.

그러나 사람들이 권위의 가능성 자체를 믿지 않는 한 예수를 권위로 받아들일 수 없음을 달라스는 알았다. 바로 그 이유로 그는 『그리스도를 아는 지식』이 완성되자 다시 『도덕 지식의 실종』에 관심을 대폭 쏟았다.

적어도 그렇게 하려고 애썼다.

고전의 이해에 깊이 뿌리를 둔 사상

•

달라스의 사상은 철학과 신학과 심리학 등 고전의 이해에 깊이 뿌리를 두었다. 그는 고대 그리스의 중심 질문들에 익숙했고, 초대교회 영성의 특징인 체험적 생활방식과 거시적 사고에도 익숙했다. 그의 사고는 수많은 방향으로 뻗어 나갔는데, 학계 동료들과 사역 동료들은 각 방향을 경쟁 관계나 적대 관계로 볼 때가 많았다. 그러면서도 그는 분리의 장벽을 세우려는 유혹에 한 번도 굴한 적이 없으며, 대신 아주 놓치기 쉬운 기저의 통합을 찾아 늘 더 깊이 파고들었다.

2010년에 스티브 포터는 「영성 형성과 영혼 돌봄 잡지」*The Journal of Spiritual Formation and Soul Care* 특집호에 "윌라드 전집"이란 제목의 기사를 썼다.[20] 레노바레 연구소의 교육과정처럼 이 글도 달라스의 주요 기독교 저서 다섯 권을 검토하면서 핵심 사상을 쭉 열거해 나갔다 (참조. 표2). 이번 장과 비슷한 방식으로 포터의 요약도 그의 기독교 저작의 전개 과정을 시간 순서대로 따라갔다.

---

01. 신앙생활을 제대로 돌보려면 영성 훈련을 충분히 이해해야 한다.

---

02. 그리스도 안의 영성 훈련의 본질이 그 영성 훈련을 아는 방식을 결정한다.

---

03. 하나님과의 관계는 체험적 실재다.

---

04. 하나님의 말씀 속에 그분의 체험적 임재가 담겨 있다.

---

05. 하나님의 체험적 임재(곧 말씀)는 본래 변화를 낳는다.

---

06. 영적으로 성장하려면 지식에 기초한 인간의 참여가 필수다. 전인적 인격체로서 사랑의 하나님과 교제해야 한다.

---

07. 기쁜 소식이란 누구든지 예수를 의지하는 이는 하나님의 통치를 누릴 수 있다는 것이다.

---

08. 예수는 하나님의 통치 아래 살아가는 데 대가이시며, 자신의 학생들에게 각자의 실제 삶 속에서 그 통치 아래 살아가는 법을 가르쳐 주려고 하신다.

---

09. 예수의 학생들은 장차 그분과 함께 영원히 우주를 다스릴 것이다.

---

10. 기본적으로 죄란 생명을 주는 하나님의 자원으로부터 단절된 상태다.

---

11. 중생한 사람은 몸의 훈련을 통해 생명을 주는 하나님의 자원과 이어질 수 있다.

---

12. 그리스도 안의 영성 훈련을 이해하려면 인간 자아의 다양한 차원을 하나님의 통치 아래 두는 법을 알아야 한다.

---

13. 누구나 그리스도의 실체와 그분 방식의 삶을 알 수 있다.

• 표2. 달라스 윌라드의 핵심 사상 개괄

새 천년의 첫 10년이 끝날 즈음 달라스의 가르침과 저작의 배후 사상과 관심사는 계속 교회와 학계 전반에 상당한 파급 효과를 일으켰다. 레노바레(기관과 사역)는 25년이 넘도록 계속 교회 갱신의 왕성한 원동력이 되어, 여러 해째 "교회들에 교회를 들여오다"라는 기치 아래 활동했다. 영성 형성은 복음주의 출판사들까지 포함하여 기독교 출판계의 가장 인기 있는 주제 중 하나가 되었다. 달라스를 감화의 주요 출처로 언급한 개인들의 저서가 100권을 넘었고, 출판사 IVP는 기독교 영성 형성을 전문으로 하는 포마티오Formatio 라는 도서 계열을 제정했다.

그뿐 아니라 "월라드 전집"에서 영감을 받아 「대화: 진정한 변화의 포럼」Conversations: A Forum for Authentic Transformation 과 「영성 형성과 영혼 돌봄 잡지」라는 두 잡지가 창간되었다. 또 남침례교부터 동방정교회에 이르기까지 북미와 세계의 많은 신학교에서 여러 과목의 강의 요강에 달라스의 저서가 필독서로 꼽히고 있다. 2011년 가을에는 웨스트몬트 대학에 "기독교 영성 형성을 위한 달라스 월라드 센터"The Dallas Willard Center for Christian Spiritual Formation 가 출범했다. 이 기관의 사명은 진정한 영성 형성을 독려하여 달라스 월라드의 지적이고 영적인 유산을 증진하는 데 있다.[21] 미주리 주 시골 아이 출신으로 이 정도면 나쁘지 않다. 게다가 그가 집필할 최고의 학술서는 아직 진행 중이었다.

달라스 월라드가 되기까지

•

달라스의 사상도 괄목할 만해졌지만 그의 됨됨이에는 어쩌면 그보다 더 두드러진 면이 있었다. 아마도 한 제자의 말에 그런 면이 가장 잘 표현되어 있다.

달라스가 교수로 재직하던 마지막 2년 동안 나는 그의 과목도 수강하고 그의 지도로 독자적 연구도 하며 그가 가르치던 과목의 조교로도 일했다. 그런데 말할 것도 없이 내가 그에게 가장 많이 배운 때는 그의 연구실에서 따로 일대일로 대화하던 시간이었다.

매번 만나서 대화할 때마다 당연히 그가 모든 중요한 면에서 나보다 뛰어났다. 단연 더 예리한 데다 통찰력과 식견도 우위였다. 그런데 누군가 그가 나를 대하는 방식만 보았다면 둘이 동급으로 보였을 것이다.……

그렇게 존중받다 보니 마치 달라스가 나를 자신의 경지로 부르는 것처럼 늘 느껴졌는데, 이는 내가 실제로 그 경지에 **이를 수 있다**고 그가 믿어 준다는 뜻이기도 했다. 거기서 큰 힘과……의욕을 얻어 나는 더 열심히 공부했고, 진도가 지지부진해 보일 때도 계속 노력했다.

[달라스의 가족들이 내게 그의 제자냐고 물은 적이 있는데]……그날 잘 대답하지 못한 까닭은 머릿속에 온통 이 생각뿐이어서였다. 달라스의 연구실 창에 땅거미가 내린 지 오래도록 나는 긴 질문 목록을 끝까지 다 훑고 나서야 그에게 너무 오래 붙잡아 두었다며 사과하곤 했다. 그러면 그는 사과할 일이 아니라며 몸을 기울여 내 손을 잡고는 "우리는 친구라네"라고 말하곤 했다.[22]

15.
감사합니다!

감사합니다!

달라스 윌라드

—

그곳 사막 지대에서 또 그 문제가 제인의 눈에 띄었다. 때는 2011년 8월 중순이었다. 달라스는 몇 달째 유난히 피곤해 보였고 복통까지 시작되었다. 그런데 다시 청중 앞에 서 있었다. 제인은 '무언가 문제가 있다. 평소의 남편이 아니다'라는 생각을 떨칠 수 없었다.

모임의 주관자는 스티브 포터였다. 그는 바이올라 대학교와 로즈미드 심리학 대학원의 심리학 교수진을 위한 집회를 팜 스프링스 근처에서 개최하고 스승 달라스를 초빙했다. 제인은 스티브를 한쪽으로 불러 달라스를 잘 지켜보라고 부탁했다. 그는 제인의 우려에 놀라지 않았다. 달라스의 달라진 모습이 그에게도 눈에 띄었던 것이다.

"무엇이 문제일까요?" 그가 물었다.

"요즘 들어 몹시 피곤해 하면서 거기에 헤어나지 못하는 것 같아요."

집회 후에 달라스와 제인은 차를 몰아 흰 발전용 풍차들이 무더기로 호위하는 샌 고고니오 고개를 넘었다. 로스앤젤레스 시 외곽과 사막 지대가 갈라지는 지점이다. 둘 사이에 어려운 대화가 오갔다. 무슨 문제인지 이제 밝혀내야 할 때가 되었다.

영적 미지의 세계를 향한 여정

•

9월 초에 달라스는 주치의에게 건강 진단을 받았으나 특이 사항은 없었다. 후속 검사에서 신장 결석이 발견되었으나 신장 전문의가 보기에 그것이 문제의 원인은 아니었다. 복통은 악화되었고 계속 기운도 없었다.

그해 10월에 달라스는 애틀랜타로 날아가 새로운 기수의 레노바레 연구소 학생들을 맞이했다. 제인은 프로그램 책임자에게 달라스의 몸 상태가 정상이 아니니 강의실 밖에서 학생들과 함께 보내는 시간은 삼가야 한다고 애써 알렸다. "그이는 쉬어야 합니다"라고 힘주어 말했다.

프로그램 책임자가 공항에서 달라스를 차에 태워 훈련원으로 가는 동안 제인의 주문이 그에게 전달되었다. "달라스, 부인께서 염려가 크십니다. 평소에는 일주일 동안 시간을 전부 들여 학생들을 일일이 만나시는데, 이번에는 그렇게까지 하진 말고 좀 쉬시면 어떻겠습니까?"

"그렇게는 못할 것 같군요." 달라스는 장난스럽게 웃으며 말했다.

결국 한 주가 진행되는 동안 그는 총 20시간의 강의 외에도 학생 44명을 전부 일대일로 만났다.

달라스의 의료진은 2011년 말과 2012년 초에 증상의 원인을 찾기 위한 검사에 집중했다. 달라스의 누나 프랜이 대장암으로 사망했다는 말을 들은 주치의는 그의 다음번 대장내시경 검사 시기를 앞당겼다. 2012년 1월에 암 전 단계의 용종 하나와 소규모의 탈장이 발견되었다.

탈장 수술을 하려면 결근이 불가피했으므로 달라스는 수술 일정을 USC의 봄 학기가 끝난 후로 정했다. 그동안 평소와 똑같은 분량의 강의를 소화했고 다른 도시에 다니며 더 가르쳤다. 그러는 내내 불편한 몸으로 통증과 싸웠다.

봄방학 주간에 그는 다시 레노바레 연구소에서 가르쳤다. 가르칠 때 손을 허리에 자주 짚었으나 학생들은 특이한 몸자세 외에는 그가 겪고 있던 고통을 알 턱이 없었다. 이번에도 모든 학생을 일일이 면담했는데 그들의 남모르는 고통에 대한 대화가 많았다.

드디어 수술 날인 2012년 4월 27일이 되었다. 그의 계획은 USC 학생들의 기말고사 준비 기간에 수술에서 회복되어 풀러의 목회학 박사과정 학생들에게 가르칠 6월의 심화 과목을 준비하는 것이었다.

달라스 윌라드 센터는 풀러 신학교와 협력해서 그 목회학 박사 과목의 스물일곱 번째 수업을 녹화했다. 이 순간들을 자료에 담아 두어야 한다는 막연한 긴박감이 있었다. 3월 수업 때와 마찬가지로 학생들은 그의 몸이 극히 불편함을 겨우 감지했을 뿐이었다. 훈련된 안목으로라면 평소 그가 보여주는 역량에 약간 못 미침을 간파했을지 모르지만 어쨌든 그는 학생들과 교회와 하나님 나라를 향한 자신의 애정을 전하기에 바빴다. 지난 30여 년의 수많은 수업처럼 그 수업도 기립 박수로 끝났다.

일주일 후에 달라스와 제인은 레노바레 사역팀 모임에 참석했다. 리처드 포스터는 함께 있는 동안 그에게 사도행전을 가르쳐 달라고 부탁했다. 달라스의 개요는 40년 전 우드레이크 애비뉴 퀘이커교회에서 가르치던 때와 똑같았다. 한 바퀴 전체를 빙 돌아온 셈이었다. 그곳 콜로라도 스프링스의 마운트 세인트 프랜시스 수양관에서 달라스는 소그룹의 친구들 앞에 서서 초대 기독교 공동체의 삶에 대해 가르쳤다.

시리즈 강연의 제목은 "사도행전 연구: 영적 미지의 세계를 향한 여정"이었다. 지난 40년간 그는 그 방에 자리한 이들 중 다수를 그런 여정으로 인도했다. 그런데 이제는 가르치는 자신이 더 깊은 미지의 세계를 향한 여정을 앞두고 있었다.

"남편을 잃을까 봐 두려워요"

•

챗스워스 집으로 돌아온 지 며칠 만에 달라스와 제인은 캘리포니아 주 라카냐다의 한 집회에서 영예의 주인공이 되었다. 2012년 6월 28일 목요일 밤에 그들을 기리는 연회와 헌사가 있었다. 초청장에는 "셰퍼드 하우스는 평생 교회를 섬기며 귀하게 기여해 주신 달라스와 제인 윌라드를 기리고 경의를 표하고자 이 행사를 개최합니다"라고 적혀 있었다.

LA 지방의 라디오 토크쇼 진행자 프랭크 패스토어가 사회를 보았다. 달라스와 제인에게 영향을 받은 사람들이 계속 줄지어 서서 차례로 마이크를 잡았다. 훈훈하고 멋진 저녁이었다. 그런데 달라스는 통증을 겪을 때 으레 취하던 자세대로 약간 구부정하게 앉아 손가락을 입에 댄 채 거북하게 바닥을 응시했다. 그러나 그의 건강을 의심하던 이들조차도 그 찡그린 얼굴이 평소처럼 찬사를 듣기가 민망해서인 줄로 알았을 뿐 더 불길한 다른 원인을 짚어내기는 힘들었다.

과거를 경축하는 기쁜 자리였으나 제인의 생각은 자꾸만 현재와 앞날의 여정으로 되돌아갔다. 남편을 이렇게까지 기운 없고 고통스럽게 만드는 원인을 알아내야만 했다.

두 주가 더 지나서야 달라스는 암 전 단계의 용종을 제거하는 수술을 받았다. 조직검사 결과 암은 아니었다. 12개월 안에 수술이 네 차례나 있었는데 이번이 그중 두 번째였다. 7월 중순의 이 대장 수술 후에 의사는 그에게 거동을 많이 하라고 지시하면서 제인에게도 남편에게 설거지와 집안일을 시키라고 했다. 그러나 한 달 후에 그는 기력을 되찾기는커녕 오히려 더 허약해졌다.

8월 중순에는 달라스의 살갗이 노래지는 게 제인의 눈에 띄었다. 그들 집에서 일하던 친구도 황달이라는 데 동감했다. 제인은 즉시 달라스의 비뇨기과 전문의에게 전화해서 속에 있던 자신의 두려움을 말로 표현했다. "남편을 잃을까 봐 두려워요." 전문의는 제인에게 남편을 당장 병원으로 데려가 의사에게 보이라고 지시했다. 그리하여 달라스는 8월 13일에 입원하여 정밀 검사를 더 받았다. 복무 팽만 때문에 또 다른 수술 절차를 통해 소변 배출용 관도 주입했다.

추가 정밀 검사를 통해 가족들은 8월 16일에 그의 췌장에 작은 병변이 있다는 결과를 들었다. 달라스는 매우 특수한 췌장 절제술을 받아야 할 수도 있었다. 그래서 추천받은 외과의사의 소견을 들고자 예약 날짜가 잡혔다.

가족들을 만난 그 전문의는 정교한 개복 수술이 필요하다며 자세히 설명해 주었다. 제인은 "6-8시간 걸린다는 수술 규모를 듣고 충격을 받았다. 의사는 우리에게 모든 위험을 말해 주면서 달라스가 수술 중 죽을 수도 있다고 했다. 그래도 남편은 주저하지 않았다. 그는 정말 살아서 일을 계속하기를 원했다"라고 회고했다.

이어 제인은 "남편은 아직 너무 허약해서 또 한 차례의 수술을 견뎌 낼 수 없었다. 그래서 의료진은 우리에게 남편의 기력을 돋우고 몸무게를 늘리도록 4주 기한을 주었다"라고 말했다. 이제부터 제인은 달라스를 잘 먹여야 했고 달라스는 널따란 뒷마당의 산책로를 꾸준히 걸어야 했다.

"죽음이 두렵습니까?"

•

수술에서 살아남지 못할 수도 있음을 안 달라스는 제인을 시켜 J. P. 모어랜드에게 전화해서 집에 한 번 방문해 달라고 했다. 제인이 전화하자 J. P.는 어느 날이든 열 일 제쳐두고 차를 몰고 가겠다고 했다.

J. P.는 "달라스가 중병에 걸려 아주 위험한 수술을 앞두고 있으며 수술에서 깨어나지 못할 가망성이 높다는 말을 나도 들어서 알고 있었다"라고 회고했다.

그가 도착해 보니 달라스는 잠옷과 실내복 차림이었고 그림이 그려진 커다란 유리창 앞에 앉아 있었다. 고개를 끄덕여 이전의 제자를 맞이하는 그의 얼굴 표정은 침울하면서도 한 줄기 여린 미소가 배어 나왔다.

J. P.는 다가가 달라스를 포옹하며 통증이 있느냐고 물었다.

달라스는 "너무 심하진 않네. 아주 잘 지내고 있다네"라고 답했다.

"죽음이 두렵습니까?"

"아닐세, J. P. 내 평생 가르친 내용을 정말 그대로 믿거든." 그렇게 말하는 달라스의 얼굴에 다시 미소가 되살아났다.

J. P.도 웃었고, 그러자 달라스는 즉시 당면한 용무로 화제를 돌렸다.

"J. P., 몇 가지 일을 내가 끝마칠 수 없게 되었네. 그게 몹시 서운하군. 특히 도덕 지식에 관한 책 말일세. 하지만 하나님께 맡겼으니 그분이 뜻대로 하실 걸세. 그래도 서운하군. 가족들을 떠나기도 싫고."

이어 그는 "수술받기 전에 자네와 대화하고 싶었네"라며, 이후 20-30분 동안 J. P.에게 따로 권면하며 그의 삶에 대해 사적으로 말했다. 얼마 후에는 J. P.에게 자신이 근래에 요한과 바울의 글을 읽고 있었다며 "신중에 신중을 기해 바울에게 주목하게. 바울은 시대를 한참 앞섰던 사람이야. 아무도 몰랐던 것들을 이해했지. 바울의 글을 숙독하게"라고 말했다.

그때부터 달라스의 말투가 한층 더 심각해졌다. "수술이 다가왔는데 내가 이겨 내지 못할지도 모르네. 하지만 우리에게는 아주 영광스러운 미래가 있어. 놀라울 걸세. 그래도 몇 가지 짐과 관심사는 내가 계속 떠받칠 수 없겠지. 자네가 늘 지켜보며 그 부분을 널리 알려 주기 바라네."

이어 달라스는 자신의 거의 모든 가르침과 저작의 근간이 되는 네 가지 핵심 관심사에 대해 J. P.와 대화했다. 나중에 J. P.는 "그 와

중에도 중요한 게 그것이라니, 역시 달라스다웠다. 그는 고통 중에 죽어 가고 있었다. 암세포에 잠식당하고 있는데도 주된 관심사는 실재론이었다. **나라면** 나를 돌보아 줄 사람이 있음을 확인하는 데 관심을 두런만, **그의** 관심은 하나님 나라를 떠받치는 데 있었다. 그렇게 생각하며 사는 사람이 누가 있겠는가?"라고 말했다.

달라스는 그 내용의 실재성을 깊이 믿었다. 그의 삶과 일을 추동한 사상은 아주 단순하면서도 중심이 잡혀 있었다. 달라스에게 예수는 자동차 계기판 위의 입상立像이나 행운의 부적 이상이었다. 메탄 분자를 알 수 있듯이 예수와 삼위일체 하나님과 하나님 나라도 진정한 지식으로 엄연히 알 수 있음을 그는 알았다.

네 가지 주요 관심사가 다 거론되고 나서 헤어지기 전에 J. P.는 달라스에게 자신이 안수 기도를 해주어도 되겠느냐고 물었다. 그의 기도를 받은 달라스는 "자네의 기도의 능력이 느껴지네"라고 말했다.

이어 J. P.는 달라스의 가슴에 고개를 기대고 그에게 사랑한다고 말했다.

"여호와는 네게 복을 주시고 너를 지키시기를 원하며"

•

9월 20일 오전에 달라스는 수술실로 들어갔다. 이 복잡한 수술은 암세포가 퍼졌는지 보려는 작은 절개로 시작되었다. 암세포가 퍼졌으면 수술을 계속할 필요가 없었다. 제인은 소속 교회의 빌 드와이어 목사와 다른 두 친구로 더불어 대기실에 있었다. 두 시간쯤 지나서야 그들은 필시 암이 전이된 징후가 없어 본격 수술이 진행 중임을 알았다. 수술은 그때부터도 거의 네 시간이 더 걸렸다.

그때의 심정을 회고하며 제인은 자못 진지하게 "부정否定의 위력은 대단할 수 있다. 한동안 부정하며 버텼다"라고 말했다.

수술은 잘 끝났으나 절제한 혹 중 두 군데에 암이 발견되었다. 암이 전이되지 않았을 확률이 1%뿐이라는 말에 제인은 "그러면 나는 그 1%를 믿겠어요"라고 대답했다.

입원 기간이 예상보다 길어졌으나 가족이나 친한 친구가 항상 병실에 함께 있었다. 달라스는 책 세 권을 병원에 가져갔다. 애그니스 샌포드의 『치유의 빛』, 존과 찰스 웨슬리의 찬송가, 큰 글자판 신약성경이었다. 문병객들은 그의 병상이나 병원 식판에 놓인 그 책들을 보고 어떤 때는 그에게 읽어 주곤 했다.

19일 후에 퇴원 허가가 나와 달라스는 정맥주사 장치를 달고 집으로 왔다. 아울러 매일 정해진 시간에 간호사가 가정으로 방문했다. 3주간 더 정맥주사가 필요했으므로 가족들이 주사액을 주입하는 법을 훈련받았다.

11월 12일부터 시작된 화학요법을 달라스는 매번 월요일에 받기로 했다. 주말에 강연을 지속할 계획이었으므로 그전까지 부작용이 가시게 하기 위해서였다.

가을을 지나 겨울에 들어서기까지 이들 부부에게 아주 비슷한 나날이 이어졌다. 달라스는 억지로라도 먹고 걸었다. 카드와 편지와 이메일이 꾸준히 도착했는데 사람들은 문병을 오고 싶어도 환자의 사정상 그럴 수 없음을 이해했다. 그러는 내내 달라스는 많은 일에 전진하려고 애썼다.

그에게 가장 힘든 일 중 하나는 병 때문에 USC에서 계속 전임으로 가르칠 수 없음을 인정하는 것이었다. 11월 말에 사직서를 제출한 뒤 후임 교수가 쓰도록 12월 31일까지 계단 위의 연구실을 비워 주어야 했다.

반면 그에게 훨씬 큰 기쁨을 가져다준 일은 2013년 2월에 산타바버라에서 열릴 집회를 위한 준비였다. 이 행사는 오랜 친구 존 오트버그가 이미 기획했던 것인데, 그는 예정대로 시행하려는 결의에 차 있었다. 관심이 아주 높아서 집회는 매진되었고, 달라스 윌라드 센터는 이를 인터넷으로 생중계하기로 했다.

집회 대상은 주로 목사와 사역 지도자였다. 제목도 사뭇 대담하게 "그리스도 안에서 하나님을 알기: 열방의 스승으로 준비되는 목회자"였다. 바로 달라스가 고집한 표현이었다. "인류를 곤혹스럽게 하는 삶의 중대한 질문들에 답해 줄 지식을 누가 내놓을 것인가?" 이 물음에 그는 한결같이 "가르쳐야 할 일차적 책임은 자칭 그리스도의 대변자들에게 있다"라고 답했다.

달라스의 진가가 유감없이 드러난 행사였다. J. P. 모어랜드에게 나누었던 네 가지 관심사를 마치 교회의 언어로 풀어낸 것 같았다. 그의 시급한 우려는 예수께서 가르치신 삶에 대한 지식이 인간의 지식 분야에서 분리된다면 얼마나 큰 재앙이겠는가 하는 점이었다. 그래서 살아서 현존하시는 그리스도의 실재성을 되찾으려는 게 그의 관심사였다. 그분은 지금도 "걸어서 다가와" 자신의 도제들과 소통하실 수 있다.

일단의 목회자 앞에 설 마지막 기회일 수도 있는 그 집회에 그가 포함시킨 주제는 "잘 사는 법: 영원한 삶은 지금 시작된다," "삶의 변화에 대한 전문가는 누구인가?" "하나님 나라에 들어가 사는 법," "삼위일체 하나님을 아는 경험적 지식," "인격 이해하기: 보이지 않는 부분까지 포함하여," "그리스도인의 훈련이 지닌 중요성" 등이었다.

달라스가 참석할 수 있을지 막판까지도 불확실했으나, 그는 해냈다. 비록 몹시 허약한 모습으로 도착해서 부축을 받아 강단에 올라가야 했지만 행사는 신기하고 놀라웠다. 장내에 가득한 목사들과 달라스의 친구들은 자신이 놀랍도록 의미심장한 무엇을 목격하고 있음을 첫 문장부터 알아차린 듯했다. 제인은 그 기간 내내 마치 "장내에 사랑이 피부로 느껴질" 듯했다고 표현했다.

그 집회의 모든 모임이 녹화되어 있다.[1] 그중 한 모임에서 존 오트버그가 청중의 질문을 달라스에게 전달하자 달라스는 기쁨에 대해 말한다. 그는 눈에 띄게 병약하여 몸이 수척하게 여위었다. 그런데도 감정에 겨워 갈라지는 목소리로 기쁨을 "만사가 다 괜찮다"라고 느끼는 편만한 행복감으로 표현한다.

그의 말이다. "기쁨이 만사를 관통하고 있음을 아는 것은 정말 중요합니다. 세상을 떠나는 순간을 큰 기쁨의 순간으로 기대하는 것도 중요하고요."

거기서 감정을 억누르느라 잠시 말이 끊긴다.

예수님이 가르치셨듯이 우리는 그분의 임재와 말씀을 통해 이미 하늘에 살고 있습니다. 그래서 누구든지 그분의 말씀을 지키면 인간이 생각하는 죽음을 결코 맛보지 않는다고 하신 겁니다.……물론 사람들의 임종을 보기는 합니다. 육체는 작동을 멈춥니다. 하지만 그들은 하나님의 임재 안에 지금처럼 계속 존재합니다. 내 생각에 많은 사람들이 자기가 죽은 줄도 모르고 있다가 나중에야 뭔가 달라졌음을 알아차릴 것입니다.

장내에 웃음이 퍼진다. 명언이다. 그러나 눈물이 그리 멀지 않다.

달라스는 민수기 6:24-26에 나오는 아론의 축복으로 모든 참석자를 위해 기도하며 전체 집회를 마쳤다. 몸은 약해서 기운이 없었으나 목소리는 힘과 확신에 차 있었다.

"여호와는 네게 복을 주시고." 즉 "하나님이 여러분의 삶 속에 끊임없이 유익을 가져다주시고"라는 뜻이다.

"여호와는 네게 복을 주시고 너를 지키시기를 원하며." 이것은 "하나님이 울타리를 둘러 여러분을 보호하시고, 예수님의 피와 그리스도의 영이 여러분을 살펴 지키시기를 원하며"라는 뜻이다. 이 축복은 주기도문이나 성경의 다른 부분들과 함께 공부하면 좋다. 여러분이 누군가에게 "하나님은 여러분에게 복을 주시고 여러분을 지키시기를 원하며"라고 말한다고 잠시 생각해 보라. 상대를 똑바로 쳐다보며 말한다고 상상해 보라. 이것은 워낙 친밀하여 위협적으로 느껴질 수도 있다. 나도 모임을 하면서 이 말씀으로 서로 축복하는 것을 많이 해보았는데, 사람들이 울음을 터뜨리기도 하고 웃음을 터뜨리기도 한다. 그만큼 깊은 속에까지 가닿기 때문이다.

지금 여러분이 누군가의 눈을 응시하며 "하나님은 여러분에게 복을 주시고 여러분을 지키시기를 원하며"라고 말한다고 생각해 보라. **여러분**을 강조하라. "하나님은 그의 얼굴을 **네게** 비추사."

성경에는 하나님의 얼굴에 대한 말씀이 아주 많이 나온다. 우리가 누릴 수 있는 가장 귀한 것 중 하나는 하나님의 빛나는 얼굴 앞에서 사는 삶이다. 빛나는 얼굴이 막연하게 느껴지거든 아무 할아버지나 할머니를 찾아내 손자 손녀 앞에서 빛나는 얼굴을 보라. 약간 감이 잡힐 것이다. 얼굴이 빛나는 사람은 엄청난 광채를 뿜어낸다. 여러분의 얼굴은 본래 빛나게 되어 있다. 영광은 본래 하나님에게서 인간에게로 옮아가도록 되어 있다. 영광은 항상 빛을 발한다.

지금 여러분은 하나님의 빛나는 얼굴이 상대를 살펴 주시기를 구하는 것이다. "여호와는 그의 얼굴을 네게 비추사 은혜 베푸시기를 원하며." **은혜**란 그분의 사랑과 활동이 흘러나와 유익을 만들어 낸다는 뜻이다.

"여호와는 네게 복을 주시고 너를 지키시기를 원하며 여호와는 그의 얼굴을 네게 비추사 은혜 베푸시기를 원하며 여호와는 그 얼굴을 네게로 향하여 드사," 이것은 우리 인간들이 관계 맺는 방식에서 따온 흥미로운 표현이다. "얼굴을……드사"라는 말은 "여호와는 너를 직접 찾아가 너를 똑바로 보사"와 같은 뜻이다.

집회는 끝났고 달라스의 축복이 사방에 감돌았다. 아무도 그곳을 떠날 마음이 없었다. 그 순간 모든 사람이 "알아들은" 것 같았다. 그들은 미주리 주 시골 출신의 이 자애로운 사람이 평생 가르친 내용을 경험했다. 즉 우리가 기도하면 예수께서 직접 다가와 우리를 똑바로 보시며, 각자의 삶을 충만하게 사는 법을 알려 주신다는 것이다.

그 집회가 달라스의 마지막 공개 행사는 아니었다. 3주 후인 3월 중순에 그는 레노바레 연구소의 제4기 훈련생들에게 한 차례 강연했다. 그런데 아주 짧은 시일 내에 건강이 극도로 악화되어 가르칠 때 서 있을 수 없었고 의자에 앉아서도 자세를 겨우 유지했다. 그래도 그는 결연히 또 한 무리의 학생들을 축복했다.

날로 거세지는 암세포에 몸이 무너져 가는데 그는 들릴락 말락 갈라지는 목소리로 자신의 일생과 활동에 대해 "감사합니다"로 반응했다. 그러면서 그 훈련생 무리에게 마지막으로 해준 말은 "이게 중요합니다. 여러분이 **여기서** 하고 있는 일—이게 중요합니다"였다.

나도 거기 앉아 그 마지막 권면을 들으며, 그가 예수의 모든 도제에게 하는 말임을 알았다. 하나님과 함께 살아가는 법을 배우면서 그 지식을 남에게 전해 주기를 소원하는 모두에게 말이다.

제인의 회고에 따르면 "그때까지도 회복될 가망이 있었다. 우리는 달라스가 허약한 것이 몇 달째 화학요법을 받으며 잘 먹지 못한 결과가 누적된 탓이라고 여겼다." 그다음 주에 컴퓨터 단층촬영 결과가 나왔는데 암이 재발한 증거가 전혀 없었다. 더할 나위 없이 고무적인 소식에 가족들은 기뻐했다. 그러나 몸은 계속 힘들기만 했다.

감사합니다

∙

이후의 6주는 달라스와 그를 사랑하는 이들에게 견디기 힘든 시간이었다. 그래도 그는 통증을 불평한 적이 없었다. 음식을 먹기가 힘들었다. 의료진은 통증의 다양한 원인을 추적하면서 엑스레이를 더 찍었다. 몸이 허약한 상태라 또 한 차례의 수술이 연기되었으나 결국 수술 외에는 다른 수가 없었다. 4월 11일의 수술 결과는 암이 전이되었다는 소식이었다.

한번이라도 어두운 의심의 순간이 있었을까? 조금이라도 하나님께 버림받았다는 느낌이 들었을까? 제인의 기억에는 딱 한 번뿐이었고 그나마 금방 지나갔다.

"암이 이미 전이되어 기적이 없는 한 살 수 없음을 그 마지막 수술 결과를 통해 알았을 때였다. 하루는 저녁 식탁에서 내가 남편을 보며 '이 일을 설명할 신학이 나한테는 없네요'라고 했더니 그가 '나도 없소'라고 말했다."

5월 3일 금요일

•

이날 오랜 친구 리처드 포스터가 아직 자택에 있던 달라스를 방문했다. 그동안 기도해 오던 아내 캐롤린이 그에게 이제 하던 일을 다 내려놓고 달라스를 보러 가야 한다고 말했다. 리처드는 아내에게 "예언"의 은사가 있음을 알기에 비행기를 타고 마지막으로 친구이자 동역자를 찾아갔다.

함께 있는 동안 리처드는 예전에 둘이 함께 일하고 사역했던 곳들을 전날 밤에 몇 군데 가 보았노라고 말했다. "퀘이커교회가 있던 자리는 이제 병원 단지로 바뀌었고 로저 램지 집안의 묘목원은 주택 단지가 되었더군요. 옛날의 그곳들은 이제 다 사라졌습니다."

리처드의 말은 이렇게 이어졌다. "평생 철학자인 달라스는 그곳들이 결코 사라지지 않고 신기하게도 하나님의 마음속에 간직되어 있음을 내게 상기시켰다. 그러면서 내 팔을 토닥거리며 부드럽게 말했다. '장차 때가 되면 다시 돌아가 그곳들을 방문할 수 있다오……우리가 원한다면!'"

달라스가 몇 가지 주사액을 맞으려고 병원으로 가기 직전에 리처드는 그에게 몸을 바짝 기대고 속삭이듯 말했다. "이생에서는 다시 못 볼지도 몰라요." 곧이어 모두들 병원으로 떠났고 거기서는 으레 그렇듯이 간호사며 의사며 의료 요원이 정신없이 오갔다. 결국 달라스와 리처드는 집에서 밤늦게야 다시 단둘이 남았다.

그의 말이다. "내가 떠날 채비를 하는데 달라스는 마치 오전의 대화를 이어 가듯 그 큰 양손으로 내 손을 꼭 쥐고 씩 웃으며 말했다. 그토록 다정하면서도 그토록 결연할 수가 없었다. '우리는 꼭 다시 만납니다!'"

5월 4-5일 토요일과 일요일

·

베키는 리처드가 다녀간 뒤로 "아버지의 다리가 너무 약해져 이 방에서 저 방으로 가려면 보행기를 짚고도 부축이 필요했다"라고 회고했다.

제인은 이렇게 덧붙였다. "남편도 자신의 필요를 인정했다. 게리 블랙이 이전에 제의하기를 우리에게 도움이 필요할 경우 자신이 바로 옆의 별채인 서재에 와 있겠다고 했었다. 그래서 내가 게리에게 전화했더니 그는 가족들과 상의하고 기도한 후에 차로 두 시간 거리를 당일에 왔다. 그날 오후에 알고 보니 게리는 췌장암으로 투병 중인 자기 할머니 곁을 지키다 왔다."

5월 6일 월요일

·

이튿날 제인과 게리는 예약된 시간에 달라스를 의사에게 데려갔는데 이것이 마지막 입원이 되었다. 갑자기 그는 먹지도 못하고 마시지도 못하게 되었다. 다음 단계에 대한 결정이 필요한 시점이었다. 달라스는 의료진에게 충분히 오래 살아 몇 가지 집필을 마치고 싶다고 말했고, 그들은 집에서 다시 정맥주사가 가능하도록 그의 몸에 말초삽입형 중심정맥관을 심어 주기로 했다.

제인이 의료진과 호스피스 관계자를 만나는 동안 달라스는 중심정맥관을 삽입할 준비 단계로 엑스레이실로 옮겨졌다. 그런데 누군가의 실수로 배선이 꼬였던 모양이었다. 결국 그는 세 시간도 넘게 혼자서 기다려야 했다. 제인이 찾으러 가보니 그는 기도하고 있었다.

제인은 "버림받은 느낌이었나요? '하나님, 어찌하여 저를 버리셨나이까?'라고 기도하고 있었어요?"라고 물었다.

그러자 달라스가 올려다보며 말했다. "아니, 하나님께 감사드리고 있었소. 비록 곁에 아무도 없어도 그분이 나를 버리지 않으셨음을 안다고 고백했소."

달라스는 자신의 일을 포기할 준비가 되어 있지 않았다. 그의 악화되는 병세를 전해 들은 스티브 포터는 마음에 감화되어 윌라드의 다른 두 제자—그레그 텐 엘쇼프와 애런 프레스턴—에게 연락해서 『도덕 지식의 실종』을 끝마치도록 달라스를 돕자는 생각을 알렸다.

그때 스티브는 이렇게 썼다. "달라스를 생각하노라니……이 미완의 일이 그를 괴롭히는 것 같고, 하나님이 자신에게 이 일의 완수를 원하신다고 느끼는 것 같다.……전에 교수님이 우리에게 했던 말이 생각난다. 자신이 과소평가했으나 항상 철학 운동과 변화는 같은 일에 힘쓰는 복수의 학자들을 통해 이루어진다고 했지.……그런 맥락에서 달라스가 알면 위로가 되지 않을까 생각된다. 스스로 못할 경우 자신의 도덕 지식 책을 완성하고자 헌신적으로 최선을 다할 제자들 몇이 있음을 안다면 말이다."

5월 7일 화요일

•

그레그와 애런도 좋다고 답해 왔다. 스티브는 모두의 제안을 담아 5월 7일 아침 베키에게 이메일을 보냈다. 그날 밤 베키가 보내온 답신에 보면 달라스는 그들이라면 할 수 있다고 확신하며 수락했고, "그 책의 실현을 돕고자" 자진해서 나서 준 그들에게서 큰 위안과 복을 얻었다.

5월 6일이 지나고 7일이 시작될 어간의 한밤중에 게리가 보니 달라스의 호흡이 약해져 있었다. 그는 침상으로 다가가 친구의 팔뚝에 손을 대서 맥을 짚어 보았다. 그러자 달라스가 고개를 돌려 그를 보며 "지금 벌어지고 있는 일을 자네에게 말해 주어야겠네. 자네도 준비되어 있도록 말이야"라고 말했다. 다음은 게리의 글이다. "그는 우선 자신이 현세와 내세 사이의 복도에 있다고 말했다. 그 복도에 우리를 사랑하는 이들이 생각보다 많다. 그는 말하기를 평생 사역하면서도 구름같이 둘러싼 허다한 증인(히 12:1)이란 성경의 표현을 어떻게 보아야 할지 정말 잘 몰랐다고 했다. 그 실재를 이해하고 믿으려고 했다. 믿고 싶었지만 어떻게 해석해야 할지 막막했다. '그런데 이제 알겠네.······정말 믿어져. 분명히 그들이 여기에 있거든'이라고 그는 말했다."

그날 오전에 게리는 병원을 떠나 수면을 취한 뒤 저녁 7시경에 다시 돌아왔다. 하루 종일 제인이 달라스 곁에 앉아 있었다. 저녁때 떠나면서 그녀는 게리에게 이튿날 아침에 달라스를 병원에서 집으로 옮기려는 계획을 설명해 주었다.

달라스를 보는 게리의 얼굴에 걱정이 묻어났던 모양이었다. 그는 달라스가 자신의 팔을 가볍게 두드리며 "괜찮으니 애태우지 말게. 나한테는 시작의 끝일 뿐이야"라고 말했다고 회고했다.

5월 8일 수요일

•

8일 이른 새벽에 가족들이 소집되었다. 달라스의 신체가 정지되고 있었기 때문이다. 다행히 정신은 온전하여 가족들과 마지막 작별을 나눌 수 있었다. 이어 그들은 좀 쉬었다 다시 나오도록 집으로 보내졌다.

새벽 4시 반에 간호사가 들어와 달라스의 몸을 돌려 눕혔다. 그 바람에 게리가 깼고 달라스도 몸을 움직이다 깼다. 게리는 달라스의 손을 잡았다. 달라스는 그를 보며 자신의 사랑하는 이들에게 전해 달라고 부탁했다. 그들이 자신에게 큰 복이었고 정말 고마웠다고 말이다. 이어 그는 네 사람의 이름을 대면서 자신이 기다리고 있을 테니 꼭 다시 만나자고 각자에게 말해 줄 것을 게리에게 당부했다.

이어 게리의 표현으로 "근간에 들어 본 가장 또렷한 목소리로 그는 고개를 약간 뒤로 젖히고 눈을 감은 채 '감사합니다'라고 말했다." 게리의 느낌에 자신에게 하는 말이 아니라 달라스가 병실 안의 다른 임재를 느끼고 그분께 하는 말 같았다.

달라스와 제인

그게 달라스 윌라드의 마지막 말이었다. 살아계셔 현존하시며 마침내 생생히 눈으로 뵙게 된 하나님께 그는 "감사합니다"라고 아뢰었다.

2013년 5월 8일 오전 6시가 되기 조금 전에 그는 숨을 거두었다. 그러나 연속되는 영적 존재이다 보니 본인은 한참 지나서야 그 사실을 알아차렸을 것이다.

달라스 윌라드가 되기까지

•

그로부터 수십 년 전 부부들을 위한 주말 수련회에 참석했을 때 달라스는 "내가 계속 살고 싶은 이유"라는 제목으로 제인에게 아래와 같은 편지를 썼다.

내 소중하고 사랑스러운 제인에게

계속 살고 싶은 이유를 당신에게 말하라는군요. 이유는 아주 간단합니다. 모험이 워낙 풍성하고 다함없이 흥미로워 그 지나가는 속도만큼 내가 빠르게 흡입할 수 없거든요. 어쩌다 시간이 좀 **나거나**(학기가 끝났거나 그럴 때) 혹 너무 바쁠 때라도 문득 하루를 지내다 보면 이런 생각이 들어요. 내 삶은 얼마나 놀랍도록 다채롭고 풍성한가. 내 연구실을 둘러싼 이곳, 사람들, **책들, 공부하고 생각할** 거리들, **가족들.**

그런데 지금만 그런 게 아니라오. 아름다움은 영원한 기쁨이며 내 머릿속에도 유년기와 그 이후의 아름다운 장면이 가득하답니다. 미주리 주 우드힐 일대와 이후의 하월 카운티와 오리건 카운티의 가을들. 초등학교 3학년을 갓 마쳤을 무렵 우드힐 집 서쪽의 작은 구릉진 초원에 퍼져 있던 거대한 호두나무들은 평생 그림처럼 눈앞에 생생하다오. 신기하기만 했던 시냇가의 물고기들, 해롭지는 않지만 쭈뼛 소름이 돋던 개울과 들판의 뱀들. 봄날이면 나뭇잎이 움트며 뿜어내는 연둣빛 사이로 박태기나무와 층층나무가 섞여 있었고, 아직 잎이 다 나오지 않아 멀리 숲속까지 다 보였지요.

그다음은 **책.** 아, 책들이여! 내 유년기 꿈의 세계는 얼마나 실존과 허구의 머나먼 곳들과 맞물려 나를 삶에 마냥 취하게 했던가요. 그래서 얼마나 뜨겁게 **말**을 사랑하게 되었던가요. 또 내 첫사랑들도 빼놓을 수 없겠지요. 시작은 초등학교 2학년 때 우드힐 우리 집에 기숙하던 교사였는데 이름이 미스 뭐였더라? 다음은 스케이트 선수 소냐 헤니. 다음은 5-6학년 때의 진짜 소녀다웠던 팻시였는데 내가 윌로우 스프링스로 이사 가느라 슬프게 떠났지요. 그리고 기타 등등.

그즈음(4-7학년 때)부터 진지한 신앙 감정이 싹터 하나님께 순복했고 속으로 "몹시" 고민하다 세례를 받았지요. 평소의 설교와 주일학교 공부 외에는 아무도 내게 그런 내용을 알려 주거나 말해 주지 않았는데도 말이오. 한동안은 사춘기답게 어느 정도 말썽도 부리고 한눈도 팔았지만, 그래도 아름다움과 책과 사랑하는 여성들과 하나님이 있었으니! 어찌 살고 싶지 않다고 **느끼거나** 삶의 의욕이 없으리오.……

나는 평생 엄청나게 큰 복을 받았소. 어려서는 막내인 덕을 보았는데 프랜 누나와 드웨인 형이 나를 돌보며 항상 "나도 끼워 주었지요." 어린 시절(초등학교 3학년 때까지) 그들은 나의 생명과도 같이 한없이 소중한 존재였다오. 자기들도 아이이면서 한 번도 나를 외면한 적이 없었으니까요.

그리고 마침내 가장 소중한 제인, **당신**이 있다오. 당신이 내 삶 속에 들어올 무렵 나는 오랜 세월 성인("어른") 여자들에게 거부당했다고 느끼던 때였소. 처음에는 내 대가족에서 그랬던 게 점점 바깥세상으로 퍼져 나갔지요. 돌아보면 딱하게도 나를 사랑했던 여자들이 있었는데(머릿속으로 알겠는데) 그때는 내 또래 여자들의 사랑이 보이거나 느껴지지 않았으므로 그들에게 반응할 수 없었답니다. 고등학교 1학년 때부터 테네시 템플 대학을 마칠 때까지 그런 여자들이 여럿 있었는데, 그들은 자기네가 상대하는 악조건이 노래 속의 인디언 목상木像인 콜리가 같음을 전혀 몰랐지요. "콜리가는 그저 외로이 서서 아직도 자기가 노송이기를 바라고 있네."

그래서 당신과 나는 신앙이라는 위장과 보호막 아래서 맺어졌습니다. 그게 아니었다면 나는 우리 사이의 사랑의 관계를 **생각조차** 못했을 겁니다. 특히 당신이 그토록 아름답고 재능이 많고 인기가 좋았기에 말입니다. 지금까지 은혜 덕분에 내가 당신에게 더 심한 상처를 입히지 않은 것도 사실이지만, 은혜 "때문에" 오히려 비인간적으로 굴기도 했습니다. 어찌해야 할지 모르거나 **애정으로** 행할 마음이 없을 때면 우리 관계의 기초인 신앙의 위력에 **의지**했으니까요. **자신의** 의식조차 초월하는 은혜가 아니었던들 어느 여자든 당신처럼 자질이 훌륭한 사람이 여태 나를 견딜 수 있었을지 심히 의문입니다. 그런데 당신은 견뎌 주었고, 그 사실과 거기서 파생된 모든 것으로 내가 계속 살고 싶은─그것도 **당신과 함께** 살고 싶은─이유는 충분히 설명됩니다.……

계속 당신과 함께 살고 싶은 이유는 당신이 예쁘고 똑똑하고 기품 있고 믿을 만할 뿐 아니라 선하기까지 하여 내 삶의 꽤 특이하고 (확실히) 도에 지나친 성격을 기꺼이 "받아 주기" 때문이오. 내가 아는 모든 여자 중에 이 모두를 합하여 **먼발치에서라도 당신을 따라올** 사람은 아무도 없소. 당신이 나의 사람이니 나는 얼마나 복된 자인가요! 우리 사이가 최악일 때조차도 이런 의식을 결코 다 잊지는 못한다오.

이미 족합니다! 그런데 이게 다 사실입니다.

사랑으로,

달라스

16.
치유의 빛

우리는 엄청나게 광대한 활동 영역에서, 상상할 수 없이 뛰어난 리더십 아래서, 한없는 생산성과 기쁨을 맛보며, 놀랍도록 창의적인 노력에 함께 몰두하게 될 것이다. 이것이 우리가 생각해야 할 우리의 숙명이다.

달라스 윌라드, 『하나님의 모략』

—

2014년 10월 25일에 나는 캘리포니아 주 챗스워스에 있었다. 이 전기를 쓰느라 제인 윌라드를 인터뷰하던 참이었고, 이튿날 아침에는 제인과 베키를 만나 달라스의 책과 문서를 더 받아 웨스트몬트 대학 도서관으로 옮기기로 되어 있었다. 그래서 근처 호텔에서 하룻밤을 묵기로 했다.

밤늦게 어느 식당의 옥외 탁자에 앉아 식사하고 있는데 옆에서 한 남자의 말소리가 들려왔다. 그는 방금 막 몇 블록 거리인 램프라이터 식당에서 월드시리즈 야구 시합을 보고 왔다고 했다. 그러면서 두 팀 중 하나의 아무개 간판선수가 자신의 가까운 친척이라고 자랑스레 말했다.

램프라이터라는 단어가 내 기억을 들쑤시며 주의를 사로잡았다.

내가 아는 그곳은 달라스 윌라드의 단골 식당이자 그가 누구든 원하는 사람과 수없이 만나 대화하던 장소였다. 나도 여러 번 가 보았는데 약간은 LA의 시골 미주리 같은 곳이었다.

10분의 대화, 25년의 기억

•

이어 그 남자는 오늘밤 램프라이터에 간 게 25년 만에 처음이었으나 챗스워스를 뜨기 전에는 거기가 자신의 단골이었다고 말했다.

백만 번에 한 번 있을까 말까 한 기회였다. 그래서 나는 대화에 끼어들어 그에게 예전에 그곳에 자주 다니던 달라스라는 사람을 기억하느냐고 물었다.

그의 대답은 너무 빨랐다. "물론 달라스라는 사람이 있었지요. 시트콤 '치어스'에 나오던 피터슨처럼 단골인데 존재감은 없었다고 할까요."

한때 유능한 심리학자였던 나는 그 순간 그 남자를 무시해 버렸다. 다른 달라스였던 게 분명했다. 실제로 그에게 월드시리즈에 출전하는 친척이 있는지도 의문스러웠다.

그래도 그에게 그 사람을 설명해 보라고 했더니 그의 설명은 54세 당시의 달라스와 정확히 일치했다.

"그와 대화를 몇 번이나 나누어 봤습니까?"

내 물음에 그는 "딱 한 번이었소. 10분 정도. 그래도 아직 기억 납니다. 그때 우리는 계산대 앞에 줄을 서 있었지요"라고 말했다.

"정말요?" 말하면서 또 의심이 들었다. "10분간 무슨 대화를 했기에 그토록 잊지 못합니까?"

"그야 신학과 철학과 형이상
학, 왜 우리가 여기 있는가 뭐 그
런 거였지요."

그는 25년 전에 달라스와 10
분간 나누었던 대화를 정말 기억
했던 것이다.

그때부터 본격적인 대화가 시
작되었다. 알고 보니 나의 새 친
구는 59세로 과거에 명문 기독교

• 달라스 윌라드와 게리 문

대학에 다니다가 중퇴했고, 사업에 성공한 뒤 한동안 영향력 있는
대형 교회의 장로로 섬겼고, 두 번 결혼하여 열다섯 살 아들이 있으
나 못 본 지 18개월이 지났고, 만성 통증과 싸우다가 10년도 더 전
에 하나님에 대한 신앙을 잃었고, 돈과 보험이 바닥났으며, 노숙자
가 되어 6주째 자신의 검은색 포드 승용차 안에 살고 있었다.

우리의 대화는 계속되었다. 도중에 내가 달라스의 네 가지 핵심
관심 영역을 나누기 시작했다. 그도 대학 때 철학을 전공하려고 했
었다니 **형이상학적 실재론** 같은 어휘에 거부감이 들 것 같지는 않았
다. 네 가지를 다 말한 후 그를 보았다.

나의 새 친구는 두 뺨에 눈물을 주르르 흘리고 있었다. 그러다
내 시선을 느끼고는 "내가 교회를 떠날 때는 이런 개념이 다 어디
있었단 말입니까?"라고 말했다.

이 만남은 내게 깊은 감명을 주었다. 신학과 철학에 대한 10분의
대화로 25년 후까지 기억될 수 있는 사람은 도대체 누구란 말인가?

달라스 윌라드는 이 세상에 놀랍도록 불온한 존재였고, 눈에 보

이지 않아도 누구나 열망하는 실재에 닿아 있는 듯했다. 이런 사람과 함께 있으면 불안에 이어 희망이 따라온다. 비가시적인 실재가 정말 실존하여 우리도 그 안에 들어가 우주의 가장 중요한 질문들에 대한 답을 얻을 수 있다는 희망이다.

예수의 꿈같은 말씀에 일치하게 살아간 이 사람을 보노라면 우리도 성경을 다시 읽고 싶어진다. 그러면 그동안 무엇을 놓쳤는지 알게 된다. 또 우리가 저서를 읽고 생애를 우러르는 이 사람이 항우울제 상표명을 딴 "프로잭 예수"가 아니라 무명 지역 출신의 실존 인간임을 깨닫게 된다. 그는 뼈아픈 실수도 범했으나 우리에게 '그가 하나님 나라에 들어갈 수 있다면 나도 할 수 있다'라는 중요한 진리를 믿게 해준다.[1]

달라스의 삶 가운데서 세 가지 이미지로 책을 매듭짓고 싶다. 이어 마무리 발언은 달라스의 표현으로 "뜨거운 마음의 교제권"에 들어선 백성 중 소수의 대표적 표본에게 넘기려고 한다.[2]

"내가 여기 있다. 너를 보고 있다. 너는 내가 책임진다"

•

2016년 5월 18일 수요일에 나는 산타바버라의 라 카사 데 마리아(마리아의 집) 수련원에 차를 주차하고 아내 레지나와 함께 차 안에 앉아 있었다. 우리에게 특별한 장소였다. 둘이서 30년 이상 방문해 온 성소였고, 내가 달라스에게 마지막 작별 인사를 한 곳이기도 했다. 예배실 근처 나무 벤치에 앉아서였다.

둘이서 깊은 대화에 빠져 있는데 우리 나이쯤 된 여자가 운전석 쪽으로 다가와 창문을 두드렸다. 그녀는 우리가 차를 후진하려는 게 아닌지 확인했다. 설명을 들어 보니 10년 넘게 거의 날마다 개를 데리고 거기로 놀러 나오는데 개가 장님이라 우리가 차를 빼도 보지 못한다는 것이었다.

주차한 상태로 오래 있을 것이고 움직일 때는 반드시 알려 주겠다고 그녀를 안심시켰다. 그리고 다시 대화로 돌아갔다. 그런데 얼마 후에 뒤쪽에서 규칙적으로 무언가 긁히는 소리가 났다. 앉은 채로 고개를 돌려 보니 상상 밖의 일이 벌어지고 있었다.

중간 크기의 개는 하얀 단색 옷을 입고 있었다. 눈이 파란색 같았으나 시각장애로 가려져 있는지는 잘 보이지 않았다. 지켜보니 여자는 뒷걸음질로 달리면서 커다랗게 8자 모양을 그렸다. 그러면서 자갈과 낡은 아스팔트에 발을 질질 끌어 개에게 들리게끔 긁히는 소리를 냈다. 입에 테니스공을 문 개는 주인을 바짝 따라가려고 하면서 기쁘게 웃고 있는 듯했다. 여자도 반려견에게 미소를 보내며 "내가 여기 있다. 너를 보고 있다. 너는 내가 책임진다"라고 말했다.

사랑으로 맞추어 주는 그 우아한 동작을 보다가 우리 눈에 눈물이 맺혔다. 이어 하나님의 이런 말씀이 들려오는 듯했다. "너는 개이고 나는 주인이다. 나는 네가 무엇이 정말 실재인지 볼 수 없음을 안다. 너는 온 사방과 나를 볼 수 없다. 그러나 너는 내 소유다. 내가 너를 사랑한다. 너에게 들리게끔 소리를 낼 테니 나를 따라오너라. 내가 여기 있다. 너를 보고 있다. 너는 내가 책임진다."

즉시 달라스를 추동한 네 가지 관심사와 주요 메시지가 떠올랐다. 그가 깨달았듯이 우리가 사는 세상에 우리 주인께서 실재하시나 우리 눈이 가려져 그분을 볼 수 없다. 우리가 장님이라 그분의 임재를 보지 못한다. 그런데 하나님 나라의 왕께서 우리를 보고 미소 지으시며 다른 방식들로 그분의 임재를 느낄 수 있도록 우리에게 맞추어 주신다. 그러면서 "내가 여기 있다. 너를 보고 있다. 너는 내가 책임진다"라고 속삭이신다.[3]

고장 나지 않을 토끼가 필요하다

•

나 자신이 눈먼 개이고 하나님은 내게 맞추어 주시는 사랑의 친구라고 생각하니 달라스가 오랜 지인 밥 버포드Bob Buford에게 해준 이야기가 떠올랐다. 저서 『하프타임의 고수들』Finishing Well에 밥은 인생을 잘 살다가 잘 마무리하는 법을 꿰뚫어 본 다양한 사람을 인터뷰했다. 달라스와 나눈 대화는 "더 없습니까?"라는 제목의 2장에 실려 있다.

먼저 서두에 톰 모리스Tom Morris의 말이 인용된다. "현대 사회 최대의 정체감 혼란은 공적인 성공의 네 가지 표지인 돈, 권력, 명예, 지위와 맞물려 있다." 이어 버포드가 이런 뜨끔한 말로 그 장을 연다. "성공은 만족을 주기보다 오히려 더 닦달하는 것 같다.……성공을 좇다 보면 쉼이 허용되지 않는다. 성취감은 매번 목표를 달성하는 순간 증발해 버리는 듯하고 즉시 다른 목표를 찾으려는 욕구가 고개를 쳐든다." 이 쳇바퀴에서 뛰어내릴 방도는 있는가?[4]

버포드는 일련의 질문으로 달라스를 논의에 끌어들인다. 몇 단락 뒤에 시골 출신의 이 철학자가 이런 비유를 내놓는다.

내가 아주 좋아하는 이야기 중에 플로리다 주에서 벌어지는 개 경주가 있습니다. 개들을 훈련시켜 전기로 작동하는 토끼를 쫓게 하는데 그 날 밤에는 토끼가 고장 나는 바람에 개들이 토끼를 잡았습니다. 그러자 개들은 어찌할 바를 모릅니다. 그저 사방을 날뛰며 컹컹 짖어대고 서로 물어뜯었지요. 막상 그런 일이 벌어지자 완전히 혼란에 빠진 겁니다. 내 생각에 온갖 부류의 인간이 자기 삶의 토끼를 잡고 나서도 똑같은 일이 벌어집니다. 토끼가 재물이든 명예든 미모든 큰 집이든 무엇이든 그들은 그때부터 어떻게 살아야 할지를 모릅니다. 이것이 나쁜 마무리의 큰 요인으로 작용합니다. **고장 나지 않을 토끼가 사람들에게 필요합니다.** 그런데 이 세상의 피상적인 가치관은 그들에게 정말 그것을 줄 수 없습니다.[5]

그러자 버포드는 "토끼가 고장 나지 않으려면 어떤 속성을 갖추어야 합니까?"라고 질문한다.

달라스는 "우선 개인의 삶을 초월하는 무엇과 연결되어 있어야 합니다"라고 답한 뒤 단순한 처방을 제시한다. "우리의 남은 인생을 분명히 선하고 인류에게 유익한 일에 바쳐야 합니다. 특히 우리 주변에 사는 사람들의 유익이 되겠지요. 일생을 바쳐 그들의 행복을 증진해야 합니다."

그의 말은 이렇게 계속된다. "그런데 이런 식의 '의미'와 '성공'을 이루려면 '순복'이 요구됩니다. 내 생각에 성공의 조건을 고수한 채로는 제대로 순복할 수 없거든요. 포기해야 합니다. 먼저 이 다른 선善에 자신을 순복해야 합니다. 그렇게 해야 지금 말하는 참 의미를 얻을 수 있습니다."[6]

그런 순복에 이르기가 왜 이토록 어려울까? 달라스에 따르면 우리 대부분은 모든 종류의 죽음과 특히 통제권을 쥐려는 자아의 죽음을 두려워하며, 바로 지금 낙원이 실제로 진행 중임을 믿지 않는다.

그러나 기꺼이 순복하고 눈먼 개가 되어 보이지 않는 친구의 목소리를 따라가는 이들은 영생의 기쁨을 얻는다. 마침내 자신이 고장 나지 않을 토끼—그리스도의 임재 안에 교제하는 삶—를 쫓고 있음을 알게 된다.

누구나 집으로 돌아갈 수 있다

•

마지막 이미지가 하나 더 있다. 오래전에 나는 어느 탁월한 강사가 노먼 록웰Norman Rockwell의 유명한 그림 "집을 떠나며"Breaking Home Ties를 분석하는 말을 들은 적이 있다.

그의 말이다. "이 젊은이의 얼굴을 보라. 기대에 차 들뜬 모습이다. 그는 휘둥그레진 눈으로 저만치 먼 곳을 응시한다. 너무 크다 싶은 빨간색 넥타이가 빳빳한 흰색 셔츠 바깥으로 나와 있다. 환한 색깔로 '주립대학'이라고 적힌 세모난 깃발이 그의 낡은 가방을 장식하고 있다. 그는 부활절 일요일의 허클베리 핀처럼 보인다.

그런데 이 다른 인물을 보라. 아마 아이의 아버지일 것이다. 그는 흙투성이 트럭의 발판에 아들 곁에 앉아 있다. 얼굴은 풍상에 시달려 구릿빛으로 그을렸고 위아래 한 벌로 된 농부의 빛바랜 능직 작업복 차림이다. 시선을 땅바닥으로 내리깐 채 손에 아들의 모자를 쥐고 있는데 아마 어떻게든 아이를 조금이라도 더 붙들어 두려는 심산일 것이다. 참나무통에 늘어뜨려진 커다란 빨간색 손수건은 다음번 기차의 정차를 요청하는 신호다."

실내에 가득한 교회 지도자들은 시골 위주의 작은 교단 소속이었는데, 바로 그들과 함께 강사는 이 그림을 통해 잃어버린 세대—대학으로 떠나 다시는 집으로 돌아오지 않은 젊은 세대—를 슬퍼하는 중이었다. 그런데 이 이미지가 지금의 내게는 달라스의 아주 특별한 일면을 보여준다.

많은 사람들이 "집을 떠나며"를 아마도 양자택일이라는 일방통행으로 본다. 아이는 집을 떠나 새로운 생활방식과 세계관을 습득한다. 집에는 돌아오지 않는다. 그러나 달라스의 일생을 돌아볼 때 어쩌면 가장 특이한 점은, 그가 실제로 농장과 시골 교회를 떠나 대학으로 갔지만 동시에 떠나고도 떠나지 않을 수 있음을 입증했다는 것이다. 우리는 옛것을 버리지 않고도 새것을 배울 수 있다. 고전적 질문에 현대식 방법론을 적용할 수 있다. 고대 기독교의 개념을 현대 교회에 접목할 수 있다. 교회의 회중석에는 보이지 않는 나라를 간절히 믿으려는 이들이 모여 있다.

꼭 이것 아니면 저것을 선택할 필요는 없다. 심지어 "양쪽 다"를 넘어서는 삶도 가능하다. 가장 발길이 잦은 그 두 길 너머에 다른 길이 있다. 그 길에 이어지는 실재의 차원이 우리 모두를 에워싸고 있다. 그 실재는 "내가 여기 있다," "너를 보고 있다," "너는 내가 책임진다"라고 속삭인다.

예술가처럼 산 사람

•

10분간의 대화를 생생히 기억했던 램프라이터의 그 남자는 달라스가 이 세상을 지나가면서 깊은 영향을 미친 많은 이들 중 하나에 불

과하다. 달라스는 각계각층의 사람들을 만났고 누구도 차별한 적이
없었다.

우선 주지사 존 케이식John Kasich 같은 이들이 있다. 나는 그가 대
통령 출마를 선언하기 불과 몇 달 전에 그와 대화했다. 기억할지 모
르지만 그는 2016년 공화당 예비선거에서 남달리 성숙한 책임감을
보여주었다.

존 케이식이 접한 어느 팸플릿에 달라스 책의 한 구절이 인용되
어 있었다. 그는 "삶의 잠재력에 대한 희망과 열정의 문이 새로 열
리는 것 같았다"라고 회고했다.

그는 전화를 많이 걸어 달라스의 논지를 확인해 보지 않을 수
없었는데, 그때마다 옳다고 판명되었다. 그의 말이다. "이것은 기쁜
소식이었다. 나에게 모든 것이 너무 좋게 들렸기 때문이다.……하
나님과 연결되면 그 실재하는 삶과 실재하는 능력을 누린다. 이생
에서 실시간에 체험한다.……그의 조언이 선하다고 확신한다. 사람
이 공의와 사랑이신 그분의 뜻에 일치되어 이를 선하게 활용한다고
상상해 보라. 그 실재하는 능력을 가로막는 이기심과 자존심을 버
리고서 말이다."

존은 달라스와의 대화에 나섰고 그는 늘 응했다. 둘은 여러 번
전화 통화를 했다. "제자가 스승과 대화하는 심정이었다. 마냥 기뻐
서 친구들에게 자랑했다."7

오하이오 주지사인 그는 달라스의 장례식에 아름다운 화환을
보냈다.

이어 달라스의 제자들과 동료들이 있는데, 이미 언급한 보스턴
대학교 철학 교수 월터 호프도 그중 하나다. 달라스가 월터에게 소

개한 것은 후설 이상이었다. 이 스승과 함께 보내면서부터 월터에게 유신론 자체가 훨씬 신빙성 있어 보였다. 그런 말을 달라스에게 했었다고 그는 회고했다. "점차 그런 생각이 듭니다. 제가 접하고 있는 이 놀라운 실재가 나와 무관하게 자체적으로 정말 실존한다고 말입니다. 이것은 내가 지어낸 것도 아니고, 언어의 산물도 아니고, 나의 관념도 아니며, 우리가 세상에 억지로 갖다 붙이는 무엇도 아닙니다. 적어도 제게는 큰 변화입니다."

달라스는 미소로 수긍하며 "이 정도의 관념이면 앞으로 평생 자네에게 파문을 일으킬 걸세"라고 말했다.

정확히 그 말대로 되었다.

달라스가 세상을 떠난 지 몇 달 후부터 월터는 성경을 읽고 기도하기 시작했다.

내 안에 심겨졌던 씨앗이 싹을 틔웠다. 정작 그렇게 된 때는 안타깝게도 달라스에게 더는 알릴 수 없게 된 후였지만 어쨌든 분명한 변화였다. 그가 살아간 방식과 사랑한 방식, 그만의 스타일이 자꾸 생각났다. 그는 예술가처럼 살았다. 베토벤 음악이 귀에 익으면 점차 스타일만 듣고도 알아차릴 수 있다. 사람에게도 각자 스타일이 있다. 총체적 표현 양식이자 말하고 움직이는 방식이다. 달라스의 스타일은 내게 모든 면에서 모범 인간의 흔적을 남겼다. 그의 영향력은 사후에도 내게 지속되었다.

달라스와 그의 사상은 사람들의 삶에 파문을 일으켰다.

콜로라도 주의 작은 농장에 거주하는 레이시 보고Lacy Borgo도 그중 하나다. 그녀는 "우주가 더없이 안전하다는 그의 사상이 내 삶을 완전히 교란했다"라고 회고했다.

그 말을 처음 읽던 때가 기억난다. 하나님이 철저히 우리를 위하시며 따라서 그분의 모든 창조세계가 우리에게 유리한 쪽으로 기울어져 있다는 것이다. 그 개념은 내가 보기에 틀렸거나 기껏해야 미친 소리였다. 어려서부터 내가 배운 내용은 전부 그 반대였다. 그 무서운 의식 구조가 내 자아상과 죄의 뿌리였다. 이를 버리려면 기존의 나와 내 죄의 습성을 버려야 했다. 하나님이 선하시며 세상에 선이 있다고 믿는다는 것은 위험한 자유였다.

그래도 그녀는 그 사상 속으로 들어가려고 했다. 이 새롭고 안전한 실재 속에 산 지 어언 15년이 지난 지금 그녀는 어느 노숙자 재활 시설에서 아이들의 영성 지도자가 되었다. 아이들의 고민과 두려움을 들어주는데, 그녀에 따르면 그렇게 함께 듣다 보면 "때로 그들을 관계 속으로 부르시는 선하신 하나님의 음성이 우리에게 들려온다. 우리는 함께 세상 속에서 하나님의 지문指紋을 찾는다. 그들의 삶 속에서 진선미를 찾는다."

달라스의 사상에 감화를 받은 레이시는 어린이와 가정을 위한 영성 훈련 교재를 저술했다. 그녀가 레노바레 사역팀 앞에서 그중 한 과를 낭독하던 날 나도 그 자리에 있었다. 달라스는 다시 주일학교 반의 아이가 된 듯 의자에 앉아 있었다. 레이시의 낭독이 끝나자 달라스의 뺨에 눈물이 주르르 흘렀다.

달라스의 학문적 자녀와 생물학적 자녀가 하는 일도 빼놓을 수 없다. 그의 박사과정 제자인 애런 프레스턴은 발파라이소 대학교에서 미래의 철학자들을 가르치고 있으며, 달라스의 다른 두 제자인 스티브 포터와 그레그 텐 엘쇼프로 더불어 스승의 대표작인 『도덕 지식의 실종』을 완성하고자 지칠 줄 모르고 일해 왔다.

애런은 달라스를 떠올리며 이렇게 말했다. "그를 생각할 때마다 두 가지 대사가 떠오른다. 첫째는 요한복음에 나오는 '그 사람이 말하는 것처럼 말한 사람은 이때까지 없었나이다'(요 7:46)라는 말이다. 둘째는 플라톤이 『파이돈』 종결부에 소크라테스를 '내 평생 알았던 가장 선하고 지혜롭고 의로운 인간'이라고 표현한 말이다."

달라스의 가르침에 따르면 우리의 일은 각자가 평생 이룰 수 있는 선의 총합이며 가족은 그 선의 중요한 부분이다. 아직 진행 중인 달라스의 일 중에 그의 아들 존과 딸 베키가 있다.

아들 입장에서 아버지를 속속들이 다 본 존 월라드도 달라스가 자신이 알았던 "가장 선하고 지혜롭고 의로운 인간"이라는 애런 프레스턴의 평가에 동의했다.

존은 또 달라스가 심어 준 믿음의 씨앗이 그의 사후에야 싹을 틔웠던 월터 호프의 애석한 마음에도 공감했다. "부모님의 감화로 늘 나의 목표는 지극히 '선하고 인류에게 유익한' 일을 **많이** 이루는 것이었다. 그래서 내 꾸준한 노력으로 그리스도 안에서 많은 열매가 맺히기 시작할 때 정작 아버지가 내 곁에 함께할 수 없어 못내 아쉽다. 나를 대견해 할 그 모습을 보고 싶고, 나를 향한 아버지의 사랑과 희망을 다시 한 번 그 얼굴에서 보고 그 목소리로 듣고 싶은데 말이다."

존은 또 "내 지능과 고운 심성에 대한 아버지의 칭찬을 소중히 간직하고 있다. 부모님은 내게 건전한 사고를 길러 주었고, 사람이 세상에서 행할 수 있는 모든 선에 대한 열정도 심어 주었다. 결코 나를 포기하지 않고 내 평생 두 분이 전적으로 나를 지원해 주었다"라고 회고했다.

존은 아버지의 책 출간을 여러 번 도왔고, 지금도 그의 미간행 원고를 더 많이 펴내고자 집안을 돕고 있다. 부모가 USC 근처에 장만했던 학생용 하숙집도 그가 25년간 관리했고, 이제는 윌라드 가산과 어머니를 돌보는 데 힘을 보태고 있다. 현재 존은 달라스와 제인이 20년 넘게 다닌 교회에 출석한다.

달라스의 딸 베키 윌라드 히틀리는 이렇게 썼다. "아버지가 나를 무조건 사랑한다는 것을 늘 가슴 깊이 느꼈다. 어렸을 때부터 아버지는 나와 내 생각을 남달리 존중해 주었다. 나중에 알고 보니 아버지는 우리 큰어머니 버타의 가정에서 그 모본을 보았다. 누군가에게 이런 사랑을 받으면 자신도 똑같이 사랑으로 보답하고 싶어진다."

베키는 자신이 열여섯 살 때 부모님이 걱정하지 않고 자는 줄로 알고 아주 늦게까지 밖에 있었던 일을 회고했다. 그런데 차를 몰고 집 앞에 들어서니 아버지의 서재에 불이 켜져 있었다. 왜 여태 깨어 있느냐고 물었더니 그는 "나는 네가 집에 들어오기 전에는 잘 수 없다"라고 대답했다. 베키의 말이다. "너무 미안해서 다시는 아버지에게 그러지 않겠다고 속으로 다짐했다. 물론 그날 밤 벌칙으로 얻은 통금 시간도 도움이 되었다! 하지만 통금 조치마저도 분명히 나를 사랑하는 마음에서 내려졌고, 그게 온 가족에게 최선이라는 인식으로 이루어졌다."

여러 해 후에 달라스는 이렇게 가르쳤다. "사람들이 이렇게 서로 사랑하면 자급자족의 동심원이 생겨나서 인간의 기준으로 그 안에서 완전히 충족해진다. 그런 동심원 안에서 깊이 사랑받으며 자란 아이들은 무슨 일이든 견뎌 낼 수 있다."[8] 베키는 "그런 사랑을 주고받는 것이 아버지의 유산 중 내가 딸에게 가장 전수하고 싶은 선물이다. 아버지에게 배운 대로 나도 라리사를 사랑하고 싶다"라고 덧붙였다.

현재 베키는 아버지의 정신적 유산을 지속시키고자 웹사이트 (dwillard.org)와 SNS를 통해 그의 사상과 개념을 세상에 보급하고 미간행 원고의 출간을 도우며, "달라스 윌라드 사역재단" 및 "기독교 영성 형성을 위한 달라스 윌라드 센터"와 공동으로 노력하고 있다.

달라스의 네 가지 핵심 관심사의 영향은 노숙자에서 주지사, 박사학위 논문 지도교수와 어린이 영성 지도자에 이르기까지 세상의 수많은 그의 "아들딸"을 통해 계속 파문을 일으키고 있다. 이런 이야기를 더 접하려면 이 전기의 자매편으로 달라스의 친구 30명이 그에게 바친 헌사인 『영원한 삶: 달라스 윌라드가 가르친 신앙과 영성 형성의 고찰』*Eternal Living: Reflections on Dallas Willard's Teaching on Faith and Formation* 을 읽어 보면 된다. 또는 그의 박사과정 제자 31명 중 하나, 풀러 신학교에서 그에게 사역과 영성 과목을 수강한 사역자 7백여 명 중 하나, (지금도 계속되는) 레노바레 연구소나 "도제 체험" 같은 많은 프로그램의 수료자 3백 명 중 하나, 달라스와 제인이 "세상의 우리 아이들"이라 부르며 날마다 기도해 준 사람들 중 하나를 추적해 보아도 좋다. 아니면 거울 속의 자신을 보아도 될지도 모른다.

달라스의 말과 사상은 온 세상에 파문을 일으키며 새로운 가능성으로 사람들의 삶을 뒤흔든다. 이번 장을 쓰는 동안 전혀 몰랐던 사람으로부터 이런 이메일을 받았다.

달라스 윌라드는 하나님을 대하는 나의 관점을 송두리째 바꾸어 놓았습니다. 그게 무슨 의미인지 이메일로는 표현하기 어렵네요. 달라스가 사람들이 자신에게 열광하는 것을 싫어한 줄은 알지만, 2012년 여름에 우연히 접한 몇 편의 유튜브 동영상이 아니었다면 지금 내가 하나님과 그리스도인의 삶을 어떻게 바라보고 있을지 솔직히 모르겠습니다. 하나님에 대해 말하는 그의 동영상을 보며 달라스가 누구인지도 처음 알았어요. 그를 만난 적은 없지만 아주 최근에 그의 제자 한 사람을 만났습니다. 그가 아직 살아 있다면 좋겠네요. 그에게 물어 보고 싶은 게 수없이 많거든요.

만사를 관통하고 있는 기쁨

•

달라스의 가족들과 가까운 친구들을 위한 조촐한 추도 예배에서 몇 편의 훈훈한 추도사에 이어 잊기 힘든 동영상이 상영되었다. 그로부터 불과 두 달쯤 전에 존 오트버그와 달라스가 나눈 대화를 녹화한 것이었다.[9] 그날 달라스가 기쁨에 대해 했던 말은 자신의 장례식에 대한 예언이 되었다. "기쁨이 만사를 관통하고 있음을 아는 것은 정말 중요합니다. 기쁨이 만사를 관통하고 있습니다. 세상을 떠나는 순간을 큰 기쁨의 순간으로 기대하는 것도 중요하고요."

동영상 끝부분에 달라스는 눈물을 글썽이며 감정에 겨운 목소리로 존 헨리 뉴먼의 옛 찬송가 「내 갈 길 멀고 밤은 깊은데」에서 한 소절을 인용한다. "밤 지나고 저 밝은 아침에 기쁨으로 내 주를 만나리."

감격하여 떨리는 목소리로 그의 말이 이어진다.

"이것이 연속성입니다. 정말로 삶은 연속적입니다. 이미 우리는 하나님의 활동과 임재 안에서 그분의 사람들과 함께 살고 있습니다."

화면이 흐려지면서 스티브 애머슨의 노래로 「마침내 본향에」가 흘러나온다.

강 건너 올라서니 천국이고
손을 잡으니 하나님 손이며
새 공기 들이쉬니 천상이고
영광 중 깨어나니 본향이라![10]

달라스가 수많은 사람들에게 해주었던 기도로 책을 맺는다. "뜨거운 마음의 교제권"에 합류하라는 놀라운 초청이다.

여러분의 삶에 기쁨과 능력이 넘쳐 나기를, 초자연적 결과가 풍성하기를, 여러분 앞에 펼쳐진 하나님의 세상에서 끝없는 삶을 늘 또렷이 보기를, 여러분이 날마다 하는 일이 영원히 의미 있기를 기도합니다. 찬란한 삶을 거쳐 찬란한 죽음에 이르기를 기도합니다.

내가 [배워야] 했듯이 중요한 것은 내가 무엇을 이루느냐가 아니라 어

떤 사람이 되느냐다.……하나님이 나의 일생으로부터 얻으시는 것은
내 성취가 아니라 됨됨이다.[11]

후기

일찍이 달라스는 이렇게 썼다. "'평범함'에 고이 간직되어 온 비밀은, 그것이 하나님을 담는 그릇, 곧 하나님의 생명이 흘러나오는 처소가 된다는 것이다.……어린 꼬마에서부터 노인에 이르기까지 모든 사람이 어떻게든 **특별한** 존재가 되어 자기만의 독특한 흔적을 남기거나, 그마저 안 될 때는 잠시만이라도 타인의 생각 속에라도 그렇게 남고 싶어 하는 이유가 바로 거기에 있다."[1]

달라스의 생애가 중대하고 그의 전기를 읽는 것이 가치 있는 이유는, 그의 일생 자체가 아주 보기 드물게 하나님을 담는 그릇, 곧 하나님의 생명이 흘러나오는 처소가 되었기 때문이다. 그렇다고 그 **평범한** 측면이 상쇄되지는 않는다. 게리가 밝혔듯이 평생 그는 어린 나이에 어머니를 잃은 미주리 주 시골 출신으로, 종이 접시에 담은 시골 음식을 즐겨 먹었다. 이처럼 지극히 보통 사람이었기에 오히려 그의 **특별한** 부분이 더 놀랍기만 하다.

그것이 선물이 되어 그는 누구의 삶에서든 특별한 속성을 볼 줄 알았다. 언젠가 나는 달라스와 함께 점심을 먹을 때 당시 여섯 살쯤 되었던 내 아들을 식당에 데려간 적이 있었다. 달라스에게 혼과 영의 차이를 설명해 달라고 부탁하고 있는데 아이가 부산해졌다. 내가 사과하려고 하자 달라스는 말을 막으며 "이 식탁에서 가장 중요한 사람은 이 아이라오"라고 말했다.

이런 말이 그에게서 늘 끊이지 않았다. 다른 입에서 나오지 못할 문장이 그의 입에서는 다반사로 나왔다. 그가 똑똑하거나 경건해 보이려 해서가 아니라 순전히 그의 세계관의 산물이었다. 이런 "특별한" 면은 그에게 늘 확연한 즐거움과 평정심과 경이와 장난기와 여유를 더해 주어, 주변 사람들에게까지 각자의 **특별함**을 좀 더 실감하게 해주었다.

이 특별함은 그의 몸으로까지 번져 남달리 느긋하고 선량한 자태가 자연스레 배어 있었다. 달라스가 가끔 말하거나 글로 썼듯이 사람은 나이가 들면 영혼의 아름다움이 겉으로 비쳐 나온다. 그는 도로시 데이Dorothy Day나 골다 메이어Golda Meir, 테레사 수녀를 예로 들며, 그들은 들의 백합화처럼 "권력과 문화의 중심지에서 개막식 행사나 시상식 만찬에 참석하는 긴장한 숙녀들과 맥없는 신사들"이 부러워할 수밖에 없는 아름다움으로 빛났다고 말하곤 했다. 아마도 스스로 아름다워지지 않고는 아름다움을 일관되게 알아볼 수 없다는 뜻일 것이다.

달라스의 생애와 작품이 그동안 어떤 영향을 미쳤고 앞으로 어 떠할지는 말하기 어렵다(달라스 자신부터 그렇게 말할 것이다). 학문의 영역에서 보면 그는 철학계의 존경받는 일원이었고, 복음주의 인물로서는 미국의 학계에 영향력이 큰 편이었다(이 자체가 딱히 격찬은 아니다). 그가 강하게 고수했던 많은 핵심 사상들은 유행에 뒤떨어졌고 가까운 장래에 유행할 일도 없을 것이다.

교회의 영역에서 그의 영향력은 놀랍도록 널리 퍼졌지만 그래도 넓이보다는 깊이로 더 잘 알려졌다. 그의 책을 읽는 많은 이들이 비슷한 반응을 보인다. 즉 "무조건" 믿어야 하는 줄로만 알았던 내용이 비로소 다른 어떤 대안보다 더 이치에 맞고, 알고 보니 하나님이 생각보다 더 좋으신 분이며, 지적인 자유를 경험해 보니("예수는 진리가 어디로 인도하든 진리를 따라야 한다고 말씀하실 분이다") 의심을 피하려고 안간힘을 쓸 때보다 사고와 삶의 닻이 훨씬 깊어졌다는 것이다.

그의 사상이 위력 있는 한 가지 이유는 여러 학문 분야를 넘나들면서도 고도의 명쾌성을 지향하기 때문이다. 로버트 소콜로우스키Robert Sokolowski에 따르면 현상학 전통에서 모호성이란 무지나 오류가 아니라 잘 알지도 못하면서 발설하는 말이다. 달라스는 남달리 모호성에 맞서 싸웠다. 그래서 그가 집필한 "하나님 나라"의 개념에는 신학 문제에 대한 인식뿐 아니라 의지와 인격의 본질에 대한 철학과 심리학의 깊은 고찰까지 탄탄하게 깔려 있다. 이 모든 결과로 나온 그의 사상 체계는 전통적 조직신학을 전혀 닮지 않았으면서도 유기성과 통일성이 있어 독특한 방식으로 삶과 신앙에 빛을 비추어 준다.

또 덕분에 그는 예수의 인격과 방식에 철저히 헌신하면서도 포용적 접근으로 모든 인간을 품을 수 있었다. 우리는 삶의 방식을 알고 싶고 알아야 할 사람으로서, 다른 모든 인간과 나란히 함께할 수 있다. 그래서 결코 "우리 대 그들"이 아니라 항상 "더불어 우리"가 될 수 있다. 교회도 세상도 진리를 바로 알기만 하면 "타자"를 대적하지 않고 연대할 수 있다.

이 모두도 물론 매우 중요하지만 가장 중요하지는 않다. "하나님이 여러분의 일생으로부터 얻으시는 가장 중요한 것은 여러분이 어떤 사람이 되느냐. 여러분이 자신의 일생으로부터 얻는 가장 중요한 것도 똑같다."

달라스가 가장 크게 기여한 바는 바로 그의 됨됨이이며 우리도 다 마찬가지다. 영혼이 그 경지의 인격을 향해 나아가는 과정이 이 책의 핵심이다. 중세 시대에 영혼의 변화는 주로 두 가지 은유로 표현되었다. 하나는 여정이었고(몇 세기 후에 나온 『천로역정』[Pilgrim's Progress]을 생각해 보라) 또 하나는 비금속을 금으로 연단하는 연금술이었다. 달라스가 "하나님과 함께하는" 삶을 경험하고 고찰한 것도 지극히 평범한 삶의 과정 속에서였다. 미주리 주의 척박하고 자질구레한 유년기, 남편과 아버지와 교수와 작가 역할의 터득, 고생과 의문과 배움과 일과 놀이와 사랑 등을 통해서였다.

그를 만난 사람들이 보기에 그는 하나님 나라의 실재를 흘려보내는 도관이었다. 그가 완벽해서가 아니었다. 그는 남을 경멸하는 문제로 씨름했다고 가끔씩 스스로 폭로할 사람이며, 몇몇 주변 사람이 죽어 버린다 해도 알 바 아니라고 생각한 적도 있었고, 아버지로서 자신의 행동을 후회하기도 했다.

그런데 우리 대다수와는 달리 하나님의 실재와 임재가 그에게는 눈에 보일 듯 또렷했다. 작은 세포와 신경 연접부의 차원에까지 스며들었다. 그는 도무지 서두를 줄을 몰랐고 험담에는 아예 흥미를 못 느꼈다. 집에 찾아오는 손님을 그는 길가까지 전송하며 작별하곤 했는데, 설령 그가 **축복**이란 단어를 쓰지 않았어도 왠지 상대는 자신이 경험한 일이 바로 축복임을 알았다.

그래서 그의 존재는 계속된다.

평범함의 비밀은 그것이 하나님을 담는 그릇, 곧 하나님의 생명이 흘러나오는 처소가 된다는 것이다.

박스 캐니언 부근의 챗스워스에 그런 사람이 하나 있었다. 우리 가운데 그런 사람이 얼마나 더 숨어 있을지 누가 알겠는가. 램프라이터가 이렇게 물을지도 모르겠다. 여러분이라고 그런 사람이 못 될 이유가 무엇인가?

존 오트버그

윌라드 일가의 편지

달라스가 우리 곁을 떠난 지 얼마 되지 않아 게리 W. 문이 우리에게 이 전기의 제작에 동참해 줄 것을 마틴 연구소와 달라스 윌라드 센터와 함께 청해 왔다. 윌라드 센터와 공동으로 달라스가 작업 중이던 다큐멘터리가 있었는데, 이 책도 그 일의 연장이 될 것이라고 했다. 다만 우리 중 누구도 이것이 얼마나 어려운 작업이 될지 몰랐다. 그때 우리는 남편과 아버지의 사별을 애도하는 와중에 달라스 윌라드의 유작 관리자라는 새로운 역할에 적응하기 시작하던 차였다. 이 책에 제시된 정보를 수집하느라 게리가 얼마나 넓고도 깊게 출장과 인터뷰와 자료 조사에 몰두하게 될지도 우리는 몰랐다.

캘리포니아와 미주리 쪽의 달라스 집안은 달라스 삶의 새로운 면을 서로 배우는 가운데 즐거이 게리에게 협력했다. 많은 시간에 걸쳐 정보를 수집하고 추억을 나누다 보니 달라스와 함께 살 수 있었던 특권이 무한히 감사하게 여겨졌다. 동시에 이 웅대한 인물을 전기의 제한된 지면으로 압축해야 한다는 도전도 느껴졌다. 우리는 달라스의 풍성한 기쁨과 온유, 지혜, 너그러움을 직접 경험하는 복을 누렸다. 미주리 주 시절에 그가 생생한 믿음과 기도 응답과 음악과 온정이 있던 집안에서 자라난 성장담도 우리에게 소중히 남아 있다. 그의 익살맞은 말, 열심히 일하던 모습, 목공과 원예 솜씨, 농장에 빗댄 비유 등이 그립다.

이런 다채로운 기억과 사건의 팔레트에서 게리는 불가능에 가까운 일을 떠맡아서 달라스 삶의 어떤 면을 부각시키고 어떤 면을 부득이 생략해야 할지를 선별했다. 우리라면 다른 사건들을 택해서 이야기의 색조를 더 밝게 했을지도 모르지만, 우리와 함께했던 시절의 달라스가 이 책에 아주 많이 담겨 있어 기쁘다. 게리와 윌라드 센터에게 그리고 여러모로 이 일에 협조해 준 많은 이들에게 진심으로 감사를 전한다.

특히 우리는 게리가 달라스의 제자들 및 동료들과 협력하여 그의 철학 연구가 어떻게 기독교 신앙에 대한 그의 이해를 떠받쳐 주었는지를 설명해 주어서 감사하다. 덕분에 독자들은 윌라드 교수가 이해한 경험적 지식이 그레그 제슨의 표현으로 어떻게 "삶의 궁극적 질문들에 대한 합리적 공적 연구를 가능하게 하는지" 알 수 있다. "이로써 길이 열려 [달라스]는 우리가 어떻게 하나님이 존재하심을 알 수 있고 우리의 성품이 어떻게 나사렛 예수의 성품으로 변화될 수 있는지를 기술했다."

달라스는 결코 전기의 주인공이 될 마음이 없었지만 자신의 삶이 사람들을 곧장 하나님께로 인도하기를 간절히 바랐다. 달라스의 삶에 대한 이야기가 여러분에게 이 하나님을 보여주는 증거가 되었을 줄로 믿는다. 삶의 모든 상황과 임무 속에서 늘 우리와 함께하시는 그분, 우리와 관계 맺기를 갈망하시는 그분, 그리스도를 닮아가는 변화를 가능하게 하시는 그분을 말이다.

하나님의 모략대로 그분과 함께 살아가는

달라스 윌라드 일가

감사의 말

나부터 고백하거니와 나는 전기 집필에 무엇이 필요한지 미처 몰랐다. 알았다면 이토록 오래 걸리는 방대한 작업을 다 마칠 용기와 힘이 없어 크게 염려했을 것이다. 이런 일을 완수하는 데 얼마나 많은 사람이 필요한지도 거의 몰랐다. 그런데 그런 사람들이 나타나 꼭 필요한 힘이 되어 주었다. 그들에게 감사와 사의를 표하자니 긴 목록을 어디서 끝내야 할지 모르겠다. 하지만 어디서부터 시작해야 할지는 안다.

내가 마이클 스튜어트 롭을 안 지는 5년이 넘었다. 당시 그는 뮌헨에 살며 선교사로 일하면서 달라스 윌라드의 일부 사상을 담은 박사학위 논문을 작성 중이었다. 그 논문은 「우리 가운데 임한 나라: 예수와 하나님 나라 그리고 달라스 윌라드가 전한 복음」*The Kingdom Among Us: Jesus, the Kingdom of God and the Gospel According to Dallas Willard*이라는 제목으로 완성되었다. 도중에 나는 마이크를 남편과 아버지와 선교사와 학자로서 깊이 존경하게 되었다. 달라스 사상의 이해에 관한 한 그는 지구상에서 으뜸가는 신학자일 것이다(행여 장래에 술집에서 싸움이라도 일어나지 않도록 철학자는 제외했음을 밝힌다). 학위 논문을 쓰느라 연구하는 과정에서 그는 달라스의 녹음된 말을 거의 다 모아서 들었다. 마틴 연구소와 달라스 윌라드 센터도 그가 자료를 수집하는 데 약간 도움을 주었었다. 그런데 이번에는 그가 윌라드 센터와 내게 약간보다 훨씬 많은 도움을 베풀었다. 많은 핵심 인용문을 달라스 생애의 시기별로 배열해 준 것이다. 간단히 말해서 마이클 스튜어트 롭의 엄청난 도움이 없었다면 이 전기는 기록될 수 없었다. 현재 그는 그리스도 사건에 대한 윌라드의 관점을 연구한 종합 학술서와, 목회자들을 도와 달라스 사상의 중요성을 더 잘 이해하게 해줄 실용서를 열심히 집필 중이다.

다음으로 감사하고 싶은 몇 사람은 거시적 편집과 문장 손질 과정에 큰 도움을 주었거나 쓸데없는 내용을 책에 넣지 않게 해주었다. 영국의 학자이자 유머작가로 연중 내내 옥스퍼드에 주재하는 닉 페이지Nick Page에게 감사한다. 그는 영국인들이 즐겨 쓰는 표현으로 흙에서 금을 추려 내도록 도와주고, 굵직한 전체 편집을 살펴 주었으며, 미국 출신이 아닌 사람이 알아듣지 못할 표현을 삼가게 해주었다. 달라스를 향한 깊은 애정과 수많은 멋진 발상을 나누어 준 존 오트버그에 감사한다. 리처드 J. 포스터에게도 감사한다. 그는 달라스의 삶에서 고통과 관계된 문단들의 표현을 요긴하게 다듬어 주어 사실적이면서도 따뜻하게 소통할 수 있게 해주었다.

윌라드 집안의 수많은 친족들에게도 감사하고 싶다. 특히 사랑하는 달라스 삼촌과 관련해서 너그러이 많은 사연과 사진을 제공하고 사실관계를 확인해 준 메리 조 윌라드 프리먼과 윌다 윌라드 핑글에게 깊이 감사한다. 시동생 달라스를 아들처럼 기른 버타 윌라드도 물론 빼놓을 수 없다. 그녀는 "우리 둘 다 너무 어려서 서로를 길렀다"라고 표현했다. 지금은 버타도 남편 J. I.와 달라스를 비롯한 사랑하는 이들 곁으로 가 온전히 함께 있지만, 그전에 그녀를 만나 아주 많은 시간을 함께 보냈던 것이 나로서는 큰 복이었다.

달라스의 생애를 기록하면서 크게 어려웠던 점은 전두엽이 터지지 않고도 그의 철학 사상을 일부나마 신중히 고찰하는 일이었다. 달라스의 수많은 철학 제자와 동료의 엄청난 도움과 애정이 없었던들 그 일이 가능했을지 모르겠다. 그레그 제슨, J. P. 모어랜드, 스티브 포터, 애런 프레스턴, 케니 워커, 프레드 스트롬, 더그 게이벳, 브렌던 스윗맨, 월터 호프, 랜디 닐, 케빈 롭, 스캇 솜스, 로스 시메카, 에드 맥캔 등 많은 이들에게 감사한다.

달라스의 수많은 특별한 친구와 동역자에게도 감사한다. 그중 몇에 불과하지만 특히 친구 달라스에 대한 따스한 추억을 풍성히 나누어 준 키이스 매튜스, 잰 존슨, 존 오트버그, 트레버 허드슨, 제임스 캣포드 등에게 감사한다.

그 밖에도 집필에 요긴한 도움을 준 이들이 본문에 많이 등장한다. 고등학교 시절의 여자친구로부터 현 오하이오 주지사에 이르기까지 달라스의 이전 친구들과 교인들과 학우들과 직장 동료들을 모두 꼽자면 끝이 없다. 그들 모두가 이 이야기를 전하는 데 중요한 역할을 했다.

두 무리에게 감사하며 마치려고 한다. 우선 이 책에 지대한 관심을 쏟아 준 출판사 IVP에 감사한다. 특히 순조로운 진행을 위해 연봉 두 배 몫의 어마어마한 수고를 아끼지 않은 신디 번치, 전체 편집을 담당한 앤디 르포, 탁월한 교정 솜씨를 발휘한 드류 블랭크먼에게 감사한다. 그들은 알 리가 없지만 마틴 연구소와 달라스 윌라드 센터의 상근 책임자 마리아 벨라스케스에게는 IVP도 함께 감사해야 한다. 그녀가 두 번 이상 원고 전체를 교정하지 않았다면 IVP의 일이 훨씬 힘들어졌을 것이다.

제인 윌라드와 베키 윌라드 히틀리와 존 윌라드에게도 감사해야 한다. 그들은 이 이야기에 수없이 많은 시간을 쏟아 주었고, 훌륭한 남편과 아버지를 육신으로 떠나보낸 직후인데도 이처럼 감정이 수반되는 일에 용감히 나서 주었다. 달라스 윌라드 유작을 관리하는 일가족의 일이 잘되기를 바란다.

끝으로 가장 중요하게, 원고를 한 문단씩 최소한 아홉 번 통독하고 듣고 편집해서 발전시켜 주었고 때로 이 과정의 산고로 인해 나와 함께 울었던 아내 레지나 문에게 무한한 감사를 보낸다. 아내가 이 책과 내 삶에 기여한 공은 어마어마한데 다른 사람들 눈에는 너무도 표가 나지 않는다. 나를 자신이 처음 생각했던 사람의 절반이라도 "되게" 도와준 아내에게 감사한다. 당신을 사랑하오.

달라스 윌라드 연보

1935년 9월 4일	미주리 주 버펄로에서 태어나다.
1935년-36년	미주리 주 버펄로 읍내 근처의 셋집에 살다.
1936년	버펄로 부근 "그리지 크리크"의 작은 농장으로 이사하다.
1938년	달라스가 두 살이었을 때 어머니 메이미가 세상을 떠나다.
1938년-39년	작은아버지 부부 아서와 베시와 함께 미주리 주 도라에 살다.
1939년-40년	그리지 크리크로 다시 갔다가 아버지 앨버트가 머틀 그린 페어와 재혼한 뒤에 우드힐(머틀의 농장)로 이사하다.
1940년	형 드웨인과 누나 프랜과 함께 있으려고 일찍 학교에 들어가다. 학교는 미주리 주 우드힐에 있었다.
1941년	미주리 주 로버의 형 부부 J. I.와 버타 집에 함께 살며 베일즈 초등학교에 다니다.
1944년	버펄로 제일침례교회에서 로스 C. 카터 목사의 사역을 통해 회심하다.
1946년-51년	다시 미주리 주 로버로 이사하여 주로 J. I.와 버타와 함께 살면서 친조부모 조셉과 수잔 로다 (스필라) 윌라드와도 함께 살다.
1952년 6월	16세에 토머스빌 고등학교를 졸업하다.
1952년-53년	네브래스카, 콜로라도, 아이다호 주에서 이주 노동자로 일하다.
1953년 봄	미주리 주 리버티에 있는 윌리엄 주얼 대학에 입학하다.
1954년 1월- 1956년 5월	테네시 주 채터누가에 있는 테네시 템플 대학에 다녀 1956년에 심리학 학사로 졸업하다.
1955년 8월 26일	조지아 주 메이컨의 애번데일 침례교회에서 제인 레이크스와 결혼하다.
1956년 가을- 1957년 2월	고등학교에서 가르치면서 토머스빌 제일침례교회에서 목회하다.

1956년	목사 안수를 받다.
1957년	아들 존 윌라드가 태어나다.
1957년 3월- 1958년 8월	텍사스 주 웨이코의 베일러 대학교에서 1958년에 철학과 종교학으로 학사학위를 받고 일부 석사 과목을 수료하다.
1958년-59년	조지아 주 워너 로빈스의 고등학교에서 문학을 가르치면서 애번데일 침례교회에서 음악 담당자 겸 부목사로 섬기다.
1959년 9월- 1964년 8월	위스콘신 주 매디슨에 있는 위스콘신 대학교(UW)에서 철학 석사과정을 밟다.
1962년	딸 베키 윌라드가 태어나다.
1963년-64년	내프 고등 연구원으로 뽑히다.
1964년-65년	UW에서 철학 강사로 가르치다.
1965년	UW에서 철학박사 학위를 받다.
1964년-65년	아레나 회중교회와 그보다 작은 또 다른 회중교회에서 동시에 목사로 섬기다.
1965년	남캘리포니아 대학교(USC)에 임용되다.
1965년-69년	USC에 조교수로 재임하다.
1967년	첫 철학 기사 "인식론의 중대 오류"를 발표하다.
1969년	LA소재 캘리포니아 대학교(UCLA)에 객원교수로 출강하다.
1970년	리처드 J. 포스터를 만나다.
1977년	USC 협회의 우수 교수상을 받다.
1969년-84년	USC에 부교수로 재임하다.
1980년	첫 주요 기독교 기사 "제자도: 슈퍼 그리스도인들만의 것인가"를 「크리스채너티 투데이」에 발표하다.
1982년-85년	USC 철학과 학과장으로 봉직하다.
1984년	콜로라도 대학교에 객원교수로 출강하다.
1984년	『하나님의 음성』과 『논리학과 지식의 객관성』을 출간하다.
1984년-2012년	USC에 정교수로 재임하다.
1988년	『영성 훈련』을 출간하다.
1989년	캔자스 주 위치타에서 제1회 레노바레 대회를 개최하다.
1993년	에드문트 후설의 『논리학과 수학 철학의 초기작』이 달라스의 번역으로 출간되다.
1998년	『하나님의 모략』을 출간하다. 『도덕 지식의 실종』을 집필하기 위한 연구에 착수하다.
2002년	『마음의 혁신』을 출간하다.

2003년	에드문트 후설의 『산술 철학』이 달라스의 번역으로 출간되다.
2006년	『잊혀진 제자도』를 출간하다.
2009년	『그리스도를 아는 지식』을 출간하다.
2013년 5월 8일	숨을 거두다.

인터뷰와 서신 교환

J. P. 모어랜드	2015년 11월 21일 로스앤젤레스에서 인터뷰.
그레그 제슨	2014년 12월 14-15일과 17-18일 아이오와 주 데코라에서 인터뷰.
달라스 윌라드	2012년 9월 9일과 13일과 18일, 11월 26일, 12월 15일, 2013년 3월 7일 캘리포니아 주 챗스워스에서 인터뷰.
더그 게이벳	2015년 11월 7일 보스턴에서 인터뷰.
데이비드 윌라드	2014년 10월 8일 미주리 주 브랜슨에서 인터뷰.
딘 본올맨	2014년 3월 30일 미주리 주 웨스트 플레인스에서 인터뷰.
래번 스니스	2014년 12월 18일 위스콘신 주 아레나에서 인터뷰.
랜디 닐	2016년 3월 14일 전화 인터뷰/ 2017년 7월 2일 이메일 교환.
램프라이터 고객	2014년 10월 25일 캘리포니아 주 챗스워스에서 대화.
레이시 보고	2016년 9월 24일 캘리포니아 주 말리부에서 인터뷰.
로버트 베어드	2017년 1월 27일 전화 인터뷰.
로스 시메카	2016년 1월 28일 로스앤젤레스에서 인터뷰.
로스 테이텀	2016년 2월 10일 전화 인터뷰.
리처드 J. 포스터	2013년 1월 11일 조지아 주 코니어즈의 성령 수도원에서 인터뷰/ 2016년 3월 3일 콜로라도 스프링스에서 인터뷰/ 2017년 1월 27일과 28일과 29일 캘리포니아 주 산타바버라에서 인터뷰.
린다 그레이빌	2016년 5월 26일 전화 인터뷰.
마이크 롭	2011년 10월 1일부터 2017년 8월 23일까지 스카이프, 전화, 이메일, 대면 인터뷰.
메리 조 (윌라드) 프리먼	2013년 1월 16일과 2014년 3월 29일과 31일 미주리 주 웨스트 플레인스에서 인터뷰.
버타 윌라드	2013년 1월 16일과 2014년 3월 29일과 31일 미주리 주 웨스트

플레인스에서 인터뷰.

베키 (윌라드) 히틀리	2016년 4월 14일 캘리포니아 주 챗스워스에서 인터뷰.
브렌던 스윗맨	2015년 11월 7일 보스턴에서 인터뷰.
스캇 솜스	2015년 11월 19일 로스앤젤레스에서 인터뷰.
스탠 맷슨	2015년 12월 8일 전화 인터뷰.
스티브 포터	2015년 11월 19일과 2016년 5월 26일 캘리포니아 주 라미라다에서 인터뷰.
애런 프레스턴	2017년 2월 20일과 3월 10일과 11일과 14일 이메일 교환.
에드 맥캔	2016년 2월 11일 전화 인터뷰.
오스 기니스	2017년 3월 전화 인터뷰.
월터 호프	2016년 6월 2일 전화 인터뷰.
윌다 (윌라드) 핑글	2014년 10월 11일 미주리 주 웨스트 플레인스에서 인터뷰.
잰 존슨	2016년 5월 26일 캘리포니아 주 시미밸리에서 인터뷰.
제인 윌라드	2013년 10월 15일, 2014년 4월 30일, 6월 14일, 7월 31일, 10월 21일, 12월 2일, 2015년 3월 26일, 10월 17일, 2016년 1월 22일, 2월 10일, 5월 17일과 29일 캘리포니아 주 챗스워스에서 인터뷰.
제임스 캣포드	2012년 11월 18일 영국 러틀랜드에서 인터뷰.
조이스 리먼	2014년 12월 18일 위스콘신 주 아레나에서 인터뷰.
존 드레어	2016년 2월 11일, 전화 인터뷰.
존 오트버그	2016년 5월 2일 캘리포니아 주 산타바버라에서 인터뷰.
존 윌라드	2014년 2월 15일과 2016년 2월 10일 캘리포니아 주 챗스워스에서 인터뷰.
존 케이식	2013년 11월 24일 전화 인터뷰.
준 풀러스	2014년 8월 14일 전화 인터뷰.
케니 워커	2014년 1월 28일 캘리포니아 주 산타바버라에서 인터뷰.
케빈 롭	2015년 11월 19일 로스앤젤레스에서 인터뷰.
케빈 우드러프	2014년 8월 14일 테네시 주 채터누가에서 인터뷰.
켄 메데머	2017년 8월 16일 전화 인터뷰.
키이스 매튜스	2016년 5월 17일 캘리포니아 주 패서디나에서 인터뷰.
트레버 허드슨	2013년 3월 20일, 로스앤젤레스에서 인터뷰.
패트리셔 워드	2014년 12월 30일 전화 인터뷰.
팻시 에스리지 컨드런	2014년 8월 14일, 전화 인터뷰.
폴라 허드슨	2016년 2월 15일 캘리포니아 주 산타바버라에서 인터뷰.
프레드 스트롬	2015년 9월 11일과 2017년 6월 20일 이메일 교환.

주

머리말

1. Dallas Willard, 레노바레 연구소에서 한 강연, 2009년 10월.
2. Duane Willard, 달라스에게 보낸 서신, 2005년 5월 22일.
3. John Ortberg, "Dallas Willard: A Man from Another 'Time Zone,'" *Christianity Today*, 2013년 5월 8일, www.christianitytoday.com/ct/2013/may-web-only/man-from-another-time-zone.html.
4. Kenneth L. Woodward, *Getting Religion: Faith, Culture, and Politics from the Age of Eisenhower to the Era of Obama* (New York: Convergent, 2016), p. 1.
5. Mark A. Noll, *The Scandal of the Evangelical Mind* (Grand Rapids: Eerdmans, 1994), p. 3. 『복음주의 지성의 스캔들』, 박세혁 옮김 (서울: IVP, 2010).

01. "아이들에게 늘 영원을 보여주세요"

1. Christopher Lowe, "Farming in the Great Depression," Truman Library, 2017년 8월 25일 접속, http://library.truman.edu/scpublications/chariton%20collector/Spring%201986/Farming%20in%20the%20Great%20Depression.pdf.
2. "Area History," Buffalo Missouri, 2014년 1월 5일 접속, www.buffalomissouri.us/about/area-history.
3. Mary Jo (Willard) Freeman, 저자와의 인터뷰. 또한 달라스가 쓴 편지.
4. 앨버트가 폴리와 네이트 로우로부터 더글러스 카운티의 땅을 받은 때는 1914년 9월 18일이었다. 그러나 1912년 베다니 침례교회의 노래 강습에 다니던 그의 사진들로

보아 그곳으로 이사한 때는 이르면 1912년일 수 있다.

5. 앨버트가 쓴 *Krout*(*Kraut*의 오기)와 *hun*이란 단어는 둘 다 당시에는 독일인을 지칭하던 흔한 은어였지만 지금은 모욕적인 표현으로 간주된다. 그는 1918년 11월 2일부터 1919년 2월 24일까지 프랑스에 주둔했는데 이 시는 그 기간에 쓴 것이다. 아마 휴전일인 1918년 11월 11일 이후에 썼을 것이다.

6. 친할아버지는 조셉 마틴 윌라드, 외할아버지는 존 아이러 린드스미스였다.

7. Jim Hamilton, "Dream of Railroad Turned into 70-Year Nightmare," *Buffalo (MO) Reflex*, 2017년 7월 5일 접속, http://freepages.genealogy.rootsweb.ancestry.com/~veregge/rrpictures/70yrnightmare.html.

8. 또한 메이미의 부고를 보면 사망 당시 그녀는 달라스 카운티의 연합 여성 선교회 회장이었다.

9. Dallas Willard, *The Divine Conspiracy*(San Francisco: HarperCollins, 1997), p. 117. 『하나님의 모략』, 윤종석 옮김(서울: 복 있는 사람, 2000). 그러나 전면 폐업은 아니었다. 이바 우드와 남편 잭이 재고품을 매입하여 미주리 주 프라이어의 새 가게로 이주했다.

10. Maymie Joyce (Lindesmith) Willard, "The Writing Bug," *Buffalo (MO) Reflex*, 연도 미상. 메리 조와 윌다 (윌라드) 펑글은 이 시가 쓰인 때를 1938년 무렵으로 본다.

11. Dallas Willard, "Taking Theology and Spiritual Disciplines into the Marketplace," Leadership Lecture Series: Theology of Work(La Mirada, CA: Biola University, 2011년 9월 16일), MP3.

12. 관을 집에 두고 밤샘하던 중에 있었던 일일 것이다.

02. 원치 않은 아이란 없다

1. Dallas Willard, *In Search of Guidance*(Ventura, CA: Regal Books, 1984), p. 214. 『하나님의 음성』, 윤종석 옮김(서울: IVP, 2016).

2. Dallas Willard, "Confidence in God in Our Work," Confidence in God Men's Retreat(Valley Vista Christian Community, Sepulveda, CA, 1987년 6월). MP3, 1:01:30.

3. Dallas Willard, "Disciple or Christian?," Themes on the Spiritual Life(강연, Faith Evangelical Church, Chatsworth, CA: 1977년 9월 18일), MP3, 1:00:15.

4. Dallas Willard, "Old Testament Good News About the Kingdom," The Soul's Eternal Anchor(강연, Rolling Hills Covenant Church, Rolling Hills Estates, CA, 1988), MP3, 39:00.

5. 달라스의 1학년 교사는 뷸라 루니였다. 장작 난로에 불까지 피워 가며 여덟 학년을

모두 가르친 그녀의 월급은 75달러였다.

6. Dallas Willard, "The New Community of God Reaches Out in Power to the Old Jewish Community," Studies in the Book of Apostolic Acts: Journey in the Spiritual Unknown(Woodlake Avenue Friends Church, Canoga Park, CA, 1971), MP3, 23:15.

7. Dallas Williard, "The Word of Kingdom as a Life Force: How to Respond," Kingdom Living: It's a Wonderful Life(Valley Vineyard Christian Fellwoship, Reseda, CA, 1999년 3월 16일), VHS.

8. Dallas Willard, "Fasting, Sexuality, Aspects of Life, Leadership," Leadership & Spirituality(Regent College, Vancouver, BC, 2000년 5월 19일), MP3, 1:06:30.

9. Dallas Willard, The Spirit of the Disciplines(San Francisco: Harper & Row, 1988), p. 199, 202. 『영성 훈련』, 엄성옥 옮김(서울: 은성, 1993).

10. 달라스가 가난한 생활을 자주 회고했고 직접 겪지 않았을 듯한 흙바닥 집까지 한차례 언급했으나(아마 어렸을 때 놀러 갔던 어떤 집이었을 것이다), 그의 아버지가 늘 유급으로 일했고 땅도 있었음을 눈여겨볼 만하다.

11. Dallas Willard, "Who Is the Disciple of Christ?," Discipleship and the Kingdom of God(Ventura Missionary Church, Ventura, CA, 1984년 5월 16일), MP3, 49:15.

12. Dallas Willard, "The Divine Conspiracy," Life Today, 2011년 10월 13일, http://lifetoday.org/video/the-divine-conspiracy-2. Dallas Willard, Renovation of the Heart(Colorado Springs: NavPress, 2002), p. 72 『마음의 혁신』, 윤종석 옮김(서울: 복 있는 사람, 2003). Dallas Willard, "The Glory of Grace Triumphs over Sin," Romans(Faith Evangelical Church, Chatsworth, CA: 1977년 10월 23일), MP3, 26:45.

13. Willard, "Glory of Grace Triumphs over Sin," 26:45.

14. Dallas Willard, "Simplicity, Frugality and Poverty," The Disciple, the Discipline and the Triumphant Life(Rolling Hills Covenant Church, Rolling Hills Estates, CA, 1981년 2월 11일), MP3, 9:45.

15. Dallas Willard, "The Human Disaster of Unbelief," Learning to Live an Eternal Life Now(Ojai Valley Community Church, Ojai, CA, 1994년 5월 1일), MP3, 44:30.

16. Dallas Willard, "Pastoral Leadership in the New Millennium: Leading Through Spiritual Formation"(Seattle Pacific University, Seattle, WA, 2000년 1월 6일), MP3, 1:15.

17. 달라스가 말하는 그의 회심은 "Human Disaster of Unbelief," MP3, 44:30에도 나온다.

18. 그 집에 1년밖에 살지 않았지만 달라스가 대학에 다닐 때 제출한 본가 주소는 그 집이었다.

19. Dallas Willard, "Hearing God," Renovare Institute, St. Malo, CO, 2011.

03. 미국의 시골에서 맞이한 성년

1. Dallas Willard, "The Gospel Ministry of Apologetics: A Neglected Field of Christian Service," Prospects for an Evangelical Apologetics in the 1980s(Bethel College, North Newton, KS, 1982년 9월 20일), MP3, 1:45.

2. Dallas Willard, "Considering the Whole Person: Heart, Soul, Mind, Strength and Neighbor," Spiritual Formation and Soul Care(Denver Seminary, Monument, CO, 2010 년 1월 4일), DVD, 1:09:30.

3. 달라스가 졸업반이던 1952년의 헌정사는 이렇다. "우리를 깊이 이해해 주고 협조를 아끼지 않으신 J. C. 우드사이드 선생님께 기쁘게 이 앨범을 바칩니다."

4. 그는 이 직책에 심혈을 기울였고 향후 수십 년간 동창회 활동에 적극적이었다. 그의 형 드웨인도 졸업반 때 학년 회장이었다.

5. 졸업생의 유증遺贈 난에 달라스는 "버질 로젠바움이 머리를 곱슬곱슬 말지 않아도 되도록 내 곱슬머리를 유증한다"라고 썼다.

6. 윌마 윌리엄스는 달라스의 졸업 앨범에 "너에게 항상 행운이 함께하기를"이라고 썼다.

7. Dallas Willard, "The Restoration of the Soul: 'He Restoreth My Soul,'" Healing the Heart and Life by Walking with Jesus Christ Daily(Valley Vineyard Christian Fellowship, Reseda, CA, 2003년 10월 28일), MP3, 42:30.

8. Dallas Willard, "There Is No Condemnation," Romans(Faith Evangelical Church, Chatsworth, CA, 1977년 11월 13일), MP3, 9:30.

9. Dallas Willard, "The Better New Testament Good News About God's Kingdom," The Soul's Eternal Anchor(Rolling Hills Covenant Church, Rolling Hills Estates, CA, 1988), MP3, 15:00.

10. Dallas Willard, "The Disciplines of Engagement: Study," Spirituality and Mission(African Enterprise, Pietermaritzburg, South Africa, 1985년 5월), MP3, 34:30.

11. Dallas Willard, "How Kingdom Values Affect Leadership," Leadership in the Kingdom(First Church of the Nazarene of Pasadena, Pasadena, CA, 1997), MP3, 53:00.

12. Dallas Willard, "Does God Speak Today? Facing the Issues," Hearing the Voice of God(African Enterprise, Pietermaritzburg, South Africa, 1993년 8월 17일), MP3, 21:30.

13. 흥미롭게도 제인 윌라드도 달라스와 결혼하기 전에 대학에서 순회 3인조의 반주자로 활동할 때 루디 앳우드의 음악을 피아노로 연주했다.

14. Dallas Willard, "Discussion: Confidence with Children," Confidence in God men's retreat(Valley Vista Christian Community, Sepulveda, CA, 1987년 6월), MP3, 1:30.

15. Dallas Willard, "Disciplines for the Spiritual Life," Essentials of Kingdom

Living(Valley Vista Christian Community, Sepulveda, CA, 1986), MP3.

16. 달라스가 훗날 한 제자에게 말했듯이, 그는 청소년 때 운전하다가 돼지를 치어 죽인 적이 있다.

17. Dallas Willard, "How to Walk One Day with Jesus," How to Put Christ into Your Everyday Life(West Valley Christian Church, West Hills, CA, 1993년 3월 7일), MP3, 20:45.

18. Dallas Willard, "Considering the Whole Person: Heart, Soul, Mind, Strength and Neighbor," Spiritual Formation and Soul Care(Denver Seminary, Monument, CO, 2010년 1월 4일), DVD, 1:01:00.

19. Dallas Willard & Jack Hayford, "Wide Awake," Leadership, 1994년 가을호, p. 18.

20. Dallas Willard, "Residency Part 1," Spiritual Formation and Leadership(Spring Arbor University, Spring Arbor, MI, 2008년 1월), MP3, 55:00.

21. Dallas Willard, "Graduating 'Good' People: How Do We Facilitate Character Formation and Teach Morality in Today's Christian College?"(International Forum on Christian Higher Education, Dallas, TX, 2006년 3월 31일), MP3, 40:00.

22. Dallas Willard, 에릭 허트겐과의 인터뷰, "Q&A with Dallas Willard," Relevant, 2002년 10월 21일, https://relevantmagazine.com/god/deeper-walk/features/324-qaa-with-dallas-willard. 달라스의 말은 이렇게 이어진다. "내가 자라난 신학적 정황에서는 흔히 싸움이 그런 식으로 벌어졌다. 한쪽에는 죄 때문에 인간의 의지가 완전히 무력해졌다고 생각하는 부류가 있었고, 한쪽에는 그렇지 않다며 흔히 행위 구원을 신봉하는 부류가 있었다. 하지만 이는 의지의 본질에 대한 안타까운 오해일 뿐이다. 당연히 의지는 강요될 수 없다."

23. Dallas Willard, "Theology of Love and Saving Faith"(Hawaiian Islands Ministries, Honolulu, HI, 2007년 3월 29일), MP3, 4:30.

24. Willard, "Discussion: Confidence with Children," 1:11:30.

25. Dallas Willard, 다음 책의 서문. How I Changed My Mind About Women in Leadership, Alan F. Johnson 편집(Grand Rapids: Zondervan, 2010), p. 9.

26. Dallas Willard, Renovation of the Heart(Colorado Springs: NavPress, 2002), p. 36. 『마음의 혁신』, 윤종석 옮김(서울: 복 있는 사람, 2003).

27. Dallas Willard, In Search of Guidance: Developing a Conversational Relationship with God(Ventura, CA: Regal Books, 1984), pp. 12-13. 『하나님의 음성』, 윤종석 옮김(서울: IVP, 2001, 2016).

28. Dallas Willard, "How Our Hearts and Lives Are Broken and the Promise of Healing," Healing the Heart and Life by Walking with Jesis Christ Daily(Valley Vineyard Christian Fellowship, Reseda, CA, 2003년 9월 30일), MP3, 38:45.

29. 지리적 중심점인 캔자스 주 레바논도 거기서 멀지 않다.

30. John D. Sutter, "Plato: Town at the Center of America," *CNN*, 2011년 5월 19일, www.cnn.com/2011/US/05/17/plato.missouri.census.center.

31. 같은 기사.

32. 미주리 주 오리건 카운티 출신의 학생들을 위한 메이블 사이먼스 우드사이드 장학금이 아칸소 주립대학교에 지금도 있다.

04. 제인을 만나다

1. 미스 테네시 템플은 미인 대회가 아니었다. 우승자는 그 학교가 학생들에게 전수하려는 덕목을 가장 잘 구현하는 사람이었다.

2. 달라스가 다음 책에 언급한 메마는 하나님이 자신에게 말씀하신다는 것이 무엇인지 몰랐다. Dallas Willard, *Hearing God*, 개정증보판(Downers Grove, IL: InterVarsity Press, 2012), pp. 17-18. 『하나님의 음성』, 윤종석 옮김(서울: IVP, 2016).

3. 쉬언 박사는 순전한 독립 침례교여서 나중에 테네시 템플 대학에서 명예 박사학위를 받았다.

4. 몇 십 년 후에 입학생 수가 절정에 이르러 4천 명을 넘겼다가 그 뒤로 차차 감소하여 2015년에 채터누가 캠퍼스는 폐교되었다.

5. Dallas Willard, "The Gospel Ministry of Apologetics: A Neglected Field of Christian Service," Prospects for an Evangelical Apologetics in the 1980s(Bethel College, North Newton, KS, 1982년 9월 20일), MP3, 1:45.

6. 아버지 앨버트 윌라드가 머틀 윌라드와 함께 살고 있던 집이다.

7. J. I. Willard, 달라스에게 보낸 편지, 1983년 8월 4일.

8. Lynn Ridenhour, *Angels in the Woodshed*(Raleigh, NC: Lulu Press, 2010), p. 117.

9. 하일랜드 파크 침례교회는 1955년에 남침례교에서 탈퇴했다. 테네시 템플 대학은 달라스가 입학할 당시에는 남침례교에 속해 있었으나 그의 재학 기간 중에 독립 침례교 기관으로 바뀌었다.

10. 단일 교회와 대학 간의 긴밀한 관계는 리 로버슨의 친구이자 다른 독립 침례교 목사인 제리 폴웰에게도 감화를 끼쳐, 나중에 그는 자신이 목회하던 토머스 로드 침례교회 근처에 리버티 대학교를 세웠다.

11. "John R. Rice," *Wikipedia*, 2017년 7월 6일 접속, http://en.wikipedia.org/wiki/John_R_Rice.

12. 라이스는 빌리 그레이엄과 찰스 E. 풀러 등 복음주의 내 온건파의 목소리를 우려하

며 그들 때문에 성경의 무오성 같은 이슈들이 위협받는다고 보았다.

13. Dallas Willard, "Solitude, Silence and Meditation," Kingdom Living Today(Kempton Park Methodist Church/ Bedfordview Methodist Church, Kempton Park, South Africa, 1987년 8월 18일), MP3, 1:01:15.

14. J. 해럴드 스미스(1910-2001년)는 남침례교 전도자로 라디오 성경 시간 "1935년부터 방송하는 예수 그리스도의 복음"을 처음 시작했다. 그의 출신지인 아칸소 주 북부는 달라스가 성장한 미주리 주 남부와 가까웠다.

15. Dallas Willard, "You Can't Have One Without the Other," Discipleship and the Kingdom of God(Ventura Missionary Church, Ventura, CA, 1984년 5월 14일), MP3, 15:15.

16. Dallas Willard, "The Importance of Teaching in the Pastor's Call"(설교, St. James Church Anglican, Newport Beach, CA, 2009년 3월 24일), MP3, 20:00.

17. Dallas Willard, "Kingdom Living 1," Kingdom Living: Walking in the Character and Power of God(Southside Vineyard, Grand Rapids, MI, 2002년 4월 12일), MP3, 1:45:45. 이 녹음된 강연에 "로마서의 구원의 길"에 대한 달라스의 비판적 분석이 나온다.

18. 당시 제인이 신부 들러리 대표에게 보낸 편지에 보면 달라스는 (아직 19세의 나이로) 루비 폴스에서 주당 60시간씩 일하고 있었다. 그가 직장에서 주말 휴가를 얻기 어려워 결혼식을 목요일에 해야 할 뻔했다. (루비 폴스는 채터누가 시내 근처의 관광 명소로 지하에 45m 높이의 폭포가 있다.)

19. Dallas Willard, "What Does Holiness Look Like Shorn of Its Legalistic Expressions? 1," Spiritual Formation and Soul Care(Denver Seminary, Monument, CO, 2010년 1월 4일), DVD, 56:30.

20. Dallas Willard, "Putting Off the Old Man," Westmont Chapel(Westmont College, Santa Barbara, CA, 2003년 11월 7일), MP3, 24:30.

05. 하나님을 만나다

1. Dallas Willard, "How to Walk One Day with Jesus," How to Put Christ into Your Everyday Life(West Valley Christian Church, West Hills, CA, 1993년 3월 7일), MP3, 55:15.

2. Dallas Willard, "When God Moves In: My Experience with *Deeper Experiences of Famous Christians*," 출전: *Indelible Ink: 22 Prominent Christian Leaders Discuss the Books That Shape Their Faith*, Scott Larson 편집(Colorado Springs: WaterBrook, 2003), p. 50. 『내 영혼을 바꾼 한 권의 책』, 박원철 옮김(고양: 위즈덤하우스, 2010).

3. 같은 책, p. 52. 그는 『위대한 그리스도인들은 어떻게 성령의 충만을 받았는가』가 자신의 삶에 미친 영향을 장황하게 논했다. 『위대한 그리스도인들은 어떻게 성령의 충만을 받았는가』, 홍성철 옮김(서울: 세복, 1998).

4. Dallas Willard, "Finding Satisfaction in Christ," *Preaching Today*, 2005년, MP3, www.preachingtoday.com/skills/2009/february/findingsatisfactioninchrist.html.

5. Dallas Willard, "Beyond Personality: A Celebration of Mere Christianity, Part IV," C. S. Lewis Summer Conference: A Celebration of Mere Christianity(University of San Diego, San Diego, CA, 2003년 6월 21일), MP3, 7:00. 이후에 C. S. 루이스는 대학 교수로서 달라스의 역할 모델이 되었고, 달라스도 마법의 나라들에 들어섬에 대해 어느 정도 알았다. (이 인용문은 달라스의 제자 출신으로 작가이며 강사인 그레그 제슨이 제공해 주었다.)

6. 공정하게 말해서 개신교 신학교는 피니가 입학할 나이보다 불과 몇 년 전에 처음 생겨나 아직 미국에서 목회자 양성의 주된 방식이 되기 전이었다.

7. 피니는 1821년 회심하기 전에 학교 교사와 변호사로 일했다. 정식 교육을 회심 이전에 받긴 했지만, 당시의 대학은 다 종교 기관이었으므로 테네시 템플과 아주 비슷하게 채플 참석이 필수였고 수업 시간에 꾸준히 성경을 접할 수밖에 없었다.

8. 윌라드는 『찰스 피니의 자서전』을 가장 영향력 있는 책 다섯 권에 포함시켰다. 훗날 『찰스 피니의 부흥론』을 수업 필독서로 정하고 거기서 인용하기도 했다. 『찰스 피니의 부흥론』, 김원주 옮김(서울: 생명의 말씀사, 1998). 그가 꼽은 다섯 권의 목록은 다음 책에 나온다. Julia L. Roller 편집, *25 Books Every Christian Should Read: A Guide to Essential Spiritual Classics*(New York: HarperOne, 2011). 『기독교 고전으로 인간을 읽다』, 이종인 옮김(서울: RHK, 2015).

9. Charles G. Finney, *Memoirs of Charles G. Finney*(New York: A. S. Barnes, 1876), pp. 287-88. 『찰스 피니의 자서전』, 양낙흥 옮김(서울: 생명의 말씀사, 2001). (나중에 원제가 *Autobiography of Charles G. Finney*로 바뀌었다 — 옮긴이.)

10. Kevin Woodruff, 테네시 템플 대학의 역사 편찬자.

11. 달라스가 쓴 "아마도"라는 단어는, 허먼이 심리학 분야에 들어온 방식이 정식 전공을 통해서가 아니라 교육학과 신학과 철학 등 인접 분야를 통해 그리고 독학을 통해서였음을 암시한다. 2006년에 달라스는 존 허먼 강연 시리즈의 주 강사로 모교인 테네시 템플 대학교를 다시 찾았다.

12. 이 경우 달라스의 "아마도"는 정말 그런 뜻이다.

13. 다음 책을 참조하라. Edmund Husserl, *Philosophy of Arithmetic*, Dallas Willard 번역(New York: Springer Science, 2003).

14. Willard, "Finding Satisfaction in Christ," 1:00.

15. Dallas Willard, "Science and Knowledge of the Human Soul," Wheaton Theology

Conference(Wheaton College, Wheaton, IL, 1999년 4월 9일), MP3, 40:45. 달라스에 따르면 그것은 "아주 편리한 시스템"이었다. "신약을 쭉 훑다가 무엇이든 거기 없으면 무조건 '다른 세대에 해당한다'라고 말하면 그만이었기" 때문이다.

16. 와이글의 전기로는 다음 책을 참조하라. Charles Mashburn, *I Sing of Thee: The Story of Charles F. Weigle*(Chattanooga: Tennessee Temple College, 1952).

17. Lilias Fraser, "Church of the Air," *The Alliance*, 2011년 9월 1일, www.cmalliance. org/alife/church-of-the-air.

18. Dallas Willard, "Dallas Willard Tells His Story," Spiritual Renewal Conference(Bethel Seminary San Diego, San Diego, CA, 2008년 10월), 동영상, 2:00.

19. 그 기도실은 강당 옆의 대형 강의실이었다. 그때 그 방에 들어온 사람은 40-50명쯤 되었다.

20. Dallas Willard, "The Divine Conspiracy," e4 Q&A 4(Hollywood, CA, 2004년 7월 8일), MP3, 1:06:00.

21. 졸업식은 5월 27일 월요일 저녁 7시 반에 열렸고 강사는 월터 L. 윌슨 박사였다.

22. 테네시 템플은 동문들로부터 몇 통의 비난 편지를 받았다. 그들은 모교가 달라스 윌라드를 초청했다는 사실에 우려를 표했다.

23. Dallas Willard, *The Divine Conspiracy*(San Francisco: Harper, 1997), p. 356. 『하나님의 모략』, 윤종석 옮김(서울: 복 있는 사람, 2000).

24. Dallas Willard, *Hearing God*, 개정증보판(Downers Grove, IL: InterVarsity Press, 2012), p. 210. 『하나님의 음성』, 윤종석 옮김(서울: IVP, 2016).

25. 존 웨슬리는 성경과 이성과 전통과 경험 이 네 가지로 뒷받침될 때 지식이 가장 확실해진다고 믿었다. 이 넷을 합해서 흔히 웨슬리의 사변형이라고 한다.

o6. 학문에 눈뜨다

1. 달라스의 할아버지 조에게 실제로 있었던 일이다. 그 지역의 어느 시골 교회에서 섬길 때 그의 연봉은 닭 몇 마리와 양말 한 켤레였다. 당시에는 토머스빌 제일침례교회 이름이 토머스빌 리치랜드 침례교회였다. 일레븐포인트 강 침례교 노회 기록에 보면 1955년 9월에는 리치랜드 침례교회였던 교회 이름이 이듬해 9월부터 제일침례교회로 되어 있다. 달라스가 도착할 때 이미 개명되어 있었거나 아니면 그 직후에 바뀌었다.

2. Dallas Willard & Jack Hayford, "Wide Awake," *Leadership*, 1994년 가을호, pp. 18-24.

3. 그레그 제슨은 달라스가 결국 자신의 목소리를 찾았다고 회고했다. "나중에 많은 이들이 평했듯이 '달라스의 목소리는 가장 특이하고 긍휼이 넘쳤다.'"

4. 이 안수식이 미주리 침례교 신문 *Word and Way*에 게재된 것으로 알고 있다. 벤 미크스 목사는 다년간 로버의 샤일로 침례교회에서 목회했다.

5. Dallas Willard, "The Great Inversion of the Kingdom of God: Blessedness [일부]," The Kingdom of God(Faith Evangelical Church, Chatsworth, CA, 1978년 4월 9일), MP3, 10:00.

6. Dallas Willard, *Hearing God*(Downers Grove, IL: InterVarsity Press, 2012), 『하나님의 음성』, 윤종석 옮김(서울: IVP, 2016).

7. Dallas Willard, "What the Spiritual Disciplines Are," Beyond Belief(Grace Fellowship Church, Timonium, MD, 1998년 5월 2일), MP3, 1:13:45.

8. Dallas Willard, 저자와의 인터뷰, 2012년 가을.

9. Dallas Willard, "Getting the Elephant out of the Sanctuary," *Conversations Journal*, 2010년 봄-여름호, p. 17.

10. Dallas Willard, "My Journey to and Beyond Tenure in a Secular University," 교수 오찬 포럼(University of San Diego, San Diego, CA, 2003년 6월 21일), www.dwillard.org/biography/tenure.asp.

11. 그들의 소속은 다시 1958년 10월 16일자로 애번데일 침례교회로 이적된다.

12. Charles Wellborn, "Reflections of a Somewhat Disillusioned 'Prophet,'" *Christian Ethics Today*, 2010년 12월 27일, http://pastarticles.christianethicstoday.com/CETArt/index.cfm?fuseaction=Articles.main&ArtID=39.

13. 당시 나이지리아에 선교사로 나가 있던 일부 베일러 동문들이 학교 총장과 이사회에 서한을 보내 백인 일색의 이 사립 대학교가 신속히 인종 통합에 나서 그들의 선교 활동에 도움이 되어 줄 것을 촉구했다.

14. Steven Thompson, 학생신문 편집장에게 투고한 편지, *Baylor Lariat*, 1957년 9월 27일, p. 2.

15. 선교사 출신인 윌리엄 잭슨 "잭" 킬고어는 폴 틸리히, 라인홀드 니버와 함께 유니언 신학교에서 수학했다.

16. 절대적 관념론이란 실재의 모든 측면—단절이나 모순으로 경험되는 측면까지 포함해서—이 결국은 단일한 포괄적 의식의 사고 속에 통합된다고 보는 형이상학적 관점이다. 다음 해설을 참조하라. Kelly A. Parker, "Josiah Royce," *Stanford Encyclopedia of Philosophy*, 2014년 5월 5일, https://plato.stanford.edu/entries/royce.

17. 로이스가 인격주의자로 자처한 적은 없지만 분명히 인격주의의 요소가 있었다.

18. 달라스의 침례교 전통에서는 영화 관람이 허용되지 않았다. 그런데 1957년 "십계"를 감독한 세실 B. 드밀Cecil B. DeMille이 베일러 캠퍼스에 오면서 채플에서 그 영화가 상영되자 침례교 목사들도 "이 영화라면 가서 봐도 되겠다"라고 말했다. 이로써 영

화에 대한 달라스의 회의론은 치유되었다.

19. 베일러 대학교의 텍사스 자료 도서관에 소장된 예이츠의 기록문서 중에는 "부흥의 4대 필수 요소," 찰스 피니와 리 로버슨이 쓴 부흥에 관한 기사들, 옥외 부흥회에서 말씀을 전하는 예이츠의 사진, 테네시 템플 대학 학생들에게 배부된 하일랜드 파크 침례교회 신문 등이 있다. 그중 1947년 7월 31일자 신문에는 일단의 학생들이 교내 채플을 마치고 나오는 모습이 1면에 실려 있다.

20. 마이클 스튜어트 롭은 박사학위 논문에서 지적하기를, 성경에 묘사된 실제에 대한 달라스의 관점(성경적 존재론)의 수원지로 브라이트의 책을 으뜸으로 꼽아야 한다고 했다. 다음 논문을 참조하라. Michael Stewart Robb, "The Kingdom Among Us: Jesus, the Kingdom of God and the Gospel according to Dallas Willard"(박사학위 논문, University of Aberdeen, 2016).

21. 이 예일 학자들과 연관하여 스코틀랜드 신학자 A. B. 브루스Bruce가 있다. 그도 근본주의와 모더니즘보다 시기적으로 앞서며 The Training of the Twelve라는 책을 썼다. 『열두 제자의 훈련』, 안교성, 박문재 옮김(고양: 크리스챤다이제스트, 2009).

22. 달라스의 박사과정 제자였던 애런 프레스턴에 따르면 "달라스는 1990년대 초에 내게 이 책을 권했다. 당시 학부생이던 나는 속죄에 대한 현대의 가르침에 불만이 있었다. 그때 통째로 복사한 그 책이 지금도 내게 있다."

23. G. B. Stevens, The Christian Doctrine of Salvation (Edinburgh: T&T Clark, 1905), pp. 260-61.

24. 같은 책, p. 460.

25. 같은 책, p. 468.

26. James Stewart, A Man in Christ: The Vital Elements of St. Paul's Religion (New York: Harper & Row, 2016), vii.

27. Dallas Willard, "The New Community of God Reaches Out in Power to the Old Jewish Community," Studies in the Book of Apostolic Acts: Journey in the Spiritual Unknown (Woodlake Avenue Friends Church, Canoga Park, CA, 1971), MP3, 41:30.

28. Dallas Willard, "Need, Vision and Strategy for Spiritual Formation," 유럽 리더십 포럼(Eger, Hungary, 2006년 5월), MP3, 6:45.

29. Dallas Willard, "Fasting: The Paradigm of the Disciplines," The Disciple, Discipline and the Triumphant Life (Rolling Hills Covenant Church, Rolling Hills Estates, CA, 1981년 1월 28일), MP3, 21:45.

30. Dallas Willard, "Dialogue with Dallas Willard," Scripture and Ministry 강연(Trinity Evangelical Divinity School, Deerfield, IL, 2010년 10월 26일), MP3, 1:00.

31. Dallas Willard, "The Man Behind the (Divine) Conspiracy: A Conversation with

Dallas Willard," *Stillpoint,* 2009년 봄호, p. 8.

32. Willard, "My Journey to and Beyond Tenure."

33. Dawn McMullan, "The Art of Achievement 2007," *Baylor Line,* 2007년 4월 27일.

34. 윌라드의 개인 기록을 제외하고는 하나님 나라에 대한 그의 가르침이 처음으로 분명히 나타난 자료는 주일학교 반에 나누어 준 다음 유인물이다. "Jesus's Good News of God's Kingdom," Woodlake Avenue Friends Church, Canoga Park, CA, 1972년 6-8월. 아울러 다음 책도 참조하라. Willard, *Hearing God,* p. 165. 『하나님의 음성』, 윤종석 옮김(서울: IVP, 2001, 2016).

35. Robb, "The Kingdom Among Us," p. 30.

07. 어느 길로 갈 것인가?

1. Greg Jesson, "The Husserlian Roots of Dallas Willard's Philosophical and Religious Works: Knowledge of the Temporal and the Eternal," *Philosophia Christi* 16, no.1 (2014): p. 6.

2. 원문은 다음 책을 참조하라. David Hume, *A Treatise of Human Nature,* 제1권 4부 6장. 『인간이란 무엇인가』, 김성숙 옮김(서울: 동서문화사, 2009). 아울러 다음 기사도 참조하라. Aaron Preston, "David Hume's Treatment of the Mind," *Paideia,* 2017년 7월 8일 접속, www.bu.edu/wcp/Papers/Mind/MindPres.htm.

3. 애런 프레스턴의 기사에 유익한 요약이 나온다. "흄은 인간이 직접 알 수 있는 것은 각자의 지각뿐이라는 개념을 취해서 사고 내지 자아—흔히 지각의 소유자로 여겨지는—에 적용했다. 그 결과 흄에게 사고/자아란 늘 변하는 일련의 지각으로, 곧 늘 유동적인 '의식의 흐름'으로 해체된다. 더는 지각의 '소유자'가 아니라 지각 자체의 덩어리다. 흄의 이런 도전장 앞에서 칸트는 흄의 견해의 가장 해로운 결과를 피하려고 했다. 그래서 경험이란 단지 지각이 아니라 특정한 방식으로 조직되고 해석된 지각이라고 역설했다. 칸트에게 사고는 지각 자체가 아니라 지각을 조직하고 해석하는 주체다. 사고가 지각보다 위에 있는 것이다. 그러나 이 견해의 결과로 우리는 사고와 무관하게 존재하는 세상에 결코 이를 수 없다. 사고가 모든 경험을 조직하고 해석하기 때문이다. 그래서 흄은 사고를 잃고 칸트는 사고를 지키되 세상을 잃는다."

4. Jesson, "Husserlian Roots of Dallas Willard's Philosophical and Religious Works," p. 16.

5. 아울러 패트리셔 워드에 따르면 미국 철학의 분석적, 경험적 경향은 당시 UW에 두드러지지 않았다. 해체 철학도 아직 큰 문제가 아니었다.

6. 다음 책을 참조하라. G. E. Moore, "A Defense of Common Sense," 출전:

Contemporary British Philosophy, J. H. Muirhead 편집, 제2시리즈 (London: Allen & Unwin, 1925), pp. 193-223.

7. Dallas Willard, "On Discovering the Difference Between Husserl and Frege," 출전: *Phenomenology in America*, Calvin O. Schrag & Eugene F. Kaelin 편집, Analecta Husserliana(Dordrecht: Kluwer Academic, 1989), p. 393. 경험론은 지식이 감각 경험에서 난다고 말하고 회의론은 세상을 알 수 없다고 말한다.

8. Jesson, "Husserlian Roots of Dallas Willard's Philosophical and Religious Works," p. 16.

9. Dallas Willard, "Knowlege," 출전: *Cambridge Companion to Husserl*, Barry Smith & David Woodruff Smith 편집(Cambridge: Cambridge University Press, 1995), p. 166.

10. Gustav Bergmann, "Realistic Postscript," *Logic and Reality*(Madison, University of Wisconsin Press, 1967), p. 324.

11. 내가 쓴 방법론이란 단어는 "'대상' 자체에 이를" 수 있다는—사고 바깥에 존재하는 것도 의식의 빛 가운데 들어오기만 하면 관찰될 수 있다는—후설의 개념을 가리킬 뿐이다.

12. 달라스가 말한 "데카르트의 틀"이란 인간이 주관적 표상으로 인해 실존 세계와 단절된다는 관점을 가리킨다. 데카르트도 흄이나 칸트와 관점은 같았으나 구체적인 전개 방식은 달랐다.

13. 제인과 달라스가 15년 후에 캘리포니아에서 다닌 교회의 게리 스미스 목사였다.

14. 루돌프 카르납은 독일 태생 철학자로 유명한 비엔나 학파의 일원이었다. 말투가 거침없었고(불쾌할 정도라고 말할 사람들도 있을지 모른다) 널리 영향을 미쳤다.

15. Dallas Willard, "The Congregational Use of the Bible in Spiritual Transformation," The Magnificence of Ministry—Your Ministry!(Geroge W. Truett Theological Seminary, Waco, TX, 2009년 1월 30일), MP3, 20:00.

16. Dallas Willard, "Man's Blindness to God," *The Soul's Eternal Anchor*(Rolling Hills Covenant Church, Rolling Hills Estates, CA, 1988), MP3, 39:00

17. Jan Johnson, Keith J. Matthews, & Dallas Willard, *Dallas Willard's Study Guide to the Divine Conspiracy*(San Francisco: HarperSanFrancisco, 2001), p. 1.

18. 달라스가 박사학위 논문을 방어한 때는 1964년 8월이었다. 그는 매디슨에 남아 철학과에서 가르치면서 작은 교회 두 곳에서 목회했다.

19. Dallas Willard & Jack Hayford, "Wide Awake," Leadership, 1994년 가을호, www.christiantiytoday.com/pastors/1994/fall/4l4018html.

20. 『그리스도를 아는 지식』에 달라스는 네 질문이 서로 완전히 맞물려 있으므로 전부 함께 해결해야 한다고 논증했다.

21. 달라스가 이 두 사람의 저작을 처음 접한 때는 매디슨에 가기 전이었을 수 있으나 그

들에 대한 깊은 탐색은 그 지역에 머무는 동안 이루어졌다.

22. 마이클 스튜어트 롭이 보내온 이메일에 보면 달라스가 『하나님의 음성』에 몇 번 언급한 책이 하나 거론되는데 바로 A. W. 토저의 『신앙의 기초를 세워라』다. 『신앙의 기초를 세워라』, 강귀봉 옮김(서울: 생명의말씀사, 2008). 이 책은 "토저가 1950-55년에 CMA 잡지 *Alliance Weekly*에 짤막한 사설로 썼던 글을 모은 것"이다. 이어 롭은 달라스가 이 책을 언제 읽었는지는 직접적 증거를 찾지 못했으나 위스콘신을 떠나기 이전이라 확신한다고 썼다.

23. Dallas Willard, "Kingdom Living," *Christianity+Renewal*, 2002년 5월, p. 20.

24. Michael Stewart Robb, "The Kingdom Among Us: Jesus, the Kingdom of God and the Gospel according to Dallas Willard"(박사학위 논문, University of Aberdeen, 2016), p. 30.

25. Dallas Willard, "Transformed by the Renewing of the Mind," Scripture and Ministry (Trinity Evangelical Divinity School, Deerfield, IL, 2010년 10월 27일), MP3, 1:04:00.

26. 같은 강연.

27. Dallas Willard, "Renovation of the Heart," Christian Audio, 2005년 3월, MP3. 처음부터 들어야 전체 문맥을 알 수 있다.

o8. USC 초년 시절

1. USC는 달라스가 부임하기 전 해에 교수의 강의 부담을 덜기 위해 학기당 한 과목을 줄였다. 그렇지 않았다면 달라스의 교수 생활은 조지아 대학교에서 시작되었을 것이다.

2. 박사학위 논문 말미에 달라스는 자신이 "지금 '논리 형식의 본질'이란 주제로 논문을 작성 중"이라고 썼다. 다음 논문을 참조하라. Dallas Willard, *Meaning and Universals in Husserl's Ligische Untersuchungen*(박사학위 논문, University of Wisconsin, 1964), p. 241.

3. Dallas Willard, *Knowing Christ Today*(New York: HarperOne, 2009), pp. 45-50. 『그리스도를 아는 지식』, 홍병룡 옮김(서울: 복 있는 사람, 2009).

4. 달라스는 자신이 가르친 거의 모든 과목의 첫 강의에 으레 그 네 질문과 더불어 이 표현을 썼다.

5. 다음 책을 참조하라. Julie Reuben, *The Making of the Modern University*(Chicago: University of Chicago Press, 1996). 달라스는 이 책에 감명을 받아, 도덕 지식의 현 실상에 관심 있는 모든 사람에게 필독서로 적극 추천했다.

6. Aaron Preston, 저자에게 보내온 이메일, 2017년 3월 14일. 아울러 그의 다음 기사나 책도 참조하라. "Analytic Philosophy," Internet Encyclopedia of Philosophy, www.iep.utm.edu/a/analytic.htm. *Analytic Philosophy: The History of an Illusion*(New

York: Continuum, 2007). 이 책은 본래 달라스의 지도 아래 썼던 박사학위 논문을 발전시킨 것이다.

7. 다음 책을 참조하라. Preston, *Analytic Philosophy*, 6장.

8. Gary Gutting, "Bridging the Analytic-Continental Divide," *New York Times*, 2012 년 2월 19일, https://opinionator.blogs.nytimes.com/2012/02/19/bridging-the-analytic-continental-divide/?_r=0.

9. 달라스는 후설의 초기 사상을 다룬 자신의 첫 책에 *Logic and the Objectivity of Knowledge*라는 제목을 붙였다.

10. 후설에게 교수직이 제의되었다는 사실은 그레그 제슨이 언급했고 철학과 사서 로스 시메카가 확인해 주었다. 아울러 다음 책도 참조하라. Greg Jesson, "Moving Beyond the Corners of the Chessboard," 출전: *Eternal Living: Reflections on Dallas Willard's Teaching on Faith and Formation*, Gary Moon 편집(Downers Grove, IL: InterVarsity Press, 2015), pp. 98-108.

11. 달라스가 그렇게 말하기는 했지만 하나 짚어 둘 게 있다. 46년 후에 케빈 롭이 지적했듯이 학과 측은 또한 학부에서 윤리학 과목들을 가르칠 만한 젊고 원만한 사람을 찾고 있었다.

12. 가톨릭 사제 브렌타노는 가톨릭의 가르침을 새로 출현한 과학적 세계관과 조화시키려고 심혈을 기울였다. 달라스의 다음 서평을 참조하라. Arkadiusz Chrudzimski & Wolfgang Huemer 편집, *Phenomenology and Analysis: Essays on Central European Philosophy*. 다음 잡지에 게재되어 있다. *Notre Dame Philosophical Reviews*, 2004 년 9월 2일, http://ndpr.nd.edu/news/phenomenology-and-analysis-essays-on-central-european-philosophy.

13. Robert Frodeman & Adam Briggle, "When Philosophy Lost Its Way," *New York Times*, 2016년 1월 11일, https://opinionator.blogs.nytimes.com/2016/01/11/when-philosophy-lost-its-way.

14. 중요하게 지적해 두거니와 중대한 질문들이 전통 철학과 대륙 철학에 더 잘 들어맞긴 하지만 다른 갈래도 다 그런 질문을 다룬다.

15. 호수는 6년 동안만 그들 곁에 있었다. 그 호수는 저수지였는데 1971년에 샌퍼낸도에 지진이 나서 골짜기 내 다른 호수의 물이 지반에 스며든 뒤로 챗스워스 호수도 물이 다 비워졌다.

16. John Ortberg, *Soul Keeping*(Grand Rapids: Zondervan, 2014), p. 19. 『내 영혼은 무엇을 갈망하는가』, 최요한 옮김(서울: 국제제자훈련원, 2015).

17. 달라스에 따르면 그는 덜 진지한 대화법을 배우는 데 오랜 시간이 걸렸다. 대화가 진지하지 못하면 참여할 마음이 없었다.

18. 나중에 제인은 "그 아이들과 어울려 다니다가 여러 가지 말썽이 났는데 존이 늘 원해서 끼어든 것은 아니었다"라고 덧붙였다.

19. 제임스 휴잇은 나중에 설교 예화집인 두 종류의 월간 뉴스레터(*Parables Etc.*와 *The Pastor's Story File*)와 단행본 *Illustrations Unlimited*(Wheaton, IL: Tyndale House, 1988)를 발간했다.

20. 제인에 따르면 그는 집에서는 흡연한 적이 없으며 바이올라 대학교 재단 이사가 된 뒤로는 담배를 완전히 끊었다.

21. USC 철학과에서 박사학위 논문을 쓴 로스 시메카는 달라스 윌라드의 수업을 많이 들었고 수십 년간 철학과 사서로 일했다.

22. 랜디 닐이 마이크 롭과 나눈 대화, 2014년 12월 5일.

23. Christine A. Scheller, "'Divine Conspirator' Dallas Willard Dies at 77," *Christianity Today*, 2013년 5월 8일, www.christianitytoday.com/ct/2006/september/22.45.html.

24. 이 말은 달라스에게 친한 친구들이 없었다기보다는 그를 상담해 줄 만큼 영성과 지성이 깊은 사람을 찾기 힘들었다는 의미일 것이다.

09. 캠퍼스의 왕과 여왕

1. 다음 신문에 인용된 말이다. Dallas Willard, *Daily Trojan*, 1968년 5월 21일자 화요일, 12면.

2. Dallas Willard, "Occupy Till I Come," *Faith Evangelical Sermons*(Faith Evangelical Church, Chatsworth, CA, 1978년 9월 17일), MP3, 40:30.

3. 다음 책에 인용되어 있다. Greg Jesson, "The Husserlian Roots of Dallas Willard's Philosophical and Religious Works: Knowledge of the Temporal and the Eternal," *Philosophia Christi*, no.1(2014): xx.

4. Dallas Willard, *Knowing Christ Today: Why We Can Trust Spiritual Knowledge*(New York: HarperCollins, 2009), p. 44. 『그리스도를 아는 지식』, 홍병룡 옮김(서울: 복 있는 사람, 2009).

5. Michael Stewart Robb, "The Kingdom Among Us: Jesus, the Kingdom of God and the Gospel According to Dallas Willard"(박사학위 논문, University of Aberdeen, 2016), p. 3.

6. Dallas Willard, "A Crucial Error in Epistemology," *Mind 76*(1967년 10월): pp. 513-23. Dallas Willard, *Logic and the Objectivity of Knowledge*, 대륙 사상 시리즈 6(Athens: Ohio University Press, 1984).

7. Dallas Willard, "Practicing the Presence of God," Training for Reigning(Benoni

Central Methodist Church, Benoni, South Africa, 1993년 8월), MP3, 44:45.

8. Simone Weil, "The Responsibility of Writers," 출전: *On Science, Necessity, and the Love of God*(Oxford, Oxford University Press, 1968), p. 167.

9. Dallas Willard, "Interview with Dallas Willard"(네비게이토 국제회의, Colorado Springs, 2003), MP3, 11:00.

10. Dallas Willard, "The Last Enemy That Shall Be Destroyed," Kingdom Living: Rediscovering Our Hidden Life in God(Church of the Open Door, Maple Grove, MN, 2000년 8월 26일), MP3, 57:30.

11. 위스콘신 대학교에서 달라스의 교수 W. H. 헤이가 그에게 그런 본을 보였다. "그는 퀘이커 교도였다가 나중에 그 교단을 떠났다.······내가 가르치는 접근법은 퀘이커교 와 상관이 많다. 즉 선택도 본인이 하고 책임도 본인이 진다." 달라스의 위치에 있는 교수라면 다수가 자신의 발상이나 의제를 진척시킬 분야로 학생에게 억지로 연구를 시킬 것이다.

12. Dallas Willard, "My Journey to and Beyond Tenure in a Secular University," 교수 오찬 포럼(University of San Diego, San Diego, CA, 2003년 6월 21일).

13. 1972년부터 1982년까지로 표기된 그의 문서철 중 하나에 달라스가 자신에게 쓴 이 런 짤막한 메모가 있다. "철학 강연은 하지 말고 글만 쓰자. 강연은 너무 진이 빠진 다."

14. Dallas Willard, "Going Deeper: The Author of The Divine Conspiracy Challenges Audiences to 'Take Jesus Seriously,'" *Response*, 2000년 겨울호, https://spu.edu/depts/uc/response/win2k/going_deep.html.

15. 같은 기사.

10. 가정에서 이루어진 영성 형성

1. Dallas Willard, "Recovering an Evangelical Spirituality: Living Beyond the Righteousness of the Scribes and the Pharisees," McManis Series: Recovering an Evangelical Spirituality(Wheaton College, Wheaton, IL, 1997년 1월 27일), MP3, 35:15.

2. Dallas Willard, "God in Himself — Part 1," Life Without Lack(Valley Vista Christian Community, Sepulveda, CA, 1998), MP3, 21:45.

3. Dallas Willard, "Help and Getting Help from Others Within the Kingdom of Heaven," The Kingdom of God(Faith Evangelical Church, Chatsworth, CA, 1978년 5월 21 일), MP3, 25:30.

4. Dallas Willard, *Renovation of the Heart*(Colorado Springs: NavPress, 2002), p. 117, 122. 『마음의 혁신』, 윤종석 옮김(서울: 복 있는 사람, 2003).

5. 같은 책, p. 130.

6. 같은 책, p. 139.

7. Dallas Willard, "Praying in the Context of the Kingdom," Church of the Open Door Sermons(Church of the Open Door, Maple Grove, MN, 2000년 8월 27일), MP3, 11:30.

8. Dallas Willard, "Spending One Day with Jesus," Beyond Belief(Grace Fellowship Church, Timonium, MD, 1998년 5월 2일), MP3, 16:15. 이어 그는 (며칠 전인 4월 28일에) 웨스트몬트 대학에서도 이 개념을 전했다고 말하면서, 전에 테네시 템플 대학에서 채플이 끝난 후 불과 몇 시간 동안만 이를 실천했는데도 자신의 세상이 온통 달라졌 다고 강연했다.

9. Dallas Willard, "Personal Strategies for Growth: Fasting 2," Guidelines for Life in the Kingdom of God(Rolling Hills Covenant Church, Rolling Hills Estates, CA, 1985년 2월 3일), MP3, 29:00.

10. 달라스라면 "옛사람"에 대하여 죽는다는 표현을 쓸 것이다. 다음 책을 참조하라. Dallas Willard, *The Spirit of the Disciplines: Understanding How God Changes Lives*(New York: Harper & Row, 1988), p. 109, 115, 117. 『영성 훈련』, 엄성옥 옮김(서울: 은성출판사, 1993).

11. Dallas Willard, "The Meaning and Method of Life in the Spirit," Reality and Spiritual Life(North Park Theological Seminary, Chicago, IL, 1990년 4월 24일), MP3, 45:15.

12. 다음 책을 참조하라. William R. Parker & Elaine St. Johns, *Prayer Can Change Your Life*(New York: Simon & Schuster, 1991). 『기도가 당신의 인생을 바꾼다』 유진상 옮김(서울: 스타북스, 2008).

13. E. James Wilder, *Joy Starts Here*(East Peoria, IL: Life Model Works, 2013). 『기쁨은 여기 서 시작된다』, 윤종석 옮김(서울: 두란노, 2015). 이 책은 제인이 이 분야에서 해 온 일 을 기려 그녀에게 헌정되었다.

14. Dallas Willard, "Transformed by the Renewing of the Mind," Scripture and Ministry (Trinity Evangelical Divinity School, Deerfield, IL, 2010년 10월 27일), MP3, 1:04:00.

15. Dallas Willard, "'Adding to Your Faith' by Sowing to the Spirit and Exercising unto Godliness," The Disciple, Discipline and the Triumphant Life(Rolling Hills Covenant Church, Rolling Hills Estates, CA, 1981년 1월 14일), MP3, 32:15.

16. 달라스는 대학원생 때부터 금식을 실천했는데 감리교 방식인 한나절 금식이었다. 하

루 금식도 더러 했고 그보다 오랜 기간도 몇 번 했다. 그러나 특히 후반(1985년 이후)에는 한나절 금식을 거의 매주 했다. 훗날 그는 자신의 두 가지 주된 훈련이 금식과 암송이라고 말했다.

17. Dallas Willard, "The Disciplines of Engagement: Study," Spirituality and Mission(African Enterprise, Pietermaritzburg, South Africa, 1985년 5월), 17:00.

18. Dallas Willard, "Fly on the Wall," Conversations 1(2003년 봄호): p. 33.

19. John Willard, "The Joy of Working with His Hands," 출전: Eternal Living: Reflections on Dallas Willard's Teaching on Faith and Formation, Gary W. Moon 편집(Downers Grove, IL: InterVarsity Press, 2015), pp. 59–63.

20. Dallas Willard, "Sex and Swearing"(Valley Vista Christian Community, Sepulvada, CA, 연도 미상), MP3, 10:00.

II. 우연히 탄생한 운동

1. 리처드는 뉴멕시코 주 앨버커키에서 태어났으나 유년기와 십대 시절 대부분을 캘리포니아 남부에서 보냈다.

2. "침묵보다 낫다"라는 말은 퀘이커교에서 쓰는 표현이다. 침묵 중에 하나님께로부터 침묵보다 나은 말씀을 듣기 전까지는 계속 침묵을 지켜야 한다.

3. Dallas Willard, "Studies in the Book of Apostolic Acts" 유인물, Woodlake Friends Church, 1971년, p. 2.

4. 윌라드가 테네시 템플 시절의 반하우스를 기억하는 이유는 그가 강사로 다시 초빙되지 않았기 때문이다. 이유가 무엇일까? 반하우스의 메시지 말미에 청중을 초청하는 시간이 없어서였다. 그의 출신 배경인 구 프린스턴 학파에는 그런 전통이 없었다!

5. 녹음된 이 설교를 내가 직접 글로 풀어 썼고 또 테네시 템플에서 반하우스의 강연을 들었다는 달라스의 언급도 들었으나 지금은 녹음테이프를 찾을 수 없다. 장로교 역사협회에 따르면 반하우스 박사는 1954년 3월에 채터누가에서 일곱 번 설교했는데 모두 달라스가 테네시 템플에 다니던 때였다. 설교 제목은 "부활," "염려의 치유," "고난의 고리," "오순절," "하나님의 뜻," "재림," "요한복음 1-3장"이었다. 그러나 설교를 필사한 문서는 남아 있지 않다.

6. 당시에 달라스는 구원에 1)죄 사함, 2)죄로부터의 내적인 변화, 3)악을 이기고 선을 행하는 능력이 포함된다고 자주 말했다. 온전한 신약적 구원의 이 세 가지 측면이 다수의 녹음에 반복되지만 1987년쯤에 그는 그 반복을 멈추었다.

7. Sydney Carter, "George Fox," Stainer and Bell, 1964.

8. 자세한 이야기는 그의 책에 나와 있다. Bill Vaswig, *I Prayed, He Answered* (Minneapolis: Augsburg, 1977).

9. 리처드는 다음 집회에서 빌 바스위그를 소개할 때 그 이야기를 했다. "……and the Life Everlasting," You Tube, 2011년 7월 21일, https://www.youtube.com/watch?v=ygPjrAzkY3Y. 이 동영상에 리처드는 갈라디아서 2:20 말씀대로 살게 해달라고 둘이 함께 기도했던 예를 소개한다.

12. 우리 몫의 사역을 다하는 한

1. "Celebrating Lifelong Discipleship" 전단지, Life with God 집회(Memorial Drive Presbyterian Church, Houston, TX, 2008년 10월 3-4일), p. 1.

2. Ken Medema, "Teach Me to Stop and Listen," Word Music, 1978.

3. Randy Neal, "Tidbits," 윌라드의 50주년 결혼기념일에 맞추어 쓴 한 페이지짜리 글로 2016년 3월 13일에 저자에게 이메일로 보내왔다.

4. 1987년에 달라스가 했던 말을 짚어 둘 필요가 있다. 그는 게리 프리슨과 J. 로빈 맥슨의 책 『나의 결정과 하나님의 뜻』(기본적으로 하나님이 지금은 우리에게 말씀하지 않으신다는 논지다) 때문에 결정적으로 그 책을 써야겠다는 확신이 섰다고 말했다. 『나의 결정과 하나님의 뜻』, 김지찬 옮김(서울: 생명의말씀사 1988).

5. 『영성 훈련』이 출간된 후에야 달라스는 "어디서부터 시작할 것인가?"라는 단골 질문에 답하고자 VIM—비전, 의도, 방법—이란 약어를 쓰기 시작했다.

6. 레노바레는 라틴어로 "새롭게 하다, 회복하다"라는 뜻이다. 레노바레는 그리스도를 더 닮아가도록 교회와 개인을 돕는 전문 기독교 기관으로, 의도적으로 고안된 여러 실천을 통해 그리스도인의 영성 형성을 증진한다.

7. 이 행사는 전체 140회의 최종 대회로 광고되었고 리처드와 달라스가 함께했던 마지막 대회였지만 레노바레의 행사는 지금도 계속되고 있다.

8. Dallas Willard, "Entering the Kingdom Today," The Soul's Eternal Anchor(Rolling Hills Covenant Church, Rolling Hills Estates, CA, 1988), MP3, 48:00.

13. 현세부터 영원까지 중요한 사상 (1)

1. 다음 책에 인용된 말이다. Jane Willard, "The Birth of the Books He Never Planned to Write," 출전: *Eternal Living: Reflections on Dallas Willard's Teaching on Faith*

and Formation, Gary W. Moon 편집(Downers Grove, IL: InterVarsity Press, 2015), p. 52.

2. 같은 책, p. 49.

3. 달라스의 이 책은 Philosophical Review, Husserl Studies, Philosophy and Phenomenological Research, Review of Metaphysics, Journal of the British Society for Phenomenology 등에 논평되었다. 이 책은 또 Standford Encyclopedia of Philosophy와 같은 자료들에 표준 참고문헌으로 등재되었다.

4. Moon, *Eternal Living*, p. 2.

5. 교무 직원 데이비드 키퍼에 따르면 달라스는 1981년 가을에 LA 지역(벨에어)에서 공개강좌로 변증학을 가르쳤고, 다음 과목은 1985년 가을의 샌디에고 공개강좌였던 철학 신학이었다.

6. 이상의 인용문은 달라스의 수업을 들은 키이스의 기억에서 나왔거나 달라스와 제인의 결혼 50주년을 기념하여 문서를 판매한 이들이 작성한 목록에서 따왔다.

7. 달라스는 1983년에 『하나님의 음성』을 탈고한 후 곧이어 새 책을 쓰기 시작했다. 대부분 1984년부터 강연한 내용이었다. 1984년 가을에 콜로라도에 있을 때 그는 본문을 보충하고 틀을 잡았다. 그리하여 1985년에는 『영성 훈련』 초고가 거의 완성되었는데 이 원고를 그는 남아공의 제임스 휴스턴에게 보냈다.

8. 결국 *The Spirit of the Disciplines*라는 제목으로 출간되었다.

9. 훗날 폴라는 국립예술기금 특별회원이 되어 소설 두 편과 영성 논픽션 작품 일곱 권을 썼다.

10. Trevor Hudson, "Journey into Joy," 출전: Moon, *Eternal Living*, pp. 176-84.

11. 트레버가 달라스에게 남겨 준 것이 또 있다. 달라스의 코끼리 사랑은 트레버와 함께 야생동물 공원에 갔을 때 시작되었다.

12. 허드슨, 인터뷰. 다음 책도 참조하라. Hudson, "Journey into Joy," p. 178.

13. 같은 책, p. 179.

14. 같은 책, p. 177.

15. 같은 책, p. 181.

16. Dallas Willard, *The Divine Conspiracy*(San Francisco: Harper, 1997), xvii. 『하나님의 모략』, 윤종석 옮김(서울: 복 있는 사람, 2000).

17. 같은 책, 리처드 포스터의 "추천의 말," ix-xi.

14. 현세부터 영원까지 중요한 사상(2)

1. Jane Willard, "The Birth of the Books He Never Planned to Write," 출전: *Eternal*

Living: Reflections on Dallas Willard's Teaching on Faith and Formation, Gary W. Moon 편집(Downers Grove, IL: InterVarsity Press, 2015), p. 51.

2. 제인 윌라드, 저자와의 인터뷰, 2014년 12월 2일. 또한 같은 책, p. 52.

3. 그 "가장 중요한 부분은 단연" 우리 생각을 어디에 두느냐는 것이며, 특히 하나님에 대한 개념과 그 연관 이미지들 면에서 그렇다.

4. Gary W. Moon, "A Tribute to Dallas Willard: My Favorite Psychologist," *Journal of Spiritual Formation and Soul Care 3*, no.2 (2010년 11월): pp. 267-82.

5. Gary W. Moon, "A Transformational Approach," 출전: *Counseling and Christianity: Five Approaches*, Stephen P. Greggo & Timothy A. Sisemore 편집(Downers Grove, IL: IVP Academic, 2012), pp. 132-56.

6. Tom Oden, 기조연설, Christian Association for Psychological Studies 국제대회 (Virginia Beach, VA, 1995년 4월).

7. Leslie D. Weatherhead, *The Transforming Friendship* (London: Epworth Press, 1928).

8. 2016년 5월 26일 저자와의 인터뷰에 잰 존슨이 인용한 말이다.

9. Dallas Willard, *Renovation of the Heart: Putting on the Character of Christ* (Colorado Springs: NavPress, 2002), p. 55, 74. 『마음의 혁신』, 윤종석 옮김(서울: 복 있는 사람, 2003).

10. 존슨이 인터뷰에 인용한 말이다.

11. RIICSF는 다음과 같은 기본 개념을 중심으로 설립되었다. 1)최고의 기독론을 고수한다. 2)진지한 기독교 영성 신학의 형성에 헌신한다. 3)종파와 교단을 뛰어넘어 대화한다. 4)취지부터 실천까지 국제적이다. 5)"하나님과 함께하는 삶"이 근본 내용이다. 6)기독교 영성의 여섯 가지 전통으로 시각의 균형을 이룬다. 7)영성 훈련은 영적 삶을 훈련하는 은혜의 수단이다.

12. Brandon Paradise, "From Secular Philosophy to Faith," 출전: *Eternal Living: Reflections on Dallas Willard's Teaching on Faith and Formation*, Gary Moon 편집 (Downers Grove, IL: InterVarsity Press, 2015), pp. 109-18.

13. 예컨대 다음 책을 참조하라. Dallas Willard, *World Well Won: Husserl's Epistemic Realism 100 Years Later*. 아울러 그의 첫 책 *Logic and the Objectivity of Knowledge* 의 맨 끝에서 둘째 장도 참조하라.

14. 다음 두 책을 참조하라. Dallas Willard, *Logic and the Objectivity of Knowledge: A Study of Husserl's Philosophy*, 대륙 사상 시리즈6(Athens: Ohio University Press, 1984). p. 277. Dallas Willard, "The World Well Won: Husserl's Epistemic Realism One Hundred Years Later," 출전: *One Hundred Years of Phenomenology*, D. Zahavi & F. Stjernfelt 편집(Boston: Kluwer Academic, 2002), pp. 69-78.

15. 달라스의 타계 직후에 스캇 솜스가 제인 윌라드에게 보내온 이메일.

16. Dallas Willard, "How Concepts Relate the Mind to Its Objects: The 'God's Eye View' Vindicated," *Philosophia Christi* 1, no.2(1999): pp. 5-20.

17. Dallas Willard, "Can Wisdom Be Taught?," Roundtable, 1971.

18. "The USC Service," 출전: *Eternal Living: Reflections on Dallas Willard's Teaching on Faith and Formation*, Gary Moon 편집(Downers Grove, IL: InterVarsity Press, 2015), pp. 83-86.

19. 후설의 *The Philosophy of Arithmetic*을 번역한 달라스의 역서가 2003년에 출간되었고 2006년에는 저서 『잊혀진 제자도』가 간행되었다. 『잊혀진 제자도』, 윤종석 옮김(서울: 복 있는 사람, 2007).

20. Steve Porter, "The Willardian Corpus," *Journal of Spiritual Formation and Soul Care* 3, no.2(2010년 가을호): pp. 239-66.

21. 2011년 이후로 달라스 윌라드 센터는 달라스 윌라드 연구 센터로 개칭되어 기독교와 문화를 위한 마틴 연구소에 소속되어 있다. 추가로 두 기관이 더 생겨났는데 각각 영성 훈련을 위한 웨스트몬트 센터와 영성 갱신을 위한 콘베르사시오 디비나 센터다.

22. Ara Astourian, 달라스 윌라드 추도 예배, 남캘리포니아 대학교, 2013년 10월 4일.

15. 감사합니다!

1. 2013년 그 집회에서 달라스가 강연한 내용과 존 오트버그와의 대화는 자매편 DVD와 함께 다음 책으로 출간되었다. *Living in Christ's Presence: Final Words on Heaven and the Kingdom of God*(Downers Grove, IL: InterVarsity Press, 2014). 『하나님의 임재』, 윤종석 옮김(서울: IVP, 2016).

16. 치유의 빛

1. "프로잭 예수"는 필립 얀시의 표현으로 예수에 대한 초기의 일부 텔레비전 영화에 등장하던 예수를 가리킨다. 이 예수는 온전한 인성을 잃은 채 삶 속을 떠다니는 듯 보인다.

2. 예수의 정체를 모른 채 그분과 함께 엠마오로 걸어가던 두 제자를 지칭하는 말이다(눅 24:13-35). 그분이 자신을 드러내신 후에 그들은 "우리 속에서 마음이 뜨겁지 아니하더냐"라고 말했다. 달라스는 "이것이 예수로 인한 가슴앓이다"라고 말했다. 다음 책을 참조하라. A. W. Tozer, *Reclaiming Christianity*(Ventura, CA: Regal, 2009), p.

173.『세상에 무릎 꿇지 말라』, 이용복 옮김(서울: 규장, 2010).

3. 나중에 알고 보니 달라스는 하나님께로부터 "그래 괜찮다. 너는 내가 책임진다. 너는 내 소유다"라는 위로의 말씀을 들었던 일을 다음 강연에서 언급했다. Dallas Willard, *"Sex and Swearing"*(Valley Vista Christian Community, Sepulveda, CA 연도 미상), MP3, 10:00.

4. Bob Buford, *Finishing Well: The Adventure of Life Beyond Halftime*(Grand Rapids: Zondervan, 2011), p. 10. 『하프타임의 고수들』, 이창신 옮김(서울: 국제제자훈련원, 2010).

5. 같은 책, p. 16.

6. 같은 책, p. 14.

7. John Kasich, "Widening Spheres of Influence: Public Service in the Kingdom," 출전: *Eternal Living: Reflections on Dallas Willard's Teaching on Faith and Formation*, Gary W. Moon 편집(Downers Grove, IL: InterVarsity Press, 2015), p. 155.

8. Dallas Willard, *Life Without Lack*(Nashville: Thomas Nelson, 2018), 7장. 『부족함이 없는 삶』, 전의우 옮김(서울: 규장, 2018).

9. 달라스 윌라드와 존 오트버그는 2013년 2월 웨스트몬트 대학의 마틴 연구소와 달라스 윌라드 센터에서 주최한 집회의 기조 발표자였다. 그 내용이 다음 제목의 책과 DVD로 나와 있다. *Living in Christ's Presence: Final Words on Heaven and the Kingdom of God*(Downers Grove, IL: InterVarsity Press, 2014). 『하나님의 임재』, 윤종석 옮김(서울: IVP 2016).

10. Don Wyrtzen & L. E. Singer, "Finally Home," New Spring Publishing, 1971.

11. Dallas Willard, "Streams in the Desert and Wells of Living Water," For Such a Time as This(Baylor University, Waco, TX, 2004년 2월 23일), MP3, 44:00.

후기

1. Dallas Willard, *The Divine Conspiracy*(San Francisco: Harper, 1997), p. 14. 『하나님의 모략』, 윤종석 옮김(서울: 복 있는 사람, 2000).